KB110310

Nirvana
니르바나,
번뇌의 촛불이 꺼지다 上

진심직설 강의

번뇌즉보리 총서 4

Nirvana
니르바나,
번뇌의 촛불이 꺼지다 上

진심직설 강의

월인越因 지음

차 례

제2장 진심이명眞心異名

제3장 진심묘체眞心妙體

제4장 진심묘용眞心妙用

제5장 진심체용일이眞心體用一異

추천의 글

용타 스님
재단법인 행복마을 이사장

이 책을 낸 월인 거사와는 오낸 세월 전화로, 혹은 만나서 많은 법담을 나누어 왔다. 담박한 나눔 속에는 늘 정스러움이 있어 왔다. 월인 거사는 깨끗하고 바르며 사려가 깊다. 진국 중 진국이다. 나는 이 분을 이 시대의 현자 한사람으로 본다.

사람은 대체로 세 구동축으로 산다. 지성축, 감성축, 의지축이다. 곧 지정의知情意다. 많은 영성가들은 이 세 축중 다른 두 축을 두루 아우르되 어느 한 축에 방점을 둔다. 석가모니는 단연 지성축에 방점을 둔다. 8정도의 1~2번을 정견正見과 정사유正思惟로 정하신 것을 봐도, 삼보, 5계, 사성제, 12연기, 3법인, 3학 등의 논리적인 체계를 봐도 지성축에 방점을 두고 있음을 알 수 있다. 그러함에도 불구하고 무수한 영성가들 중 지성축에 방점을 두는 분을 찾아보기가 어렵다. 그래서 이성理性으로 사유해서 깨닫는다는 지성축의 영성가들은 외로울 수밖에 없다. 월인거사와 나는 단연 지성축 명상문화를 가풍으로 삼고 있다는 점에서 의기투합하고 있다.

반야경이든 금강경이든 이성적 사유 없이는 수긍할 수 없듯이 진심직설도 그러하다. 사유력이 깊으신 월인거사가 보조지눌의 진심직설을 해설해 놓았다. 쾌거가 아닐 수 없다. 필독을 권한다.

이 책은 우리 마음의 본질이라 할 진심眞心에 대해 체계적으로 설파한 '진심직설'을, 체험에 기반해 쉽게 풀어쓴 강의록이다. 진심직설은 그 내용이 진심에 대한 바른 믿음인 진심정신眞心正信에서 시작하여 진심의 본체와 작용, 진심을 발견하는 10가지 방법인 진심식망眞心息妄 등을 거쳐 육신의 사후에는 진심이 어디로 돌아가는지에 대한 진심소왕眞心所往으로 끝난다.

또 불교는 마음의 작용을 표층에서 심층까지 깊이 있게 탐구하는 종교인데 그 불교의 핵심을 말한 진심직설에서 '바른 믿음'이라는 장으로 시작하는 것은 큰 의미가 있다. 탐구는 의문을 가지고 관찰하며 본성을 알고자 하는 작업인데 왜 의심없이 헌신하는 '믿음'으로 시작하는 것일까?

무언가를 이루려면 강력한 힘과 에너지가 필요하다. 부처님의 길을 따라가면 깨달음에 이를 수 있다는 강력한 믿음이 바로 그 에너지이다. 그래서 멈추지 않고 끝까지 이 길을 가겠다는 올바른 믿음이 필요한데, 그 올바름이란 정확한 방향을 의미한다. 특히나 어떠한 '앎'마저 넘어가는 선종禪宗에도 믿음이 있으니 그에 대해서도 시원한 깨침을 준다. "다만 자기가 본래 부처라는 것을 믿는다[只要信自己 本來是佛]는 말은 뭔가가 되기 위한 원인이 있음을 믿지 않는다는 것, 여러분은 이미 그것이라는 말입니다." 그것이 올바른 믿음이다.

진심식망을 설명하는 부분에서는 구체적인 연습을 곁들여 진행하는 것이 흥미롭다. 단순히 이론으로 끝나지 않는 것이다. 예를 들면,

질문자가 묻습니다, 어떻게 망심에서 나와 진심으로 가겠는가?

그런데 이렇게 묻는 그 마음이 바로 망심에 싸여있음을 볼 수 있습니까? 그는 차라리 이렇게 물어야 할 것입니다.

"지금 나는 어떤 질문을 하려 한다. 그런데 이 질문이 나온 곳은 어디지?"

여러분도 이렇게 자문해보십시오... (잠시 침묵)

그러면 여러분의 마음은 잠시 질문하는 마음을 '멈추고' 자신의 내면을 살펴볼 것입니다. 이때 질문하는 마음이 잠시 멈추는 순간, 그리고 '살펴보려는 마음이 나타나기 전', 바로 그 빈틈의 마음은 무엇이었을까요?

이렇게 질문할 때 우리는 글을 통해 자신의 마음을 살펴보게 된다. 그 빈 마음은 과연 무엇일까? 진심은 사실 찾아서 알 수 있는 것이 아니라 망심을 쉴 때 '드러나는 것'임을 진심식망眞心息妄이라는 글에서 보여준다. 10가지 망심을 쉴 수 있는 방법을 통해 진심을 드러낼 수 있도록 안내한다. 이러한 구체성이 또한 이 책의 한 장점이다. 그리고 저자인 월인은 단순한 이론으로 설명으로 하고 마는 것이 아니라 진심에 한발 더 다가갈 수 있는 실질적인 방편을 쓰고 있다.

거듭 이르거니와 필독을 권한다.

본질을 추구하는 많은 이들이 도움을 받으리라 여겨진다.

지리산 천령칠봉에서

용타합장

추천의 글

미산 스님
상도선원 회주
KAIST 명상과학연구소 소장

월인 님의 《니르바나, 번뇌의 촛불이 꺼지다: 진심직설 강의》는 선어록의 백미白眉인 《진심직설》을 쉽고 명징하게 풀어 놓았습니다. 읽으면서 바로 진심에 접속하여 체화할 수 있는 방법으로 강설합니다.

《진심직설》은 첫 장인 진심의 바른 믿음[眞心正信]에서 시작해서 마지막 장인 진심이 이르는 곳[眞心所往]까지 진심의 구조, 체계, 이명, 본질, 쓰임 등 진심의 핵심을 직결하게 체계적으로 정리해놓은 선의 학술서입니다.

진심은 사람의 마음을 움직여 감동하게 합니다. 왜냐하면 번뇌와 열반이 둘 아님이 드러나는 순간이고, 이것과 저것, 안과 밖을 구분하는 경계가 사라지는 찰나이기 때문입니다. 있다/없다, 좋다/나쁘다, 옳다/그르다, 이분법으로 나누는 분별의 마음은 경계 구분의 기본값 설정default value set이 항상 켜져 있습니다. 삶을 왜곡과 불신의 수렁으로 빠져들게 합니다. 괴로움의 굴레에서 빠져나올 수 없게 만듭니다.

이 굴레에서 빠져나오는 방법은 "번뇌 망상이 바로 깨달음 성품[佛性]임이 사실이야!"라고 믿어 이 상태로 기본값을 재설정하고, 늘 바르게 유지되도록 합니다. 바른 믿음이 지속되면 균형을 잡아주는 정밀하고 치밀한 통찰이 일어납니다. 이 몸과 마음의 현상은 원인과 조건들에 의해서 형성되며 환화공신幻化空身임이 분명하지만 진여법신眞如法身과 다르지 않음의 확연한 앎이 현전합니다.

월인 님은 이런 과정을 다음과 같이 선명하게 정리해줍니다. "지식적인 앎이 청사진이라면, 믿음은 그 청사진을 실천하며 나아가는 에너지입니다. 청사진이 현상화되려면 에너지가 실려서 움직여져야 합니다."

바른 믿음은 안락安樂과 정락淨樂, 그리고 해탈락解脫樂을 선물해줍니다.

이러한 즐거움은 끊임없는 에너지를 제공해주어 왕성한 정진력精進力을 생성하게 합니다. 이 정진력은 몰입하게 하는 힘과 짝을 이루는데 믿음과 앎의 균형에 의해서 생성됩니다. 편안하고, 맑으며, 자유로운 즐거움의 보상 체계에 의해서 선정이 유지될 수 있는 조건이 만들어집니다. 진심을 알고자 하는 절실함의 지속이 집중력을 만들어 저절로 삼매에 들게 합니다. 그래서 정진력과 집중력은 균형과 조화를 이루게 됩니다.

중심축은 진심에 깨어있는 마음, 즉 정념正念입니다. 교문에서는 다섯 가지 힘[五力]의 균형 잡기라고 합니다. 정념이 중심축이 되어 믿음[信]과 지혜[慧], 그리고 정진과 삼매[定]가 힘의 균형을 잡아야 수행이 효과적으로 진전됩니다. 믿음과 정진은 정과 혜를 함께 수행할 수 있는 정혜쌍수定慧雙修 토대를 만들어 줍니다.

월인 님은 이러한 면을 다음과 같이 쉽게 정리해줍니다. "애쓰는 측면과 자기를 편하게 쉬게 하는 측면이 적당히 균형 잡혀야 된다고 해서 석가모니는 중도中道를 제창했습니다. 마찬가지로 이해와 믿음도 균형이 잡혀야 합니다. 이해만 너무 커서 아는 것이 많아지면 머리가 무거워서 어디 둘 곳이 없어요."

"태초에 느낌이 있었다. 그리고 이 모든 것을 이루었다!" 신경과학자 안토니오 다마지오는《느낌의 발견: 의식을 만들어 내는 몸과 정서》,《느낌의 진화: 생명과 문화를 만든 놀라운 순서》,《느끼고 아는 존재: 인간의 마음은 어떻게 진화했을까》라는 3권의 저서에서 다양한 임상 사례를 근거로 몸과 정서가 긴밀히 상호 연관되어 느낌으로부터 우리의 의식과 자아가 어떻게 형성되는가를 밝힙니다.

월인 님은《진심직설》강설에서 진심에 접속하는 구체적인 방법으로 시종일관 느낌이 일어나는 곳에 유도합니다. 다섯 감각 정보와 생각과 감정들은 모두 접촉하는 순간에 일어나는 감지로부터 시작되고, 이 감지는 내면에서 몸, 에너지, 의식 세 가지 형태의 느낌으로 발현된다고 봅니다. 감지의 발견 과정 중 마지막인 미묘한 의식적 감지에 '나'라는 느낌이 포함되어 있음을 알아차리도록 합니다. 머리로 이해하는 차원에 머물지 않고 즉석에서 '나 없음'을 몸으로 체득할 수 있도록 구체적으로 안내합니다.

현대신경과학자들도 개념화된 언어를 해체하면 끝자락에서 느낌과 만난다고 말합니다. 언어에서 개념이 해체되면 범주화가 사라지고, 범주화가 사라지면 감각 이미지가 모습을 드러냅니다. 감각 이미지로 입력된 정보들은 느낌을 기반으로 하고 있습니다. 느낌은 주관과 객관을 나누고 느끼는 자와 느껴지는 대상을 만들어 이분화된 세상을 형성하는 시발점이라고 봅니다.

마음챙김명상 혁명이라고 부를 정도로 세계화되어 있는 명상과학Contemplative Science은 이러한 뇌신경과학적인 정보를 활용하여 날로 발전하고 있습니다. 하지만 항상 과학이라는 틀 안에서 한땀 한땀 검증을 통해서 진리의 세계에 접근합니다. 고대 지혜 전통이 현대 명상과학의 뿌리이고 자양분을 제공해주는 원천입니다. 《진심직설》은 아직 명상과학계에 알려지지 않은 선어록의 명저입니다. 월인 님의 《니르바나, 번뇌의 촛불이 꺼지다: 진심직설 강의》의 출판을 계기로 명상과학을 더 심화된 차원으로 이끌어 주기를 기대합니다. 명상과학을 연구하는 뇌신경과학자들, 현대 명상의 근원을 밝히고자 하는 분들과 불교수행과 심리치료의 접점을 모색하는 분들에게 일독을 권합니다. 좋은 이정표가 되리라 믿어 의심치 않습니다.

책을 시작하며

진심眞心이 드러나고
니르바나, 번뇌의 촛불이 꺼지다

눈을 감고 팔을 들어보세요. '힘든 느낌'이 생기면 그것을 느끼면서 그 느낌을 '느끼는 자신'도 알아차려 봅니다. 우리는 '힘든 느낌'을 '느끼고 있는 자기'가 있다는 것을 알아차립니다. 이것이 의식의 3분열 상태입니다. 즉, 힘든 느낌(대상), 느끼는 자(개인적 주체), 그것을 아는 앎(비개인적 주체, 순수의식), 세 가지로 마음이 나눠는 것이지요. 이 상태에서는 개인적 주체감이 느껴집니다. 아픈 느낌이라는 상相을 '아는 자'가 느껴져요. 느껴지니까 그것도 마음에 나타난 모습입니다. 개인적 주체'감'은 진정한 주체는 아닌 것입니다. 비개인적 주체의 대상이 되어버렸고 마음의 상相이 됐습니다. 자, 이제 팔을 내리면서 아픔이 사라지는 것을 느껴봅니다. 이때는 아픔이 사라진 느낌과 그것을 아는 앎만 있습니다. 이것이 마음의 2분열 상태입니다.

이렇게 2분열에서 3분열을 왔다 갔다 하면 보이지 않는 진정한 주체인 비개인적 주체를 깨닫게 되는데, 이후에는 그것마저도 대상 때문에 생겨났다가 사라진다는 것을 알게 됩니다. 아트만이라 할 수 있는 비개인적 주체는 그것을 직접 인식하거나 보지는 못하지만 분명히 깨달을 수 있어요. 따라서 그것은 진심의 작용이지 진심 자체는 아닙니다. 왜냐하면 진심은 소유한 상相이 없고 따라서 나타났다 사라지는 모습도 없기 때문입니다. 의식의 2분열과 3분열을 왔다 갔다 하면서 '나'라는 것을 알아채는 '그 작용(비개인적 주체)'을 직접적으로 알고 경험할 수는 없지만, 역시 알아챔의 대상이 됐다면 그 보이지 않는 주체 역시 진심은 아닙니다.

상相이 있어서 마음에 잡히는 것들은 결코 진심眞心이 아니에요. 느껴지고 보이고 잡히는 그 모든 것은 상相입니다. 그런데 반야般若는 소유상이 없고 생멸상이 없다고 했습니다. 그렇다면 우리는 어떻게 그것을 파악할 수 있을까요? 우리는 일시적으로 삼매에 들기도 하고 텅 빈 마음으로 가기도 합니다. 그러고는 '나는 텅 빈 무無를 체험했어!'라고 생각합니다. '이 캐릭터로서의 나가 아닌, 텅 빈 무無와 같은 느낌 속에 있다 왔어.'라고 생각합니다. 그렇다면 그 텅 빈 허공과 같은 느낌은 어떻게 알았습니까? 느껴졌다는 것은 마음에 잡혔다는 얘기죠. 그것 역시 상입니다. 이렇게 마음에 잡히는 모든 것은 진심이 아님을 알 수는 있어요. 앎이라는 것 자체가 이런 한계가 있습니다. 우리가 느끼고 알 수 있는 것은 무엇이든, 마음에 잡히는 모든 것은 진심이 아니라는 겁니다. 진심이 무엇이냐는 물음에 소유상이 없고 생멸상이 없다는 식으로 말할 수 밖에 없는 것은, 진심에 대해서 직접적으로 얘기를 할 수 없기 때문입니다. 그것을 깨달을 때 니르바나nirvana! 마음속 번뇌의 촛불은 꺼지고 맙니다.

2023년 10월

월인越因

감사의 말

이 책은 지난 2014년 5월부터 2015년 5월까지 오인회 회원들을 위해 진행한 강의로 보조국사 지눌*의 진심직설을 세심히 다룬 것입니다. 진심眞心이란 우리 의식의 본질로서 진심직설에서는 그것의 본체와 묘한 쓰임을 잘 표현해주고 있습니다.

이 글은 많은 분들의 도움으로 출간이 이루어졌습니다. 먼저 한결같은 정성으로 녹취해준 온비, 시유, 우리, 은빛과 그것을 취합해 정리하고 다듬어 준 해연, 거위 그리고 원문 대조와 2차 교정을 해준 쎄이, 최종적으로 3차 교정을 해준 다르마, 마지막으로 4차 교정과 레이아웃 등으로 책의 모습을 갖추게 해준 연주, 그리고 책 발간 비용을 후원한 오인회 회원들인 강병석, 김선화, 남인숙, 다르마, 문대혁, 민은주, 박치하, 송정희, 신주연, 엄해정, 이경아, 이미숙, 이미영, 이승구, 이지연, 전영지, 최진홍, 한정수, 한정은, 황정희 님(이상 가나다 순)의 도움으로 이 책이 나오게 되었습니다. 모든 분들께 깊이 감사드립니다.

여러분의 진심眞心이 드러나 번뇌의 촛불이 말끔히 꺼지고 자유로운 새 불빛으로 환히 빛나기를 소망하며...

---

* 《진심직설》은 종래 고려의 보조 지눌(1158~1210)의 대표적 저술로 알려졌으나 2000년에 최연식, 남권희에 의해 진심직설의 저자에 대한 의문이 최초로 제기되었다. 이후 2001년 김방룡의 반론이 있었으나 동국대학교에서 2015년에 간행된《한국불교전서편람》에서 금金나라 정언선사의 저서로 공식화되었다.

진심직설 자서
眞心直說 自序

진심직설眞心直說은 진심眞心, 즉 마음의 본질에 대하여 직접적으로 말한 글로, 고려의 보조국사普照國師 지눌知訥 스님이 기록했습니다. 신라의 고승에 원효대사元曉大師와 의상대사義相大師가 있다면, 고려에는 보조국사普照國師와 진각국사眞覺國師가 있습니다. 진심직설의 서문은 지눌스님이 직접 쓴 글이에요. 서문을 중요하게 여겨서 다른 사람에게 맡기지 않고 스스로 작성했습니다.*

或이 曰 祖師妙道를 可得知乎잇가
혹 왈 조사묘도 가득지호

묻기를, 조사의 묘한 도道를 알 수 있는가?

조사祖師는 스승 중에서도 할아버지 스승을 뜻하니, 최고의 스승을 가리켜 조사祖師라고 합니다. 그 조사가 경험하고 터득한 묘한 도道, 즉 본질적인 경험을 알 수 있는지 묻고 있습니다. 부처의 도道와 조사의 도道는 같은 것인데, 진심眞心에 대해 말하려는 당신의 묘한 도道는 과연 알 수 있는지, 앎이라는 것이 가능한지 물어본 것입니다.

曰 古不云乎아 道는 不屬知하며
왈 고불운호 도 불속지
不屬不知하니 知는 是妄想이요
불속부지 지 시망상
不知는 是無記라
부지 시무기

답하기를, 고래로 도道는 앎에 속하지 않는다고 말하지 않았는가?

---

* 《진심직설》은 최근에 중국 금金나라 정언선사의 저서로 공식화되었으나 이 강의에서는 책의 저자가 누구인가보다 우리 마음의 본질을 일깨우는 내용에 초점이 맞춰져 있으므로 2014년 강의 당시 사용된 지눌스님이라는 저자명을 그대로 표기하였음을 알려드립니다.

모른다는 데도 속하지 않으니, 안다는 것은 망상妄想이요,
모른다는 것은 멍청함이다.

진실로 터득한 사람

도道, 즉 본질이라는 것은 앎에 속하지 않으며, 알지 못함에도 속하지 않는다고 대답합니다. 그리고 앎이라는 것은 망상妄想이라고 했습니다. 옛날부터 조사들이나 선사들, 또는 경험이 있는 통찰을 일으킨 사람들은 이처럼 도道는 앎과 모름에 속하지 않는다고 말해왔어요. 안다는 것은 망상妄想, 즉 망령된 생각입니다. 분별을 기본으로 하여 이것 저것 등으로 구분하는 마음이 바로 망상이에요.

이상하게도 본질은 앎이나 지식, 또는 추상적인 개념이나 지적인 도구와 지성을 통해서 전달될 수가 없습니다. 그래서 이심전심以心傳心이라고 하지요. 마음에서 마음으로 전할 뿐, 마음의 도구를 가지고 전할 수 있는 것이 아닙니다. 왜 그럴까요? 사실은 전할 것이 아무것도 없기 때문에 그렇습니다. 전할 것이 있다면 어떻게든 전해지겠지요. 그러나 어떤 방법을 써도 전할 수 없는 이유는, 각자가 이미 본질을 가지고 있기 때문입니다. 우리 모두가 이미 그 속에 있어요. 무언가를 새로 얻는 것이 아니기 때문에 전달받을 수 있는 것이 아니라는 말입니다. 여러분이 무언가를 배워서 알았다고 한다면, 그것은 모름에 대비되는 앎입니다. 분별 속의 앎이에요. 경험도 마찬가지입니다. '나는 경험했어'라고 한다면, 경험되기 이전과 경험한 이후가 다르다고 느껴진다면, 미묘한 함정에 빠진 상태입니다. 본질은 경험 이전이나 경험 이후나 아무런 차이 없이 똑같습니다. 그렇기 때문에 본질이지요. 그것이 본질이 의미 하는 바 아니겠어요? 여러분은 이미 본질 속에 있으며,

본질 그 자체입니다. 뭔가를 알고, 경험하고, 체득했다고 여겨지고, 그래서 그 이전과 이후가 다르다고 느껴진다면, 여러분은 미묘한 분별 속에 있다고 보면 됩니다. 그래서 진실로 터득한 사람은 헛웃음을 웃지요. '아, 이거였어! 내가 이걸 놓치고 있었구나! 내가 늘 그 속에 있었구나!' 이렇게 되는 것입니다. 뭔가 놀랍고 위대하고 초월적인 것을 얻거나 경험했다고 여긴다면, 그 사람은 본질과는 상관없는 것을 얻은 것입니다. 물론 본질을 터득하거나 알아챘다면 그 이전과는 분명히 다를 수 있어요. 그러나 본질적으로 달라지는 건 아무것도 없습니다. 현상을 대하는 태도는 혁명적으로 바뀌어버립니다. 현상을 사실과 진실이라고 알고 있다가, 그것이 실체 없는 현상임을 분명하게 파악하게 되지요. 그래서 현상을 대하는 태도는 크게 달라지지만, 본질적으로는 아무런 차이가 없음을 헛웃음을 웃으며 아는 것입니다. 그래서 예로부터 도道는 앎에도, 알지 못함에도 속하지 않는다고 말해왔습니다. '안다'는 것은 망상妄想이에요.

기본적으로 망상妄想은 분별하는 마음입니다. 이것과 저것을 나누고, 좋고 나쁜 것과 옳고 그른 것을 나누는 마음이에요. 이것과 저것을 나누려면 어떤 기준이 있어야하고, 그 기준과 동일시 되어있어야 합니다. 다시 말해 동일시된 어떤 기준 위에 서있을 때 여러분은 망상 속에 있는 것입니다. 무언가를 알고 경험했다고 여긴다면 그것이 바로 망상입니다. 그리고 알고 경험한 그것도 본질적인 것은 아니지요. 그래서 금강경에서 부처님이 수보리에게 "수보리야, 깨달음이라는 것이 있느냐?"라고 물으니 "아니요. 그런 것은 없습니다."라 답하고, "그럼 아라한이라는 것이 있느냐?"하고 물으니 "그런 것은 없습니다."라고 대답했지요. "누군가 아라한이 되었다고 믿는다면 그는 어떤 사람이냐?"라고 물으니 아난은 "아, 뭔가 잘못된 것입니다."라고 대답했습니다.

여러분이 경험했다고 정말로 여긴다면, 함정 속에서 '내가 경험했어' 하고 있는 중입니다. 그 '내가'라는 것이 허상임을 파악해야 합니다. 그것에 대한 파악이 바로 본질적인 것입니다. 이 말이 지금까지 여러분이 들은 여러 강의 내용 중에 제일 중요하다고 할 수 있습니다. 지금까지 '나'라고 여겨지는 자신의 이런 저런 부분을 다루고, '나' 때문에 빠지게 되는 여러 감정과 생각, 그리고 느낌들로부터 떨어져서 지켜보는 작업들을 해왔습니다. 그래서 감정으로부터 자유로워지고 편안해지기는 했지요. 하지만 그런 작업 후에 '아, 내가 뭔가 달라졌어!'라고 여긴다면, 그때는 달라진 나와 동일시되어 있는 상태입니다. 뭔가 달라졌다는 것이 잘못되었다는 말은 아니에요. 하지만 이전과 달라지고, 뭔가 경험했다고 여겨지는 그런 '나'마저도 하나의 미묘한 분별이라는 점에 이제는 관심을 둬야 합니다. 또다시 너와 나, 그리고 이것과 저것을 나누는 망상, 즉 분별하는 마음을 실재로 여기는 마음의 회로 속으로 빠져드는 단계에 있음을 빨리 알아채야 합니다.

'도道는 앎에 속하지 않으며, 안다는 것은 망상妄想'이라 말한 이유를 한 단어로 설명하자면 그것이 '분별'이기 때문입니다. 모든 앎은 분별에 기반을 두고 있습니다. 그런데 도道는 분별을 떠난 것을 말해요. 모든 앎이라는 것은, 본질에 금을 긋고서 '이것은 옳고 저것은 그르다'하는 것입니다. 물 위에 금을 긋는 것과 마찬가지입니다. 아무리 금을 그어도 물은 원 상태로 다시 돌아오는데, 잠시 나눠진 찰나의 물을 사진 찍어서 마음속에 저장하고, 이름 붙여놓는 것과 마찬가지인 것이 바로 우리 생각의 세계입니다. 사진 찍기가 감지라면, 그 사진에 이름을 붙이는 것이 생각입니다. 그때부터 그 이름들이 서로 연결되어 네트워크를 이루어서 여러 가지 다양한 생각을 만들고, 스토리를 지어내고, 그 스토리들에 붙은 느낌들이 생생하게 느껴지는, 느낌의 세계 속에 있게 됩니다. 그러나 물 위에 그은 금, 다시 말해 본질에 그은 금은 허망하기 짝이 없습니다. 언제라도 곧 스러질 수 있어요.

진심眞心이라는 것은 분별을 기반으로 하는 개념이 아니기 때문에 지식을 전달하는 방식으로는 전해질 수 없습니다. 그래서 앎에도 모름에도 속하지 않는다고 말합니다. 앎과 모름은 모두 개념속의 한 부분입니다. 개념이라는 것은, 금을 그어 물을 나누고 여기는 좋은 파도, 저기는 나쁜 파도라고 이름 붙이는 것입니다. 파도는 이미 사라졌는데도 이름 붙인 파도들을 마음에 새겨놓아요. 그래서 나중에 이름을 떠올리면 우리 마음속에 그 파도가 떠오르게 됩니다.

그런데 진심眞心이라는 것이 지식과 개념을 통해서 전달될 수 없는 것이라면 이런 강의를 통해서 우리는 무엇을 전달하고, 전달받을 수 있겠습니까? 오직 한 가지 방법이 있다면, 강의를 들을 때 옳고 그름을 판단하는 기준을 갖지 말고, 그냥 느끼듯이 들어보는 것입니다. 어떤 판단이 내려진다면 이미 판단의 기준을 가진 채 듣는 것입니다. '이것은 아닌데', '이것은 그럴듯해', '아, 맞네!'라는 것에는 모두 다 어떤 기준이 있어요. 우리 함양수련원 마당에 과일나무들이 있는데, 요새 비가 많이 온 후에 잎이 돋아나고 드디어 나무마다 자기 모습을 띠기 시작하고 있습니다. 그 이파리들이 다 비슷한 것 같지만 자세히 보면 하나하나 모두 달라요. 우리가 생생한 나무 이파리를 만지고 볼 때에는 어떤 판단도 하지 않습니다. 옳고 그른 지성적인 판단 같은 것을 하지 않고, 그냥 느끼고 감상합니다. 그렇게 느끼고 감상하는 마음은 그저 열려있는 마음이에요. 그처럼 아무런 기준 없이 느끼고 감상하는 마음으로 강의를 들으면 기준을 갖고 듣는 것보다 훨씬 더 쓸모 있는 전달이 일어날 수 있습니다.

진심직설은 15장으로 구성된 짧은 글이에요. 대승기신론大乘起信論에 비하면 아주 짧은 글이지요. 그렇지만 전달할 수 없는 진심眞心을 전달하기 위한 글이라는 점에서는 이미 장황하다고 할 수 있습니다. 그럼에도 불구하고 이 진심眞心이라는 것을 어떻게든 표현해보려고 애쓴 지눌스님의 용기에 찬탄과 감사를 전합니다. 표현이 아주 좋아요. 여러 경전들에 나오는 핵심적인 말을 뽑아서 자기 경험을 기반으로 하여 설명을 잘 했습니다. 그래서 진심직설 강의를 듣거나 책을 읽을 때는, 어떤 판단과 비교 없이 열린 마음으로 그저 느끼고 음미하고 감상하기를 바랍니다. 그랬을 때 지식이나 지성적인 전달이 아닌, 비유를 통한 직관적인 와 닿음이 있는, 의미 있는 강의가 될 것입니다.

의심없는 영역

若眞達不疑之地는 猶如太虛寬廓이어니
약진달불의지지 유여태허관확

진정으로 의심 없는 영역에 도달하면 그것은 태허太虛와 같이 확 트이니,

의심 없는 영역은 마음이 넓게 확 트여버린 것과 같다고 했습니다. 의심은 무엇입니까? 의심이라는 건, 이것과 저것을 나누는 분별 속에 들어있는 것입니다. 앞에 있는 이것이 '컵'인가요? 컵이 아닐 수도 있잖아요. 이것을 다른 용도로 사용하면 다른 것이 될 수도 있지요. 물을 따라 마시면 컵이지만 이걸로 누구를 때리면 흉기가 되는데, 그럼 과연 '컵'이라는 이름이 정당한 이름입니까? '이것이다, 저것이다'라고 이름 붙여서 나누는 것은 이처럼 애매합니다. 다른 논리로 따지면 항상 의심이 들게 되어있어요. 그래서 앎과 모름에는 이런 의심이 연관되어 있습니다. 앎에는 늘 어떤 기준이나 경험이 관련되어있기 때문에, 그 기준이 흔들리거나 경험에 배치되는 일이 일어나면 그 앎에는 의심이 끼어들고, 점차 흔들리고, 앎의 토대가 무너지기 시작합니다. 여러분의 모든 경험도 그 기준이 흔들리면 의심이 일어나기 시작합니다.

예를 들어보죠. 내가 믿고 있는 생각과 그에 반하는 상황이 만나서 부딪힐 때 감정이라는 현상이 일어나는데, 내가 믿고 있던 그 생각에서 에너지를 빼면 감정의 힘이 빠지면서 점차 사라지는 것을 여러분은 경험했습니다. 그런데 늘 그렇지는 않아요. 미묘한 차원에서는 또 다를 수도 있으니까요. 경험이 일어났다고 하더라도, 그렇지 않은 경험을 한 번 더 하거나 어떤 말에 흔들리기 시작하면 의심이 들기 시작합니다. 모든 앎은 밑바닥에 의심을 깔고 있어요. 왜냐하면 앎이라는 것은 가정을 토대로 이루어졌기 때문입니다. 모든 앎은 사실 미지未知가 미지未知를 정의하는 것과 같은 상태이기 때문에, '이것이 정말 컵인가?'라는 질문을 파고들어가 보면 결국은 '잘 모르겠다'가 나옵니다. 소크라테스가 뭔가를 알고 있다는 사람을 찾아가서 "당신이 알고 있는 것에 대해서 한번 얘기해보시오."하며 자꾸 캐물으니 결국 "아, 나 모르겠어."가 나옵니다. 그래서 소크라테스는 "나는 아무것도 모른다. 다만 내가 모른다는 것을 알고 있을 뿐이다."라고 말했습니다. 우리는 결코 아는 것이 없습니다. 우리가 안다고 여기는 모든 것은, 미지未知가 미지未知를 정의한 것일 뿐입니다. 맨 처음의 미지를 그냥 인정하고, 그 미지가 다른 미지를 정의하는 것입니다. 1㎝라는 것을 그냥 정해놓고, 그것의 열배는 10㎝임을 '안다'고 말합니다. 그런데 "이것이 정말 10㎝인가? 10㎝는 무엇인가?"라고 묻는다면 1㎝에 대해서 얘기하게 되고, 그 1㎝는 그냥 우리가 정한 약속임이 드러나면서 미지가 미지를 정의하는 것에 불과한 우리의 앎에 대해 다시금 인식하게 되고, 그렇게 되면 의심이 일어나게 됩니다.

그러나 앎과 모름을 떠난 곳은 의심의 여지가 없는 세계입니다. 마음에서 올라오는 그 어떤 것에도 동일시되지 않으면 어떤 의심의 여지도 없습니다. 의심이라는 것 자체가 끼어들지 않아요. 의심은 앎과 모름 사이에서 일어나기 때문에 앎과 모름을 떠난 마음에는 의심이 자리잡을 땅이 없습니다. 진정으로 의심이 없는 영역이라는 것은 앎과 모름을 떠난 상태여서 태허와 같이 확 트인 상태입니다. 앎과 모름이라는 마음의 분별적인 네트워크의 경계를 떠나 더 이상 알고 모름에 좌우되지 않을 때 의심 없는 영역에 도달하게 됩니다. 나도 아는 것이 하나도 없습니다. 잘 몰라요. 몰라도 괜찮아요. 내가 뿌리박고 있는 곳은 앎과 모름을 넘어선 곳이에요. 옛날에는 내가 뭔가를 많이 아는 것 같으면 뿌듯하게 느껴지고, 뭔가를 모르겠으면 위축되는 느낌이 들었어요. 그 아는 것을 '자기'라고 느끼고, 모르는 것을 '자기'라고 여기기 때문에 그렇습니다. 모르는 것이 내가 아니면 아무것도 몰라도 괜찮습니다. 아는 것이 내가 아니면 뭔가를 많이 알아도 그렇게 자랑스럽지도 않아요. 아는 것이 많으면 머리만 복잡하지요. 컵에 대해서 아는 것이 많으면 컵을 볼 때마다 이것저것이 막 떠오를 것 아니에요. 쓸데없는 데 머리의 에너지를 낭비시키고 있는 것입니다. 아는 것이 많은 건 자랑할 일이 아닙니다. 우주가 우리에게 준 귀한 에너지를 자기도 모르게 자동적으로 낭비하는 일입니다.

무한에서 유한으로 타락하다

豈可强是非耶리요
기 가 강 시 비 야

어찌 가히 옳다 그르다 하겠는가?

옳고 그름의 판단은 항상 어떤 기준을 가지고 있을 때 일어납니다. 그 기준은 유전적으로 물려받거나, 몇 십년 이상 살아오면서 자신도 모르게 사회로부터 주입 받고, 또는 경험을 받아들임으로써 자리하게 된 것들입니다. 대부분의 사람들은 이렇게 마음속에 기록되어 말뚝처럼 박힌 자신도 모르는 수많은 기준에 묶여서 그 반경 안에서만 움직이며 살아갑니다. 그런 기준이 효율적일 수는 있지만, 그 내적인 기준 때문에 우리는 무한한 본질을 가지고 있음에도 유한한 존재로 살아가게 됩니다. 타락이라는 것이 별다른 것이 아니에요. 어떤 이유가 있을 때만 정성을 들이고, 힘을 내고, 기뻐하는 일들이 바로 무한無限에서 유한有限으로 타락한 결과입니다. 시비是非라는 것은 항상 기준 때문에 생겨납니다. 판단하고 정의내리는 데 그 기준이 쓰이면 괜찮지만 그것이 철칙이나 진리가 되어 그것에 묶여서는 안 됩니다. 모든 분별을 떠나면 거기엔 어떤 옳고 그름도 없습니다.

或이 曰 然則諸祖出世가 無益群生耶잇가
혹 왈 연즉제조출세 무익군생야

曰 佛祖出頭에 無法與人이요,
왈 불조출두 무법여인

只要衆生으로 自見本性이니
지요중생 자견본성

묻기를, 그렇다면 모든 조사의 출세가 중생에게 아무 이익이 없겠습니까?
답하기를, 부처와 조사가 나타나도 사람에게 어떤 법法을 주는 것은 아니니, 오직 중생으로 하여금 스스로 본성本性을 보게 할 뿐이다.

설법이란 무언가 특별한 법法의 전수가 아니라고 말하고 있습니다. 일반적인 개념이나 지식의 전달이 아니기에 '무언가를 주는 것'이 아니에요. 오직 자신의 본성을 스스로 깨닫도록 일깨워 주는 것뿐, '없는 것을 주는 것'은 아니라는 점이 분명해야 합니다. 선사들이 깨닫는 과정을 기록한 《전등록》이라는 책이 있습니다. 빛을 전한 기록이라는 것이죠. 그런데 제목을 보고 잘못 생각하면 '등'을 전하는 것으로 여길 수 있습니다. 그러나 '등'은 우리 모두 가지고 있습니다. 그 등에 '빛'을 불 붙여주는 것뿐입니다. 밝게 빛날 등은 모두 갖추고 있습니다.

그러므로 부처와 조사가 나타나도 사람들에게 법法이나 진리를 줄 수는 없습니다. 그것이 무법여인無法與人의 의미입니다. 우리들이 모두 다 갖추고 있는 그 본성本性을 스스로 보게 만드는 것이 조사나 부처의 역할입니다. 그 사람에게 없는 것을 주는 것이 아니에요. 이런 말은 너무 자주 듣던 말이지만 한편으로 '이해는 하겠어. 그런데 본성이 뭔지, 그것이 어디에 있는지는 모르겠다'는 의문이 들 수 있습니다. 그래서 이제 화엄경華嚴經에 나오는 말을 인용하여 다시 설명합니다.

불안한 그 마음이 곧 본성

華嚴에 云하사대
화 엄　운

知一切法이 卽心自性하면
지 일 체 법　즉 심 자 성

화엄경에 이르되,
일체의 법法이 곧 지금의 즉각적인 마음의 본성本性임을 알면,

법法은 세 가지의 의미를 지닙니다. 부처님의 설법說法, 진리로서의 법, 그리고 일체 만물의 현상이라는 의미의 법. 그러면 진리와 현상이 무슨 관계이기에 똑같은 법法이라는 단어를 쓸까요? 현상은 그냥 드러나는 것이 아니라 진리를 기반으로 드러나기 때문에 모든 현상 속에 진리가 들어있습니다. 그래서 법法은 진리, 그리고 현상이라는 의미로 두루 쓰입니다.

즉심卽心은 지금 이 순간의 자신의 마음을 말합니다. 지금 이 순간 자신의 마음을 들여다보세요. 마음이 보입니까? 마음이 느껴지죠. 마음이 있잖아요. 그것이 바로 자성自性, 즉 본성입니다. 다만 마음이 지금 어떤 모양을 띠고 있지요. 그러나 그 모양도 본성인 마음을 떠나서 있는 것은 아닙니다. 지금 그렇게 수긍하는 마음은 '아, 그렇구나' 하는 마음에 물든 본성이라는 것입니다. 어떤 물도 들지 않은 것이 바로 즉심자성卽心自性입니다. 그런데 물들지 않은 마음은 드러나지 않습니다. 물들어야만 드러날 수 있으니, 드러난 모든 마음은 물든 마음이라고 보면 됩니다. 그리고 그런 물든 마음을 통해서 물들지 않는 본성으로서의 마음을 발견해야 합니다.

"道는 不屬知하며 不屬不知"라고 했습니다. 참 아이러니 합니다. 도道라는 것은 앎에도 모름에도 속하지 않는다고 하는데, 그 도道를 지금 우리가 알려고 해요. '일체의 현상이 곧 마음의 본성임을 안다[知一切法 卽心自性]'는 말은 '번뇌즉보리煩惱卽菩提'와 일맥상통합니다. 초조하고, 불안하고, 두렵고, 기쁘고, 흥분하는 우리의 수많은 마음들이 번뇌입니다. 마음이 움직였다는 말이지요. 특별히 괴로운 것만 번뇌가 아니에요. 그런데 움직인 마음 그 자체가 본성과 다를 바가 없다는 것을 알면 이제 지혜의 몸이 성취된 것입니다.

우리는 지금 본성을 알고 싶어 합니다. 또는 터득하거나 경험하려고 해요. 터득한다, 안다, 경험한다, 이런 건 모두 둘로 나뉜 마음이에요. 무언가를 알려면 아는 주체가 있고, 알려지는 대상이 있어야 하잖아요. 아직 경험하지 못한 내가 무언가를 경험해야 하는데, 이는 경험자와 경험대상이 나눠져 있어야만 일어날 수 있는 일입니다. 이렇게 마음이 나뉘었다면 이미 본질이 아닌 분별 속에 있는 것이죠.

진정으로 마음을 터득하기 위해서는 마음이 움직이는 과정을 알아야 합니다. 마음이 어떤 식으로 작용하여 앎이 일어나는지, 어떤 과정을 거쳐서 경험과 터득이 일어나는지 마음의 회로를 보는 것입니다. 마음의 회로를 보는 것은 그 회로로부터 우리를 벗어나게 해줍니다.

마음의 가장 기본적인 회로는 주체와 대상이 동시에 생겨나는 것입니다. 이때는 주체 역시 대상과 마찬가지로 마음에 '보이는' 일종의 대상입니다. 그리고 여기서 도약이 일어납니다. 즉, 그 두 종류의 대상을 모두 보는 '봄'이 곧 '보이지 않는 눈'을 증거하게 되는 일이 일어납니다. 즉 눈에 보이는 대상은, 보는 눈이 있다는 증거라는 말이에요. 보는 눈이 없다면 보이는 것도 없겠죠. 이 눈과 같이 '보이지 않는 주체'와 보이는 대상 간의 관계를 철저하게 파악하면, 내가 보는 모든 대상들로부터 '보이지 않는 주체'를 파악할 수 있습니다. 그래서 제자가 "진리가 어디 있습니까?"하고 질문하면 스승이 제자의 엉덩이를 때리기도 했습니다. 그러고는 "진리는 바로 여기에 있다"고 말합니다. 이렇게 고함소리를 듣거나 몽둥이질을 당할 때 '지금 이 순간'의 보이지 않는 주체로 있게 되기 때문입니다.

보이는 주체, 보이지 않는 주체

"知一切法 卽心自性"이라 했는데, '안다'는 말에는 함정이 있습니다. 여기에서 말하는 자성自性은 일종의 비유예요. 자성自性은 분리 없음을 기반으로 하기 때문에, 앎의 기반인 분리 상태에서는 결코 알 수 없습니다. 그렇다면 이 말의 의미는 무엇일까요? 마음의 과정을 알면 통찰이 일어나게 되어 자신의 마음을 자각하는 것이 가능하다는 말입니다. 컵이 보인다는 것은 눈이 있기 때문임을 아는 것처럼 그런 의미로 안다는 것이지, 눈이 눈을 봐서 안다는 뜻은 아닙니다. 즉, 마음의 분리 상태에서 일어나는 일반적인 앎과는 다릅니다. 그래서 마음을 자각하기 위해서는 마음의 과정을 철저하게 파악하는 것이 중요합니다. 왜냐하면 마음 자체를 직접적으로 알 수는 없기 때문입니다. 그러나 마음의 구조를 알면 대상을 통해서 즉각적으로 알 수도 있습니다. 컵을 통해 눈을 알듯이 말입니다. 그러나 이것은 우리의 일반적인 앎, 대상적이고 직접적인 앎과는 다르죠. 우리는 대상을 통해 주체를 파악하는 앎을 거의 사용해 본 적이 없습니다. 그래서 어렵다고 느끼는 것입니다. 그러나 한 번만 눈치채면 이보다 더 확실한 앎은 없습니다. 그래서 마음의 구조를 파악하라고 자꾸 말하는 것입니다. 주체와 대상이 함께 일어난다는 것을 철저히 체득해야 합니다. 대상이 바뀔 때마다 그에 해당하는 '나'가 생겨나는데, 그 와중에 변함없다고 여겨지는 특정한 측면이 늘 포함됩니다. 그것이 바로 주체감이지요. 주체로서의 느낌. 대상에 대한 내용은 늘 바뀌지만, 강도의 차이는 있지만 주체의 느낌은 거의 바뀌지 않습니다.

주체와 대상이 동시에 생겨나는 최초의 마음의 구조를 전식轉識이라

합니다. 최초의 마음의 움직임입니다. 나와 대상으로, 나와 나 아닌 것으로 분별되는 의식의 제 1과정입니다. 그 다음에 대상이 하나하나 나뉘어 만물이 생겨나는 제 2과정이 바로 현식現識입니다. 이처럼 우리가 만물을 보는 것은 우리 마음이 나뉘는 것에 불과합니다. 예를 들어 내 눈에 보이는 창문과 창틀은 내 마음이 그들을 둘로 나누었기 때문인데, 우리는 그것들이 따로 있다고 여깁니다. 하지만 창틀 전체 안에 창문이 들어있다고 보면 하나라고 할 수 있지요. 마찬가지로 집을 하나로 볼 수도 있고, 여러 개로 나누어 볼 수도 있습니다. 그런데 이것을 누가 나눕니까? 내 마음의 지도에 나눠져 있는 것일 뿐입니다.

주체와 대상으로 나뉘는 마음의 과정을 철저히 경험적으로, 느낌으로 파악하면 이제 대상을 보는 것이 곧 주체를 확인하는 작업이 됩니다. 이것은 추측이나 추상적인 어떤 개념이 아닙니다. 대상을 통해서 주체가 느낌으로 와 닿습니다. 마음의 구조와 의식의 과정에 대한 명확한 파악은, 마음 자체를 즉각적으로 통찰하게 하는 기반이 됩니다. 그래서 마음의 구조를 파악하기 위해 우리는 마음의 미묘한 느낌들을 느끼는 감지感知*를 연습했어요. 감지가 명확하면 이제는 마음에서 일어나는, 즉 마음이 분별해 내는 미묘한 느낌들을 모두 느낄 수 있습니다.

한 가지 연습을 해보겠습니다. 내가 10에서 1까지 거꾸로 세어나갈 테니 여러분은 1에서 주먹을 쥐어보세요. 10, 9, 8, 7, 6, 5, 4, 3, 2, 자, 지금 2를 듣는 순간 어떤 느낌이 들었나요? 손으로 가는 뭔가가 느껴집니까? 또는 주먹을 쥐려는 의도가 느껴지나요? 자신의 의도, 이것은 의식적인 마음의 느낌입니다. 손으로 향해 가는 무언가는 에너지

---

* 감지: 호오가 없는, 지금 이 순간의 분별되는 느낌

적인 느낌이고, 그 에너지가 강하게 뭉쳐져서 주먹이 움찔했다면 그것은 몸의 느낌입니다. 이렇게 몸의 느낌, 에너지적인 느낌, 의식적인 느낌이 다 감지를 통해서 파악됩니다. 그 중에서 의식적인 느낌이 가장 미묘한데, 마음은 그런 미묘한 느낌들로 구성되어 있고, 주체와 대상 또한 마음이 잡아낼 수 있는 느낌입니다. 우리가 감지 연습을 하는 이유는, 주체와 대상이라는 최초의 분열을 의식적으로 잡아내면 마음의 구조가 경험적으로 파악되기 시작하고, 대상을 통해 주체를 확인할 수 있기 때문입니다. 눈에 보이는 사물은 눈이 있다는 증거입니다. 컵을 볼 때, 마우스를 볼 때, 그 모든 순간에 눈이 있습니다.

선어록禪語錄을 보면, 사람들이 구지선사俱胝禪師에게 묻습니다. "진리가 뭡니까?" "부처의 진정한 의미는 무엇입니까?" 그 어떤 질문을 하든 구지선사는 그 답으로 손가락을 들었다고 합니다. 이 손가락 하나를 보는 지금 이 순간이 당신의 마음입니다. 손가락은 중요하지 않습니다. 부처가 무엇인지 물었는데 '마른 똥 막대기다'라는 대답을 듣기도 합니다. 그 순간 의문이 떠오릅니다. 그때 그 의문을 활성화시키는 무한한 생명의 힘이 있어요. 의문의 내용은 중요치 않아요. 주체와 대상이라는 마음의 구조를 알면 대상을 통해서 주체를 확인하게 되는데, 주체*가 확인되면 이제 어떻게 될까요? 주체라는 것도 마음의 현상임을 알아차리게 됩니다. 마음에 떠오르는 것이니 마음의 현상이에요. 주체와 대상이라는 마음의 최초의 분열이 확인되면, 그 최초의 분열마저도 현상임을 파악하는 시점에 온 것입니다. 경험적으로 주체

* 주체: 개인적 주체와 비개인적 주체가 있는데 여기서는 비개인적 주체를 말한다. 개인적 주체는 일반적으로 '나'라고 여겨지는 마음이고, 비개인적 주체는 '나'가 형성되기 전 어릴 때부터 무언가를 인식할 때 이미 사용되는 주체이다.

가 확인되면 어떻게 될까요? '나'라고 여겨지는 것은 '주체감과 내용'이 합해진 것입니다. '나'라고 여겨지는 그 느낌마저도 마음의 현상이라는 것이 분명히 경험적으로 와 닿게 되면 이제 그 현상을 굳이 고집할 필요가 없습니다. 손바닥끼리 세게 부딪히면 어떻습니까? '조금 아프네' 하고 말지요. 그것을 자기라고 할 사람은 아무도 없습니다. 손에서 느껴지는 느낌일 뿐이고, 조금만 지나면 그 느낌은 사라집니다. 마찬가지로 주체와 대상이 경험적으로 파악되면, '나'라는 느낌도 나타났다가 사라지며, 개별적인 '나'라고 할 만한 그 어떤 것도 없음이 드러납니다. 그때 정체성에 대한 혼란을 겪게 되지요. '어, 나가 없어? 그럼 난 뭐야? 몸은 내가 아닌 것 같고, 의식적으로 나라고 여겨지는 이것은 나타났다가 사라지는 느낌이네! 나는 도대체 어디 있지? 나의 본질은 뭐지?' 이러면서 자꾸 무언가를 붙잡으려고 해요. 이때가 백척간두진일보百尺竿頭進一步의 상태입니다. 지금까지의 나에 대한 기준이 사라져 버리고, 마음이 혼란스럽습니다. 그런데 이런 혼란은 일반적으로 말하는 정체성의 혼란과는 다릅니다. 흔히 말하는 정체성의 혼란은, '나'라는 것이 있다는 믿음 하에 내가 뭔지 모르는 상태로 빠지는 것이라면, 지금의 혼란은 '나'라는 것이 있지 않음을 알고 혼란으로 빠져 드는 것입니다. 그리고 그 혼란과 함께 갈 수 있고, 내 마음이 그 혼란보다 무한하게 크다는 것을 알게 되지요. 그러면 그 어떤 것에도 머물지 않게 됩니다. 누군가가 깨닫는 것이 아닙니다. '누군가'라는 것은 마음의 일시적인 현상임이 드러나고, 마음이 그 어디에도 머무르지 않게 됩니다. 굳이 이름 붙이자면 '생명의 힘'이라 부를 수 있는 마음의 에너지가, '나'라는 것에 머무르지 않고 언제든 떠날 수 있게 됩니다. 응무소주이생기심應無所住而生其心하게 되어 어디에도 머물지 않고, 마음을 내서 쓰게 됩니다. 마음을 내서 사용하는 것만 남아요. 이런 과정이 일어나려면 우선 마음의 구조가 파악 되어야 하기 때문에 우리는 마음의 구조를 보는 체계적인 연습을 하고 있습니다. 마음의 구조를 보아 그 어떤 것도 내가 아님을 파악하고, 마지막에 가서는 '나'라고 할 만한 것이 없음을 알아서 어디에도 발붙일 곳이 없는 자신을 발견하게 됩니다. 그때는 혼란이 올 수 있지만, 그 혼란과 함께 가다보면 드디어 그 혼란보다 더 크고 무한한 자신의 본성을 발견할 수 있습니다.

마음의 과정을 이해함으로써 마음의 회로를 벗어나는 것은, 우주에 대한 이해와도 통해 있습니다. 왜냐하면 우주의 미세한 흐름은 바로 마음이 작용하는 흐름과 똑같기 때문입니다. 그래서 인간을 소우주小宇宙라고 말합니다. 인간뿐 아니라 모든 생명체 또한 소우주이며, 모래 한 알조차도 소우주입니다. 물리 현상마저도 그렇습니다. 우리가 존재라고 부르는 현상의 구조적인 에너지 흐름은 모래 한 알과 우주가 다를 것이 없습니다. 인간의 마음도 마찬가지예요. 그래서 인간에 대한 이해는 우주에 대한 이해와 같습니다. 우주를 이해한다는 것은 어떻게 보면 대단한 일이 아닐 수도 있습니다.

인간의 몸과 마음이 성장하고 사라져가는 모든 과정은 아무렇게나 일어나지는 않습니다. 어떤 법칙, 즉 에너지가 움직이는 패턴에 의해 이루어지는데 동양에서는 그것을 이理라고 합니다. 에너지가 아무렇게나 흐른다면 이 현상계가 질서정연하게 흘러갈 수 없어요. 현상의 밑바닥에 깔려있는 그 법칙은 우주와 인간, 그리고 인간의 마음에 모두 동일하게 적용됩니다. 모두 우주 안에서 일어나는 현상이기 때문입니다. 그래서 인간의 마음을 볼 줄 알면 우주가 어떻게 돌아가는지 이해할 수 있습니다. 동양에서는 기본적으로 음양陰陽의 이치를 말합니다.

마음에서는 주체와 대상으로의 이분법적인 분열이 이에 해당하죠. 그런데 이 모든 이치는 누가 본거죠? 인간의 마음이 본 이치일 뿐입니다. 우주적인 흐름을 인간의 마음이라는 안경을 쓰고 보면 음양陰陽의 논리, 주체와 대상의 논리 등으로 보인다는 말이에요. 뭔가 보였다는 것은 보는 주체가 있다는 말이죠? 인간의 마음이라는 주체가 이원론적으로 봤을 뿐, 우주가 이원론적인 것은 아닙니다. 우주는 불이不二의 세계죠.

그래서 인간의 마음 역시 우주 안에서 일어나는 현상이고, 특히 아주 미세한 차원에서 일어나는 현상이기 때문에, 마음의 구조를 알면 보이는 우주의 거친 현상에 뿌리박고 있는 미세한 흐름도 파악할 수가 있고, 그것을 통해 우리는 우주를 알 수 있게 됩니다. 이를 격물치지格物致知라고 합니다. 작은 사물의 이치를 끝까지 궁구해보면 우주의 원리를 알게 된다는 말이지요.

여기서 말하는 '일체법이 즉심자성임을 안다'[知一切法 卽心自性]는 것은 평소에 우리가 주체와 대상으로 나눠 사물을 아는 그런 앎과는 다른 것입니다. 왜냐하면 본질, 즉 진심은 앎도 모름도 떠나있다고 했는데 여기서 또 안다는 말을 쓴다는 것이 모순되기 때문이죠. 그러나 이 앎은 대상을 아는 그런 앎이 아니라 즉각적인 마음 자체, 마음구조를 보고 마음을 통찰해내는 앎을 말합니다.

본질은 주고받는 것이 아니다

成就慧身호대 不由他悟라
성취혜신 불유타오

지혜의 몸[慧身]을 성취하되 그것이 타인을 통해서 깨달음에 이르지 않으니,

깨달음이란 전달하고 전달 받을 수 있는 것이 아닙니다. 여러분 각자가 이미 그것 속에 있어요. 그것을 가지고 있다는 말이 아니라 그것 자체입니다. 여러분은 자신이 땅을 디디고 있다는 사실을 모른 채, 지구가 어디 있는지 여기저기 걸어 다니고 바닥을 파며 찾고 있는 사람과 같습니다. 기쁘거나 슬프고 괴로운 감정, 이런 저런 생각, 갖가지 느낌을 쓰면서 마음의 본질을 찾고 있어요. 신기하지 않습니까? 지구를 찾고 있는 것과 결코 다르지 않아요. 지금 쓰고 있는 그 마음, 뭔가를 알아듣기 위해 쓰이는 그 마음이 있지요? 거기에 지금 마음의 본질이 쓰이고 있습니다. 다만 물든 마음일 뿐이지요. 그러나 진흙탕 물도 물입니다. 진흙을 걸러내면 맑은 물이 남아요. 마찬가지로 마음에 일어나는 것들을 가라앉히면 고요함 속으로 들어가게 됩니다. 고요 속에 있을 때 마음의 본질과 가장 유사합니다. 아무 생각이 없는 삼매 상태는 본질의 그림자에 대한 경험입니다. 그러나 마음의 본질을 파악한 건 아니지요. 경험한다는 것은 경험한 자가 있다는 뜻이어서 여전히 나눠진 상태이기 때문입니다. 마음의 본질은 경험할 수 있는 것이 아닙니다. 마음이 고요한 상태는 진흙이 가라앉은 상태와 비슷해서 물이 드러나기 좋은 상태입니다. 그러나 가라앉은 이런 상태에서는 앎이 잘 일어나지 않습니다. 즉, 선정禪定 상태에서는 분별에 기반한 지혜와 통찰이 일어나지 않아요. 분열이 없는 상태이기 때문인데, 여기에 딜레마가 있습니다. 마음을 가라앉히면 통찰이 일어나지 않고, 마음을 흐트러뜨리면 통찰을 일으킬 기회는 있지만 마음의 본질을 보지 못합니다. 마음이 혼란 속에 빠지며 무언가와 동일시되기 쉽기 때문입니다.

지혜의 몸[慧身]이라는 것은 특별한 몸을 말하는 것이 아니라, 통찰이 일어났음을 의미합니다. 본질을 주고받는 것이 아니라, 통찰이 일어날 뿐이에요. 누군가 깨달음에 대해 말하며 무언가를 전해주려 한다면, 그 사람은 뭔가 본질에서 벗어난 것을 주려는 것일 뿐입니다. 자기가 뭔가를 해줄 수 있다고 말하는 사람이 있다면 그 사람은 뭔가 오해하고 있으며 깨달은 사람도 아닙니다. 오직 제자 스스로의 안에 있는 것을 일깨워줄 수 있을 뿐입니다. 수련자가 뭔가를 받으려 한다면 그 사람 또한 착각 속에 있습니다. 본질은 말이나 강의를 통해 이해하고 깨우치는 것이 아닙니다. 본질은 깨우치기 전이나 이후나 아무 차이가 없으며, 주고받는 것도 아니고, 언제나 그 자리에 있는 것이니, 할 수 있는 것은 오직 본질을 볼 수 있는 눈을 뜨게 해주는 것뿐입니다.

여러분이 지금 골똘히 내 말을 듣고 있다면 여러분의 마음은 물들어 있습니다. 다시 말해 본마음이, '듣고 있다'는 마음의 패턴에, 물든 상태예요. 그렇다면 그 어디에도 물들지 않은 마음은 무엇일까요?

.......(침묵)

여러분의 마음은 조금 전까지 어떻게 물들어 있었나요? 뭔가 내 대답을 기다리고 있었다면 기다리는 마음에 물들었던 것인데, 거기서 기다림만 빼면 어떤 마음일까요? 기다릴 때의 어떤 미묘하고 투명한 마음의 패턴이 있습니다, 더 나아가 그보다도 더 옅고 투명한 '존재감'이라는 패턴도 있습니다. 이런 존재감마저도 일종의 물든 느낌이라면, 물들지 않은 것은 무엇일까요? '아, 기다리는 이 느낌도 물든 마음이구나', '이것은 무언가를 찾는다는 것에 물든 마음이네', '아, 이것은 무언가를 전해주려는 마음에 물들었구나' 이렇게 매순간 마음이 무엇에 물들었는지를 파악해보세요. 물든 마음은 자신의 본질이 아니니까, 그것들을 자꾸 파악할수록 그 어떤 물든 마음에도 머물지 않을 수 있게 됩니다. 지금 '알겠다!'고 하는 물든 마음이 일어났다면 그것 역시 자신의 본질이 아닙니다. 시시각각 나타났다 사라지는 모든 마음이 미묘하게 물들었음을 알게 되면, 그 사람은 어디에도 진정으로 머물지 않게 됩니다. 그때 그는 파도가 아닌 물이 무엇인지 파악한 거나 마찬가지입니다. 그럴 때 '더 이상 갈 곳이 없다'고 말하곤 하지요. 붕 떠서 어디에도 머물 곳 없는 마음이 되어버립니다. 머물 곳 없는 마음은 주인이 없는 마음이기 때문에 처음에는 굉장히 혼란스럽습니다. 왜냐하면 지금까지는 항상 '나'라는 주인이 있는 마음만 사용해왔으니까요. 어떤 감정, 생각, 느낌이 주인 노릇을 해왔던 것입니다. 그러나 이제 어느 곳에도 머물지 않는 마음은 주인 없는 혼란스러운 상태를 잠시 겪기도 하지만 동시에 자유롭기도 합니다.

이렇게 물들지 않은 마음의 발견은, 어떤 것이 물든 마음인지를 알게 됨으로써 일어납니다. 대상을 통해 주체가 확인되듯, 물든 마음을 확인할 줄 알면 이미 물들지 않은 마음을 아는 것과 마찬가지입니다. 직접적으로 보지는 않았지만 직접 보는 것과 같아요. 매순간 의식되는 자신의 마음이 물든 마음임을 알면, 그 사람의 중심은 이미 물들지 않은 자리에 가있는 것입니다. 그리고 그 자리는 사실 중심이 필요 없는 자리이기 때문에 무중력 상태처럼 느껴집니다. 이러하기에 지혜의 몸을 성취한다는 것은 타인을 통해 이뤄지는 것이 아닙니다.

문자는 경험을 상징할 뿐

是故로 佛祖가 不令人으로
시고 불조 불영인

泥着文字하고 只要休歇하야 見自本心케 하시니
니착문자 지요휴헐 견자본심

그래서 불조佛祖는 사람으로 하여금 문자에 집착하지 말고 다만 쉬고 또 쉬어서 자기의 본심本心을 보도록 했으니,

진정한 스승은 제자가 문자에 집착하지 않고 스스로 자신의 본질적인 마음을 보도록 이끕니다. 팔만대장경八萬大藏經은 전부 문자입니다. 수많은 경전의 말을 인용하는 사람은 문자에 집착하는 사람입니다. 경험적인 핵심은 없고 말로써 자꾸 따지고 들면서 문자 속에 빠져 있습니다. 문자가 가리키는 경험을 봐야지, 문자 속의 이치로만 알려고 들면 도저히 알 수 없습니다. 그러나 경험을 하고나서 문자를 보면 뭔가 핵심이 보입니다. 그러니까 문자는 그저 힌트 또는 우화, 상징으로 보시면 됩니다. 실제 경험과 똑같은 상징이나 비유는 아무것도 없어요. 문자는 경험의 그림자입니다. 그림자가 매순간마다 장소마다 달라지는 것처럼, 문자는 시대의 상황과 조건을 따르기 때문에 경전의 말들은 어느 한 사람을 향해서, 또는 특정한 몇몇 사람에게 주어진 말이기 쉽습니다. 모든 사람에게 적용되는 것이 아니에요. 더군다나 시대가 지나고 상황과 조건이 바뀌면서 사람의 지성적인 측면도 달라졌는데, 문자 그대로에만 매달린다면 경전이 말하는 본질을 파악하기가 힘들어 집니다. 그러니까 항상 이 순간의 자기 마음을 가지고 실험을 해야 합니다. 그 문자를 힌트 삼아서 마음을 실험해야 합니다. 팔만대장경도 답이 아니라 힌트예요. 답은 어디에도 없습니다.

망상을 쉬어 본질이 드러나게 한다

所以로 德山은 入門便棒하시고
소이 덕산 입문편방

이런 이유로, 덕산선사는 문에 들어서면 방망이로 치고,

덕산德山(782~865) 선사의 유명한 일화가 있습니다. 덕산은 불경을 많이 알아서 그를 말로 이겨낼 사람이 없을 정도로 똑똑한 사람이었습니다. 어느 날 불경을 메고 길을 가다가 떡을 파는 노파를 만났는데, 마침 배가 고팠던 터라 노파에게 점심點心을 좀 달라고 했습니다. 노파는 자신이 내는 문제를 맞히면 점심을 주겠노라고 말합니다. 노파는 "보아하니 당신은 경전을 가지고 다니는데, 금강경에 말하기를 사람의 마음은 과거심도, 현재심도, 미래심도 없다고 했는데 당신은 지금 어느 마음[心]에 점點을 찍겠소?"라고 물어봤어요. 과거의 마음도, 현재의 마음도, 미래의 마음도 없으니까 점을 어디에 찍어야 될까요? 덕산은 한 마디도 답하지 못했습니다. 노파는 "당신은 점심點心을 먹을 자격이 없소."하며 점심을 주지 않았죠. 덕산은 배도 고프고 마음도 피폐해져서 그때부터 경전의 이론이 아닌 실천적인 수행에 들어갑니다. 그 후 용담선사를 만나서 깨달았습니다. 그때부터 덕산이 주로 쓴 도구가 방망이였습니다. 누가 물으러 오면 방망이로 한 대 때립니다. "저, 스님, 진리가 무엇…"하는 순간 바로 방망이로 때렸어요.

> 只要休歇하고 見自本心이라
> 지요휴흘 견자본심
> 臨濟는 入門便喝이야,
> 임제 입문편할
>
> 오직 망상을 쉬어 스스로의 본심을 보게 했고,
> 임제는 문에 들어서면 할을 외쳤으니,

덕산은 다만 마음을 쉬게 했어요. 몽둥이로 맞으면 질문이 사라집니다. 질문하는 마음은 '일어난 마음'인데, 덕산은 그 마음을 멈추게 했습니다. 한 대 맞으면 질문하는 마음이 날아가고 없잖아요. 진리가 뭔지 물었는데, 방망이로 한 대 맞고 나면 아파서 진리를 묻던 마음이 사라져버리죠. 일어난 마음을 사라지게 만들어버렸는데 대부분의 사람은 그래도 알아채지 못합니다. 일어난 마음을 일어난 마음으로 알게 하고, 또한 그 마음이 사라졌음을 파악하게 하려고 수없이 몽둥이를 쳤지만 알아챈 사람은 몇 명 없었습니다.

일어난 마음인 망상을 쉬게 만들어 스스로의 본질적인 마음을 보게 했습니다. 일어난 마음은 무엇입니까? "진리가 무엇인가?"라고 묻는 마음은, 진리와 진리가 아닌 것을 나누는 마음입니다. 일어난 마음은 모두 분별과 분리를 기반으로 합니다. 몽둥이가 그 분별과 분리로부터 일어난 마음을 멈추게 만들었어요. 덕산은 무언가를 전달한 것이 아니라 그저 마음을 쉬게 하고 그 쉬는 마음을 즉각 볼 수 있도록 해주었는데, 그것을 보기가 참 힘이 듭니다. "내가 이제 몽둥이로 한 대 때릴 건데, 맞는 순간 질문이 사라질 거야. 그때 좀 잘 볼래?"하고 미리 말을 해준다면, 머리가 돌아가고 스토리 속으로 빠진단 말입니다. 그래서 이런 말을 안 해주고 아무 이유 없이 한 대 때리죠. 그 순간 '이것은 뭐지?'하면서 마음이 딱 멈춥니다. 정말 갈구하는 사람이라면 맞는 순간, 마음의 비어있음을 보거나 또는 스스로 질문할 것이고, 갈구하는 마음이 적은 사람은 맞은 것이 아플 뿐이겠죠.

진심眞心은 어디에 있습니까? 이런 저런 마음이 나타나지만 그때도 본질적인 마음은 늘 있습니다. "일어난 마음속에 진심은 도대체 어디 있습니까?"라고 질문하니 지눌 스님이 "망상妄想이 멈춘 곳에 있다."고 말합니다. 그 망상을 멈추게 하기 위해 덕산은 몽둥이로 한 대 때렸고, 임제臨濟(?~867)는 아주 커다란 소리[喝]로 깜짝 놀라게 했죠. 그렇게 해서 망상이 쉬는 순간을 알아채면 그는 진심을 보게 되는 것입니다.

덕산의 방棒과 임제의 할喝은 중국의 조사선祖師禪에서 굉장히 유명한 방법입니다. 임제는 황벽黃檗 선사에게 깨우침을 받았는데, 어떤 질문을 하면 황벽은 주먹으로 한 대 쳤습니다. 몽둥이가 아니라 주먹으로 쳤어요. 뭘 물어보면 매일 주먹으로 때리기만 하니까 임제가 기분 나빠 더 이상은 못하겠다고 떠나려고 합니다. 그때 황벽이 "대우大愚선사라고 있는데 거기 가서 좀 배워라. 훌륭한 분이다."라고 했습니다. 임제는 대우스님을 찾아가 황벽 스님이 보내서 왔다고 하였습니다. 대우스님이 왜 거기서 배우지 않고 자신을 찾아왔는지 묻자, 임제는 "제가 무슨 질문만 하면 때리더라고요. 3년이나 있었는데 맞기만 하고 배운 것이 하나도 없습니다."라고 답했습니다. 이에 대우스님은 "야, 이 놈아. 황벽스님이 3년 내내 널 귀하게 여기면서 가르쳐주며 진리를 보여줬건만 아직도 못 보았단 말이냐?"라고 말하자 그 순간 임제가 깨우칩니다. 그리고 황벽선사에게 돌아가요. 황벽이 돌아온 임제를 보고 왜 왔는지 묻자 임제는 다짜고짜 황벽의 멱살을 쥐고 내동댕이쳤습니다. 황벽은 "이제야 네가 뭘 알았구나!"하고 웃었습니다. 그렇게 임제는 거친 사람이었고, 그래서 이런 자기의 방식이 나오는 것입니다. 임제는 질문하러 오면 바로 꽥 소리를 질렀어요. 할喝은 이유 없는 아주 커다란 소리입니다. 고막이 터질 정도로 큰 소리를 들으면 어떻겠어요? 깜짝 놀라 마음이 즉각 멈춥니다.

已是 探頭太過니 何更立語言哉리요
이 시 탐 두 태 과 하 갱 입 어 언 재

이미 생각 속에서 찾는 일이 큰 잘못인데, 어찌 다시 무슨 말을 보태겠는가.

덕산은 아무 말도 하지 않고 몽둥이질을 하고 임제는 큰소리를 쳐서 마음을 멈추게 했는데, 이것 말고 경전을 통해서 무슨 할 말이 더 있겠느냐는 것입니다. 탐두探頭는 '머리로 찾는다'는 말이니 이해와 지식을 찾는다는 의미입니다. 덕산의 방이나 임제의 할을 넘어서 또 다른 지식을 찾는 것은 너무 과한 것이니, 어떤 언어를 또 세워 말해주겠는가? 머리로 알게 해주는 것은 이미 너무 많고 친절하며, 본성을 보는 것에는 그리 많은 언어가 필요 없다는 뜻입니다. 단순하다는 것이죠. 그러나 얼마나 많은 언어가 있습니까? 팔만대장경을 설하고 난 후에 부처님이 아난에게 "내가 한 말이 많으냐?"고 묻자 아난은 "한 마디도 하지 않았습니다."라고 했어요. 말 속에는 진리가 없습니다.

관찰을 많이 하세요. 감지를 느낌으로 파악하고, 자기 안에서 일어나는 많은 느낌들을 살피다 보면, 그 느낌들이 무작위로 일어나지 않는다는 것을 알게 됩니다. 어떤 구조가 있어요. 그 구조 중에서 가장 큰 것이 비개인적인 주체와 대상입니다. 주체는 보이지는 않지만 대상을 통해서 그 주체가 파악되고, 주체가 파악되면 그것 또한 마음에 일어난 현상이라는 것이 분명해지면서 더 이상 현상 아닌 것이 없게 됩니다. 주체마저도 현상이에요. 마음에서 일어나는 것 중에 가장 본질에 가까운 것이 바로 자아가 형성되기 전 어릴 때부터 있어왔던 비개인적인 주체입니다. 그것마저도 현상이라면, 더 이상 현상 아닌 것이 없습니다. 다시 말해 마음이 잡아내는 모든 것이 현상이에요. 모든 것이 나타났다 사라지는 일순간의 현상임을 알면 우리는 그 어디에도 얽매이지 않고, 그물에 걸리지 않는 바람처럼 자유롭습니다. 이렇게 마음의 구조를 보면 통찰이 일어나기 시작합니다. 그리고 마지막 통찰은 자신도 모르는 사이에 일어나죠. 왜냐하면 '내'가 알기 위해 노력하고 찾을수록, 찾으려는 그 놈이 현상이라는 것을 알아차리지 못하기 때문입니다. 그래서 마지막이 힘든 것입니다. '찾음'과 동일시되어서 바로 그렇게 '찾으려고 애쓰고 있음'을 잘 알아채지 못해요. 그래서 대상을 통해 주체를 파악하는 것이 중요합니다. 찾고 있는 자기 자신마저도 마음의 현상이라는 것을 발견하는 순간 이제 더 이상 생명의 힘이 머물 곳은 없습니다. 그는 드디어 자유롭게 풀려나지요.

제1장
진심정신
眞心正信

이번 강의부터 진심직설 본문에 들어갑니다. 총 15장으로 구성되어있으며 진심眞心 즉, 본질적인 마음 또는 의식의 본질에 대해서 직설적으로 이야기합니다.

맨 첫 장은 믿음에 대한 얘기입니다. 아주 치밀하고 논리적인 글인 대승기신론에서도 믿음을 중요하게 여겼습니다.

믿음은 청사진을 실천하며 나아가는 에너지

華嚴에 云하사대 信爲道源功德母라
화엄 운 신위도원공덕모

長養一切諸善根이라 하시고
장양일체제선근

화엄경에 말하길 믿음은 도의 근원이요 공덕의 어머니라
일체의 선근善根을 길러낸다 하시고

어떤 대상을 우러르는 신앙으로서의 믿음이 우리가 흔히 말하는 믿음이라면, 여기서 말하는 믿음[信]은 힘과 에너지라고 할 수 있습니다. 이 길로 가면 자신이 목적한 바가 이루어지리라는 강력한 앎과 같은 믿음이어서 공부를 하게하는 원동력이 되고 에너지가 되어줍니다. 즉 마음의 과정을 알고 그로부터 자유로워지기 위한 실천을 하면 그렇게 될 거라는 그런 믿음을 말해요. 지식적인 앎이 청사진이라면, 믿음은 그 청사진을 실천하며 나아가는 에너지입니다. 청사진이 현상화되려면 에너지가 실려서 움직여져야 합니다. 믿음이 도道의 근원이라는 것은 바로 그런 의미입니다. 구조적이거나 이치적인 의미에서의 도의 근원이 아니라, 도를 실현해 내는 힘의 근본이라는 뜻입니다. 대승大乘의 커다란 믿음을 일으키기 위한 보시布施 · 지계持戒 · 인욕忍辱 · 정진精

進·선정禪定·지혜智慧의 육바라밀六波羅蜜이 있습니다. 여섯 가지의 믿음의 길이죠. 그 길을 믿고 실천해 나가면 보리菩提, 즉 본질에 이르게 되는 대승大乘의 여섯 가지 길인데, 진심직설에서 말하는 믿음과 같습니다. 예를 들어 보시布施는 '내가 남에게 베푼다'는 마음 없이 남을 위해 베푸는 것입니다. '나'라는 것을 잊고 베푸니 여기에 많은 공덕功德이 있습니다. 그래서 믿음을 공덕의 어머니[功德母]라고 했습니다. 진심을 성취하기 위해서는 믿음이 중요하고, 그 믿음이 일체의 착한 뿌리를 길러낸다고 말하고 있습니다.

> 又唯識에 云하사대 信如水淸珠하야 能淸濁水故라 하시니
> 우유식 운 신여수청주 능청탁수고
>
> 또 유식론에서 이르기를, 믿음은 물을 맑게 하는 구슬과 같으니 능히 탁한 물을 맑게 한다고 하시니

여기서 말하는 믿음은 무언가를 믿는 믿음이라기보다는 올바른 길을 향해 가는 에너지 자체입니다. 대승기신론 강의에서 신념信念에 대해 자세히 설명했습니다. 여기서 말하는 믿음은 신념信念에서 념念을 뺀 아주 맑고 강렬한 에너지[信]인데, 이 믿음은 물을 맑게 하는 신비한 구슬과 같아서 탁한 물을 맑게 할 수 있다고 했습니다. 어떻게 믿음[信]이 탁한 물을 맑게 만들까요? 믿음의 힘이 없는 사람은 어떤 길을 갈 때 우왕좌왕 합니다. 혼돈스런 상태이니 탁한 물과도 같아요. 누군가 이렇게 말하면 그 길로 가고, 다른 이가 또 다르게 말하면 다시 변경하여 다른 길로 갑니다. 이런 사람은 믿음이 없습니다. 믿음이 없는 사람은 가다가 멈춰 뒤돌아보거나 도중에 옆길로 새게 됩니다. 지금 자신이 가는 길이 어디를 향하는지 분명히 알면 좌우를 돌아보지 않고 곧바로 직진할 텐데, 그 믿음이 분명하지 않으면 항상 우왕좌왕하며 옆

길로 새고 마음은 혼돈스럽고 탁해집니다. 믿음이 분명하면 탁한 물이 깨끗하게 된다고 표현했습니다. 본성을 향한 어떤 길을 따르겠다고 결정했으면 거기에 믿음을 두고 흔들리지 말아야 합니다. 그렇게 자신의 길을 한 걸음씩 가면서 뭔가 얻어지고, 끊임없이 마음을 실험해 봄으로써 자신의 길이 마음의 구조를 잘 보게 해 줄 것이라 확신하면 점차 흔들림 없이 그 길을 가게 됩니다. 많은 경전들이 이 신信, 믿음에 대해서 중요하게 여깁니다. 신념信念은 무언가를 믿는 belief입니다. 염念이 잘못되면 그 강렬한 에너지인 신信이 낭비되고 잘못 쓰이게 되지만, 방향타[念]가 제대로 잡히면 신信은 아주 강렬한 에너지원이 되어 올바른 길을 가는 훌륭한 의지로써 사용됩니다.

믿음이 있는 사람들 사이에는 대립이나 갈등이 잘 일어나지 않습니다. 왜냐하면 한 길을 가고 있다는 믿음이 분명하기 때문입니다. 예를 들어 감지感知에 대해 우리는 경험적으로 똑같이 이해하고 받아들이니까 감지에 대한 대립이나 갈등이 크게 없습니다. 하지만 각자 다른 경험을 하고 다른 이해를 가지고 모였을 때는, 똑같은 용어를 사용한다 하더라도 그 의미가 다르고 경험치가 다르기 때문에 대립이나 갈등이 있을 수 있습니다. 그런데 같은 용어를 사용하며 같은 길을 강력한 힘으로 나아간다면 그들은 서로 연결되기 때문에 어지러운 혼란 없이 깨끗하게 갈 수 있습니다. 믿음을 매우 중요하게 여긴다는 점을 잘 살펴보세요. 불교는 상당히 논리적이고 탐구적인 종교인데도 믿음을 중요하게 여깁니다. 대승기신론에서도 믿음을 매우 중요하게 생각했어요. 본질적인 마음을 직설적으로 꿰뚫어 이야기하는 이 진심직설에서도 믿음이 가장 첫 장에 놓여있다는 것을 보면 믿음이 얼마나 중요한지를 알 수 있습니다. 믿음 없이 가는 길은 힘이 없어요. 시험삼아 가보는 길은 아예 가지 않는 편이 낫습니다. 시작했다면 거기에 온전히 믿음으로 헌신해야 합니다. 누군가를, 또는 무언가를 믿는다면 자기의 것을 완전히 내려놓고 순수하게 따라야 효과가 있어요. 그렇지 않고 반신반의 하는 것은 낭비가 될 뿐이기 때문에 가지 않는 편이 낫습니다.

是知萬善發生이 信爲前導로다
시 지 만 선 발 생 신 위 전 도

이로써 만 가지 선함이 발생하는 것은 믿음이 그 길잡이가 됨을 알 수 있다.

길잡이 역할을 하는 믿음을 통해서 만 가지의 선善이 발생한다고 했습니다. 믿음을 통해 가는 길에는 갈등도 혼란도 없기 때문에 하고자 하는 좋은 뜻을 이루고 선한 일이 많이 일어난다는 말입니다.

故로 佛經에 首立如是我聞은 生信之所謂也니라
고 불 경 수 립 여 시 아 문 생 신 지 소 위 야

그러므로 불경 첫머리에 '이와 같이 나는 들었다'는 것은 신심信心을 내게 하기 위해서이다.

불경은 대부분 여시아문如是我聞으로 시작합니다. '나는 이와 같이 들었다'라는 뜻인데, 이 여시아문如是我聞에는 두 가지 의미가 있습니다. 첫째는 '내가 이와 같이 들었지 부처님이 이렇게 말한 것은 아니다'는 의미입니다. 스스로 경험한 만큼만 들을 수 있다는 것을 이 사람들은 알고 있었던 것입니다. 결코 불경에는 '부처님이 이렇게 말씀하셨다'고 쓰여 있지 않습니다. 모든 불경 첫 머리에 여시아문如是我聞을 적은 이유는 부처님이 직접 쓴 것이 아니기 때문입니다. 부처님 사후 여러 분파가 생겨나니 부처님 말씀들을 모아서 새롭게 경전을 정리할 필요가 생겨나 불서佛書 결집을 했습니다. 기억력 좋은 사람들이 모였고, 그 중에 가장 뛰어난 사람이 아난이었는데, 그 또한 여시아문如是我聞을 불경의 첫 머리에 썼습니다. 대부분의 불경은 부처님 입멸 후에 구두로 전승되다가 결집에 의해 정리되고 문자화되었습니다. 두 번째로 여시아문如是我聞에는 '내가 들은 말을 신뢰하고 믿고 간다'는 의미가 담겨 있습니다. 즉 믿음의 힘이 실린 글이라는 것을 나타냅니다. 부처님을 곁에서 모신 제자이며 사촌동생이기도 한 아난이 기억력이 제일 좋았습니다. 그렇지만 그는 제일 나중에 깨달았어요. 그렇게 오래 모시며 수많은 이야기를 들었지만 진정으로 빛을 본 것은 상당히 늦어서 제자들 중에 가장 깨우침이 늦은 사람이었다고 합니다. 그러니까 많이 듣는 것이 중요한 것은 아닙니다. 들은 것을 얼마만큼 실천했는지가 더 중요하죠. 그래서 신信이 중요합니다. 믿음의 힘은 움직여 실천하게 해줍니다.

경전의 길, 이심전심의 길

或이 曰 祖門之信이 與敎門信으로 有何異耶잇가
혹 왈 조문지신 여교문신 유하이야

묻기를, 조사문祖師門의 신信과 교문敎門의 신信은 어떻게 다른가?

조문祖門 또는 조사선祖師禪은 선종禪宗을 말하고, 교문敎門은 교종敎宗을 말합니다. 경전을 통해 말로 설명하여 학술적으로 치밀하게 표현하는 쪽이 교문敎門이라면, 조문祖門은 말을 한계 지어진 도구로 여기기 때문에 말없이 경험을 직접 전달하는 이심전심以心傳心의 전통을 따릅니다. 조문祖門에서 말하는 믿음과 교문敎門에서 말하는 믿음의 차이에 대해서 지금 묻고 있습니다.

曰 多種不同하니 敎門에는 令人天으로 信於因果니
왈 다종부동 교문 령인천 신어인과

답하기를, 여러 가지로 다르니 교문에서는 인간이나 천계天界로 하여금 인과因果를 믿게 하니

인천人天은 존재의 여러 레벨 중에서 상위 단계인 천계天界와 인계人界를 말하는데, 교문敎文은 이곳의 존재들로 하여금 인과因果를 믿게 한다고 했습니다. 교문은 말로 설명해야 하니까, 인과를 믿지 않으면 제대로 설명할 수 없어요. 말이라는 것은 분별을 기본으로 합니다. 일단 나눠놓고 시작하는데, 나누면 항상 선후가 있고 인과가 있어요. 분별되는 개별적인 것들은 독립적으로 존재하지 않고 서로가 서로에게 의존 한다는 것이 인연설因緣說의 기본입니다. 불교의 기초 논리인 12인연因緣이 분별을 기반으로 해요. 그런데 불교에서는 모든 분별을 떠나라고 말하잖아요. 분별을 떠나게 하기 위해서 분별에 기반을 둔 언어를 사용하는 것입니다. 여기에 교문의 딜레마가 있어요. 그래서 선문禪門, 즉 조문祖門에서는 그런 딜레마를 없애기 위해 말을 사용하지 않았습니다. 방망이로 때리거나 큰소리를 쳐서 마음을 정지시키는 그런 작업들을 통해서 전달하려고 하지요.

有愛福樂者는 信十善으로
유애복락자 신십선

爲妙因하고 人天으로 爲樂果하며
위묘인 인천 위락과

복락福樂을 좋아하는 자는 십선十善을 행하면 그것이 묘한 원인이 되어 인간과 천계로 하여금 즐거운 결과를 얻게 한다 믿으며

복을 받고 즐거움 얻기를 좋아하는 사람은 현실적인 사람입니다. 교문은 복락을 좋아하는 그런 사람들에게 선한 행위를 믿고 행하면 선한 과보를 받는다고 말합니다. 십선十善은 몸과 입과 뜻으로 짓는 열 가지 악업惡業을 행하지 않음을 말합니다.

> 有樂空寂者는
> 유 락 공 적 자
>
> 信生滅因緣으로 爲正因하고 苦集滅道로 爲聖果하며
> 신 생 멸 인 연 위 정 인 고 집 멸 도 위 성 과
>
> 텅 빈 것을 즐기는 자는
> 생멸인연이 바른 원인이 되어 고집멸도가 성스런 결과라 믿으며

텅 비고 적막한 것을 좋아하는 사람들이란 성문승聲聞乘과 연각승緣覺乘을 말합니다. 부처님의 설법을 듣고 깨달음의 길을 가는 사람을 성문승이라 하고, 인연의 법칙을 깨달아 본질의 길로 가는 사람을 연각승이라고 하지요. 이들은 소승小乘입니다. 기본적으로 자신의 깨달음만을 추구하는 사람들로서 고요와 적막 속에서 진리를 추구합니다. 그들은 태어나고 죽는 생멸生滅의 인연을 바른 원인으로 삼아서 고집멸도苦集滅道라는 성스러운 진리를 얻게 된다고 믿습니다. 생멸을 믿기 때문에, 착한 마음 또는 정진하는 마음 등을 '태어나게' 해서 그것을 기본적인 '원인'으로 삼아 정진하면 고집멸도를 파악하게 된다고 믿어요. 고집멸도苦集滅道란 무엇인가요? 인생은 괴로움으로 가득 차 있다는 의미에서 고苦라고 합니다. 즐거움도 결국 고苦가 되지요. 집착하지 않는다면 즐거움으로 끝날 수 있지만, 대부분의 사람들은 과거의 즐거움을 떠올리며 다시 즐거움을 얻으려고 합니다. 우리가 이런 길을 추구하면서 얻는 즐거움도 있습니다. 우주와 합일된 느낌의 일체감, 또는 내가

사라진 느낌, 텅 빈 무아無我의 체험 등도 일종의 즐거움이에요. 이 즐거운 느낌은 마음을 밝히는 과정에서 일어나는 '부산물'일 뿐입니다. 그런데 이런 체험에 매달려 다시 경험하고자 하는 사람들이 있습니다. 그들은 그런 체험이 다시 오지 않으면 고통스럽겠죠. 그 평안하고 고요한 느낌을 다시 느끼고 싶은데 그렇지 못하다면 집착하게 되고, 집착하면 할수록 괴로워집니다. 그런 의미에서 고苦라고 합니다. 고苦가 생겨나는 이유는 수많은 경험의 흔적들이 집적되어 끌림과 밀침을 만들어 내기 때문입니다. 이것이 바로 집集입니다. 그리고 그러한 갈등과 고통들이 사라진 것이 멸滅, 즉 해탈이며 그런 해탈에 이르는 길이 바로 도道입니다. 부처님이 맨 처음 득도해서 첫 제자 다섯 명에게 설한 것이 바로 고집멸도의 사성제四聖諦와 팔정도八正道입니다. 생멸이 있기 때문에 고집멸도라는 사성제가 있습니다. 생멸이 없다면 무슨 고집멸도 같은 것들이 있겠어요? 그런데 그 생멸도 잘 들여다보면 우리가 개념화하여 분리시켜 놓은 것임을 알 수 있습니다. 분별 속에 있어요. 그 분별을 떠나면 12인연 또한 없습니다.

과거, 현재, 미래의 경험

有樂佛果者는 信三劫六度로 爲大因하고 菩提涅槃으로
유락불과자 신삼겁육도 위대인 보리열반

爲正果어니와
위정과

불과佛果를 좋아하는 자는 삼겁육도가 큰 원인이 되고, 보리열반이 바른 과가 된다고 믿는다.

불과佛果는 보살행을 통해 중생들과 더불어 해탈열반의 세계에 가겠다는 대승불교를 말합니다. 삼겁三劫은 과거 · 현재 · 미래를 말하기도 하고, 보살이 수행하는 데 필요한 시간을 말하기도 합니다. 삼아승기겁三阿僧祇劫을 줄인 말인데, 아승기겁은 아주 긴 시간을 말해요. 오랜 시간동안 보살도를 행해서 진리를 터득한 사람을 보살이라고 하는데, 보살이 수행해서 성불成佛에 이르기까지의 긴 기간을 말합니다. 육도六度는 육바라밀을 말합니다. 보살이 수행하는 덕목인 보시布施 · 지계持戒 · 인욕忍辱 · 정진精進 · 선정禪定 · 지혜智慧를 말하지요. 삼겁의 시간동안 행한 육도의 길이 원인이 되어 진리를 터득하고 드디어 굴레로부터 자유로워지고 해탈하여 열반에 이르는 것이 올바른 결과라고 믿는 사람들이 있습니다.

이 세 가지가 모두 교문에서 말하는 내용입니다. 복락을 좋아하는 자는 선한 일을 하여 선한 결과를 얻고, 성문연각승은 생멸인연을 터득하여 고집멸도를 이루며, 불과를 좋아하는 자는 오랜 세월 육바라밀을 원인으로 삼아 수행해서 보리열반을 얻게 된다고 말해요.

그런데 여기에는 허점이 있습니다. 기본적으로 불과를 좋아하는 사람은 성불成佛을 지상과제로 여깁니다. 그런데 부처가 되기를 원하는 사람은, 자기는 현재 부처가 아니라고 여기는 사람이지요. 대승기신론에서 부처가 되고자 하는 사람이 거치는 세 단계에 대해서 설명했습니다. 첫 번째는, 나와 부처는 다르지 않음을 믿고 수행을 시작하는 일원론一元論입니다. 두 번째는 실천이 시작되어 열심히 애쓰는 과정인데, 이 단계는 나는 아직 부처가 아니라는 이원론二元論입니다. 그렇게 애써 노력하다가 결국 모든 것이 헛되며 나는 개념 속에 빠져있었다는 것을 발견하면서 마지막 단계로 들어갑니다. 부처와 중생이 다르지 않다는 불이론不二論이에요. 중생이 애써 노력해서 부처가 되는 것이 아니라, 애초에 중생과 부처가 다르지 않음을 터득하고 발견하게 되지요. 파도와 물이 다르지 않음을 발견하는 것과 같습니다. 끊임없이 흔들리는 파도의 마음으로 괴롭고 힘들어 하다가, 잘 살펴보니 **흔들리는 것은 모양이지 물은 전혀 흔들리지 않음을 발견하는 순간** 파도 또한 물이라는 것을 깨닫게 됩니다. 이것이 바로 중생이 곧 부처라는 것입니다. 파도가 가라앉은 잔잔한 물이어야만 부처인 것은 아닙니다. 만약 고요하고 잔잔한 물이 되어야 부처가 되는 거라 여긴다면 그는 여전히 이원론 속에 있습니다. 맨 처음에는 파도가 바다가 되려고 합니다. 바다에서 나왔으니 파도와 바다는 다르지 않다는 것을 논리적으로는 알지요. 그렇게 수련을 시작하게 되지만 파도는 여전히 파도입니다. **자신이 파도와 동일시되어 있음을 아직 모르기 때문이에요**. 그런데 그 파도에서 물을 발견하면, 즉 고요히 가라앉은 상태가 아닌 끊임없이 격동하는 파도에서 물을 발견하게 되면, 그 사람은 파도와 물이 다르지 않다는 것을 알게 되어 불이론不二論으로 가게 됩니다.

불과佛果를 믿는 사람들은 파도는 물이 아니라고 믿는 상태와도 같습니다. 그래서 성불成佛하기를, 즉 물이 되기를 원하지요. 성불이 지금 여기가 아닌 저기 먼 곳에 있다고 여기기 때문에 그 사람들은 애써 노력하면서 경험을 추구합니다. 그러나 그런 경험과 체험의 느낌들은 모두 어떤 조건과 상황 속에서 일어나는 부산물일 뿐입니다. 경험은 본질 자체가 아니에요. 그러나 사람들은 우주와 자신이 일체가 된 느낌이나 황홀경을 느끼면 그것이 경험의 본질인 줄 착각합니다. 그것은 부산물입니다. 그런 느낌 이전에도 나는 본질이었고, 그런 경험이 일어난 이후에도 나는 여전히 같은 본질임을 발견하는 것이 경험의 핵심입니다. 우주와의 일체감, 내가 사라지는 것 같은 느낌 등은 일시적입니다. 지나가는 느낌일 뿐이에요. 핵심은 본질의 발견입니다. 그런데 본질을 발견하려는 순간에 일어나는 느낌에 빨려들고, 다시 그 느낌을 얻고자 추구합니다. 경험적인 느낌은 아주 기분이 좋습니다. 혼돈 속에 있다가 고요함으로 들어가면 얼마나 기분이 좋겠어요. 그러나 그런 느낌을 추구하지 말고 경험의 핵심을 파악하려고 해야 합니다. 그래야만 다시 일상으로 돌아와서도 절대絕對의 세계가 늘 같이 있음을 알게 됩니다. 경험적인 느낌만 추구하게 된다면 상대相對 속에 있게 됩니다. 느낌은 왔다 갑니다. 아무리 좋은 기분이라 할지라도 죽을 때까지 지속되는 기분은 없습니다.

성불成佛을 지상과제로 여기는 사람들은 경험주의에 빠지기 쉽습니다. 불과佛果를 좋아하는 사람들은 삼겁육도三劫六度를 애써 닦아 보리열반을 얻게 되리라 믿으며, 그 믿음을 무언가를 얻는 동력원으로 사용합니다. 그러나 모든 과거 · 현재 · 미래의 경험들은 **나타난 모습**입니다. 왔다 가는 모습이에요. 모든 경험은 그 상태로 유지되지 않고 일어났다가 사라져 버립니다. 그래서 경험이라고 이름 붙여 말하는 것입니다.

그렇다면 과거 · 현재 · 미래의 경험이란 무엇일까요? 우주와의 일체감을 느꼈는데 그것을 다시 느끼려고 한다면 과거에 묶여 **과거를 경험**하고자 하는 마음입니다. 한 번 경험한 것을 붙들어 다시 되새기려고 하는 것입니다. 여러분이 지난날의 좋았던 경험을 다시 경험하려고 마음먹는다면 그것은 과거에 묶여있는 마음입니다. 현재의 경험이란 현재와 일체가 된 느낌입니다. 지금 감각 상태로 들어가면 갑자기 나와 대상이 사라지고 일체가 되어 아무런 느낌도 없는 상태가 되겠죠. 그러다가 다시 눈을 뜨면 분별 속으로 돌아오게 됩니다. 감각 상태의 경험이라 할지라도 **현재의 경험**이고, 그 경험은 나타났다가 사라질 수밖에 없어요. 우리의 의식적인 상태 역시 끊임없는 경험의 연속입니다. 보이고, 들리고, 맛보는 모든 것이 경험이지요? 느껴지고, 안다고 여기는 것이 모두 경험입니다. 그것들은 그대로 유지되지 않고 모두 지나갑니다. 그렇다면 미래의 경험이란 무엇일까요? 아직 경험하지 못한 만물萬物과의 일체된 느낌, 깨달음에 대한 추측 등이 바로 미래를 경험하고자 하는 마음입니다. 책을 보거나 사람들의 말을 듣고서 '나로부터 벗어나는 것은 이런 것이겠지'라고 추측하고, 그런 경험을 하고자 애쓰는 것이지요. **미래의 경험**은 대부분 정신적인 이미지와 감지로 불러일으킨 어떤 느낌, 여러 과거 경험으로 조합된 느낌을 느끼고 있는 것입니다. 이와 같이 과거 · 현재 · 미래의 모든 경험이라는 것은 나타났다 사라지는 어떤 느낌입니다. 그것을 추구하는 것은 일종의 중독 현상과 같습니다. 술 마시면 기분이 좋으니까 또 마시고 싶어 하는 것과 같아요. **마음속의 어떤 느낌에 매달리는 것**이에요. 단 맛에 끌려서 음식을 탐하는 중독은 정말 배가 고파서 몸이 필요로 하는 음식을 먹는 것과는 다릅니다.

교문敎文을 공부하다 잘못 오해하면 깨달음을 일종의 경험이라고 믿습니다. 그러나 그것은 경험이 아니에요. 경험적인 느낌은, 자신이 이미 무한하여 제한할 수 없는 미지未知임을 알아채는 데서 오는 부산물일 뿐입니다. 경험은 본질적인 것이 아닙니다.

천리를 달리나 그냥 서있으나 아무런 차이가 없다

祖門正信은 非同前也니
조문정신 비동전야

不信一切有爲因果하고
불신일체유위인과

只要信自己가 本來是佛이라
지요신자기 본래시불

조문의 바른 믿음은 교문과 같지 않으니
일체의 유위인과(애쓰는 인과)를 믿지 아니하고
오직 자기가 본래 부처라는 것을 믿을 뿐이다.

그렇다면 조문祖門의 믿음은 어떤 것일까요? 조문은 분별을 믿지 않습니다. 그리고 애써 행해서 얻게 되는 유위인과有爲因果를 믿지 않아요. '내가 했다'는 마음으로 하는 것이 바로 유위有爲입니다. 반면에 무위無爲는 내가 한다는 생각이 없이 하는 행위입니다. 아무것도 하지 않는 것이 아니라, 행하되 행한다는 마음 없이 하는 것이에요. 자연自然은 행한다는 생각이 없습니다. 그래서 무위자연無爲自然이라고 하죠. 끊임없는 움직임 속에 있지만 내가 한다는 생각이 없이 자연은 돌아가고 있습니다.

우리는 '내가 한다'는 생각에 늘 끌려 다닙니다. '내가 했으니까 그 결과도 내가 얻어야 돼. 내가 이렇게 애써서 노력했는데 얻어지는 것이 하나도 없네. 내가 이렇게 힘써서 했는데 나한테 보상을 줘야지.' 이렇게 '내가'가 들어가면 괴로움이 뒤따르게 되어 있습니다. 그냥 행위 자체에 몰입하는 것이 바로 무위無爲입니다. 우리가 '이유 없는 정성 쏟기'라고 하는 것과 통합니다. 사실 우리가 무언가에 몰입해 있는 중간 과정에서는 이유 없는 정성 속에 들어있어요. 그러다가 끝나고 나면 '내가 했어'라고 이름을 붙입니다. 그런데 일에 몰두해 있을 때 정말 자기가 합니까? 자기가 하지 않아요. 몰두하고 있을 때는 내 안에 쌓여진 경험의 흔적들이 서로 조합되어 자동적으로 **일이 일어나고 있습니다**. '내가 지금 열심히 하고 있어'라는 생각이나 느낌으로 하지 않잖아요. 그렇다면 정말 내가 한 것이 맞습니까? '내가 했다'라는 것은 그냥 이름붙이기에 불과합니다. 그래서 조문에서는 내가 하는 행동과 나의 애씀을 통해서 일어나는 인연과 결과를 일체 믿지 않습니다.

"오직 자기가 본래 부처라는 것을 믿는다[只要信自己 本來是佛]"는 말은 뭔가가 되기 위한 원인을 믿지 않는다는 말입니다. 내가 이렇게 착한 일을 하면 선한 결과로 복락을 받게 될 것이라는 말을 믿지 않아요. 복락을 얻게 되는 원인인 착한 행동을 믿지 않습니다. 그냥 자기가 본래 부처라는 것을 믿는 것입니다. 믿음의 종류가 다르죠. 조문의 믿음은 인과因果 속의 믿음이 아니라 인과를 넘어선 믿음입니다. 인과와 상관없이 항상 나는 부처였고, 부처이며, 부처일 것임을 믿는 것입니다. 그런데 그걸 왜 믿어야 합니까? 아직 모르기 때문이지요. 아직 증득證得이 안 되어 자신이 부처라는 것을 터득하지 못했어요. 그렇지만 오래전부터 수많은 사람들이 마음을 살펴본 경험의 결과로 '이미 우리는 부처다'라고 말해왔으니 그것을 믿어요. 그리고 본질을 깨닫게 된 사람들은 헛웃음을 웃습니다. '이거였어. 난 이미 그것이었네. 내가 이것을 위해서 그렇게 애썼는데 그 애씀이 아무 소용이 없었구나. 이미 나는 지구 위에 있었는데 지구를 찾아서 수백만 마일을 달려왔구나.' 하고는 헛웃음을 웃죠. 수백만 마일을 달리나 그냥 그 자리에 서 있으나 여전히 지구 위에 있으니, 본질을 발견한다는 것은 이와 같습니다. 그렇기 때문에 자신이 아무리 애쓴다 한들 아무런 공덕이 없는 것입니다. 양무제梁武帝가 달마대사에게 "나는 수많은 절을 지었고 수많은 스님들에게 보시도 많이 했는데 나의 공덕이 얼마나 많겠습니까?"하고 물으니, 달마대사가 "무無"라고 답했습니다. 양무제 같은 사람들은 잘못하면 도리어 악업을 쌓을 수도 있습니다. '내가 했다'는 자기 강화만 생겼으니까요. 자기가 강화되면 여기저기에 자꾸 걸립니다. 이런 말에 걸리고, 저런 말에 걸리고, 남의 행동을 봐도 마음에 자꾸 걸려요. '나'가 강하니까 걸리는 것입니다. 나의 것이 많고 다양해지면 풍성해서 좋을 것 같은데 걸리는 것이 많아져요. 자기가 강화됐기 때문입니다.

조문에서는 자기라는 것이 본래 부처, 즉 그 어떤 모습도 지니지 않았지만 그 모든 것을 행할 수 있는 무한 자체라는 것을 일단은 믿습니다. 왜냐하면 아직은 터득하지 못했기 때문이에요. 조문에는 이런 믿음이 있습니다.

> 天眞自性이 人人具足하고
> 천진자성 　 인인구족
>
> 천진한 자성自性이 사람마다 구족하여

하늘로부터 부여받은 자신의 본성인 천진자성天眞自性이 바로 진심직설에서 말하는 진심眞心이라고 할 수 있습니다. 마음은 마음인데, 여러 가지로 모습이 달라지는 현상화된 일시적인 마음이 아니라, 현상화되지 않은 마음의 본질 자체가 바로 진짜 마음입니다. 그 진심은 모든 사람에게 이미 갖추어져 있습니다. 다만 아직 발견되지 못했을 뿐이죠. 이런 말들은 여러분도 종종 들었지만, 그런데도 여전히 '나는 아닌 것 같다'고 생각합니다. 아닌 것 같은 그 마음만 내려놓으면 이미 그것입니다. 그렇다고 '아, 그럼 나는 이미 그거야'라고 생각한다고 해서 그것이 되는 건 아니지요. '이미 나는 그것이네'라는 것은 생각이 일으켜진 모습이지, 생각이 일어나기 이전의 본질은 아니에요.

그 어떤 현상적인 마음의 함정에도 빠지지 않으면 이미 여러분은 진심 속에 있습니다. 사실은 빠졌다 해도 진심 속에 있는 것입니다. 다만 착각하고 있을 뿐이죠. 그것을 알아채보세요.

涅槃妙體가 箇箇圓成하야
열 반 묘 체　　개 개 원 성

열반묘체가 개개마다 원만히 이루어져 있어

잘 들여다보면 이미 해탈할 수 있는 묘한 체體가 여러분에게 다 들어 있습니다. 마음으로 볼 수 있는 치밀한 알아챔의 능력은 다 갖춰져 있다는 말이에요.

不假他求요 從來自備니
불 가 타 구　　종 래 자 비

다른 곳에서 부처나 열반을 구하지 않고
원래 자신에게 갖춰져 있음을 믿는 것이다.

아직은 믿음이에요. 터득되지는 않았으니 이제 시작단계입니다. 그래서 진심정신眞心正信이 진심직설의 첫 장에서 하는 말입니다. 진심을 올바르게 믿으라는 것입니다. 진심을 올바르게 믿는다는 것은, 무엇을 노력하고 구하지 않아도 우리 안에 이미 본질이 갖춰져 있음을 아주 강력하게 믿는 것입니다.

역대 조사들의 증거

三祖가 云하사대
삼조 운

삼조 승찬대사가 말하되

이제 지눌스님이 중국 역대 조사들의 말을 끌어다가 하나씩 증거로 삼습니다. 달마가 중국 선종禪宗의 일조一祖입니다. 구년면벽九年面壁을 하고 있는 달마에게 혜가慧可 스님이 와서 "답답해 죽겠으니 부처의 뜻을 알려주십시오."라고 청하자 달마는 "그 정도 가지고 되겠는가?"라고 답합니다. 혜가는 면벽하고 있는 달마의 방 바깥에서 추운 겨울에 밤새 눈 맞으면서 무릎 꿇고 앉아 있었어요. 다음날 혜가가 진리를 전해달라 다시 청하자 달마는 "겨우 그 정도 믿음의 힘으로 될 것 같은가?"라고 답하죠. 그러자 혜가가 칼로 자신의 팔을 자르고 "이 정도면 되겠습니까? 저는 이런 마음으로 진리를 구하고 있습니다."라고 말하자 달마는 "네가 이제 진리를 터득하려는 마음이 조금 생겼구나."라고 답합니다. 그렇게 혜가는 달마의 제자가 되어 훗날 이조二祖가 되었습니다. 삼조三祖가 승찬대사僧璨大師(?~606)인데 《신심명信心銘》으로 유명한 분입니다. 《신심명》에 '유혐간택唯嫌揀擇'이라는 말이 나옵니다. 오직 이것과 저것에서 취하고 버리는 간택만 없으면 이미 본질 속에 있다는 의미입니다. 분별만 없으면 이미 본질 속에 있다는 이 말이 《신심명》의 핵심입니다. 이 말을 알기는 쉬우나 진정 삶에서 실천되기는 쉽지 않습니다.

圓同太虛하야 無欠無餘어늘
원동태허 무흠무여

원만하기가 태허太虛와 같아 모자람도 없고 남음도 없으나

원圓은 하나의 완결된 세계입니다. 시작과 끝이 없이 하나로 완벽히 구족되어 있는 것이 원이니 거기에는 부족함도 남음도 없습니다. 마음은 태허와 같이 텅 빈듯하지만 흠도 넘침도 없어서 모든 것을 이뤄내고 그럼에도 부족함이 없어요. 그리고 아무리 큰 우주를 가득 채운다 해도 고갈되지 않으며, 아무리 작은 세계 속에 들어가도 여전히 작은 것보다 더 정밀합니다. 이것이 본질입니다. 우리 마음은 이렇게 아주 치밀하고 정교해질 수도 있고, 거대한 우주와 하나가 되기도 합니다. 마음은 바늘 끝보다도 더 작고 우주보다 더 크다고 말하는 이유가 그것입니다.

良由取舍일새 所以不如라 하시고
양 유 취 사 소 이 불 여

취하고 버림으로 인하여 한결같지 못하게 된다.

취하고 버리는 마음은 이것과 저것을 나누어 좋은 것은 취하고 나쁜 것은 버립니다. 취하고 버린다는 것은 이미 분별 속에 들어가서 비교가 일어났다는 뜻이에요. 의식의 전개 과정에서 맨 처음에는 나와 대상의 분별이 일어납니다. 그 다음에는 대상들이 나눠지면서 각자 구별이 되고, 구별된 대상들 사이에 비교가 일어나서 호오好惡가 생기죠. 세 번째 의식의 전개 과정은 취사선택의 단계라고 볼 수 있습니다.

여如는 한결같음이고 불여不如는 그 한결같음을 벗어났다는 말이니, 분별없는 한결같음에서 어긋났다는 의미입니다. 한결같음, 분별없음은 늘 함께 존재합니다. 그럼에도 취하고 버리는 데서 한결같지 못함이 일어나는 것은 우리의 주의가 분별에 있기 때문입니다. 그래서 분별 속에 있다고 느껴집니다.

눈을 감고 손으로 탁자를 한 번 만져보세요. 손가락이나 손바닥으로 탁자를 문지르거나 만지면서 느껴보십시오. 손과 탁자, 그리고 손으로 탁자를 만지는 시각적인 상을 지우고 오로지 촉각의 느낌으로만 느껴 봅니다. 거기에 이런저런 분별이 있습니까? 손과 탁자와 손으로 탁자를 만지는 느낌이 각자 따로 있어요? 시각적인 상을 지운 상태에서 잘 느껴보세요. 이것저것 분별이 있는지? 오직 느낌만 있는지, 그렇지 않으면 탁자나 손가락이 있는지 느껴보세요. 손으로 느끼고 있다고 믿어진다면 마음속에 손이라는 시각적인 이미지를 갖고 있는 것입니다. 시각적인 이미지를 지운 채 만지고 느껴보면 그냥 어떤 느낌만 있습니다. 거기에 탁자라는 느낌이 있습니까? 탁자라는 것은 생각입니다. 이름과 생각을 지워버리고, 시각적인 상도 지워버리고, 경험 자체만 살펴보세요. 생각과 이름, 시각적인 상은 모두 마음속의 분별입니다. 마음속의 일은 일단 내버려두고 그냥 감각적으로 느껴보라는 말입니다. 그럴 때 과연 탁자가 있고, 손이 있고, 손이 탁자를 만지고 있다는 느낌이 있는지 잘 느껴보세요! 그저 느낌만 있을 것입니다. 그것이 어떤 느낌인지는 모르지만. 또 그것이 '무엇'이라는 느낌도 없어요. 무엇이라고 한다면 벌써 분별이, 이름과 생각이 들어간 거니까요.

이렇게 이름과 생각, 그리고 시각적인 상만 떼어내도 우리는 바로 분별없음 속으로 들어갑니다. 그러니까 분별없음은 지금 이 순간에도 있습니다. 거기에 생각을 끼워 넣고 이미지의 선을 그으면 드디어 분별이 생겨나지요. 분별의 세계와 분별없음의 세계가 지금 이 순간 동시에 있습니다. 느낌 속에 어떤 분리가 있나요? 그 느낌 속에 이것과 저것 사이의 관계라는 것이 있습니까? 그저 느낌만 있을 뿐입니다. 분별의 세계가 따로 있지 않습니다. 분별하는 기능을 작동시키면 분별 속에 들어있는 것이고, 그 기능을 멈추면 분별없음 속에 들어있는 것입니다. 지금 이 순간 분별없음과 분별이 함께 있으니 파도와 물이 다르지 않은 것과 같습니다. 파도 속에 아무 모양 없는 물이 있어요. 파도는 모습으로 분별되어진 물입니다. 파도를 보면서 물에 집중한다면 나눠진 파도는 사라지고 말 거에요. 그런데 주로 파도에만 집중을 하니까 분별 속에 있다고 느껴지는 것입니다. 모든 분별 속에는 분별없음이 함께 있어요. 움직일 때는 움직이지 않음이 함께 있죠. 지금 이 순간에요.

색불이공色不異空이 그런 의미입니다. 색色은 나타난 현상이고, 공空은 현상이 나타나기 이전이에요. 나타난 현상과 나타나기 이전이 함께 있으며 똑같다는 말입니다. 색色이 곧 공空입니다. 서로 다르지 않아요. 색色이 사라져야만 공空이 나타는 것이 아니에요. 색色 자체가 이미 공空이며, 번뇌 자체가 곧 보리菩提입니다. 두려움과 공포, 기쁨과 즐거움, 두려움과 슬픔 등은 에너지가 어떤 모습으로 현상화된 것입니다. 에너지 차원에서 보면 기쁨도 에너지이고 슬픔도 에너지에요. 단식을 해보면 알 수 있습니다. 5일만 지나면 감정이 사라집니다. 기쁨과 슬픔, 두려움과 짜증이 다 없어져요. 기쁜 느낌이나 짜증나는 느낌, 두려운 느낌, 슬픈 느낌이 다 에너지의 발현이라는 의미입니다. 에너지라는 측면에서만 보면 그들 간에는 어떤 분별도 없어요. 슬픔과 두려움은 서로 다르지만, 슬픔 속에도 에너지라는 분별없음이 있고 기쁨 속에도 에너지라는 분별없음이 있습니다. 느낌이 다르다는 측면에서는 분별이 있지만, 에너지라는 측면에서는 분별이 없어요. 이렇게 분별없는 에너지의 측면과 분별 있는 두려움이라는 측면이 지금 이 순간 '같이' 있습니다. 분별 있는 표면 의식에 머무느냐, 분별없음 속에 머무느냐에 따라서 우리 삶의 깊이가 달라집니다. 우리는 이 순간 분별없음 속에 머물 수도 있고 분별 속에 머물 수도 있습니다. 자유로이 오갈 수 있는 존재이지 분별 속에만 머무는 유한한 존재가 아니에요. 분별없음 속으로 가면 우리는 무한한 미지未知 그 자체가 됩니다. '나'라고 믿는 마음, '나는 이런 사람이야'라고 여기는 마음이 일종의 분별 속에 있는 마음입니다. 우리는 그런 분별, 즉 표면에만 있지는 않습니다. 분별없는 무한이 우리의 본질이에요. 분별없음과 분별의 세계를 자유롭게 오갈 수 있을 때 비로소 자유로운 것입니다. 표면적인 분별의 세계에만 있는 것은 분별에 묶인 것이고, 성문·연각승이 고요함을 추구하여 텅 빔 속에만 머무르려고 하는 것 또한 텅 빔 속에 묶여 있는 것입니다.

어떤 사물이나 느낌에서 이름을 떼어내고 보면 무엇과도 분리되지 않은 하나의 느낌으로 느껴집니다. 이미 원만한 분리없음 속에 존재하기 때문인데, 거기에 어떤 이름을 붙이면 다른 것과의 비교가 일어나고, 좋고 나쁨이 생겨나서 취하고 버리려는 생각이 일어나 취사가 생겨납니다. 그런 과정을 통해 한결같음, 분별없음이 잊히는 거예요.

분별은 분별없음 속에서 일어난 일시적인 모습입니다. 또 분리와 분별은 앎 속에서 일어나죠. 이름이 없는 곳에는 어떤 앎도 없기 때문에 분리와 분별과 나눔이 사라집니다. '취하고 버림으로 말미암아 도리어 한결같음이 없어진다'는 말은, 마음으로 이것과 저것을 나눠 놓고 하나를 취하고 다른 것은 버리므로 분별없음이 망각된다는 뜻입니다. 손으로 탁자를 느낄 때 시각적인 심상과 이름이나 생각을 빼면 구별되지 않은 느낌만이 있죠. 한번 시도해보세요. 거기에 '분별없음'이 있습니다. 그런데 그 느낌 속에 생각을 집어넣으면 '이것은 내 손, 저것은 탁자'라고 구분하여 마음의 그림을 그립니다. 마음으로 나누지 않으면 정말 뭐가 무엇을 만지는지 모릅니다. 그냥 느낌만 있을 뿐이에요. 그와 같이 모든 분별은 마음으로 경계지어 놓은 한계입니다. 우리는 그런 한계를 지어 놓고 좋고 나쁜 것을 취사선택하고 있습니다.

탁자와 그 위의 손과 그것을 아는 앎

다시 한 번 탁자를 만져 보세요. 이제 한걸음 더 나아가서 탁자와 손가락은 물론 이 모두를 알고 있는 의식, 자각 자체도 마음이 나누지 않으면 과연 구별되는지 살펴보겠습니다. 느낌을 알고 있는 '의식'에서도 경계를 떼어 버립니다. 분별을 없애보는 것입니다. '앎'이니 '의식'이니 이름 붙이지 말고, '이것은 자각하는 마음이지' 하는 생각도 놓아버립니다. 그리고 그냥 느낌 속에만 있어 보세요.

과연 '탁자'와 '손가락'과 그것을 아는 '의식'이 구별되는지 느껴보세요. 모든 것을 자각하고 있는 '의식' 또한 '탁자'와 '손가락'과 나눠지지 않은 채로 분별없는 느낌을 구성하고 있습니다. 그냥 그저 어떤 느낌만이 있을 뿐이에요. '내가 의식한다'는 생각이 없다면 탁자와 손가락과 그것을 인식하는 의식을 우리는 구분하지 못합니다. 결국 **모든 것을 마음이 구분하고 있다**는 말입니다. 생각의 선으로 구분하지 않는다면 의식마저도 알 수 없다는 것을 알아채 보십시오. 건드리는 손가락도, 건드려지는 탁자도, 그것을 아는 의식도 따로 없습니다. 그저 세 가지가 만나서 만들어내는 어떤 느낌만이 있을 뿐이죠. 그런 느낌의 경험이 일어나고 있는 중입니다.

시각도 마찬가지예요. 벽을 보면서 '저건 벽이다'라는 생각을 떼고 바라봅니다. 이름과 생각을 떼고 느낌으로 보면 튀어나오거나 쑥 들어간 것 같은 느낌이 있습니다. 그것은 감지입니다. 여기에서 다시 형태와 질감도 내려놓고 바라보면 어떻습니까? 나눠짐이 있나요? 눈에는 들어오지만 보이지 않아요. 분별되지 않는다는 의미입니다. 분별하지 않는 상태로 보면 거기에는 벽과 천장과 마루, 이런 것이 없어요. 그저 눈에 들어오는 어떤 자극에 대한 경험만 있을 뿐이지, 그것이 무엇인지는 알지 못합니다. 이렇게 경계가 흐려지거나 사라지면 앎도 사라집니다. 모든 앎은 경계로 인해서 생겨나기 때문입니다. 이렇게 생각을 멈추고, 이름을 잊고, 느낌도 내려놓고 바라보면, 분리된 사물과 그것을 보는 나와 그 모두를 인식하는 의식이 따로 있지 않습니다. 오직 분리 없음 속에서 알 수 없는 어떤 경험이 일어나고 있을 뿐이지요.

안이비설신眼耳鼻舌身과 마찬가지로 의意에도 하나의 경험이 있을 뿐입니다. 분리된 것들 간의 관계라든가 취사선택해야 할 것에 대한 분별은 없는 것입니다. 분별이 사라지면 비로소 한결같음이 드러납니다. 한결같음, 즉 분별없음은 늘 그 자리에 있었던 것입니다. 모든 소리의 배경에 침묵이 있는 것처럼 모든 분별은 분별없음 위에서 일어납니다.

조문祖門에서는 우리가 이미 분별없는 부처의 마음 자체라고 믿습니다. 굳이 애쓰고 노력해서 얻으려 하지 않아도 이미 구족具足되어 있다고 철저히 믿어요. 다만 아직 알아채지 못했으니 알아채기 위한 길을 가는 것이죠. 교문敎文에서는 인과因果를 믿기 때문에 수행을 해서 깨달음을 얻으려 한다면, 조문祖門에서는 수행과 상관없이 본질이 이미 구족具足되어 있다고 믿습니다. 수행을 함으로써 본질이 생겨나거나 얻어지는 것은 아니라는 것입니다. 만약에 얻어진다면 그건 이미 본질이 아니지요. 본질은 말 그대로 이미 우리 존재의 본질이니까요. 이렇게 해서 조문과 교문의 믿음의 종류가 다르다는 것을 설명했습니다.

선을 그었다고 도화지가 둘로 나뉜 것은 아니다

誌公[*]이 云하사대
지공 운

有相身中에 無相身이요
유상신중 무상신

지공대사가 말하되
상相이 있는 몸 중에 상相이 없는 몸이요.

상相이 있는 몸이라는 것은 우리의 감각이나 마음으로 그릴 수 있는 몸을 말합니다. 진심眞心이라는 것은 '우리가 볼 수 있는 몸 중에 상相이 없는 몸'이니, 마음의 본질이 이러한데 어찌 상相으로 잡을 수 있겠습니까? 상相이 없는 것은 마음으로 잡을 수가 없어요. 오직 상相이 있는 것만 마음으로 잡아낼 수 있습니다. 그 상相은 시각적인 상相일 수도 있고 촉각적인 상相일 수도 있습니다. 시각장애인들은 시각적인 상相이 아니라 촉각이나 청각적인 상相을 통해서 마음에 그림을 그리지요. 그래도 어쨌든 감각적인 상相이 있는 것입니다. 그런 상이 있을 때만 마음은 잡아낼 수 있습니다. 그런데 마음의 본질은 무상신無相身이라고 했습니다. 상相이란 일어난 마음, 모습이 있는 마음 또는 드러난 현상이라고 할 수 있어요. 그런데 본질에는 이런 상相이 없는데 무슨 몸이 있겠어요? 하지만 이상하게 상相이 없는데도 모든 것을 이루어내는 본바탕이 되고 있습니다. 모든 현상의 밑바탕이 되는

---

* 지공: 금릉보지金陵寶誌, 석보지釋寶誌(418-514). 위진남북조시대 양나라의 스님

본질은 상相이 없어 알 수 없지만, 그렇다고 본질이 없다고 할 수도 없기 때문에 몸이라는 이름을 붙인 것입니다. 어쩔 수 없어서 방편으로 몸이라는 이름이라도 붙여서 없는 것은 아니라고 말하는 것입니다.

유상有相과 무상無相을 잘 이해할 필요가 있습니다. 유상有相은 마음에 경계가 그려진 상태라고 보시면 됩니다. 마음에 대해 말할 때 파도와 바다의 비유를 자주 듭니다. 자주 사용하는 비유이기 때문에 그냥 안다고 여기고 마는데, 잘 한번 느껴보세요. 마음에 무언가가 상相으로 잡힌다면 파도가 생겨난 것입니다. 그런데 그 파도는 물이 어떤 모습을 띈 것이에요. 지금 여러분의 마음에 어떤 느낌이 느껴진다면 마음에 상相이 맺혔다는 의미입니다. 마음에 경계가 지어진 것입니다. 연필로 도화지의 반을 나누어 경계를 그렸다고 해서 실제로 도화지가 두 개로 나눠진 건 아니죠. 그냥 나눠진 것처럼 보일 뿐입니다. 거기에 왼쪽과 오른쪽이라고 이름을 붙인다면 '왼쪽이 오른쪽보다 더 넓다' 또는 '더 좁다'라고 비교분석할 수 있게 됩니다. 금을 그어 나누기 시작하면 그때부터 이렇게 생각이 쓰이게 됩니다. 그러면서 뭔가가 있는 것처럼 느껴지고, 분별되는 것처럼 느껴져요. 우리가 생각하고 느끼는 모든 일들은, 마음에 금을 그어놓고 일으키는 어떤 현상입니다. 도화지에 선을 그었다고 해서 도화지 자체가 둘로 나뉜 것은 아니듯이, 마음에 금을 그어 분별한다고 해서 마음 자체가 나눠지는 것은 아닙니다. 자신의 마음속에 뭔가가 느껴진다면, 마음이 잡을 수 있는 어떤 상相을 띠게 된 것이지, 마음 자체가 변형을 일으킨 것은 아니에요. 파도가 일어나도 바다 자체에는 어떤 변화도 일어나지 않는 것과 같습니다. 그 파도는 그냥 일어났다가 가라앉듯이 여러분의 마음에도 어떤 분별이 생겨났다가 가라앉아요. 감각상태로 들어가면 무심無心처럼 되어버리죠. 분별없음으로 들어갑니다. 그런데 다시 감지로 나오고, 생각으로 나오면 모든 것이 다 분별됩니다. 그처럼 마음 한 번 쓰면 분별의 상태에서 즉각 분별없음으로 가기도 한다는 말이에요.

무심無心은 마음에 경계가 없어서 나눠지 않은 때이고, 있고 없음의 개념을 넘어서 있기 때문에 생각이 건드릴 수 없는 상태입니다. 기본적으로 마음에 경계가 생기면, 즉 개념이나 생각의 선으로 나눠놓으면 드디어 마음이 그것을 붙잡을 여지가 생깁니다. 붙잡는 놈과 붙잡히는 놈으로 마음이 나뉜 다음에 의식의 작용이 시작되지요. 마음이 주체와 대상으로 나눠지면 그때부터 마음은 수많은 일을 해냅니다. 주체와 대상으로 나눠지지 않으면 마음은 아무 일도 하지 못해요. 왜냐하면 붙잡을게 없으니까요. 그런데 마음이 나눠진다고 해서 완전히 독립적인 두 개로 나눠는 것은 아닙니다. 물 위에 금을 긋는 것처럼 일시적인 나눔입니다. 지금 여러분 마음에 느껴지는 어떤 느낌이 영원히 고정적으로 존재하지 않고 잠시 후면 사라지는 것과 같아요. 어제의 느낌은 다 사라졌고, 지금의 느낌도 잠시 후면 사라지고, 내일은 또 다른 느낌이 올 거란 말입니다. 그것이 파도와 뭐가 다르겠어요. 파도의 모습은 생겨났다 사라집니다. 다만 아주 유사한 파도들이 끊임없이 생겨날 뿐입니다. 어제의 느낌과 오늘의 느낌이 비슷한 것은 파도의 모습들이 비슷한 것과 같습니다. 그렇다고 해서 어제의 파도가 오늘의 파도는 아니지요. 어제의 분별이 오늘까지 남아있지 않아요. 오늘의 분별은 새로 생겨난 것입니다.

5년 전에 있었던 기분 좋았던 일이나 기분 나빴던 일을 한번 떠올려

보세요. 그때의 상황 속으로 들어가면 그때의 느낌이 재현됩니다. 정말 현장에 있는 것처럼 느낄 수도 있겠지요. 그런데 그 느낌은 어디서 일어나는 겁니까? 언제 일어나는 건가요? 바로 지금 이 순간, 여기에서 일어납니다. 지나간 그때의 파도는 이미 사라지고 없어요. 과거의 파도가 지금 비슷하게 재현되어 비슷한 느낌을 만들어내지만, 그 파도와 지금의 파도는 완전히 다릅니다. 우리 마음이 잡아내는 파도도 매번 달라집니다. 다만 모습이 유사해서 지금의 파도가 이전의 파도와 같다고 여길 수는 있겠지요. '나'라는 느낌의 파도도 마찬가지입니다. 분별이 거칠고 정교하지 못하기 때문에 그렇게 느끼고 믿어버리는 것뿐입니다.

마음에 금을 긋고서 붙잡을 여지를 만드는 것은, 마치 땅 위에 금을 그어놓고 각자 이름을 붙인 다음에 이 땅과 저 땅을 구별하는 것과 같습니다. 유상有相이 바로 그런 것입니다. 본질적으로는 유상有相과 무상無相이 특별히 다르지 않아요. 하나는 금을 그은 것이고, 하나는 금이 없을 뿐입니다. 마음에 어떤 느낌이 있다는 것은 금을 그어놓은 상태라고 보면 됩니다. 그 선이 사라져서 나눔이 없어지면 안다는 의식도 사라집니다. 무언가가 다른 무엇을 붙잡거나 인식하거나 느끼는 그런 마음의 분리가 없기 때문입니다. 나뉘어야만 붙잡을 수 있고, 그 붙잡음이 '느끼고' '안다'는 현상을 일으켜서 의식작용이 일어나는데, 그 나뉨이 없으면 의식현상도 일어나지 않아요. 주의에 주의기울이기나 감각으로 들어가면 마음의 금이 없어지면서 분별이 희미해지거나 사라집니다. 감각으로 더 깊이 들어가면 '내가 있다'는 느낌마저도 사라지기 시작합니다. 이때 금 그어진 상태로 다시 나오면 그것이 바로 유상有相입니다. 다시 뭔가를 의식하지요. 마음의 스크린 위에 무언가가 보이고 느껴지며 분별되기 시작해요. 이처럼 마음의 상태는 물과 파도의 관계와 아주 유사합니다. 유상有相이라는 것은 금을 그어 구분하는 것일 뿐입니다. 그러한 금이 없는 것이 바로 무상無相이어서 무상無相의 세계에는 아무런 분별도 없습니다. 우리 마음으로는 그것을 붙잡을 수가 없어요. 왜냐하면 최초의 금마저 그어지지 않아서 붙잡을 '주체'가 없는 상태이기 때문이에요. 우리 마음에 최초에 그어진 선은 주체와 대상을 나누는 선이에요. 그 선마저 그어지지 않으면 마음은 아무런 작용도 할 수 없습니다.

"상이 있는 몸 중에 상이 없는 몸[有相身中 無相身]"이라는 말이 의미하는 바가 이와 같습니다. 보통 우리가 '이것이 내 몸이야'라고 의식하거나 느끼고 잡히는 그것이 상相이 있는 몸입니다. 그 몸 안에 마음의 본질이라는 '상相이 없는 몸'이 하나 있으니, 그것이 바로 진심眞心입니다. 엄밀하게는 몸(육체) 안에 진심眞心이 있다고 말할 수는 없어요. 도리어 진심眞心 안에 이 몸이라는 상相이 있다고도 할 수 있습니다.

생사가 있는가?

無明路上에 無生路라 하시고
무 명 로 상　　무 생 로

무명의 길 위에 생멸없는 길이라

생멸이 있다고 분별하는 '무명無明의 길' 위에 생멸이 없는 '무생無生의 길'이 있다고 했습니다. 중생에게는 생멸이 있어요. 태어남과 죽음이 있다고 믿으며 살아갑니다. 그런데 그 태어남과 죽음이라는 것은 마음의 일, 즉 마음에 그어놓은 선입니다. 어릴 때는 생사生死를 몰랐어요. 지금과 똑같은 마음인데 두세 살 때는 생生이 뭔지, 사死가 뭔지 몰라요. 한 이십년 살면 그 마음에 수많은 경계선이 그어집니다. 할아버지가 돌아가시는 것을 보고 죽음이라는 이름을, 아이가 태어나는 것을 보고 탄생이라는 이름을 붙입니다. 그런 선을 수도 없이 많이 그어요. 스무 살 정도 되면 세상에 대한 대부분의 분별이 형성됩니다. 자아自我가 확실하게 형성되는 시기를 보통 열아홉 살이라고 말하죠. 그런 분별의 마음이 바로 무명無明의 길에서 살아가는 마음인데, 그 길 위에 '생멸 없는 길'이 있다고 했습니다. 보통의 인생은 무명의 길을 갑니다. 생사生死가 있고, 인연因緣이 있어서 이런저런 이유 때문에 어떤 결과가 나옵니다. 그 인연의 결과에 묶여 빠져나오지 못하는 미혹된 마음이 바로 무명의 길입니다. 그것을 의식적으로 알아서 인연을 조절하며 살아가는 것이 일반적인 복락福樂을 추구하는 길이에요. 좋은 일을 하면 좋은 결과가 올 거라 믿으며, 착한 일을 하면서 살아갑니다. 물론 그것이 나쁘다는 말이 아닙니다. 다만, 그렇게 믿는 삶은 좋은 것과 나쁜 것의 분별 속에서 살기 때문에 결국 마음이 분별심에 빠져있다는 것입니다. 이와 같이 어리석은 삶이 무명의 길이고, 의식적인 삶이 인연을 조절하는 복락의 길입니다.

무명無明의 길의 가장 기본은 태어남과 죽음입니다. 대부분의 사람들은 생사生死가 있다고 믿으면서 살아가는데 과연 정말 그러한가요? 여러분은 자신의 태어남을 경험했나요? 또 자신의 죽음을 경험할 수 있을까요? 자기가 태어나는 것을 경험한 사람은 아무도 없습니다. '태어났다'는 말은 현상을 설명하기 위해 붙인 이름이며, '자기'라는 것도 나중에 자라면서 생겨났습니다. 우리는 자기가 생겨나는 과정을 결코 경험하지 못했습니다. 그럴 수밖에 없잖아요? 자기가 생겨나는 과정을 자기가 어떻게 경험하겠어요? 이렇게 자기의 탄생을 경험한 사람은 없는데도, 탄생이 있다고 믿으면서 살아갑니다. 또 몸이 사라지는 것을 우리는 죽음이라고 말합니다. 그런데 몸이 정말 '나'인가요? '나'라고 여기는 그 의식적인 '나'가 몸인가요? 물론 몸도 그런 측면에 영향을 미치기는 하지만, 우리가 '나'라고 여기는 것은 의식적인 측면이 강합니다. 몸이 정말 나라면 팔다리가 잘리면 내가 줄어드는 느낌이 들어야 하는데 몇 년 지나면 전혀 그렇지 않습니다.

과연 정말 생사生死가 있는지 한번 살펴보겠습니다. 눈을 감고 여러분 앞의 탁자를 두드리면서 그 소리를 들어봅니다. 그 소리는 '손이 탁자를 두드린다'는 마음의 분별 속에 있기 때문에 탁자와 손, 이런 것들이 떠오를 것입니다. 거기에는 탁자가 있고 탁자의 소리가 있습니다. 여러분은 그 소리를 듣고 '탁자'라는 분리되고 독립된 대상이 있다고 믿고 느낍니다. 그리고 그 대상은 생겨났고 나중에는 사라지리라고 믿을 것입니다. 즉 생멸이 있는 것입니다. 이번에는 탁자라는 생각과 손이라는 생각 없이 두드리면서 들어보세요. 탁자와 손이라는 생각이 없을 때는 어떻게 들리는지, 마음에 탁자라는 경계를 만들지 말고 그저 한번 들어보는 것입니다. 거기에 탁자가 있습니까? 손과 탁자라는 생각이 없으면 그냥 소리만 있을 뿐이에요. '탁자의 소리'가 아니라 그냥 소리예요. 이제 더 나아가 '소리'라는 생각이나 개념마저도 없이 들어보세요. 탁자와 손이라는 시각적인 상相도, 소리라는 생각도 없이 그냥 들어봅니다. 그저 청각적인 '자극'에만 초점을 맞춰 들어봅니다. 똑똑 두드리는 청각적 자극일 뿐인 소리 자체를 들으면서, 그 소리 속에 독립된 탁자가 있는지, 분리된 손이 있는지 한번 느껴봅니다. 그 소리는 그저 어떤 상황에서 드러난 청각적인 자극일 뿐입니다. 그리고 그 소리를 통해 우리 자신도 하나의 우주적인 상황에 저절로 참여하고 있는 것뿐입니다. 자기가 주도적으로 탁자 소리를 듣는 게 아니에요. **'그 소리'는 '나'라는 의식이 '참여'하고 있는 '하나의 상황'입니다.** 생사生死가 있다는 것은 분별되는 무엇이 있다는 것입니다. 마치 탁자와 손이 따로 있다고 믿고 느끼면서 살아가는 것과 같은데, 그러나 시각적인 상相과 분별되는 느낌을 뺐을 때 그 소리가 탁자라는 독립된 실체의 소리가 아니듯이, 우리의 생과 사라는 것도 개별적인 생과 사가 있는 것이 아니라, 전체 상황에 참여하는 의식의 작용이 있을 뿐입니다.

우리는 생멸이 실재한다고 믿고 살아가지만 진심眞心의 입장에서는 생멸이 없으니, 이것이 바로 무생로無生路입니다. 미혹된 무명로無明路는 생사가 있는 길이고, 무생로無生路는 생사가 없는 길입니다.

어리석은 마음 그 자체가 바로 불성佛性

> 永嘉가 云하사대 無明實性이 卽佛性이요
> 영가 운 무명실성 즉불성
>
> 영가대사가 말하되 무명의 여실함이 즉 불성이요.

영가대사(665~713)는 당나라 때의 현각玄覺 선사라는 분인데, 행각 중에 혜능慧能 선사를 만나 깨달음에 대한 문답을 나눈 후 하룻밤만 자고 갔다 하여 일숙각一宿覺이라 불렸으며, 여기서 말하는 내용은 영가대사의 증도가證道歌의 한 구절입니다.

무명無明은 어리석고 어두운 마음입니다. 그러나 그 안에 알맹이가 들어 있으니, 그것이 바로 무명실성無明實性입니다. 무명無明의 본질적인 측면이 곧 불성佛性이란 뜻입니다. 무명을 떠난 곳에 불성佛性이 있는 것이 아니라, **어리석은 마음 그 자체가 바로 불성佛性이에요**. 무명은 중생의 상태인데, 대승기신론에서는 중생심衆生心을 여래장如來藏이라고 했습니다. 여래如來의 씨앗이 저장되어 있는 마음이죠. 중생의 마음이 곧 여래장如來藏이고 부처의 마음이기도 합니다. 대승기신론은 중생의 마음을 가장 중요한 마음으로 보았습니다. 중생의 마음이 어리석고 비천하다고 버려두지 않았어요. 중생의 마음 즉, 우리 일상의 마음, 분별하는 마음 자체가 부처의 마음이라고 했습니다. 그 안에 본질이 갖추어져 있기 때문이에요. 따라서 무명 속의 알맹이인 여실함이 바로 불성佛性이라고 말하고 있습니다. 무명을 떠나서, 중생의 마음을 떠나서, 또는 번뇌를 떠나서 불성佛性이 있는 것이 아니라는 것입니다. 무명의 마음이 어떻게 변해야만 불성佛性이 되는 것이 아니에요. 만약 무명의 마음이 변해야만 부처의 마음이 된다면 그것은 본질이 아닙니다. 분별과 희로애락喜怒哀樂에 괴로워하는 지금 이 마음 자체가 이미 본질의 마음과 다르지 않습니다. 만약 이 마음이 변해서 부처의 마음이 된다면, 부처의 마음과 지금 이 마음은 서로 다른 마음이고, 서로 다른 마음이라면 그 둘의 본질은 달라야 할 것 아닙니까? 그러면 그것은 본질이라고 할 수 없어요. 본질은 이러나저러나 어떤 차이가 있더라도 모든 것에서 다름없는 본바탕이 되는 것이기 때문입니다. 중생 마음의 본질이나 부처 마음의 본질이 다르지 않아요. 그렇기 때문에 '본질'이라는 이름이 붙은 것입니다. 만약에 다르다면 본질이 아니고 부처의 마음도 본질이 아닌 것이 됩니다. 왜냐하면 뭔가가 변해서 부처의 마음이 되었다면 그 마음은 본래 있던 마음이 아니기 때문이에요. 변화가 일어난 마음은 본질적인 마음이 아닙니다.

마음의 본질은 중생 상태에 있을 때나 부처 상태에 있을 때나 다르지 않다는 것이 바로 본질이 의미하는 바입니다. 중생의 마음은 분별 속에 들어가 있는 마음이고, 부처의 마음은 분별을 떠나있는 마음입니다. 깨달음이란, 번뇌의 경계선이 그어진 마음이나 그어지지 않은 마음이나 마음 자체에는 차이가 없음을 발견하는 것입니다. 그렇다면 부처는 경계선이 없는 마음으로 살 수 있을까요? 선이 없으면 분별을 못하기 때문에 마음을 제대로 쓰지 못합니다. 부처의 마음은 분별을 하면서도 분별에 빠지지 않는 마음이지, 분별을 못하는 마음이 아닙니다. 분별없이 그 많은 설법說法을 어떻게 했겠어요. 부처는 우리보다 분별을 더 잘 합니다. 그러면서도 분별에 빠지지 않는다는 점이 다른 것입니다. 분별심은 아무런 문제가 되지 않습니다. 분별심을 실체라고 믿는 마음이 문제를 일으킬 뿐입니다. 분별 자체는 아주 유용한 도구입니다. 그러니 무분별無分別한 사람이 되지 말고, 분별 있는 사람이 되어야겠죠. 무분별한 사람은 어린아이 같은 사람이고, 부처는 아주 세심하게 분별하는 사람입니다. 그렇다면 무분별無分別한 어린아이와 유분별한 부처 사이에 있는 중생은 어떨까요? 중생은 분별에 빠진 사람을 말하니, 분별이 있으나 사용을 잘 못해서 끌려 다닙니다.

'무명실성無明實性이 곧 불성佛性'이라는 말은, 어리석은 무명의 마음이 변하고 바뀌어서 불성佛性이 된다는 뜻이 아니라 무명성無明性 자체가 이미 불성佛性임을 의미합니다. 비유를 들어볼게요. 지금 나는 아주 거칠게 생긴 검은 물체를 손에 들고 있습니다. 그런데 내 손에 들린 이 딱딱한 물체가 아무것도 아닌 에너지 흐름이라고 양자역학에서는 말합니다. 이 물체 안으로 깊숙이 들어가면 원자가 보이고, 원자 속으로 들어가면 전자, 소립자, 쿼크가 보이고 결국에는 에너지 뭉침이 나옵니다. 양자量子라는 것은 에너지 덩어리예요. 양자수준으로 내려가면 모든 물질은 에너지 덩어리라고 할 수 있습니다. 그렇게 본다면 이 검은 물체는 지금 이 상태의 패턴으로 계속해서 움직이는 에너지 진동일 뿐입니다. 그러므로 이 '물체'가 지금 '있다'고도 할 수 없어요. 그렇다고 이 물체가 없는 것 또한 아닙니다. 이것이 바로 "있는 것도 아니고, 없는 것도 아니다"라는 말의 뜻입니다. 또, 이 물체는 에너지이기도 하고 아무것도 아니기도 합니다. 움직임의 패턴이 멈추는 순간 에너지는 사라지고 텅 비어있게 되요. 이 물체가 없어져서 텅 비게 되는 것이 아니라, 이미 이 물체는 텅 비어있습니다. 색즉시공色卽是空이죠. 색色이 사라져야 공空이 되는 것이 아니라, 색色이 곧 공空이라는 것입니다. 공空과 색色이 따로 있는 것이 아니라, 공空으로 보는 눈과 색色으로 보는 눈이 있을 뿐입니다. 여러분들이 여기서 색色을 본다면 중생심이고, 공空을 본다면 마음의 분별없이 보는 불성이 되는 것입니다. 지금 이 순간 자신의 마음을 들여다볼 때, 어떤 느낌이 잡히고, '나는 누구'라고 여겨지고, 무엇을 분별하고 있다면 여러분은 지금 색色으로 보고 있는 상태입니다. 중생의 분별하는 마음이죠. 그런데 그 마음에서 즉각 힘을 빼면 아무것도 안 보입니다. 어떤 느낌도 없지요. 그렇게 분별없는 마음으로 내려가게 되는데, 힘을 빼기 전이나 힘을 뺀 후나 마음이라는 것에는 변함이 없습니다. 분별 속에 있는 마음이나 분별을 떠난 마음이나 본질의 측면에서는 아무런 차이가 없어요. 그래서 무명無明(어리석음)의 핵심이 곧 불성佛性이라고 말한 것입니다.

무명, 중생심, 번뇌, 괴로운 마음을 떠나 불성이 따로 있지 않습니다. 괴로워하는 마음은 무엇일까요? 쉽게 말하자면, 마음을 A와 B로 나눠놓고서 A 마음 때문에 B 마음이 힘들어 하고 있는 것입니다. 그런데 A와 B는 모두 한마음에 나타난 모습입니다. 파도가 생겨난 모습이에요. 괴로운 파도가 나타났다가 사라지면 물로 가라앉습니다. 그리고 다음날 무슨 일이 생기면 초조한 마음이 생겨납니다. 초조한 내가 있고 초조함의 대상이 있어요. 그러다가 또 어느새 사라지고 기뻐하는 나와 그 대상으로 나뉩니다. 이렇게 마음은 끊임없이 생겨났다 사라집니다. 물이 어떤 모습을 띠면 파도가 생겨나는 것처럼, '어떤 느낌'이 일어난다는 것은 마음이 '어떤 모습'을 띈 것입니다. 그런데 모습 없는 마음이 있어요. 우리가 말하는 감각상태, 그리고 더 깊이 들어간 삼매상태가 바로 모습 없는 마음, 즉 무심無心입니다. 일어난 마음, 즉 분별 있는 마음은 그 분별만 사라지면 즉시 무심無心입니다. 분별 있는 마음에서 분별없는 마음으로 내려가야 이를 알아차리는 것은 아닙니다. 분별없는 마음에서는 알아챌 수가 없어요. 알아챈다는 것 자체가 분별 속에서 일어나기 때문입니다. 이미 나뉘어져서 알아차릴 내가 있어야 가능합니다. 그래서 통찰이라는 것은, 분별 있는 마음과 분별없는 마음 둘 사이를 왔다 갔다 하면서 이 둘을 모두 포괄할 때 일어납니다. 둘 사이를 오가며, 나눠진 것도 아니고 나눠지지 않은 것도 아닌 새벽과 같은 마음속에서 통찰이 번뜩 일어납니다. 분별은 나의 본질이 아니라는 통찰이지요. 그러므로 무심無心만 계속 연습하면 마음은 편안할지 모르지만 지혜는 생기지 않습니다. 지혜는 느낌을 동반한 깊은 이해입니다. 그런 이해와 믿음의 길을 함께 가야 합니다.

분별된 마음 자체가 분별없음과 다르지 않다는 것을 발견하면 절대 속에서 상대를 사용할 수 있습니다. 상대적인 마음이 완전히 가라앉아야만 절대로 가는 것이 아니에요. 상대적인 마음 자체가 이미 절대적인 마음입니다. 마우스와 핸드폰은 소립자와 에너지 측면에서는 다르지 않아요. 그러나 우리가 다르게 보는 것은 색色의 측면, 즉 분별의 측면이며 매우 거칩니다. 무언가가 생겨난 마음과 그런 것이 없는 마음은 다르기도 하고 다르지 않기도 합니다. "무명無明이 곧 불성佛性"이라는 말은 바로 이런 의미예요. 무명은 마음에 경계가 생긴 것이고, 그 경계가 사라지면 곧 불성입니다. 그런데 경계는 일시적인 현상이기 때문에 경계로 가득한 어느 한 때도 불성이 아닌 적이 없으며, 따라서 무명은 곧 불성이라 말할 수 있죠.

무명은 '눈'앞에 나타난 어떤 '모습'입니다. 뭔가가 있다고 여기는 마음이에요. 그런데 그 모습은 믿음으로 인해서 생겨납니다. 성경에 "믿음은 바라는 것의 실상(히11:1)"이라는 말이 있습니다. 그렇다면 믿음이라는 것은 무엇일까요? '바라는 그 무언가'는 마음의 어떤 상相이지요. 그것이 '있다'고 여기는 마음은 그것이 있다고 믿기 때문에 생겨납니다. 이것을 핸드폰이라고 여기는 것은 내 믿음 때문이에요. 이 핸드폰과 다른 것을 구별하는 마음을 내가 **믿고 있는** 것입니다. 믿음은 일종의 에너지라고 했습니다. 예를 들어, 지금 여러분 눈앞에 보이는 어떤 물건이 있다면 마음이 경계 지어 그것을 만들어낸 것입니다. '펜'이라고 알고 있는 이것이 정말 펜입니까? 내가 지압을 하는 용도로만 이것을 사용해왔다면 내게 그것은 지압봉이 아닐까요? 펜이라고 하는 것은 내 믿음입니다. 펜으로 알고, 펜으로 사용한다면 그것은 펜입니다. 그런데 이때 **펜이라는 이름과 상相을 가지는 것**은 내 **마음의 일**이에요. 실제로 글을 쓰는 데 사용하는 것과 '이것은 펜'이라고 알고 믿는 것은 조금 다른 차원의 얘기입니다. 이 세상에 뭔가 존재한다고 여기는 것은 믿음입니다. 온 세계, 온 우주의 자연이 하나로 얽혀서 글씨를 쓰는 **현상이 일어나고 있는 것**과, '이것은 무엇이다'라고 **알고 있는 것**은 다른 얘기예요. 경계 지어진 마음이 이 펜과 같이 보이는 것들을 만들어 내고, 그것을 믿고 있기에 그렇게 보이는 것일 뿐이지, 사실은 어떤 독립된 것이 있지는 않습니다. 세상에 물이라는 것이 따로 있습니까? 우리는 물이 있고 불이 있고 흙이 있다고 말합니다. 그러나 물이 독립적으로 존재할까요? 또 인체가 독립적으로 존재하나요? 인체의 70%를 차지하는 물을 다 빼버린다면 인체는 독립적으로 존재합니까? 물과 인체가 따로 존재하지 않습니다. 그런데 우리는 물과 인체라는 이름을 따로 붙이고, 독립적으로 존재한다고 믿으며 살아갑니다. 그런데 사실 잘 살펴보면 인체와 물은 서로 떼려야 뗄 수 없는 관계입니다. 하나로 돌아가고 있어요. 엄밀히 말하면 하나도 아닙니다. 나눌 수 있을 때 비로소 하나라고 말할 수 있어요. 사실은 나눌 수 없는데, 우리가 말로써 '물'과 '인체'로 금을 그었을 뿐입니다. 모든 우주 전체가 하나로 돌아가고 있는데 우리의 의식이, 분별하는 마음이 나누고 있습니다. 사실은 어떤 독립된 것도 없지만, 독립된 어떤 것이 있다고 여겨지는 것은 믿음 때문입니다. 따라서 세상에 무언가가 만들어져 있다면 그것은 믿음 때문에 생겨났다고 말할 수 있습니다. 믿음이 그렇게 큰 역할을 하고 있습니다. 그래서 바르게 믿어야 합니다. 진심眞心이라는 것을 올바르게 믿어야 해요. 여러분은 아직 진짜 마음이 뭔지 터득하지 못한 상태입니다. 이런 것이 진짜 마음이라고 제대로 알고, 올바른 믿음을 가져야만 그 길을 갈 수 있겠지요. 아직 터득이 안 됐을 때에는 믿음, 특히나 올바른 믿음이 중요합니다.

幻化空身이 卽法身이라 하시니
환화공신　즉법신

환상의 헛된 몸이 곧 법신이다.

환상의 몸이라는 것은 유상신有相身입니다. 우리가 지금 '몸'이라고 여기는 것은 환상이 만들어냈다는 말이죠. 그런데 이 헛된 몸이 곧 진리의 법신과 같다고 말합니다. 영가대사와 지공대사의 말들은 우리로 하여금 분별을 내려놓게 만듭니다. 무명無明이 곧 불성佛性이고, 유상신有相身 안에 무상신無相身이 들어있고, 환화공신幻化空身이 곧 법신法身이라고 말합니다. 환상의 헛된 몸에서 가장 기본이 되는 것은 무엇일까요? 우리가 에고ego라고 부르는 자아自我입니다. 그것은 우리의 분별없는 본체가 어떤 감정체, 정신체, 또는 육체와 동일시되어 주인노릇을 하는 놈이에요. 나와 너로 나누어서 분별된 나를 실체라고 믿는 그 자아입니다. '나'라고 이름 붙여진 것의 가장 중요한 구성 성분이 주체감과 경험의 내용이라고 말했지요. 이 '나'라는 놈의 핵심은 늘 자신이 경험하는 내용, 즉 생각이나 감정, 느낌들과 동일시되기 때문에 결코 진정한 자기 자신을 대상을 알듯이 알 수는 없습니다. 지금 이 순간, 나라는 것은 무엇입니까? 어떤 나입니까? 어떤 소리가 들린다면, '듣는다'는 경험내용이 있고, '듣고 있는 나'라는 주체감이 있을 것입니다. 이렇게 경험 내용과 주체감이 합해져서 '나'라는 것을 이루는데, 경험내용 중에서 가장 투명한 것이 바로 '지켜본다'라는 경험 내용입니다. 관찰자로 있을 때 지켜보는 나와 주체감으로 구성된 상태가 되지요. 이때의 관찰자 역시 지켜본다는 행위와 동일시되어 있어서 관찰자 자신은 스스로를 볼 수 없습니다. 늘 끝나고 나서야 알아요. '아, 관찰하고 있었구나'라고.

자아自我는 지금 경계를 허물면 즉시 사라진다

흔들림으로부터 스스로를 보호하려는 방어나 저항 행위를 하는 것이 바로 자아입니다. 더 나아가면 우월감, 불안함, 비굴함, 비참함의 원천이 될 뿐이지요. 이런 헛된 몸이, 본질인 법신法身과 다르지 않다고 말합니다. 잘 이해가 되나요? 즉시즉시 변하고, 나타났다 사라지기 때문에 유지되지 않는 이 헛된 정신의 몸[精神體]이 어떻게 진리의 몸인 법신과 다르지 않을까요? 그것은 환상으로 이루어진 헛된 몸이라는 것은, 마음의 경계에 의해서 잠시 생겨났을 뿐, 진정한 실체가 아니기 때문입니다. 우월함을 느끼거나 불안함을 느끼고 자기를 방어하려는 마음이 지금 이 순간의 감각으로 들어가면 다 사라져버리잖아요. 경계 지어지고, 에너지가 많이 몰려서 형태를 이루면 그것이 존재하는 것처럼 느껴지는 것뿐입니다. '느낌'이라는 말이에요. '나라는 느낌'이에요. 그런데 그 느낌은 끊임없이 변하고 어느새 사라집니다. 어제의 나와 오늘의 나가 똑같다고 느껴지지만 자세히 들여다보면 달라져 있습니다. 적당히 생각해보면 변함없는 나 같지만, 엄밀히 들여다보고 아주 치밀하게 느껴보면 경험 내용은 모두 달라졌어요. 오직 하나, 주체감은 비슷합니다. 사물을 보거나 느끼는 주체로서 또는 주인으로서의 느낌이죠. 그러나 이것도 느낌의 강도가 끊임없이 오르락내리락하면서 바뀝니다. 이렇게 경험의 내용은 물론이고 주체감마저도 끊임없이 변하는데, 우리는 변함없는 나라고 생각해요. 이 생각이 느낌을 붙잡아서 고정시키는 역할을 하는 것입니다. 생각은 컵과 같고, 우리의 느낌은 컵 속의 물과 같습니다. 컵이 사라지면 물은 형태가 바뀌잖아요. 느낌도 그와 같습니다. 주체로서의 느낌이나 경험 내용으로서의 느낌은 끊임없이 바뀝니다. 물이나 아메바처럼. 하지만 오늘의 내가 어제의 나와 같다고 여기는 그 생각이 느낌을 고정시켜 버린다는 말입니다. 생각이 없으면 느낌은 끊임없이 바뀝니다. 여러분들이 앞으로 생각 없이 느낌만 정밀하게 살펴보면 나라는 것은 매 순간 바뀐다는 것을 발견하게 될 거예요. 그 점이 철저히 발견되면 자기라는 것이 끊임없이 바뀌는 하나의 느낌일 뿐이라는 것을 체험하게 됩니다. 그렇게 실감을 해야 자기라는 느낌에 얽매이지 않게 됩니다.

자아自我라는 것은 지금 이 순간 마음의 경계를 허물면 즉시 사라집니다. 그리고 우리는 그것이 본질의 한 표현임을 알아챌 수 있습니다. 그렇게 경계가 허물어진 상태가 우리가 얘기해온 깨어있는 의식 상태, 순수한 주의 상태와 같습니다. 그 상태에서의 관찰이, 경험대상과 경험주체를 넘어 경험 자체를 초월하게 해주는 단초가 됩니다. 그래서 '주의에 주의 기울이기'나 '투명한 주의', '깨어있는 의식', '전체주의' 같은 용어들을 써가면서 열려있는 투명한 주의 상태를 잡아보도록 연습을 했던 것입니다. 그때 드디어 환상의 몸이란 있지도 없지도 않고, 이미 그 자체가 진리 자체임을 알아챌 수 있습니다. 분별 있는 마음을 다 가라앉혀야만 분별없음 속으로 들어가는 것은 아닙니다. 수많은 파도는 변함없는 물이 임시적으로 지니는 한 모습일 뿐입니다. 물이라는 점에서는 변함이 없지요. 모습 없는 절대적인 물이 상대적이며 모습이 있는 파도로 잠시 나타났다 사라지지만, 물 자체는 파도 속에서도 변함없이 늘 그대로입니다. 분별 속에서 수많은 분별을 하면서 그것이 분별없음 위에서 일어나고 있음을 아는 것, 우리의 마음이 어떤 느낌과 생각, 그리고 어떤 감정 속에 있던지 간에 그것은 어떤 색깔이나 모습을 띈 임시적인 느낌일 뿐, 마음 자체가 달라진 것은 아니라는 것을 깨우치는 것이 바로 이 공부의 마지막 길이에요. 이것이 바로 절대와 상대가 같이 있다는 뜻입니다.

故知衆生이 本來是佛이로다
고지중생 본래시불

고로 중생이 본래 부처임을 알라

중생과 부처 역시 마음이 나눠놓은 경계 속의 일입니다. 그 경계에 묶이지 않으면, 경계가 있다 해도 본질의 바다에는 아무런 차이가 없음을 알게 되고, 그것을 알아채면 경계 속의 중생이나 경계를 넘은 부처나 본질적으로는 어떤 차이도 없음을 알게 됩니다. 중생이 이 말을 듣고서 '부처 되어봐야 본질적으로 차이가 없다면 뭐 하러 부처가 되나? 그냥 중생으로 재밌게 살다 갈래' 이럴 수도 있겠지만, 원한다면 그래도 됩니다. 고통도 즐겁게 겪으면서. 고통을 재밌게 즐길 수 있다면 상관없습니다.

旣生正信인댄 須要解滋니
기생정신 수요해자

이미 바른 믿음이 일어났다면 모름지기 이해를 늘려가라.

올바른 믿음이 생겨났다면 이제는 깊은 이해를 자꾸 키워 늘려가야 한다고 말합니다. 믿음만 가지고는 안 된다는 것입니다. 일단 믿음이 있는 사람은 밀고 나가는 원동력을 얻은 사람입니다. 그래서 대승기신론에서도 믿음을 굉장히 중요하게 생각했어요. 이 믿음이라는 것이 참 중요합니다. 지금 우리가 하는 이 공부와 연습이, 나로부터 자유로워지는 길이라는 것을 믿으면 정말 흔들림 없이 철저하게 연습하면서 가지 않겠어요? 그런데 '이것이 되겠어? 잘 되지도 않고, 해봐야 변화도 없고, 아무리 해도 안 되는데'라고 한다면 믿음이 없는 거고, 믿음이 없으면 원동력이 없기에 당연히 그 길을 끝까지 못가겠죠. 그래서 믿음은 매우 중요한 역할을 하는 것입니다. 이 길을 끝까지 가게 하는 믿음이라는 에너지가 일단 갖춰져야 해요. 그 다음에 길을 가며 마음을 아주 정밀하고 치밀하게 만들면서 이해가 깊어지면 어느 순간 통찰이 일어납니다. 이처럼 믿음과 이해는 같이 가야 합니다. 정혜쌍수定慧雙修도 비슷한 의미죠. 정定은 집중을 통해서 깊은 선정으로 들어가는 마음이고, 혜慧는 분별을 통해서 이해하는 마음입니다. 깊은 선정으로 들어가려면 아주 강력한 집중력을 가지고 빈 마음을 연습해야 합니다. 절실함이 없는 사람에게는 집중력을 연습하는 사마타를 시키죠. 절실함이 있으면 집중력을 연습할 필요가 없습니다. 정말로 알고 싶다는 절실한 마음이 있으면 하지 말래도 집중이 되니까요. 삼매도 필요 없어요. 절실함이 있으면 삼매가 저절로 일어납니다. 너무 궁금해서 자기 마음을 살피는 마음이 절실해지면 어느 순간 빈 마음으로 떨어집니다. 이런 절실함이 없는 사람은 빈 마음을 연습해야죠. 집중력이 생기고, 끝까지 밀고 갈 힘을 얻은 사람, 바른 믿음이 이루어진 사람은 이제 깊은 이해에만 초점을 맞추면 됩니다.

이 길을 가다보면 변화가 정비례의 방식으로 일어나지 않습니다. 계단식으로 일어나죠. 어떤 도약이 한번 일어나면 아주 기분이 좋아요. 그런데 그런 변화가 계속 일어나지 않고 그 상태가 계속 유지됩니다. 탄탄하게 다져져서 다음 도약이 일어날 수 있는 준비를 해야 하기 때문입니다. 변화가 없는 그 과정은 매우 지루하지만, 그럼에도 끊임없이 노력해야 합니다. 그렇지 않으면 그냥 그 자리에 머무르게 됩니다.

꾸준하게 하면, 변화가 없어 보여도 다음 도약의 시기까지 계속 가고 있는 중인 것입니다. 준비가 되면 또 도약이 일어납니다. 마음의 변화는 양자도약처럼 한순간에 계단식으로 일어납니다. 통찰이라는 것이 조금씩 천천히 일어나나요? 모름에서 앎으로 즉각 올라섭니다. 이해는 도약이에요. 하지만 사람들은 변화가 계속해서 일어나길 기대해서 다음 변화 전까지의 지루한 과정을 잘 견디지 못합니다. 이 지루한 과정이 통찰이 다져지는 기간이니 이것을 참고 겪어내야 합니다. 그렇지만 여기서 많이들 지쳐 나가떨어지게 됩니다. 지치는 이유는 일단 절실함이 없어서 그래요. 궁금하고 답답해서 미치겠다는 절실함이 없다면 당근이 필요합니다. '이전을 생각했을 때 나는 얼마나 많이 변했나, 이젠 감정에 휘둘리지도 않네.' 이런 식의 당근. 그런데 감정에 휘둘리지 않으면 또 느슨해지죠. 그래서 바른 믿음이 중요하고, 그 믿음은 이 길을 계속 가게 하는 동력원이 됩니다. 그 믿음이 생겨났다면 이제 이해를 자꾸 불려가야 합니다.

선재동자, 절대적 숙임

永明이 云하사대
영 명 운

信而不解하면 增長無明이요
신 이 불 해 증 장 무 명

解而不信하면 增長邪見이라 하시니
해 이 불 신 증 장 사 견

영명선사가 말하되
믿음은 있으되 이해가 없으면 무명이 커가고
이해는 있으되 믿음이 없으면 삿된 견해만 늘어간다.

영명永明(904~975) 선사는 송나라 때의 연수延壽 선사입니다. 중국 항주에 있는 영명사永明寺라는 절에 머물러서 영명선사라고도 불립니다. 유심결唯心訣과 주심부註心賦라는 책을 지은 분입니다.

믿음은 실천을 통해서 힘을 발휘하게 됩니다. 알고 있는 것이 체득되도록 자꾸 실천해야 하는데, 실천은 안 하고 여기저기 쫓아다니며 이것저것 조금씩 경험하는 사람들이 있습니다. 끝까지 가지는 못하고 아는 것이 자꾸 많아지면 삿된 견해만 늘어나는 것입니다. 한 군데에서 끝까지 해보고, 안 되면 거기를 완전히 떠나야 합니다. 뭔가 깊어진 다음에 떠나야지, 힘들고 어려워서 떠나면 안 됩니다. 어디든지 마찬가지예요. 직장도 마찬가지입니다. 힘들고 어려워서 떠난 사람은 다른 곳에 가도 똑같이 힘들고 어려운 일이 생겨요. 그런데 힘들고 어려워서가 아니라 해볼 거 다 해보고서 떠나려고 하면 사람들이 자꾸 잡아요. 당신은 여기에 꼭 필요한 사람이라며 잡습니다. 이렇게 붙잡히는 사람은 떠나도 됩니다. 그 사람은 이제 다른 데 가서도 할 수 있는 사람이에요. 반면에 제발 좀 떠나달라는 말을 듣는 사람은 다른 곳에 가도 똑같은 말을 들어요. 배움도 마찬가지입니다. 잘 배우는 사람은 어디 가서든 자신을 절대적으로 숙입니다. 선재동자는 뱃사공한테서도 배웠잖아요. 누구한테서도 뭔가를 배울 수 있는 그런 사람이 바로 선한 자질을 갖춘 사람입니다. 그런 사람이 본질을 터득한 사람에게 배운다면 얼마나 잘 배우겠습니까? 자신을 완전히 숙이는 사람은 빨리 배울 수 있지만, 숙이지 못하는 사람은 이해만 많아집니다. 여기저기 다녀서 아는 것만 많아진 사람은 믿음이 없고 실천하는 힘도 없습니다. 알음알이가 많아지면 자신을 괴롭히는 일이 더 많아질 뿐이에요. 그래서 믿음과 이해가 같이 가야한다고 말합니다.

'믿음은 있으되 이해가 없으면 무명이 커간다'라고 했습니다. 모든 것을 받아들이고 무조건 믿기만 하면서 스스로의 내적인 경험적인 통찰이 없다면 어리석음만 자꾸 두터워집니다. 여기서 조금 더 가면 눈먼 믿음인 맹신이 되는 것입니다. 에너지는 아주 강해서 실천력은 강합니다. 하지만 눈이 멀었어요. 동쪽으로 가라고 하면 서쪽으로 열심히 뛰는 격이죠. 스스로의 경험으로 확인하지 않고 무조건 믿고 따르기만 하면 어리석음이 커져서 기만 세집니다. 기운은 세지만 뭔가를 하려고 할 때 통찰이 없기 때문에 제대로 못해요. 분별없이 기만 센 것만큼 위험한 것이 없습니다. 삼국지의 장비 같은 사람이죠. 장비는 그래도 유비와 관우를 형으로 모실 수 있는 머리가 있는 사람이었어요. 그런데 만약 장비가 왕이 되려고 했다면 아마 모든 일을 망가뜨렸을 것입니다.

믿음만으로 가면 기쁨이나 행복감, 황홀경 이런 것은 경험할 수 있습니다. 이런 건 의외로 쉽게 올수도 있어요. 믿는 사람은 자기를 낮춥니다. 믿고 따르면 자기는 편하죠. 자기는 결정할 필요가 없거든요. 믿고 자기를 낮추면 기쁨과 감사와 행복이 느껴집니다. 그런데 그런 행복감은 믿음이 자아를 작게 만들었기 때문에 경험되는 임시적인 현상에 불과합니다. 경험은, 그것이 아무리 기쁘고 행복한 느낌일지라도 멈추게 되어 있어요. 지속되지 않습니다. 모든 경험은 시간에 속박됩니다. 시간의 한계를 지니고 있어서 영원하지 않습니다. 오직 본질만이 영원합니다. 영원하다는 말은 변함없다는 뜻입니다. 우리의 기쁨과 황홀과 감사한 느낌은 모두 파도와 같아서, 아무리 커다란 해일과 같은 기쁨이라 할지라도 왔다가 갑니다. 일시적인 현상이에요. 통찰이 일어나지 않으면 그 모든 느낌과 경험적인 흔적들은 나타났다 사라집니다. 자기가 낮아지고 자아가 약해지면 일상은 기쁨으로 가득하지만, 그것이 누군가를 믿어서 생겨난 것이라면 그 기쁨은 지나가게 되어 있습니다. 통찰을 통해서 되돌릴 수 없는 체험이 될 때만이 사라지지 않는 기쁨으로 남게 되는 것입니다. 경험을 추구하지 마세요. 연습하고 탐구해 나가는 과정에서 경험이 일어나는 것은 괜찮습니다. 그렇게 일어나는 경험에는 항상 부산물이 따릅니다. 기쁘고, 고맙고, 감사하고, 황홀해요. 그것들이 경험으로 인해 생겨나는 것은 괜찮지만, 그것을 추구하게 되면 그 사람은 집착하게 되고 통찰이 일어나질 않습니다. 통찰을 통해서만 영원히 지속되는 체험적인 앎으로 이어집니다. 그리고 통찰은 느낌을 동반한 깊은 이해를 통해서 옵니다.

믿음을 기반한 이해

아무리 황홀하고 우주와 일체가 된 느낌이라 하더라도 모든 경험은 일시적일 수밖에 없습니다. '합일감'이라고 하잖아요. 느낌이라는 말입니다. 느낌은 일시적입니다. 그리고 느낌은 분리된 두 개가 만났을 때 생겨납니다. 대상 없이 자기 혼자 느끼는 느낌이란 건 없잖아요. 모든 경험은 시간과 관련되고, 분별되는 것들 간의 만남에서 옵니다. 우주와의 합일이 정말 일어났다면 합일된 나는 사라질 것입니다. 그런데 우주와의 합일감이 느껴진다면, 느끼는 내가 남아있다는 말입니다. 그러니까 '우주와의 합일'과 '우주와의 합일을 느끼는 것'은 완전히 다른 것입니다. 합일감이 느껴진다면 주체와 대상이 남아있는 것입니다. 정말 합일 됐을 때는 그런 느낌이 없습니다. 하나가 됐는데 무슨 느낌이 있겠어요? 우주와의 합일을 느꼈다면 여전히 그 느낌을 느끼는 내가 있다는 말이고, 여전히 분별 속에 있다는 얘기예요. 자기가 아주 약해져서 완전히 하나가 된 듯이 느낄 뿐입니다. 그러니까 황홀감이나 모든 것과 하나 된 것 같은 느낌, 우주와의 합일을 느꼈다면 '내가 분별 속에 있었구나' 이렇게 생각하면 틀림없습니다.

여러분도 잘 아는 소금인형 얘기가 있지요. 소금인형이 바다의 맛을 보겠다고 바다 속으로 뛰어 들었습니다. 처음에는 바다의 맛을 보는 것 같지만 결국은 녹아서 바다로 사라지고 맙니다. 자기도 소금물이 돼버렸기 때문에 자기가 있는지 없는지도 모르겠죠. 만약 소금인형이 바닷가에 앉아서, 자신이 저 바다로부터 왔고 자신은 바다와 하나라고 말한다면 여전히 소금으로 있는 것입니다. 합일은 자기가 녹아서 사라지는 것입니다. 자기가 약해지고 사라지는 듯한 합일감을 느끼면 기쁨이 생겨납니다. 그렇지만 하나인 듯한 느낌도 결국은 느낌이에요. 기분 좋고 평화로운 느낌이 일어나는 것은 괜찮지만, 그 느낌을 추구하지는 마세요. 본질이 무엇인가를 추구하도록 해야 합니다. 그러면 이후에 저절로 그런 것들이 일어납니다.

우주와 합일되면 개인은 사라집니다. 그는 영원 속으로 몰입해서 소멸하고 말아요. 우주의 본질은 시간과 상관이 없고, 어떤 경험과도 상관없이 변함없습니다. 우리는 이미 본질이었고, 현재도 본질이며, 앞으로도 본질일 것이기 때문에 어떤 조건과 상황 속에서도 변함없는 그것을 발견하려고 해야 합니다.

지금 상태가 아닌 더 좋은 인간이 되겠다는 건 본질이 아니라 현상에 초점을 맞춘 것입니다. 현상은 언제든 바뀔 수 있습니다. 더 좋아질 수도 있고 더 나빠질 수도 있어요. 그러나 본질은 좋고 나쁨이 없습니다. 이 본질이 터득된 이후에 현상을 가꾸어 나가는 것이 순서입니다.

현상에 묶여서 좋은 현상만을 만들려고 한다면 밑바탕이 없기 때문에 그 현상은 언젠가 무너지고 다시 좌절 속에 빠지고 말아요. 그래서 세상의 좋은 경험을 다 해본 사람이 좌절에 빠지는 것입니다. 더 이상 해볼게 없으니까요. 돈 많은 미국의 스타들은 더 할 것이 없잖아요. 그러니까 결국 마약 같은 중독현상에 빠지게 되는 것입니다. 더 기분 좋은 것을 찾아서 가기 때문이에요. 그런데 기분 좋음이란 평상심보다 올라갔을 때 느껴지죠. 기분 좋음을 또 느끼려면 평상심으로 내려 왔다가 다시 올라가야 하고, 다시 내려와서 또 올라가야 기분 좋음을 반복해서 느낄 수 있습니다. 그런데 기분 좋음의 상태에서 내려오지 않으면서 더 기분 좋음을 느끼려고 한다면 더 강력한 경험을 찾을 수밖에 없습니다. 그래서 끊임없이 더 강한 자극을 추구하게 되고, 결국에는 평형이 깨지기 때문에 타락하여 파멸하게 됩니다. 타락이 나쁜 것이 아닙니다. 그냥 떨어지는 것입니다. 타락은 아주 편한 길입니다. 그냥 팔 벌리고 절벽에서 떨어지면 되니까요. 반면에 올라가는 건 중력을 거스르는 힘을 써야 됩니다. 편한 길이 아닌 어렵고 힘든 길을 가는 것이 의미 있는 이유는, 쉬운 길은 무질서로 가는 길이기 때문입니다.

물리적인 관점으로 말해서 물이 밑으로 떨어지는 것은 엔트로피가 강해지는 쪽으로 가는 것입니다. 그래서 위치 에너지가 높은 물이 아래로 뚝 떨어져 바다로 가면 더 이상 에너지를 갖지 않습니다. 무질서가 극대화되어 에너지가 없는 상태가 돼요. 물이 떨어지는 것 자체는 쉬워요. 무질서한 상태로 가는 건 쉽습니다. 반면에 질서를 정연하게 만들어내는 것은 매우 힘들고 어렵습니다. 긴장도 필요하고 에너지가 아주 집약되어야 합니다. 자유방임은 무질서한 상태를 말하는 것입니다. 쉽고 편합니다. 서있으면 앉고 싶고, 앉아있으면 눕고 싶죠. 누우면 더 이상 갈 데가 없이 편한 상태가 됩니다. 그런데 이상하게도 한 일주일 누워있으면 허리가 아파서 일어나고 싶어요. 그래서 일어나는 것이 더 편한 상태가 되어 버려요. 우주가 참 신기하지 않습니까? '나'라는 것에 있어서도 쾌락을 추구하는 길은 아주 쉽고 편합니다. 자기를 정리하고, 수련하고, 다듬는 건 어렵고 힘든 일이에요. 이런 편안하고 힘듦이 적절하게 조화가 되어야 합니다. 어렵고 힘들기만 하다면 사람이 피폐해집니다. 그래서 육년 동안 힘들고 어려운 고행을 하던 석가모니가 고행을 그만 둔것입니다. 육년 동안 수많은 고행을 다 겪었지만 깨달음이라는 것이 오지 않았어요. 자유가 오지 않았습니다. 그래서 자기 몸을 다시 추스르고 보리수나무 밑에 앉아 새벽별을 보다가 툭 깨달은 것 아닙니까? 고행이 아닌 내적인 추구를 통해서 말입니다. 고행은 자신을 엄격한 질서를 향해 가도록 만들어서 무질서와 방종으로 가는 것을 막는 면이 있습니다. 마음과 몸을 질서정연하게 만든다는 측면에서는 쓸모가 있지만, 그것 자체가 통찰을 일으키지는 않는다는 것을 알고 석가모니는 그것을 버렸습니다. 애쓰는 측면과 자기를 편하게 쉬게 하는 측면이 적당히 균형 잡혀야 된다고 해서 석가모니는 중도中道를 제창했습니다.

마찬가지로 이해와 믿음도 균형이 잡혀야 합니다. 이해만 너무 커서 아는 것이 많아지면 머리가 무거워서 어디 둘 곳이 없어요. 이해가 많은 사람은 견해가 많습니다. 자꾸 자꾸 생각이 올라와요. 그냥 무조건 하면 된다는데 자꾸 생각이 올라옵니다. '그렇게 하면 안 될 것 같은데' 이런 식으로 자꾸 올라오는 것입니다. 또 어떤 사람은 물어보지를 않고, 들으면 무조건 믿어버립니다. 그런데 자기식대로 믿어요. 자신의 경험은 없으면서 그 말만 믿어요. 이 역시 다른 길로 가는 것입니다.

그러므로 이해와 믿음이 적절하게 같이 가는 것은 참으로 중요합니다.

믿음이 있으되 이해가 없으면 무명無明, 즉 어리석음이 커가고, 이해는 있으되 믿음이 없으면 삿된 견해만 늘어간다고 했어요. 여러 가지 이론과 이해가 높아져서 아는 것이 많아졌지만 스스로의 체험이 없으면, 삿된 견해만 자꾸 늘어서 자기주장만 많아지게 돼요. 그리고 이렇게 아는 것이 많아지면 점점 더 체험하기 어렵습니다. 아는 것이 체험을 막아요. 연습의 방법을 알려주면, '아, 그것은 이 부분 때문에 안 될 것 같은데', '이렇게 하는 것이 더 나을 것 같은데', 이런 식으로 뭔가 '안다는 느낌'이 마음에 올라옵니다. 그런 마음이 올라오면 연습을 할 마음이 안 나겠지요. 이렇게 아는 것이 많아지면 점점 더 체험은 어렵게 됩니다. 체험을 위한 움직임의 동력원인 믿음을 자꾸 가로막기 때문에 그렇습니다. 예를 들어, 한 스승에게 배우면서 많이 알게 된 것이 다른 스승에게 가서 배울 때는 장애가 됩니다. 사람마다 스타일이 다르고 체계가 다르지요. 궁극적으로 같은 산의 꼭대기를 지향하고 있지만, 어떤 사람은 나선형으로 쉽게 가는 길을 알고 있고, 다른 사람은 힘들고 어렵지만 빠른 직진의 길을 알고 있다고 해보자고요. 그런데 직진하는 길을 배우다가 나선형의 길을 배우는 곳에 오게 되었어요. 이렇게 옆으로 돌아가라고 하니까 "선생님 직진하는 것이 낫지 않습니까? 여기는 이렇게 가는 편이 좋을 것 같은데요."하면서 자기 견해가 자꾸 나옵니다. 배울 때는 그러면 안 돼요. 그러면 배워지지가 않습니다. 내가 여태까지 알았던 것은 다 내려놔야 배울 수 있는 것입니다. 안 그러면 배우러 오지 말던가. 배우러 왔으면 자기를 숙여야 합니다. 하물며 자신의 본질을 터득하기 위해 배우러 왔잖아요. 일단 배우기로 결정을 했다면 그 다음엔 그냥 속는 것입니다. 모르니까요. 자기가 본질이 터득이 안됐는데, 가르치는 사람이 본질을 터득했는지 어떤지 어떻게 알겠어요? 내가 여러분을 속이고 있는지 어떻게 압니까? 나는 사기꾼일 수도 있는 것입니다. 그렇지만 조금 하다 보니 어떤 변화가 생기고 믿을 만한 느낌이 있다면, 일단 철저하게 자기를 숙이고 배워보는 것입니다. 그러다가 안 되면 떠나는 거지요. 떠나는 사람은 막을 수 없으니까요. 그렇지만 떠나지 않기로 결정했다면 그냥 철저히 숙이고 따라야 빨리 배울 수 있습니다. 아는 것이 많은 사람일수록 배우기 힘들어지는 이유가 그것이에요. 나이 들고 경험이 많을수록 배우기 힘들잖아요. 아는 것이 많거든요. 들은 것도 많고 체험도 좀 있어요. 그래서 배우기가 더 힘들어져요. 그렇지만 절실함이 있으면 자신이 배운 것을 다 내려놓고 할 수 있습니다. 절실함의 정도와 자기 견해를 내려놓을 수 있는지가 배움에 있어서 중요한 초점이 되는 것입니다. 그것이 바로 믿음을 기반으로 한 이해의 길입니다.

박티Bhakti와 즈나나Jnana

故知信解相兼하야사 得入道疾이니라
고지신해상겸 득입도질

그러므로 믿음과 이해가 같이 가야
도道에 빨리 들어갈 수 있음을 알아야 한다.

믿음의 길과 이해의 길이 어떻게 보면 달라 보입니다. 종교적으로 기독교와 불교는 다르지요. 불교는 이해의 길, 탐구의 길입니다. 자기 마음을 실험해가면서 이해를 통해 가는 길이에요. 무조건 믿지는 않습니다. 오히려 무조건 의심하죠. 심지어 석가모니는 자신의 말도 의심하라고 했어요. "자등명自燈明 법등명法燈明 해야지 나를 믿지 말라"고 했습니다. 자등명自燈明은 스스로를 등불 삼으라는 말이고, 법등명法燈明은 진리를 등불 삼으라는 말입니다. 내 말을 믿지 말고 의심하라는 것입니다. 그러나 하라는 연습도 하지 않으면서 의심만 하라는 것이 아니라 자기가 들은 말을 무조건 믿지말고 의심하며 실험하라는 것입니다. 불경을 읽을 때 석가모니가 그 말을 했다고 믿지만, 결국은 자기가 들은 말이요 읽은 말이거든요. 불경의 대부분은 '나는 이렇게 들었다[如是我聞]'라고 쓰지 '석가모니는 이렇게 말했다'라고 쓰지 않는다고 지난번에 말했습니다. 정말 과학적이고 명확한 표현이에요. 내가 들은 것이지, 석가모니가 이렇게 말한 것은 아니다. 그분이 의미하는 바를 내가 정말 이해했는지 아닌지는 모르겠지만 나는 믿고 가겠다는 것입니다. 이런 이해의 길이 석가모니의 길이고 의심하는 길이에요.

기독교는 믿음의 길을 갑니다. 무조건 믿고 따르면서 헌신하는 것입니다. '예수님을 믿어라. 그러면 너의 죄는 사해진다. 너의 모든 아픔과 짐은 예수님이 대신 졌으니 너는 따라오기만 하면 된다. 그것을 정말로 믿어라.' 하는 믿음의 길이에요. 그렇지만 탐구의 길과 아주 유사한 일이 생겨납니다. 예수님을 정말로 믿으면 예수님이 말하는 대로 따르겠죠. '네 이웃을 네 몸처럼 대접하라'는 말을 따를 것 아니에요? 내 마음속에서는 '어떻게 그래? 그럴 수 없어.'라는 마음이 올라오더라도, 내가 정말로 믿는 예수님이 그런 말을 했다면 내 마음속에서 올라오는 생각을 내려놓고 예수님의 말을 따르는 것입니다. 믿음의 길은 쉽습니다. 이것저것 따질 것이 없거든요. 그런데 또 아주 어렵죠. 그렇게 정말 따를 정도의 믿음을 가진 사람은 많지 않습니다. 특히나 머리가 아주 굵어진 현대의 사람들한테는 믿음의 길이 쉽지 않아요. 그래서 지금은 카르마Karma의 길을 권합니다. 사회에 이익이 되어야만 사회속의 구성원으로서 의미가 있고 잘 살아갈 수 있기 때문에, 사회에서 일을 하면서 살아가되 '내가 한다'는 '생각 없이' 일을 하는 것이 카르마 요가입니다.

인도의 요가에는 카르마Karma 요가, 박티Bhakti 요가, 즈나나Jnana 요가가 있습니다. 즈나나 요가는 불교와 같은 탐구와 지혜의 길이며, 박티 요가는 기독교와 같은 헌신의 길입니다. 요즘 바하이Bahai라는 종교가 있습니다. 바하이는 일상의 삶에서 일을 통해 가는 카르마 요가를 실천하는 종교입니다. 이렇게 세가지로 나누고는 있지만, 사실은 이해의 길을 가더라도 거기에는 믿음이 포함되어 있습니다. 대승기신론이 신성취발심信成就發心으로 시작할 만큼 믿음을 강조하고, 진심직설이 올바른 믿음인 정신正信을 강조하고 있잖아요. 반면 믿음의 길도 깊숙이 들어가면 이해가 포함되어 있습니다. 그래서 기독교 성자들도 자세히 보면 깊은 통찰과 이해가 있는 사람들이에요. 믿음에 깊숙이 들어가면 이해를 만나게 되고, 이해의 길로 깊숙한 바닥까지 가면 믿음을 만나게 돼요. 이렇게 믿음의 길과 지혜의 길이 사실은 둘이 아니기 때문에 우리는 두 길을 같이 가자는 것입니다.

지혜의 길로는 본질을 통찰하는 길이요, 믿음의 길로는 자신을 숙이고 어려움을 넘으며 가는 길이지요. 어려움을 넘는 것이 어떻게 믿음의 길인가? 어렵다는 것은 모두 '자아'의 일입니다. 즉 어떤 '기준'에게만 어려움이 있어요. 어린아이가 처음 걸음마를 시작할 때를 보세요. 아이는 넘어지고 깨지면서 물러서지 않고 갑니다. 아이에게는 어렵다는 '기준'이 없기 때문이에요. 그와같이 믿음의 길은 힘들고 어려운 일이 생길 때 그것은 내적인 '기준'에 의해 생겨난 현상임을 알고 스승의 말을 믿고 어려움을 그대로 '느끼'며 가는 것입니다. 그때 힘들어하는 '나'를 넘어설 수 있고, '자아'는 점차 힘이 빠지게 되는 것입니다. 물론 '내 이익'을 위해 어려움을 넘어서는 것과는 조금 다릅니다. 이때는 밑바닥에 '내 이익'이 있기 때문에 어려움을 겪을 수록 '자아'가 강해져갑니다. 물론 좀더 융통성이 있고 지혜로워지지만 여전히 '나'를 기반한 지혜이지요. 그러므로 '나'를 넘어서기 위해서는 나를 위해서가 아니라 전체를 위해 어려움을 극복해내는 것이 도움이 됩니다.

진심은 스킬Skill이 아니다

或이 曰 初發信心하야
혹 왈 초발신심

未能入道라도 有利益不잇가
미능입도 유이익부

묻기를, 처음 신심信心을 발하여
아직 도에 들 수는 없어도 어떤 이익이 있는가?

진심직설은 진심을 설파하는 논리적인 글이고 통찰을 일으키는 깨우침의 글인데 첫장 시작부분에서 믿는 마음信心을 강조하고 있습니다. 왜 그럴까요? 왜 신심이 있어야 할까요? 처음 이 길을 가는 사람은 본질을 깨우치려고 하지만 아직 실상을 모르기에 그것을 배워서 얻으려고 합니다. 지식을 얻듯이 배우고, 훈련을 통해 닦아서 얻으려고 합니다. 아직 얻지 못해서 자신에게는 없다고 생각하고, 아직 아니라고, 아직 멀었다고 생각합니다. 그런데 사실을 들여다보면 본질이라는 것은 이미 우리에게 있습니다. 비유하자면, 우리는 지구 위에서 지구를 찾고 있는 것입니다. 본질을 찾고 있는 많은 사람들이 처한 상황이지요. 따라서 지식을 얻듯이 모르던 것을 알게 되거나 없던 것을 갖게 되는 것이 아니라, 이미 자신이 그 위에 서있으면서도 그것을 찾고 있음을 깨우치기만 하면 됩니다. 이미 '그것'이기 때문에, 배워 얻는 것이 아니기 때문에 '깨우친다'는 표현을 쓰는 것입니다. 이것을 깊숙이 들여다봐야합니다. 아직 깨우치지 못해서 자신이 지구 위에 서 있다는 것을 통찰하지 못했어요. 그래서 '나는 열심히 비우고 닦아서 내 본질을 밝히고 깨우쳐야지.'라고 생각합니다. '깨우치겠다'고 말은 하지만, '무언가를 구한다'는 생각으로 믿음을 가진다면 그것은 올바른 믿음이 아닙니다. '이미 나는 진심이며 본질'임을 믿는 것이 올바른 믿음입니다.

바른 믿음을 바탕으로 하여 이 길을 가야 합니다. 그렇지 않으면 훈련과 수련에 초점을 맞춰서 능력을 얻는 방향으로 가게 됩니다. 그러다보면 간혹 실제로 이상한 능력이 생기기도 하는데, 이를 외도外道라고 하지요. 물론 그런 일이 생기면 좋습니다. 그것은 영어를 못하다가 능숙하게 영어를 구사하는 것처럼 하나의 스킬skill이라고 할 수 있어요. 그러나 본질은 스킬이 아닙니다. 본질은 스킬처럼 훈련으로 얻어지지 않고, 얻어야 할 무언가도 아닙니다. 본질은 이미 지금 사용되고 있어요. 모든 현상에 쓰이고 사용되는데, 우리는 드러난 모습인 현상에만 초점을 맞추고 있어서, 현상화시키는 바탕이 되는 본질은 알아채지 못하고 있습니다. 여러분들이 의식적으로 분별하고, 알아채고, 말하는 현상 속에 본질은 이미 사용되고 있습니다. 지구 위의 모든 나무들과 지구 위로 흐르는 강을 통해 지구는 이미 증명되고 있는 것과 마찬가지입니다. 그런데 우리는 나무와 물, 이런 것들만 볼 수 있어요.

지구 자체를 보지는 못합니다. 지구는 보이는 것이 아니니까요. 그런데 우리는 나무와 물을 보는 것과 같은 방식으로, 물을 만지고 나무를 잡는 방식으로 지구를 알아내려고 하고 있어요. 여기에 딜레마가 있습니다. 본질인 지구는, 지구 위에 있는 것들을 보고 만지고 잡아서 알아채는 것처럼 알아챌 수는 없습니다. 여러분들이 하는 말과 움직임, 그리고 살아있는 모든 생명의 활동이 본질의 증거입니다. 특히 마음속에서 일어나는 느낌이나 생각, 감정 같은 현상들이 그 모두를 초월해있는 본질이 있다는 증거예요. 본질이 있기 때문에 그런 현상들이 일어날 수 있다는 것을 알아채야 합니다.

그런데 왜 우리는 쉽게 알아차리지 못할까요? 마음에 **나타난 현상의 일부를 자기라고 여기고**, 매순간 그것과 동일시되기 때문에 그렇습니다. 그런데 동일시되지 않으면 우리는 뭔가를 알거나 느끼고 경험할 수 없어요. 눈으로 보거나 의식으로 알아채려고 하면 할수록 우리는 자꾸 함정에 빠집니다. 알아채려는 '의도'가 있다는 것은 '마음이 벌써 일어났다' 것을 의미해요. 의도라는 것은 마음의 텅 빈 장에 일어난 어떤 움직임입니다. 뭔가를 해야겠다는 마음을 일으켜 세우는 순간 이미 마음에 파도가 일어난 것입니다. 우리가 알려고 하는 것은 바다인데, 알려고 하는 순간 파도가 일고 그 파도에 동일시되어 그것이 '나'라고 여겨집니다. 알려고 하는 그 의도가 그 순간의 나입니다. 그것조차 파도라는 것을 알아채야하죠.

그런데 다른 모든 것은 마음의 현상이라는 것을 알면서, 그것을 알고 있는 자기를 현상으로 알지는 못해요. 왜냐하면 그 자기는 '보이지 않는' 현상이거든요. 알아채고 있는 그 놈도 현상이에요. 그런데 다른 건 다 보이지만 그 놈은 안 보여요. 비유하자면, 바다에 수많은 부표가 떠 있는데 그중 하나의 부표 위에 서서 다른 부표들을 바라보는 것과 같습니다. '이 부표는 감정이고, 저 부표는 느낌이구나.' 하면서, 자기가 또다른 부표 위에 서 있다는 것은 보지 못합니다. 왜냐하면 자기가 올라서 있는 부표를 보려면 다른 데로 옮겨가야 하거든요. '그럼 나는 뭐지? 나도 뭔가 있는 것 같은데' 하면서 자기 자신을 보려는 의도를 가지는 순간, 그 의도가 중심을 다른 부표로 옮겨가게 합니다. 그래서 다른 부표 위에 올라가서 조금 전까지 서있던 부표를 바라봐요. 그렇지만 '저것이 나구나!' 하는 순간, 그 부표를 바라보는 놈이 다시 그 순간의 진짜 나입니다. 진짜 주체는 그 놈이에요. 그리고 그놈 역시 또 자기를 보지는 못합니다. '10마리 돼지' 우화 속의 돼지가 다른 돼지들은 다 세고 자기를 세지 못하는 것처럼. 의식작용은 이런 과정을 거칩니다.

의식은 어떻게 작용하는가

의식작용이란 무언가가 다른 무엇을 보거나 알거나 느끼는 현상입니다. 그러기 위해서는 '무언가'라는 주체가 있어야하고 '무엇을'이라는 대상이 있어야 합니다. 그런데 우리가 뭔가를 볼 때, 대상은 항상 볼 수 있지만, 보는 '자기'는 못 봅니다. 이때 말하는 '자기'라는 것은 본질적인 자기가 아니라 임시적인 현상으로서의 자기예요. 이를 '개인적' 주체라고 합니다. 임시적으로 주인 노릇을 하는 자기인데, 이놈마저도 결코 알 수가 없습니다. 이놈을 알려고 하면 또 다른 '보는 나'를 만들어내야 합니다. 그러면 보고 있던 주체는 다른 데로 가고, 기존의 주체는 보이는 대상, 즉 주체감이 되지요. 이렇게 이분열의 상태(대상-주체)에서 '의식되지 않는 개인적 주체'는, 삼분열 상태(대상-주체감-주체)가 되면 '의식되는' '주체감感'으로 바뀝니다. 주체였던 놈이 주체감으로 바뀌는 걸 보면서, 그 주체감을 아는 삼분열 상태의 비개인적 주체 또한 현상이라는 것을 통찰해낼 수 있습니다.*

알고 느낀다는 것은 항상 주객이 나뉘어야만 가능한 현상이라는 점을 철저히 파악하면, 대상이 있다는 것은 주체가 있다는 증거임을 알 수 있어요. 그래서 대상을 통해 '내가 보고 있다'는 느낌을 비롯한, 일어나는 모든 의식현상 자체가 마음의 파도이고, 나의 본질은 이런 현상을 떠나있음을 알아채는 것이 통찰이고 깨우침입니다. 우리는 본질을 직접적으로 알 수는 없습니다. 단지 모두가 현상이라는 것만 알 수 있어요. 주체도 직접적으로는 모릅니다. 세단계가 있는 것입니다. 첫 번째 단계에서 우리는 모든 대상을 알고 경험하고 느낄 수 있어요. 주체라는 현상 하나만 빼고요. 주체라는 현상을 알거나 느끼거나 경험할 수 없습니다. 다만, 대상이 있을 때는 항상 주체가 있다는 마음의 구조를 파악한 후에 '대상을 통해서 주체를 간접적으로 파악'할 수 있어요. 이것이 두 번째 단계입니다. 이렇게 간접적으로 주체를 파악하고 난 후에, 이 비개인적 주체를 비롯한 모든 의식현상은 마음의 분열에 의해서 나타나는 현상이라는 것을 알게 됩니다. 그 순간 모든 것이 사라

---

* 주체는 개인적 주체와 비개인적 주체가 있다. 개인적 주체는 개별적인 대상을 보거나 경험할 때 생겨나는 것이고, 비개인적 주체는 그 모두를 거울처럼 비추는 주체이다. 우리 모두 지금 '내가 있다'라는 느낌이 있다. 이때 '인식되는 나'는 개인적 주체이다. 그리고 그 개인적 주체를 '인식'하는 것이 바로 비개인적 주체이다. 비개인적 주체는 '인식'의 대상이 되지 않는다. 왜냐하면 '개별적 무엇'이 아니기 때문이다. 전체에서 떨어져나온 부분만이 인식된다. 전체는 인식되지 않는다. 인식되려면 다른 것과 '구별'되어야 하는데 전체는 구별될 다른 무엇이 없기 때문이다. 그것뿐인 것이다. 자기 마음의 '전체'를 '누가' 어디에서 다시 보고 경험할 수 있겠는가? 그것은 대상을 통해 **통찰할 수 있을 뿐**이다.

져가는 삼매로 가게 되는데, 이것이 세 번째 단계입니다.

이 과정들이 의식현상에 다 섞여있으니, 하나하나 파악해나가면서, 나타난 모든 것들이 현상임을 알아챌 때 드디어 우리는 본질을 볼 수 있습니다. 직접 본질을 보거나 알지는 못하지만, 그런 것을 '본질을 본다'는 이름을 붙여 표현했어요. 현상을 현상으로 알게 되면 자기는 미지未知로 떨어져버립니다. 그러니까 본질을 본 사람은 자기의 존재가 있다고 여기지 않고 미지가 자기의 진짜 주인이라고 느끼게 됩니다. 지금 이렇게 말하고 있는 내가 주인이 아니라, 미지가 나의 주인이라는 것입니다. 이놈은 그냥 역할자일 뿐이지요. 주체로서의 느낌을 가진, 주인 같은 느낌을 가진 역할자이지 진짜 주인은 미지입니다. 진짜 주인을 알거나 느낄 수는 없지만, 그런 일이 벌어집니다. 이놈이 현상이라는 것을 아니까요. 이렇게 해서 통찰이라는 것이 일어납니다.

의식현상이라는 것은 정말 재미있고 흥미롭습니다. 신기하게도 어떻게 '스스로를 보지 못하는' 이런 '앎'이 생겨났을까요? 이차크 벤토프Itzhak Bentov의 《우주심과 정신물리학》을 보면, 그리스 신화에 나오는 우로보로스Ouroboros라는 뱀 그림이 있습니다. 뱀의 눈이 자기의 꼬리를 보고 있는 그림이에요. 그 뱀은 자기가 뭔가를 봤다고 여기지만 실은 보는 자나 보이는 꼬리나 모두 한 마리의 뱀이죠. 자신의 꼬리를 보면서 "넌 누구야?" 이러고 있는 것입니다. 우리가 하고 있는 일이 그것과 똑같습니다. 마음속에 대상과 주체를 나눠놓고, 주체가 대상을 향해 '이놈은 내가 아니야. 넌 누구야?' 이러고 있는 것입니다. 주체와 대상 둘 다 마음의 한 부분으로, 같은 마음 속의 현상이에요.

우리는 땅 자체를 볼 수 있는 눈이 없습니다. 우리가 보는 모든 것,

우리가 아는 모든 것은 땅 위의 대상들입니다. 그러므로 땅을 알기 원한다면 땅이 아닌 것을 하나하나 살펴서 떨쳐내는 작업을 하면 됩니다. '나'는 땅이 '아닌 것'만 볼 수 있으니까 내 눈에 보이는 나무도 땅이 아니고 내 눈에 보이는 물도 땅이 아닙니다. 그래서 땅 위에 있는 모든 것을 하나하나 확인하여 드디어 '아, 이런 것들은 땅이 아니구나!' 하게 되면, 더 이상 땅이 아닌 것들에 사로잡히지 않겠지요. 그리고 마지막에는 땅위에 서서 자기역할을 하는 주체 또한 땅이 아님이 확인됩니다. 땅이 자기 자신을 보지는 못하지만, 나무와 물을 '대상'으로 보고 땅이 아니라며 제쳐놓는 '그놈'이 있다는 것을 알아요.

따라서 종국에 '대상을 제치는' 그놈을 알아채면, 그놈도 알아채지므로 땅 자체가 아닌 것이 되겠지요. 왜냐하면 마음에 의해 확인되니까요. 마지막으로 찾아내는 '땅이 아닌 놈'이, 바로 항상 모든 것을 대상으로 보고 있던 보이지 않는 비개인적 주체입니다. 지금 여러분이 뭔가를 보고 듣고 느끼고 있다면, 보이고 들리고 느껴지는 대상들은 당연히 본질이 아니고, 그것들을 대상으로 보고 있는 '보이지 않는 주체'도 당연히 본질이 아닙니다. 왜냐하면 보이지는 않지만 마음에 '나타나 있으니까요'. 의식의 본질은 직접 드러나거나 나타나지 않습니다. 다른 것들을 통해서 나타날 뿐입니다. 사실은 다른 것이라고 할 것도 없습니다. 의식의 본질에 금을 긋고 다른 것처럼 '느끼고' 있을 뿐이니까요. 물이 잠시 어떤 모습을 띠고 파도로 드러나는 것처럼, 우리 의식에 일어난 모든 현상은 사실은 나눌 수 없는 하나의 흐름입니다. 우리가 하는 다양한 경험은 사실 하나의 경험이라고 할 수 있어요.

우리 내면에서 일어나는 감정, 생각, 느낌, 그리고 최종적으로는 '

나'라는 느낌도 하나의 현상이므로, 그것을 떨쳐 내버리는 것이 지금 우리가 하려는 일입니다. 그런데 떨쳐내기 위해서는 우선 잡을 수 있어야 하겠죠. 내 손에 잡힌 것만 내려놓을 수 있기 때문입니다. 잡지도 않은 것을 어떻게 내려놓겠어요? 그래서 '나'라는 것을 하나의 느낌으로 잡으려고 하는 것입니다. '나'라는 것이 하나의 '느낌'으로 잡혀야만 그것을 내려놓을 수가 있습니다. 우리가 하는 연습들이 본질을 직접적으로 알기 위한 것은 아닙니다. 그러나 간접적으로, 또는 통찰로 알게 합니다. 그러므로 이렇게 본질을 발견할 수 있음을 믿는 것이 올바른 믿음인 정신正信입니다.

우리는 '이미 완전한 본질임'을 믿는 것이 바로 올바른 믿음입니다. 그 외의 모든 믿음은, 예를 들어 공덕을 많아 쌓아야 한다거나 착한 일을 많이 해야 한다, 다른 사람을 도와야 본질에 이른다는 것은 모두 본질적인 부분이 아닙니다. 공덕을 많이 쌓고, 십선十善을 행하고, 많은 보시를 베풀면 선한 과보를 받게 되어 선한 세계에 이르고, 거기서 또 착한 일을 통해 더 나은 세계로 가는 인과관계에 얽힌 믿음이 교종에 있다면, 선종은 그런 것을 믿지 않습니다. 오직 지금 이 순간 내가 본질이며 내가 부처와 다르지 않고, 번뇌가 곧 보리라는 것을 믿어요. 그런데 실제로는 아직 내게 번뇌가 보리가 되지는 않았어요. 번뇌가 오면 괴롭습니다. '이렇게 괴롭고 아픈데 어떻게 이 아픈 마음이 부처의 마음인가?'하는 의문은 들어요. 그렇지만 이 번뇌가 곧 보리라는 것을 **믿고는 있습니다**. 그것이 바로 올바른 믿음입니다. 지금 이 순간 희로애락에 물든 내 마음이 곧 본질의 마음과 다르지 않다는 것을 믿어요. 파도로 가득한 이 모습들이 물 자체와 다르지 않음을 믿는 것입니다.

모습을 띤 파도 속에 모습 없는 물이 있어요. 상대 속의 절대가 발견되지 않으면 자꾸 물을 가라앉히려고 합니다. 가라앉은 물은 죽은 물이에요. 어디다가 쓰겠어요? 끊임없이 역동하는 물이 힘 있고 살아있는 물입니다. 고요한 물은 평화롭지만 누군가 건드리기만 하면 불편해하면서 끓어오릅니다. 불편한 마음이라는 일종의 파도를 자기라고 여기고 못 견디는 것입니다. 불편한 마음은 물의 '모습'이지 물 자체가 아닙니다. 불편한 마음이지 마음 자체[眞心]가 아니에요. 그러나 한편으로는 불편한 마음도 마음은 마음이잖아요? 우리 말 속에 의미가 다 들어 있어요. 불편한 마음도 마음이고, 고요한 마음도 마음이에요. 그렇지만 불편함과 고요함이라는 것은 마음의 어떤 모습이지 마음 자체는 아니에요. 우리는 마음 자체를 발견하려는 것입니다. 그런 불편함 속에 그냥 그대로 있어보면 불편함보다 자기가 커집니다. 그러면 그 사람은 점차 마음 자체로 가게 돼요.

진정한 자신을 발견하는 두 가지 방법이 있습니다. 하나는 통찰을 통해서 마음의 구조를 알고 그 구조에서 벗어나는 것입니다. 또 하나는 불편함, 슬픔, 두려움, 기쁨 등의 모든 마음의 현상들을 그대로 느끼고 겪어내면서 자신이 그것들보다 더 크고 본질적이라는 것을 자기도 모르게 알아가는 방법입니다. 힘이 길러지고 관성도 다루어지는 과정이라고 할 수 있어요.

'나'라고 여겨지는 '일어난 마음'은 본질적인 내가 아니라, 일시적으로 경험되는 마음입니다. 본질은 경험되지 않아요. 경험되지 않는다는 말이 '없다'는 의미는 아닙니다. 그렇다고 '있다'는 것도 아니에요. 왜냐하면 '있다'고 말하려면 경험되어야하기 때문이에요. 그래서 본질이란 '있는 것도 아니고 없는 것도 아니다'라고 말합니다. 있고 없음을 떠나있어요. 있다, 없다는 우리 생각과 마음이 경험하는 현상 세계 속의 일이기 때문이에요. 현상적으로 드러나지 않기 때문에 있는 것은 아니에요. 그러나 없는 것도 아니에요. 왜냐하면 그 모든 것을 일어나게 하기 때문입니다. 그래서 진심眞心을 파악하기 힘듭니다. 아니, 파악할 수 없어요. 파악이라는 것 자체가 마음의 분리에 의한 의식작용이니까요. 아주 어렵게 느껴지겠지만 사실을 알고 나면 헛웃음만 나올 일입니다. 여러분들은 나중에 알고 나서 '아, 이거였어!'라며 억울해 할 것입니다. 억울하지 않으려면 빨리 알아차려야 하겠죠. 너무 오래가면 나중에 더 큰 억울함이 올 것입니다. 그래서 신심信心이 중요합니다. 일단 이 길로 가면 본질을 깨우칠 수 있다는 믿음을 가져야 해요. 또한 지금 이 순간 나는 본질이라는 올바른 믿음을 가져야 합니다.

처음으로 믿는 마음을 일으키기는 하였으나 아직 진심眞心에 이르지 못했는데 무슨 이익이 있겠느냐는 질문에 대승기신론을 인용한 답이 이어집니다.

깨달음으로 가는 티켓, 신성취발심

曰 起信論에 云하사대
왈 기신론 운

若人이 聞是法已하고
약인 문시법이

不生怯弱하면 當知是人은
불생겁약 당지시인

定紹佛種하야 必爲諸佛之所授記니
정소불종 필위제불지소수기

답하기를, 대승기신론에서 이르기를
만일 어떤 사람이 이 법을 듣고 나서
겁약함을 일으키지 않으면 마땅히 이 사람은

분명 부처의 씨앗을 받아 제불의 수기를 받을 것임을 알라.

믿는 마음이라는 것은 그냥 하는 생각이 아닙니다. "이미 당신은 완전한 부처입니다."라는 말을 듣고 '아 그렇구나!'라고 생각한다고 해서 그것이 믿는 마음인 것은 아니에요. 믿는 마음에는 '힘'이 있어요. 확신이지요. 예를 들어, '지구는 둥근 모양이고 태양 주위를 돌고 있다'는 지식은 스스로 깨우친 건가요, 아니면 믿는 마음인가요? 믿는 마음이잖아요. 여러분은 지구 밖으로 나가보지 않았어요. 누구나 다 그렇다고 말하고, TV에서도 보여주고, 과학자들이 논리적으로 설명해주니까 여러분 안에 지구는 둥글고 태양 주위를 돌고 있다는 확신이 섰어요. 그러나 그것은 여전히 믿음일 뿐입니다. 더욱이 이치와 메커니즘을 통해 생겨난 믿음은 점점 더 강해집니다. 그래서 공부를 통해서 이해하고 하나씩 경험하면서 믿음이 확실해져 어느 순간 믿음이 성취되면 신성취발심信成就發心이 됩니다. 이때부터는 무슨 일이 생겨도 물러서지 않아요. 끝까지 이뤄질 때까지 갑니다. 마치 부산에서 제주도행 표를 사고 배 위에 오른 사람과 같습니다. 그 사람은 더 이상 다른 곳으로 가지 않아요. 믿음이 성취된 사람은 목적하는 곳으로 가게 되어있습니다. 믿음에는 그런 힘이 있어요. 느낌이 있습니다.

믿음이 없는 사람과 있는 사람은 큰 차이가 납니다. 믿음의 힘이 있는 사람은 자기가 믿으며 하는 일에 철저하게 에너지를 쏟을 수 있습니다. 자신감과 같은 것입니다. 내 앞에 은산철벽이 있어도 자신감, 즉 할 수 있다는 믿음의 느낌이 있는 사람은 힘들다고 느끼기보다는 어떻게든 뚫고 나가려고 애씁니다. 반면에 자신감이 없는 사람은 낮은 벽 앞에서도 물러서고 말지요. 자신감 또한 느낌이에요. 그런데 어떤 힘이 있는 느낌이기 때문에 행동할 수 있는 원천이 됩니다. 초발신심初發信心은 바로 이런 힘이 있는 믿는 마음을 말합니다. 아직 깨우치지는 않았지만 할 수 있다는 믿음이죠. "내가 어떻게 부처가 될 수 있습니까?"라고 한다면 그 사람은 아직 조사선祖師禪에 발심이 안 된 것입니다. 부처는 저 높은 경지라서 오르려고 애써야 하며, 죽을 때까지 노력해도 다다르기 힘든 놀라운 상태라고 믿는 것으로는 결코 부처라는 경지에 이를 수 없겠지요. 그 길을 끝까지 갈 수 없기 때문입니다. 이것은 올바른 믿음이 아닙니다. 부처도 여러분과 똑같은 인간입니다. 똑같이 죽음에 괴로워하고, 병드는 것을 싫어해서 일체의 질병과 고통과 죽음이 없는 세계를 찾겠다며 떠났어요. 그러다가 마침내 병들고 죽고 사라지는 그런 '사람'이라는 것이 없다는 것을 깨우쳤습니다. '나는 그러고 싶지 않다'고 소망했었는데 그런 '나'가 없음을 발견한 것입니다. 이것이 바로 무아無我입니다. 이 길을 끝까지 가려는 사람에게는 올바른 믿음이 중요합니다. 올바른 믿음에는 힘이 있으며, 그럴 때만 드디어 뭔가 시작될 수 있습니다.

만약 사람이 이 법을 듣고 나서 두려운 마음을 일으키지만 않는다면, 그 사람은 마땅히 부처의 씨앗을 이어받아서 반드시 모든 부처의 수기授記를 받게 될 것이라고 했습니다. 수기授記는 부처님이 제자들에게 장차 성불할 것이라고 예언하는 것을 말합니다. 겁약怯弱을 일으킨다는 것은 겁내고 약한 마음이 드는 것입니다. 해보지도 않고서 '이것이 될까?' 의심하는 마음이죠. 힘들고 어렵다는 느낌이 들어도 물러서지 않는 마음이 바로 불생겁약不生怯弱입니다. 신심이 생긴 후 겁내고 약한 마음을 일으키지만 않으면 그 사람은 부처의 씨앗을 이어받은 것과 같다고 했습니다. 우리는 어떤 연습이나 훈련을 하면서 잘 안 되고 지치면 그냥 멈추고 쉬어버립니다. 예를 들어 '모든 것이 현상'이라는 말을 듣고 정말 그런지 마음으로 살펴보는 실험을 하면, 현상이라는 것이 애매하고 정말 현상인지 아닌지 판단하기 힘든 시기가 옵니다. 강력한 감정에 사로잡힐 때면 그것이 나 같고, 지금 이야기를 듣고 있는 것이 아무리 봐도 나 같은데, 이것이 어떻게 현상이라는지 도저히 모르겠다는 생각이 일어납니다. 아무리 생각하고 살펴보고 느껴봐도 이해가 안 된다는 마음이 들면 포기하기 쉬워요. 이제 겨우 시작해 놓고 말입니다. 누구는 15년, 20년을 했는데 이제 겨우 1년도 채 하지 않고 힘들다고 포기하고 말아요. 좀 쉬운 길이 있다고 알려주는데도 말이에요. 20년을 길도 모른 채 헤매고 돌아다니다가 어찌어찌 하다가 뒷발로 쥐 잡듯이 겨우 알아채고서, 20년의 방황이 너무 우회의 길이었다는 것을 알게 되었습니다. 그래서 이제 사람들에게 핵심적인 것만 알려주는데, 그것마저도 힘들고 이해가 안 된다고 포기한다면 그것이 바로 겁약한 마음입니다. 물론 '이것이 정말 되는 걸까?'라는 의심은 들 수 있어요. 아직 깨우침이 일어나지 않았는데 어떻게 의심하지 않을 수 있겠어요. 그럼에도 불구하고 한 번 믿기 시작했으면 그냥 믿어야 됩니다. 안 그러면 다른 믿을 수 있는 것을 또다시 찾아가야 돼요.

그런데 포기하려는 마음 또한 하나의 현상임을 알아차리는 사람이 있습니다. 이런 사람이 정말 지혜로운 사람이죠. '힘들고 어려워. 마음에서 일어나는 모든 것이 현상이라고? 그래, 어떤 느낌이 일어나면 그건 현상이지. 나타난 거니까. 고정된 실체가 아니라 잠시 나타났다가 사라지기 때문에 현상이라고 하지. 그런데 이것이 정말 고정된 실체가 아닌 걸까? 그래도 역시 잘 모르겠어. 아, 힘든데.'라고 하는 순간 딱 알아차리죠. '아, 그런데 이 힘들다는 마음 역시 마음에 나타난 하나의 현상 아닌가?'라고 의심이 들 때 드디어 자기 자신에 대해 의심하기 시작하는 것입니다. 힘들어 미치겠다고 말하는 '자기 자신'을 의심할 때 드디어 본질적인 측면으로 들어가게 되는 것입니다. 그렇게 '포기하려는 마음' 또한 하나의 '현상'임을 보면 다시 힘내서 계속 할 수 있습니다.

슬픔을 분해하다

그렇다면 현상이란 무엇일까요?

모든 경험은 고정화된 실체라기보다는, 이것과 저것이 만나고 흩어지는 과정에서 생겨나는 하나의 느낌입니다. 비유하자면 흐르는 강물과 같은데, 우리는 강물의 일부만 딱 잘라서 느끼고서는 '경험했다'고 해요. 그러나 사실 모든 경험은 하나입니다. 내가 어제 한 경험이나 오늘의 경험이나 모두 한 흐름 속에 있을 뿐이에요. 그런데 그 중의 일부를 의식이 분리시켜서 금 그어놓고 '나는 이런 경험을 했어'라고 얘기하는 것입니다. 예를 들어 보겠습니다.

월인: ○○ 님, 지금 마음은 어때요?

○○: 슬픔이 있습니다.

월인: 슬픔을 경험하고 있다고 하는데 정말 슬픔이라는 것이 있는지 한 번 살펴보겠습니다. 모든 의식되는 현상에는 이름과 생각이 붙어있습니다. 그래서 지금 어떤 무엇에다가 '슬픔'이라고 이름을 붙여놨어요. 그러나 그 이름 자체는 슬픔이 아니죠. 이름이나

생각 자체는 슬픔이 아니잖아요. 그러면 이름과 생각을 떼고 슬픔이라는 것이 무엇인지 한 번 찾아봐요. 그 슬픔이 어디 있는지. 어디 있나요?

○○: 어떤 상황에 반응처럼 올라와요.

월인: 설명하지 말고 슬픔이 어디 있는지만 얘기해보세요. 이름과 생각을 떼고. 슬픔이 있다고 했잖아요?

○○: 지금 있지는 않아요. 어머니 얘기를 들을 때 슬픔이 올라왔다가 다른 생각을 하면 사라져요. 순간순간 올라왔다 사라지는 것을 계속 경험하는 것 같아요. 무언가를 봤을 때, 생각이 올라올 때 슬픔이 올라왔다가 사라져요.

월인: 어떤 생각을 하게 되면 그 슬픔이 올라온다고 했어요. 그렇죠? 생각이 있고, 올라온 슬픔이 있을 것 아닙니까? 일단 그 생각은 슬픔이 아니죠? 그럼 그 생각은 내려놓으세요. 그리고 어떤 생각을 했을 때 올라오는 슬픔만 찾아보세요. 어머니를 떠올려보세요. 슬픔이 느껴지면 그 슬픔을 잘 잡아놔요. 사라지기 전에 사진을 찍어두세요. 어머니란 이름은 슬픔이 아니에요. 그렇죠? 그러면 어머니란 말을 빼고 올라오는 슬픔은 어디에 어떻게 있어요?

○○: 울렁거림 같은 것이 있어요.

월인 : 울렁거림이라면 에너지적인 느낌이네요. 그러면 에너지적인 느낌, 그것이 슬픔인가요?

○○: 에너지적인 느낌에 이름을 붙인 것 같아요.

월인: 에너지적인 느낌에 이름을 붙인 거면 슬픔은 아니네요. 그럼 에너지적인 느낌도 빼버립시다. 슬픔은 어디 있나요?

○○: 슬픔이라고 할 건 없어요.

월인: 그런데 슬픔이라고 이름붙이면 뭔가 있는 것 같죠? 어머니를 떠올릴 때 느껴지는 것에 슬픔이라고 이름 붙이면 슬픔이 있는 것 같나요?

○○: 이런 기운에 슬픔이라고 이름 붙여놨던 것 같아요.

월인: 어떤 기운이 있네요. 슬픔이라는 이름을 떼고 그 기운만 느껴보세요. 그러면 내가 평상시에 어머니를 떠올리면 느껴지는 슬픔과 방금 그 에너지적인 느낌이 똑같은가요? 울렁거림 같은 그 느낌이 평상시 어머니를 떠올리면 느껴지는 슬픔과 같은가요?

○○: 느낌은 비슷한 것 같은데 크기는 똑같지 않은 것 같아요.

월인: 비슷한데 똑같지는 않다? 그걸 한 번 볼까요? 어머니를 떠올리고, 에너지적인 흐름이 올라오고, 슬픔이란 이름이 붙고, 이런 것들을 모두 복합적으로 하나로 뭉뚱그려서 '나는 슬퍼'라고 하는 것 아닌가요?

○○: 네.

이런 것이 바로 '흐름'이라는 것입니다. 여러 가지 파도가 얽히고설켜서 하나의 흐름을 이루고 있는데, 그중에 '이것이 슬픔이다'라고 딱 잘라서 말할 만한 것은 없다는 것입니다. 마치 자동차에서 차가 아닌 부분을 모두 떼어내니 차가 사라진 것과 같습니다. 바퀴는 차가 아니니 떼어내고, 커버도 차가 아니니 떼어냅니다, 엔진도 차가 아니고, 차축만 가지고도 차가 아니어서 떼어냈더니 차가 사라지고 없어요. 이런 것들이 모두 모여서 자동차라는 이름이 의미하는 한 덩어리가 되었듯이, 슬픔이라는 이름이 붙고, 어머니라는 상이 떠오르고, 거기에 에너지적인 흐름이 더해져서 복합적으로 '나는 슬퍼'라는 경험을 하는 것입니다. 실제로 독립적으로 존재하는 슬픔이라는 것 자체는 있지 않습니다. 이런 저런 것을 합쳐서 오는 경험이고, 그러하기에 존재하지 않는 그 경험은 왔다가 가는 것입니다. 생각만 지워도 슬픔은 희미해지잖아요? 이름만 떼어도, 어머니를 잊어버려도 희미해지죠. 실체적으로 딱 고정된 '슬픔'이라는 것이 있는 것은 아닙니다. 이런 것이 우리가 현상이라고 이름 붙인 것입니다. 나타났다 사라지며, 고정된 실체가 없지요. 그리고 이와 똑같이, '나'라는 것 역시 깊이 들여다보면, 고정된 실체라기보다는 이런 저런 조건들이 만나서 형성한 하나의 흐름입니다. 그 흐름이 '나'라고 느껴지는 것입니다. 그것 역시 하나의 경험이고 현상입니다.

현상이라는 것은, 우리가 경험하는 끊임없는 변화의 모습들이지, 어떤 독립된 모습을 가진 실체가 아닙니다. 그런 현상을 들여다보고 깊이 있게 경험해보는 작업 중에 뜻대로 안되거나 힘들어 지치는 마음이 들면 멈추게 됩니다. 하지만 그런 마음만 없으면 재밌는 일이에요. 이 작업에 재미를 느끼지 못하는 이유는 뭘까요? 이런 경험을 전체적인 메커니즘과 통찰에 연결시키지 못해서 그렇습니다. 그 경험의 의미를 잘 모르는 것입니다. 조금 전에 슬픔의 실체에 대해서 자세히 살펴보았는데, 이 방식을 모든 감정에 적용해볼 수 있습니다. 두려움이 느껴질 때, 정말 두려움이란 것이 있는지 실험하고 알아보는 것입니다. 두려움이라는 이름을 한 번 떼어보고, 어떤 느낌이 있다면 그 느낌이 어디에 어떻게 있는지 찾아봅니다. 만일 등골에 찌릿한 느낌이 있다면 그것 자체가 두려움은 아닙니다. 왜냐하면 그것은 몸의 어떤 느낌이잖아요. 따라서 그 느낌은 두려움이 아니니까 떼어냅니다. 이제 다시 두려움이 어디에 있는지 찾아봅니다. 이런 작업을 모든 감정에 대해서 다 적용해보는 것입니다. 그런데 이렇게 하는 과정에서 이해되지 않거나 와 닿지 않는다는 생각이 들면 많은 사람들이 포기를 해버려요. 겁약한 마음을 일으키는 이유는 간단히 말하면 절실함이 없기 때문입니다. 에너지가 없는 것입니다. 또는 정말로 관심 있는 게 아닌 겁니다. 맨 처음 이 길을 걷게 된 데에는 사람들마다 이유가 다 있었습니다. 최초의 그 마음을 잊지 않고 유지해야 하는데, 그러지 못하고 중간에 멈추는 마음이 여기서 말하는 겁약한 마음입니다. 그래서 진심직설은, 겁약함을 일으키지만 않으면 부처의 씨앗을 받게 될 것임을 알라고 했습니다. 그래서 믿음이 중요합니다. 믿음을 가져서 겁약한 마음을 일으키지 않고 이 길을 간다면 이미 부처의 씨앗이 심겨진 것입니다.

좋은 파도를 만들기보다, 그것의 본성인 물 자체를 발견하라

假使有人이 能化三千大千世界滿中衆生하야
가 사 유 인 　 능 화 삼 천 대 천 세 계 만 중 중 생

令行十善이라도
영 행 십 선

설령 어떤 이가 삼천대천세계 안에 가득한 중생을 교화하여
십선을 행하게 하더라도

삼천대천세계三千大天世界란 소천小千 · 중천中千 · 대천大千의 세계를 말합니다. 소천은 사대주四大洲와 일월日月, 그리고 모든 하늘인 제천諸天을 합하여 한 세계로 삼은 것이고, 이 소천이 천 개 모이면 중천, 중

천이 천 개 모이면 대천이라고 합니다. 삼천대천세계는 한 마디로 거대한 우주 전체를 말해요.

십악十惡을 하지 않는 것이 십선十善입니다. 신구의身口意, 즉 몸과 입과 의식으로 짓는 선한 행위를 말해요. 입으로 행하는 것을 예로 들자면, 거짓말하지 않고[不妄語], 남을 괴롭히는 나쁜 말을 하지 않으며[不惡口], 이간질을 하지 않고[不兩舌], 진실 없이 교묘하게 꾸미는 말을 하지 않는[不綺語] 것입니다. 신구의를 통해서 나쁜 짓 열 가지를 안 하는 것이 바로 십선입니다.

> 不如有人이 於一食頃에 正思此法하야
> 불 여 유 인 　 어 일 식 경 　 정 사 차 법
>
> 過前功德하야 不可爲喻라 하시고
> 과 전 공 덕 　 불 가 위 유
>
> 어떤 사람이 잠깐이나마 이 법을 바로 생각함만 못하니
> 이 공덕은 앞의 공덕보다 뛰어나 비할 바가 못 된다 하시고

모든 중생이 십선을 행하도록 했다 하더라도, 어떤 사람이 잠깐 이 법을 생각하는 것만 못하다고 했습니다. 수많은 착한 일을 하며 쌓는 공덕이 좋기는 하지만, 지금 이 순간 내 마음을 보는 것만 못하다는 것입니다. 이 순간의 아픈 마음, 괴로운 마음이 이미 자기 자신의 본질이라는 것을 듣고 믿는 것만 못하다는 것입니다. 왜냐하면 착하고 옳다는 것은 분별된 마음속에서 일어나기 때문입니다. 어떤 기준을 가지고 있어서 그 기준에 맞으면 착하고, 기준에 맞지 않으면 악한 것입니다. 예전에는 길에 신호등이 없었는데, 신호등과 횡단보도를 만들어놓고서 빨간 불에 길을 건너가면 나쁜 사람이라고 한다는 것입니다. 빨간 불이 없었을 때는 그냥 건너다녔는데, 규칙과 기준이 되는 신호등

을 세워놓고서 이 기준에 맞으면 착한 사람, 기준에 맞지 않으면 나쁜 사람이라고 구분합니다. 하지만 그것은 모두 분별된 마음속에서 일어나는 일입니다. 본질은 분별이 없는 마음이에요. 분별의 기준은 언제든지 바뀔 수 있습니다. 왜냐하면 기준은 나타난 현상이며, 모든 현상은 항상 흔들리게 마련이기 때문입니다. 더 크거나 더 나은 기준이 오면 기존의 기준은 흔들리고 쓰러집니다. 그러나 분별없는 마음은 흔들리거나 쓰러질 일이 없습니다. 기준이 없으니까요. 바로 이것이 절대의 세계입니다.

우리가 진정으로 추구하는 것은, 절대의 세계가 터득된 다음에 상대의 세계를 사용하는 것입니다. 그러니까 상대의 세계를 버릴 필요는 없습니다. 파도를 가라앉힐 필요 없이 파도는 파도대로 놓아두고, 파도가 속해있는 물을 발견하는 데 초점을 맞추세요. 좋은 파도를 만들기 위해 수많은 시간을 보내는 것보다, 그것의 본성인 물 자체를 발견하는 데 잠깐이라도 사용하는 시간이 더 귀합니다. 본질을 발견하고 통찰하고자 잠깐 동안이라도 바르게 숙고하는 것이, 모든 중생으로 하여금 열 가지 선한 일을 하도록 교화하는 것보다 더 크고 훌륭한 공덕이라고 했습니다. 이는 본질적이냐 아니냐의 문제입니다. 본질적이지 않은 것은 아무리 좋은 일이라 할지라도, 본질에 쏟는 아주 짧은 순간의 작은 정성만 못합니다.

又般若經에 云하사대
우 반 야 경　　운

乃至一念生淨信者는 如來가 悉知悉見하노니
내 지 일 념 생 정 신 자　　여 래　　실 지 실 견

是諸衆生이 得如是無量福德이라 하시니라
시 제 중 생　　득 여 시 무 량 복 덕

반야경에서 이르기를

한 생각 동안만이라도 깨끗한 신심을 낸 자는 여래가 다 알고 보시나니 이런 중생들은 이와 같이 한량없는 복덕을 얻는다고 하였다.

일념一念은 한 생각입니다. 정말 짧은 순간에 한 생각이 나타났다 사라져요. 그런 짧은 순간만이라도 깨끗한 믿음을 일으킨 자는 여래가 다 알고 꿰뚫어 보는데, 모든 중생이 이와 같은 무량한 복덕을 얻는다고 했습니다. 지금 내가 하는 말과 행동, 그리고 모든 생각들이 본질의 또 다른 표현이며 본질과 다르지 않고, 이 순간 내가 본질로 존재한다는 것을 믿는 사람이 깨끗한 믿음[淨信]을 갖고 있는 사람입니다. 깨끗한 믿음에는 한 치의 의심도 없어요. 이미 내가 부처라는 것을 의심하지 않습니다. 그렇다고 해서 이미 나는 부처이니 우월감을 가지라는 말은 아닙니다. 자신의 본질은 어떤 변화도 없이 더 크거나 작아지지 않고, 조금 전에도 지금도 그리고 앞으로도 계속 흔들림 없이 늘 있다는 것을 믿는 마음, 이것이 정신淨信입니다.

그런데 가다가 자꾸 흔들립니다. '괴롭고 흔들리는 이 마음이 어째서 본질이란 말인가?' 하는 의문이 들어요. 그것은 괴로움을 자기라고 여기기 때문이에요. 괴로움이 일어나는 것은 본질의 마음에 뭔가를 하나 세워 거기에 중심을 두었기 때문입니다. 이 중심을 흔드는 상황을 만나면 마음이 흔들리고 내가 흔들리는 것 같은 것입니다. 마음에 세운 그것을 자기라고 여기니까, 그것이 흔들리면 자기가 흔들리는 것처럼 느껴집니다. 마음의 내용이 흔들리는 거지 자기가 흔들리는 것은 아니에요. 내가 옳다고 믿는 마음이 흔들리는 것뿐인데, 왜 그것을 내가 흔들린다고 여길까요? 거기에 강한 에너지를 실어놔서 그래요. 100% 확신하는 믿음이 흔들리면 내가 흔들리는 것처럼 느껴집니다. 그것이 상처받으면 내가 상처받는 것 같이 느껴져요. 그런데 그것이 느낌일 뿐이라는 것을 우리가 알려고 하는 것입니다. 그것이 느낌이면 아무리 크게 흔들리는 느낌이더라도 그저 느낌인 것입니다. 내가 쓰러질 것 같은 느낌이 와도 그것 역시 느낌이에요.

그런 느낌이 오더라도 본질이 아닌 현상의 흔들림이라는 것을 알고 꾸준히 가는 사람은 깨끗한 믿음을 갖게 된 사람입니다. 흔들려도 흔들리지 않고 갈 수 있는 사람이에요. 믿음이 없는 사람은 흔들리면 흔들리고 맙니다. 믿음이 있는 사람은 흔들림을 느끼면서 그것과 함께 갑니다. 깨끗한 믿음을 가진 사람의 행동은 그렇습니다. 깨끗한 믿음을 가진 사람은, 자신은 이미 변함없이 완전한 본질인데 다만 눈을 감고 있어서 그렇다는 것을 믿습니다. 그런 믿음이 있으면 본질이 아닌 것들을 가려낼 수 있어요. 이상하고 신비한 능력, 예언하는 능력 같은 것들에 현혹되지 않아요. 예언할 수 있고 그것이 놀라울 수 있습니다. 하지만 본질은 아닙니다. 본질적인 마음은 지금 이 순간 분리되지 않으며, 의식이 일어나는 바탕이 되고, 모든 현상들의 원천이지만 드러나지는 않아요. 시간이나 공간에 상관없습니다. 시간과 공간마저도 하나의 의식적인 현상이며, 그 현상 너머의 미지로서, 있다고도 할 수 없지만 없다고도 할 수 없는 것이 바로 본질입니다.

신성취발심, 깨달음의 시작

是知 欲行千里인댄 初步를 要正이니
시지 욕행천리 초보 요정

初步를 若錯하면은 千里俱錯이라
초보 약착 천리구착

이는 천리를 가려면 첫걸음이 올발라야 하니
첫걸음이 잘못되면 천리가 모두 잘못됨을 알아야 한다.

초보初步는 첫걸음이죠. 천리를 가려면 첫걸음이 올발라야 합니다. 서울에서 부산까지 가야 하는데 첫걸음이 북쪽 평양을 향하고 있으면 부산가는 것은 벌써 끝난 일입니다. 천 리 길을 갈 수는 있지만 도착하면 평양인 것입니다. 이렇게 천 리 길과 첫걸음은 불가분의 관계에 있습니다. 제대로 방향을 세운 사람, 그 방향을 향해 제대로 믿음이 선 사람은 그 믿음의 강한 힘으로 이미 도착한 것과 진배없습니다. 그래서 신성취발심信成就發心, 즉 믿음이 성취된 사람은 불퇴전不退轉의 용기를 가졌기에 이미 도착한 것과 다르지 않다고 얘기하는 것입니다. 포기하지 않을 거니까요. 바른 믿음으로 시작한 경험은 바른 결과를 얻게 하지만, 그렇지 않으면 왜곡된 길을 걷게 합니다. 예를 들어, 우리가 찾고 구해야 본질에 이를 수 있다거나 스스로를 단련하며 나아가야 한다는 믿음으로 시작한 걸음은, 끊임없는 훈련이 필요하다는 결론에 이르게 되고, 본질을 훈련이 필요한 어떤 스킬로 만들어 버립니다. 올바른 믿음은 본질이 이미 그 자리에 있다는 것을 믿는 것이며, 이런 믿음으로 나아가면 더 달라질 것도 변할 것도 훌륭해질 것도 없이 이미 완전하다는 것을 알아채게 됩니다. 그렇다고 해서 아무것도 하지 않고 가만히 앉아 있으라는 것은 아니죠. 아직 깨우치지는 못했잖아요. 그러나 깨우치기 위해서 애쓰는 움직임이, 나를 다듬고 더 강화시키고 더 크게 만들려는 것은 아니라는 것을 철저히 알고 가야 합니다. 내가 더 나아지기 위해서 이 길을 가는 것이 아니에요. 절대로 나아지지 않습니다. 더 작아지거나 없어져버려요. 내가 더 잘난 것처럼 느껴지고 더 훌륭해진 것처럼 느껴진다면 그 사람은 평양으로 가고 있는 것입니다. 내가 좀 아는 것 같고 뭔가 된 것 같다면 평양 쪽으로 열 걸음 간 것입니다. 초보는 아니고 열 걸음은 갔지만 잘못 간 거예요.

入無爲國인댄 初信을 要正이니
입 무 위 국 초 신 요 정

初信을 旣失하면 萬善이 俱退라
초 신 기 실 만 선 구 퇴

무위無爲의 나라에 들어가려면 첫 믿음이 올발라야 하는데
그 첫 믿음이 이미 어긋나면 온갖 선이 다 물러선다.

무위국無爲國은 무위無爲의 나라이니, 함이 없이 모든 것이 이루어지는 나라입니다. 자연에서 수많은 일들이 일어나고 있어요. 그러나 누군가가 하고 있지는 않으니, 그것이 무위無爲입니다. 하는 사람이 없이 되어지는 것이 무위예요. 아무것도 안하는 것이 아닙니다. 가만히 있는 죽은 세계가 아니라 살아있는 세계예요. 그러나 그 어느 누구도 살아있음을 위해 뭔가를 하고 있지는 않습니다. 내가 하지 않더라도 모든 일이 행해지고 있는 것이 바로 무위의 세계입니다.

세 종류의 요가에 대해 말했었죠. 불교와 같이 통찰에 이르기 위해 탐구의 길을 가는 즈나나 요가, 기독교와 같이 헌신을 통한 믿음의 길을 가는 박티 요가, 그리고 일상의 삶에서 일을 통해 가는 카르마 요가가 그것입니다. 카르마 요가에서는 어떠한 일을 하더라도 '내가 한다'는 생각 없이 생명력을 발휘하면서 합니다. 즉 일상의 삶 속에서 무슨 일이든 하지만, 내가 한다는 생각 없이 해요. 개인의 특성에 따라 세 가지 중에 더 잘 맞는 수련법이 있어요. 지성형은 주로 즈나나 요가가 맞고, 가슴형은 박티 요가, 밀고 나가는 힘이 있는 장형은 카르마 요가가 잘 맞습니다. 현대 사람들은 너무 똑똑해졌고 감정도 너무 풍부해요. 너무 과도해졌습니다. 그래서 지금의 시대에는 카르마 요가가 잘 맞습니다. 사람들이 너무 똑똑하고 아는 것이 많아지니까 믿지를 않고 삿된 견해만 자꾸 늘어납니다. 지성적인 이해는 있되 믿음이 없는 사

람은 삿된 견해만 늘어나 도리어 수행이 되지 않습니다. 그래서 이해의 길을 가는 것이 쉽지 않습니다. 자꾸 자기가 많이 아는 쪽으로 가려고 해요. 자아가 없어지는 이해 쪽으로 가지 않고, 자아를 키우는 이해 쪽으로 가요. 자기를 내려놓고 숙이는 믿음이 약합니다. 반면에 또 믿음의 길에서는 아는 것은 제쳐놓고 너무 맹신으로 가요. 동쪽으로 가야하는데 서쪽으로 열심히 가는 것입니다. 믿음이 너무 강하니까 아주 잘 가요. 그래서 땅 끝까지 전도를 하기는 합니다. 그러나 다른 사람을 위해서가 아니라 자기가 커지기 위해 그렇게 해요. "내가 했어. 우리가 했어", "우리의 믿음으로 전도를 해야 해" 이런 것입니다. 그래서 옆길로 가기 쉬운 두 가지보다는 묵묵히 행하는 카르마 요가가 현대인에게는 더 어울립니다. 즉, 일상이 수행이 되도록 하는 것입니다. 일상에서 희로애락을 만나며 관찰하고, 일을 하며 관찰을 하다가 어느 순간 그 관찰이 습이 되었을 때 '의도 없는 관찰'인 관조로 넘어가고, 거기서 진정한 무위가 일어납니다.

이렇게 무위의 나라에 들어가려면 첫 믿음이 올발라야 합니다. 그것을 놓치면 온갖 선善이 다 무너지고 퇴색되어 버리고 말지요.

분별을 떠나는 것과 분별을 뛰어넘는 것의 차이

故로 祖師가 云하사대
고 조사 운

毫釐有差하면 天地懸隔이라 하시니
호리유차 천지현격

是此理也라
시차리야

그러므로 조사가 이르시되
털끝만큼이라도 어긋나면 하늘과 땅처럼 멀어진다

라고 한말은 바로 이런 이치이다.

삼조三祖 승찬대사(?~606)의 신심명信心銘에 나오는 글입니다. 신심명의 첫 구절에 "지극한 도는 어렵지 않으니 오직 이것저것 선택하는 마음만 버려라[至道無難 唯嫌揀擇]"라고 했습니다. 이것저것 나누고 분별하는 마음만 떠나라고 했어요. 단순하죠. 간단히 말하면 너와 나를 나누는 마음, 곧 의식을 떠나라는 것입니다. 그런데 의식을 떠나면 어떻습니까? 무의식적이거나 기계적이거나 어리석은 무명일 수도 있지 않겠어요? 여기에서 분별을 떠나라고 한 말은, 그렇게 분별을 전혀 하지 말라는 것이 아니고 분별에 빠지지 말라는 것입니다. 분별에 빠지지 않으면 분별을 뛰어 넘어 분별을 쓸 수가 있어요.

승찬대사는 이런 말을 하신 분인데, 올바른 믿음에 털끝만큼의 차이라도 있다면 그것은 하늘과 땅만큼이나 커다란 차이를 낳게 된다고 했습니다. 이 말은 바른 믿음을 내는 것의 중요성을 강조하고 있습니다. 바른 믿음은 유위인과有爲因果를 믿지 않는다고 했었죠. 무위無爲는 내가 한다는 생각 없이 일이 일어나는 것이고, 유위有爲는 내가 애쓰는 것입니다. 유위인과有爲因果는 내가 무언가 되기 위한 애씀과 노력이에요. 물론 초기에는 애쓰고 노력함이 필요합니다. 내가 아직 어둠속에 있기 때문에, 땅 위에 서 있으면서도 땅을 모르기 때문에 뭐라도 해야 하는 것입니다. 땅 위에서 굴러보고 뛰어도 보다가 어느 순간 자신이 늘 땅위에 있었음을 알아채는 것이지, 아무것도 안하고 가만히 앉아있다고 해서 저절로 알아지지는 않습니다. 그래서 애써야 되기는 하지만, 그러나 '내가 한다'는 생각으로 애쓰면 그것이 또 유위인과가 됩니다. 대부분 애쓸 때는 다 이유가 있습니다. 내가 뭔가가 되기 위해서죠. 연습하고 훈련하면 '내가' 깨우쳐지고 뭔가 될 거라는 마음, '자신이', '무언가' 되기 위한 마음입니다. 그런 사람은 유위인과를 믿습니다. 열심히 달리면 지구에 도착할 것이라고 믿으면서 부지런히 달려요. 그렇게 달리면 지구에 도착합니까? 사실 그는 이미 지구 위에 있어요. 우리가 할 일은, 이미 지구에 있음을 깨우치는 것이지 열심히 달려서 100미터 이후에 있는 지구를 발견하려는 것이 아닙니다. 지구는 이미 내 발밑에 있는데, 그것을 모르고 있어요. 이미 우리는 미지이고 무한이지만, '나'라는 유한한 느낌 속에 빠져 있을 뿐이에요. 그 느낌을 자기라고 여기는 마음만 깨어지면 이미 무한입니다. 자기라는 틀이 문제예요. '나'라고 한계 지어진 그 느낌은 자기를 보호하려고 입은 갑옷입니다. 누가 상처 입히려하면 자기를 지키고 상처받지 않기 위해 갑옷을 입습니다. 갑옷으로 자기를 튼튼하게 보호하기는 하는데 너무 무거워요. 남한테 상처입지는 않지만 지금 무슨 일이 벌어지는지 예민하게 잘 안 느껴집니다. 두꺼운 장갑을 끼고 뭘 건드려 봐도 뭔지 알 수가 없어요. 필요 없을 땐 벗어야 하는데, 그럴 때마저도 입고 있는 것이 바로 자아自我라는 갑옷입니다. 자유로워지기 위해서 자아라는 갑옷을 벗어야 해요. 그런데 갑옷을 벗으면 그 안에 누가 있을까요? 갑옷 안에는 아무도 없습니다. 갑옷을 벗으면 무한한 생명력 자체가 될 뿐이에요. 그것을 발견하기 위해 갑옷을 벗자는 것입니다. 그런데 갑옷을 벗기 전에는 이렇게 설명하죠. "넌 지금 갑옷에 갇혀 있으니까 갑옷을 벗어야 해." "갑옷은 너를 보호하기 위한 거지 너는 아니잖아." 이렇게 이해를 시킵니다. 그러면 그 사람은 자유로워지기 위해 열심히 노력해서 갑옷을 벗어버립니다. 그랬더니 자유로워질 내가 없어요. 갑옷이 '나'라고 여겨졌던 것뿐이에요. 갑옷을 입은 놈이 더 커지고 힘이 세지고 자유로워지는 것이 아니라, 자유롭고자 했던 마음이 떨어져 나가는 것입니다. 자유를 찾는 마음이 없으면 더 이상 구속도 없습니다. 구속된 내가 없다는 것이 바로 바른 믿음입니다. 내가 빛나는 존재가 되고 우주와 합일하는 것이 아니라, 내가 사라지면 이미 나는 우주입니다. 그래서 바른 믿음은 애써 내가 잘되려고 하는 그런 유위인과를 믿지 않습니다. 자기는 본래 부처이기 때문에 뭐가 될 필요가 없으니, 열반과 부처를 다른 곳에서 구하지 않고 원래 자기 자신에게 갖춰져 있음을 믿는 마음이 올바른 믿음입니다. 이는 만물이 이미 완전하다는 말과 같습니다.

우선 '나'라는 것이 정말 있는지 살펴봐야 합니다. 앞에서 슬픔이라는 것이 정말 있는지 살펴봤잖아요. 이름과 이런 저런 느낌과 회상 같은 것들이 합쳐져서 슬픔이라는 것을 만들어 낸다고 했어요. 그럼 '나'라는 것이 정말 있는지 살펴봅시다. 지금 이 순간 자기라는 것을 한번 살펴보세요. '나'라는 것이 정말 있는지. 내 몸이 나인가요? 내 몸은 일단 내가 아니에요. 그렇다면 몸을 빼고 나면 나는 뭔가요? 지금 이 순간 나라고 여겨지는 것이 무엇인가요? 뭔가를 의식하고 있고, 뭔가를 감각하고, 알아채고 있는 것. 누군가에 의해서 뭔가가 알아채지잖아요. 그놈이 나인지 살펴보세요. 지금 앞에 있는 컵을 누군가가 보고 있잖아요. 본다는 것은 그렇게 하는 누군가가 있는 거지요. 그 컵을 보는 자를 '나'라고 해보지요. 자 그럼 그 컵을 보는 자가 정말 있는가 한번 살펴보겠습니다. 컵은 어디에 있습니까? 컵이 저 밖에 있나요? 이제 컵이라는 생각을 빼버립니다. 왜냐하면 '컵'이라는 이름은 지금 내 눈앞에 보이는 것에 붙여놓은 이름일 뿐이니까요. 이름은 컵이 아니니까 컵이라는 이름을 뗍니다. 자 그 다음, 컵에 붙어 있는 시각적 느낌이 있고 또 손으로 만질 때 느껴지는 촉감적인 느낌이 있습니다. 그 느낌이 컵인가요? 그 느낌은 컵이 아닙니다. 그냥 시각적인 느낌이고 촉감적인 느낌이에요. 느낌은 컵이 아니니까 느낌을 내려놔봅니다. 촉각적이고 시각적인 느낌을 제외하면 내 눈앞에 뭐가 있습니까? 뭐가 있는지 어쩐지 모르겠지만 눈으로도 느껴지지 않고 손으로도 느껴지지 않아요. 느낌을 다 뺐으니까요. 그 다음에 남은 건 뭡니까? 컵인가요? 거기에 컵이라고 부르는 것은 없어요. 컵이 없으면 컵을 보는 자는 있는 겁니까? 지금 내가 보고 있는 것은 내 마음의 분별된 상相이에요. 분별된 상을 제거하면 상을 보고 있는 자도 없어집니다.

이렇게 정말 '나'라는 것이 있는지를 잘 느껴보고 살펴보세요. 상相과 경험의 흔적들에 이름이 붙고, 마음이 스스로를 주체와 대상으로 나누어 느끼는 과정 속에서 생겨난 것이 바로 '나'라고 여겨지는 것입니다. 마치 자동차와 같아요. 바퀴와 차축과 뚜껑, 엔진 이런 것들이 합쳐져서 일시적으로 나타난 것에 자동차라는 이름을 붙인 것과 같아요. '나'라는 것 또한 이름 붙은 무엇이라는 것입니다. 이런 점을 엄밀하게 바라보면, 잠들면 사라지고 뭔가에 몰입하고 있어도 사라지며, 한 생각에 빠져있으면 있는지 없는지도 모르는 것이 '나'라는 것인데, 그것이 상처받는다고 해서 뭐 그렇게 죽을 것 같은지 참 이상하죠. 왜 그놈이 조그만 바늘에라도 찔리면 그렇게 아프고 화가 나느냔 말이에요. 왜 그놈한테 그렇게 에너지를 주냐 이것입니다.

'나'라는 것은 어떤 조건과 상황에 의해 잠시 나타나는 현상이고, 본질에 의해 일어나는 경험의 흐름 중에서 경계 지어진 일부입니다. 이것을 알아채면 즉각 그 현상들로부터 떨어져 나갈 수 있는데, 여러분은 그것을 아직 깨우치지 못했을 뿐이에요. 이미 나는 본질 그 자체인데, 본질의 나타난 모습이나 현상에 에너지가 많이 뭉쳐져 주인 노릇을 하고 있을 뿐이라는 가르침을 믿으며 나아가는 것이 올바른 믿음입니다.

거기에 털끝만큼이라도 어긋남이 생기면 본질과는 하늘과 땅처럼 멀어진다고 했습니다. 오늘 강의의 핵심은 올바른 믿음의 중요성입니다. '이미 우리는 본질이다'라는 올바른 믿음은 수많은 선을 행하는 공덕보다 훨씬 낫습니다. 왜냐하면 이 믿음은 본질에 직접 닿아있지만, 모든 선함과 공덕들은 선악善惡과 호오好惡라는 이분법으로 분열된 마음의 작용에 빠져있기 때문입니다.

제2장

진심이명

眞心異名

본질은 수련하고 훈련함으로써 이루어지는 것이 아니라 깨우치는 것

지난 시간까지 진심에 대한 바른 믿음에 관해 강의했습니다. 진심직설은 말 그대로 진심眞心, 즉 진정한 마음, 진리, 본질에 대해서 직설적으로 말하는 책입니다. 그런데 그 첫 부분에서 진리에 대해 말하지 않고 믿음을 먼저 이야기했어요. 왜냐하면 기본적으로 이 책은 진심을 아직 경험해보지 못한 사람들을 위한 책이기 때문에, 일단 진심에 대한 올바른 믿음을 갖고 시작하라는 의미로 첫 장을 올바른 믿음의 장으로 설정한 것입니다.

올바른 믿음이란 수많은 공덕을 쌓아서 좋은 과보를 얻기를 바라거나 수련과 훈련을 통해 얻어지는 어떤 결과를 바라는 식의 믿음이 아닙니다. 이미 우리 자신이 부처이고 진리의 몸이며 본질 자체이기에 깨우침 이전과 이후에 하등의 변화가 없고, 지금 이 순간에도 결코 어떤 변화가 없다는 믿음입니다. 그렇게 믿고 시작하라는 말이에요. **본질은 수련하고 훈련함으로써 이루어지는 것이 아니라 깨우치는 것입니다.** 이런 올바른 믿음을 가지고 불퇴전의 용기로 나아간다면 그 사람은 끝까지 갈 것이기에 이미 도달해 있는 것과 다름이 없습니다.

믿음은 일종의 에너지입니다. 힘이에요. 끝까지 갈 수 있는 에너지가 있어야 이 길을 갈 수 있습니다. 비유하자면 눈앞에 사람이 쓰러져 있을 때, 그 사람을 업고 달리게 하는 것이 힘이라면 놀이터가 아니라 병원 쪽을 향하게 하는 것이 올바름입니다. 제대로 된 **방향**으로 가는 **힘**이 바로 올바른 믿음인 정신正信이에요. 이미 우리 자신은 본질이며 부처와 다름없고 진리 자체임을 믿는 것이 올바른 믿음인데, 아직 여러분은 이것을 알지는 못합니다. 자기 자신이 진리 자체, 본질 자체라는 것을 모르는 상태예요. 그렇다고 해서 본질이 아닌 것은 아닙니다. 안다는 것은 의식한다는 의미인데, 우리는 스스로가 이미 본질 자체임을 **의식하지 못해요**. 왜냐면, 의식하는 주체와 의식되는 대상으로 나뉘어야만 의식작용이 가능한데, 이 나눔 자체가 본질을 떠나게 하기 때문입니다. 그래서 깨우쳐야 하는 것입니다. 본질에는 나눔이 없습니다. 그런데 우리는 본질을 의식하려고 해요. 잘 보세요. 이것이 참 재밌는 일이죠. 우리가 인식하는 세계는 모두 분별되고 나눠지는 세계예요. 그래서 컵과 쟁반, 마우스와 모니터 이렇게 나누어 분별합니다. 이것이 인식의 세계이고, 의식의 세계이며, 앎의 세계예요. 그런데 지금 그 아는 세계, 즉 나누어진 세계로 나눔이 없는 세계를 끌어들이고 의식화하려 합니다. 나눔이 없는 세계인 우리의 본질을 나눔이 있는 세계로 끌어들이려는 데서 오류가 발생해요. 이것만 아니면 우리는 이미 본질 자체입니다. 다만 지금은 '본질에 대해 모른다' 속에 있을 뿐이에요. 우리는 너무도 오랫동안 '안다/모른다'의 세계 속에서 살아왔습니다. 나눔의 세계 속에서 살아왔어요. 지금 우리는 본질을 아는 앎의 세계 속으로 가려고 합니다. 그 세계의 앎은 '안다/모른다'의 세계에서의 앎과는 달라요. 우리가 파악하려는 것은 '안다/모른다'를 떠난 세계에서의 앎입니다. 우리는 이미 본질 자체이지만 그것을 앎의 세계로 끌어들이지 못했습니다. 알아차리지 못한 것입니다. 본질에 대해서 말할 때 '안다'가 아니고 '알아챔'이라고 말합니다. 지知가 아니라 각覺이에요. 깨달음은 순간적으로 일어납니다. 흔히 말하는 앎이라는 것이 마음속 경험의 흔적들을 서로 비교함으로써 일어난다면, 깨달음은 그렇지 않아요. 이것이 지知와 각覺의 차이입니다.

아직은 각覺이 일어나지 않았으니 일단은 믿고 출발해야 합니다. 본질에 대해 알아채려면 잠깐 뒤돌아보면 되는데, 계속해서 앞만 보며 달려왔기 때문에 뒤돌아보는 것이 뭔지 여러분은 잊어버렸어요. 손으로 만져서만 알아왔기 때문에 손으로 만지는 것 자체가 손을 증거한다는 것을 잊은 것입니다. 우리는 손은 잊은 채로 느낌과 대상만을 앎의 대상으로 삼아왔습니다. 그래서 모든 앎과 느낌의 대상들은 잘 알아내는데, 정작 그것을 가능케 하는 손 자체 또는 손과 대상 사이의 느낌이 일어나는 바탕에 대해서는 잊어버리고 있습니다. 그런데 그것은 앎의 대상이 아닙니다. 바탕, 즉 본질은 앎의 대상이 아닌데 앎의 대상으로 만들려는 것이 우리의 딜레마입니다. 그렇지만 그것을 발견하는 일들이 일어납니다. 인류의 성인들이 그것을 발견했다고 하니까 한번 믿고 시작하는 거예요.

독립된 완전체를 꿈꾸다가
분리라는 고독의 짐을 지게 된다

或이 曰 已生正信이어니와
혹　　왈 이 생 정 신

未知케라 何名眞心이니잇고
미 지　　　하 명 진 심

曰 離妄名眞이요 靈鑑曰心이니
왈　이 망 명 진　　　영 감 왈 심

楞嚴經에 發明此心하니라
능 엄 경　　발 명 차 심

묻기를, 이미 바른 믿음을 일으켰으나 아직 모르겠으니 무엇을 진심이라 합니까? 답하기를, 망령됨을 떠난 것이 진眞이요, 신령스레 비추어보는 거울을 심心이라 이름하니 능엄경에서 이 마음을 밝혀 보였다.

망념妄念에 대해 대승기신론에서 많이 설명했었죠. 망념이란, 나눌 수 없는 것을 나누어 경계 짓고 이름 붙여서 '있다'고 여기는 것입니다. 간단히 말하면 경계 짓기예요. 없는 것을 있다고 하는 것입니다. 이 망령됨을 떠나면 그것이 곧 진眞이라고 했습니다. 단순하고 간단해요. 본질은 별다른 것이 아니라, 망령됨을 떠나면 그것이 이미 본질의 자리라는 말입니다. 잘 보세요. 본질의 자리를 무엇이라고 서술하여 설명하지 않고, 부정하는 방법으로 설명합니다. 왜냐하면 본질은 직접적으로 설명할 수 없기 때문이에요. 설명의 대상이 아닙니다. 우리가 의식적으로 잡아낼 수 있고 설명할 수 있는 것은 본질이 아닌 것, 즉 망령된 것에 대해서만 가능합니다. 그래서 망령됨을 떠나는 것을 억지로 이름하여 진眞이라 합니다.

그리고 마음은 신령스러운 거울이라고 했습니다. 마음에 수많은 느낌, 생각, 감정이 비치죠. 마음에서 잡아낸다는 뜻이에요. 그래서 밝혀서 보는 거울이라고 했습니다. 경계 짓는 마음을 떠난 것이 진眞이고, 그런 경계 짓는 마음을 아주 정묘하고 신통하게 알아챌 수 있는 놀라운 거울을 심心이라고 했습니다. 그러니까 우리 마음은 어떻게 해서든 진리를, 본질을 비춰낼 수 있다는 것입니다. 간접적으로든 또는 어떤 방법을 쓰든 알아낼 수 있어요. 마음은 본질을 꿰뚫어볼 수 있기 때문에 방법이 전혀 없는 건 아니라는 말입니다. 앞에서, 의식할 수 없는 것을 의식하려는 것이 우리의 딜레마라고 했습니다. 그렇게만 끝난다면 좌절을 안겨주겠지만, 심心은 신령스러운 거울이라서 본질 자체를 알아채게 해주고, 밝혀 보여줄 수 있습니다.

자, 그렇다면 망령된 경계 중에 가장 으뜸인 것이 무엇일까요? 정교하고 미묘하여 가장 문제가 되는 것이 바로 '나'라는 놈입니다. 자아自我라는 경계죠. 그리고 자아를 이루는 가장 중요한 요소는 바로 분리감입니다. '나눠져 있다'는 '느낌'이에요. 경계가 하는 일이 바로 분리입니다. '내가 있다'고 느끼는 이유는 마음의 가장 밑바닥에 분리감이 있기 때문입니다. 그런데 분리감과 함께 완전히 독립된 개체라는 느낌도 있습니다. 그리고 독립되었다는 느낌은 이상하게도 완전하다는 느낌도 줍니다. 어렸을 때를 생각해보세요. 뭘 좀 사먹고 싶으면 엄마한테 돈을 달라고 해야 하죠. 나는 돈이 없고 힘도 없어요. 엄마가 이렇게 해라하면 해야 하고, 아버지가 저리로 가라고 하면 저기로 가야합니다. 독립적으로 뭔가 못하기 때문에 빨리 어른이 되고 싶다고 생각합니다. 우리 다 경험했어요. 빨리 어른이 되어서 간섭 좀 받지 않고 살았으면 좋겠다는 생각을 다 합니다. 아직 완벽하게 독립이 안 된 상태이기 때문에 그렇습니다. 그래서 완벽하게 독립하면 비로소 자기가 완전해졌다고 느낍니다. 그러나 동시에 분리감이 강하게 다가오기 시작하죠. 동시에 고독감이 자리잡습니다. 그 이전에는 분리감이 없었어요. 어머니와 나는 특별히 차이가 없었습니다. 구별이 없었어요. 부모님에게 속해있는 것 같잖아요. 그때는 독립된 완전체를 꿈꾸지만 정작 독립된 완전체가 되면 분리감이 느껴집니다. 세상을 혼자 살아가야 하는 짐을 지게 돼요. 이런 양면성은 마치 하나의 물방울과 같습니다. 물방울은 완벽한 구球를 이루죠. 물방울이 툭 떨어져 나오면 완벽한 원형을 이룹니다. 물방울이 떨어지기 전까지는 길게 늘어진 조금 불완전한 형태라면, 딱 떨어진 순간에는 동그란 구球를 이룹니다. 완전한 형태를 이뤄요. 그러니까 분리라는 것은 '완전함'을 느끼게 해주는 그런 '느낌'이기도 합니다. 그래서 우리는 스스로 분리를 일으켜요. 분리가 일어나야 결국은 앎이라는 것이 생기기도 합니다. 자아自我라는 것은 물방울과 같아요. 물에서 떨어져 나온 물방울은 '완전한 개체감'을 느끼는 동시에, 분리감이라는 '결핍'의 느낌을 갖습니다. 분리되었다는 느낌은 뭔가 항상 부족감을 줍니다. 그래서 우리는 또다시 합일감을 찾아서 초월을 꿈꾸지요. 분리감으로부터 벗어나고 싶은 마음이에요. 참 이상하죠. 분리되어 독립된 완전을 원하다가, 완벽한 물방울로 떨어져 나오면 잠시 독립의 자유를 느끼지만 곧 세상을 살아가야하는 짐에 짓눌리면서 고독감을 느낍니다. 그리고는 다시 합일하고 싶고, 전체와 하나가 되고 싶고, 고향으로 돌아가고 싶지요. 그런데 어릴 때와 같은 자아가 없는 고향이 아니라 자아를 초월하는 고향으로 돌아가고자 하는 것입니다. 자아란 이렇게 분리감이라는 결핍의 느낌을 기본속성으로 합니다. 그런데 이 자아가 형성되기 전에는 오히려 완전한 독립과 분리를 추구했음을 잘 생각해볼 필요가 있습니다. 이것이 바로 자아형성의 아이러니예요. 분리되기 전에는 분리를 추구하고, 분리되고 나면 결핍을 느껴 다시 전체로 돌아가고자 하는 마음에 사로잡힙니다.

우리는 한번도 분리되어 본 적이 없다

그런데 진실을 말하자면 우리는 결코 분리된 적이 없습니다. 분리는 경계선이 만들어놓은 '느낌'일 뿐이에요. 망령된 경계입니다. 경상도와 전라도가 다른 땅이 아니에요. 금을 그어서 이쪽은 경상도, 저쪽은 전라도라고 이름 붙인 것에 불과하죠. 지금 자기 '마음의 느낌'을 잘 바라보세요. 어떤 느낌이든지 느껴지죠? '마음을 관찰하는 느낌'이 있다면 그 역시 관찰하는 '느낌'이라는 것을 알겠어요? 들여다보려는 순간,

'들여다보는 놈'과, 아직 잡히지는 않지만 '들여다보이는 대상'으로 마음이 나눠집니다. 경계 지어져요. 그렇다고 해서 마음이 둘이 된 것은 아닙니다. 의도에 의해서, 의도하는 자와 의도되는 대상으로 마음이 금을 그어 가상으로 나눠진 것뿐이지 마음이 둘이 된 것은 아니에요. 만약 진짜로 둘로 나누어졌다면 '내 마음 어디 갔어? 내 마음이 저기 가있네.' 이렇게 느껴질 텐데, 그렇지 않잖아요. 그냥 '찾고 있는 느낌'만 일어나는 것입니다. 이것이 경계 지어진 마음입니다. 우리의 자아는 항상 이렇게 경계 지어진 마음들로 이루어집니다. 주체와 대상으로 나눠진 일시적인 파도와 같은 느낌들로 가득 차있는 것이 자아의 느낌입니다. 그렇지만 대상과 주체는 결코 서로 떨어져 있지 않습니다. 둘 다 마음속에서 일어났다가 사라지기를 반복하는것입니다. 우리가 마음의 구조라고 말하지만 실제로는 마음의 작용입니다.

우리는 결코 진정으로 분리된 적이 한 번도 없습니다. 그저 '분리된 느낌'이 있을 뿐예요. 그렇지만 그 느낌이 결핍감을 일으키고 끊임없이 무언가를 이루려는 욕망을 만듭니다. 그러므로 '느낌으로부터의 자유'를 발견해야 합니다.

모든 욕망의 본질은 분리감에서 벗어나 전체로 돌아가고자 하는 것입니다. 그런데 대부분의 사람들이 욕망의 본질을 살피지 않고, 외적인 것만을 추구해서 그 결핍감과 분리감을 채우려고 합니다. 원하던 것을 이루어 만족하는 순간에는 결핍이나 분리의 느낌 없이 완전합니다. 그러다가 십분, 한 시간 또는 한 달만 지나면 다시 다른 결핍감이 생겨요. '이번엔 저걸 갖고 싶은데, 이번엔 저런 조건이 됐으면 좋겠는데' 이런 마음으로 바뀝니다. 본질적인 결핍감이 사라지지 않는 이상 이런 욕망은 계속해서 재생산됩니다. 결핍된 느낌의 본질은 '자아의 분리감'이에요. 그리고 그 자아의 분리감은 망령된 마음의 경계이고, 그 경계의 가장 기본적인 구성요소는 주체와 대상으로 잠시 나타났다 사라지는 마음의 파도입니다. 이런 것들이 매 순간 이어지니까 뭔가 계속 있는 것처럼 느껴져서 우리가 '나'라는 느낌에 대해서 천착하지만, 그것은 결국 왔다가 가는 '느낌'입니다.

진리의 다른 이름

或이 曰 但名眞心가 別有異號耶잇가
혹 왈 단명진심 별유이호야

묻기를, 다만 진심이라고 합니까? 다른 이름이 있습니까?

지눌 스님은 진眞은 망령됨을 떠난 것이요, 심心은 그것을 명백히 보는 마음이라고 설명했습니다. 그리고 진심의 다른 이름들을 여러 경전에서 찾아 하나하나 열거합니다. 이름의 의미는 다양한 각도에서 바라본 진심의 모습들입니다. 아래 내용들을 듣고서 장님이 코끼리 만지듯 총합적으로 진심이란 것에 대해서 추측해보세요. 우리의 마음은 나눠 놓아야만 이해가 된다는 맹점이 있기 때문에 그 맹점을 인정하면서 이렇게 설명을 하는 것입니다.

曰 佛教祖教에 立名이 不同하니
왈 불교조교 입명 부동

且佛教者는 菩薩戒에 呼爲心地하니 發生萬善故요
차불교자 보살계 호위심지 발생만선고

답하기를, 부처의 가르침과 조사의 가르침에서 이름 지음이 다르니,
부처의 가르침에서는 보살계에 심지라 이름 하니 만선을 발생케 함이요,

부처의 가르침인 경전을 중심으로 하는 교종과 조사의 가르침인 선종에서 진심에 대한 이름이 같지 않습니다. 부처의 가르침인 법망경梵網經의 보살계에서는 심지心地, 즉 마음의 대지라고 부릅니다. 땅이 모든 것을 받아들여서 수많은 생명체들을 탄생시키듯, 마음의 땅에서 수많은 선함이 발생하기 때문이라고 했어요.

般若經에 喚作菩提하니 與覺爲體故요
반야경 환작보리 여각위체고

반야경에서는 보리라 하니 깨달음을 체로 삼기 때문이요.

보리菩提는 깨닫는다는 뜻의 산스크리트어 보디Bodhi에서 온 용어입니다. 체體라는 것은 본체입니다. 깨달음을 본체로 삼기 때문에 반야경에서는 보리菩提라고 했습니다. 깨달음은 앎이 아니라, 과거에도 현재에도 미래에도 변함없이 늘 존재하는 그것을 즉각적으로 알아채는 것입니다.

華嚴經에 立爲法界하니 交徹融攝故요
화엄경 입위법계 교철융섭고

화엄경에 법계라 하니 서로 사무치고 융통하여 포함하기 때문이요.

화엄경華嚴經은 초기 대승불교의 중요한 경전입니다. 깨달음의 세계와 그것의 증득證得을 가능하게 하는 보살의 믿음과 이해와 실천에 관한 경전인데, 지금여기 현실세계 이대로가 온갖 꽃들로 장엄된 부처의 세계라는 의미에서 화엄이라고 이름 붙였습니다. 화엄경에서는 진심을 법계法界라고 했습니다. 서로 투철하게 융화, 포섭되어 서로가 완전히 섞여서 따로따로 분리해 낼 수 없는, 상입상즉相入相卽의 일진법계一

眞法界, 즉 차별없는 부처의 세계이기 때문입니다.

법法에는 세 가지 의미가 있다고 했습니다. 부처님이 설한 법, 진리 자체를 말할 때의 법, 그리고 현상으로서의 법입니다. 진리와 현상은 완전히 다른데도 같은 단어를 쓰는 이유는 현상을 떠나서는 진리가 없기 때문입니다. 현상을 떠난 곳에서는 결코 진리를 발견할 수 없어요. 그래서 법이 두 가지 의미를 갖습니다. 우리는 현상을 통해 진리를 발견할 수 있습니다. 현상을 보고 '아 이것은 현상이지, 저것도 현상이네. 아 이것도 나타난 모습이구나!'하면서 다 지우고 없애고 남는 것이 바로 진리입니다. 따라서 현상의 법과 진리의 법은 다르지 않습니다. 그런데 실제로는 무엇을 없애느냐하면 현상을 만드는 경계선, 분리의 경계선을 지우는 것입니다. 경계선이 현상을 만드니까요. 손에 경계선을 그리면 손가락 다섯 개가 생겨납니다. 그리고 이 경계선을 지우면 다시 하나의 손이에요. 하나의 손을 손가락 다섯 개로 만드는 것은 경계선입니다. 우리가 나눴기 때문이죠. 경계선에 의해 다섯 손가락이 생겨나듯 여러분의 마음속에서 생겨난 느낌이 바로 마음의 경계입니다.

눈을 감고 지금 자신의 마음에 나타난 경계가 어떤 느낌인지, 어떤 경계선을 그렸는지 한번 느껴보세요. 우리가 감지라고 말한 것에는 감정도 있고 생각과 느낌도 있습니다. 감정이나 생각이 마음에 나타난 것이라는 점은 명백하죠. 이제 미묘한 느낌을 구분해 봅시다. 여러분의 마음속에 나타난 그 미묘한 느낌은 조금 전에 말한 경계 지어진 느낌입니다. 자 지금 마음속에 뭐가 있는지 찾고 있죠? 찾는다는 의도를 가지면 찾는 놈과 찾아질 대상으로 마음이 갑자기 경계 지어 나눠집니다. 좀 전까진 전혀 그렇지 않았잖아요? 지금 어떤 의도를 가지니까 즉각 마음이 경계 지어져 나눠집니다. 마음은 이렇게 순식간에 변해요. 말 한마디나 어떤 자극에 의해서 바로, 경계 지어졌다가 다시 돌아오기를 되풀이합니다. 이것이 법계, 즉 현상계입니다.

법계에 대해 살펴보겠습니다. 법계는 18계十八界라고도 할 수 있습니다. 6근六根인 안이비설신의眼耳鼻舌身意와 그것의 대상인 색성향미촉법色聲香味觸法이라는 6경六境, 그리고 그 둘이 만나서 이루어지는 안식眼識 이식耳識 비식鼻識 설식舌識 신식身識 의식意識이라는 6식六識을 합해서 십팔계十八界라고 합니다. 인식기관, 인식대상, 인식작용으로 분류한 것인데 우리가 인식하는 모든 현상계를 말해요. 그런데 잘 보면 그 법계 안에 진리나 본질이라는 것도 포함됩니다. 왜죠? 우리가 지금 진리와 본질에 대해서 얘기하잖아요. 그것에 대해 말하고 의식하죠. 법계 안에는 우리가 인식하고 의식하고 파악할 수 있는 모든 것들이 포함됩니다. 열반과 진여라는 본질도 포함돼요. 만약에 그것이 포함되지 않는다면 우리는 의식하거나 발견할 수 없을 것입니다. 발견된다는 의미에서, 그리고 대상으로 삼는다는 의미에서 열반과 진리와 본질도 법계에 속한다고 말할 수 있습니다.

화엄경에서는 드러난 삼라만상 모든 것, 모든 현상을 법계라고 했습니다. 그리고 그 법계는 서로 교철융섭交徹融攝되어 있다고 했어요. 다 섞여서 나눠질 수가 없다는 의미입니다. 예를 들어 여기 파란색의 사각형 모양인 플라스틱 휴대폰 케이스가 있는데, 여기에서 파란색과 사각형을 따로 나눌 수 있을까요? 현상계에서는 파란색과 사각형을 따로 떼어 나눌 수 없습니다. 그냥 우리가 말로만 나누는 것입니다. 인식과 개념으로만 나누고 있는 것입니다. 이 파란색의 사각형 케이스가 존재하기 위해서는 파란색과 사각형이 합해져서, 교철융섭되어 하나로 섞여야만 존재할 수 있습니다. 그런데 우리는 파란색과 사각형을 따로 나눌 수 있다고 생각해요. 나눌 수 있으면 나눠 보세요. 파란색만 빼서 손에 잡아 보세요. 또는 사각형만 빼서 손에 잡아 보세요. 안 됩니다. 그러나 우리의 마음은 그렇게 나누는데, 그것이 바로 마음의 경계입니다. 한 덩어리일 뿐인 이것을 우리 마음은 파란색과 사각형으로 나누어서 봐요. 18계의 모든 현상들은 한 덩어리로 섞여 있는데 마음이 이것과 저것을 나누고, 여기서 저기로 가려고 애쓰는 중입니다. 그것이 바로 우리 마음이에요. '나는 아직 현상계에 있으니 본질을 찾겠다'고 열심히 달려가고 있는 마음이 바로 본질을 떠난 마음입니다. 움직이는 마음만 멈춘다면 이미 그 자리가 본질이에요. 파란색과 사각형이 따로 있다고 여기는 마음은 분리된 마음인데, 이 마음이 사실은 나누어지지 않고 모두 섞여서 하나로 얽혀있어요. 얽혀있는 것도 아니고 애초에 나눠지지 않은 불이不二의 세계입니다. 이것이 바로 화엄경에서 말하는 법계의 의미예요. 법계는 이것과 저것이 따로 없는 융합의 세계이고, 이것과 저것이 따로 없다는 것은 분리가 없다는 의미입니다.

> 金剛經에 號爲如來하니 無所從來故요
> 금강경 호위여래 무소종래고
>
> 금강경에서는 여래라 하니, 온 바가 없기 때문이요.

항상 변함없이 늘 그대로인 세계로부터 와서 가르치는 자를 여래如來라고 합니다. 무소종래無所從來는 어딘가에서 오는 곳이 없다는 말입니다. 재밌지 않습니까? 여래는 한결같이 변함없는 세계로부터 온

자라는 의미인데, 사실 그 여래는 온 바가 없고 온 곳이 없다는 것입니다. 여래는 어떤 움직임을 의미합니다. 진리의 세계로부터 이 세계로 우리를 가르치기 위해서 오신 분이 여래如來예요. 여如의 세계에서 래來했다는 것인데 산스크리트어 '타타가타Tathāgata'를 번역한 말이에요. 온 곳이 없다는 말의 의미는 무엇일까요? 실제로는 이곳과 저곳이 따로 없다는 말입니다. 여래가 다른 곳으로부터 온 것이 아니고, 이 곳 또한 저 곳과 다른 곳이 아닙니다. 하나의 세계 또는 하나도 아닌 세계이기 때문에 올 곳이 따로 없어요. 다른 말로 하면 움직이지 않는다는 말도 됩니다. 마음은 늘 어딘가로 움직여요. 그래야 존재합니다. 그러나 여래는 온 곳이 없는 사람이기 때문에 움직이지 않는 사람이에요. 어디에서도 움직이지 않아요. 중생의 마음은 늘 어딘가로부터 왔고, 또 어딘가로 향해 움직입니다. 그렇지 않으면 견디지 못해요. 희망이 있고, 목적이 있어야 에너지가 나오지요. 그러나 지금 여러분이 마음을 멈출 수 있다면 그 곳이 바로 여래가 온 곳입니다. 어디 저 멀리 다른 곳에서 온 것이 아니라 움직이지 않는 마음에서 온 거예요.

우리의 마음은 늘 어떤 현상이 일어나는 세계입니다. 그래서 마음의 내용은 생각과 느낌, 감정으로 가득 차 있고 늘 움직여요. 만약 움직이지 않는다면 마음이 있다고 느낄 수 있을까요? 마음이 멈춘다면 과연 마음을 찾을 수 있을까요? 마음이 있다고 여기는 이유는 어떤 현상이 일어나고 무언가가 움직여서 그것을 잡을 수 있기 때문입니다. 움직이니까 있다고 여기는 것입니다. 마음의 내용의 본질은 움직임입니다. 그리고 움직임의 가장 기본은 분리입니다. 나눔이 없는 곳에는 움직임이 없습니다. 나뉘어야 어딘가로 움직일 수 있기 때문에 어쩔 수 없이 마음은 나눠지는 것입니다. 그리고 변화가 일어납니다. 여러분이 지금 즉시 움직이지 않는 마음으로 있을 수 있다면 그곳이 바로 여래가 온 곳입니다. 눈을 감고 마음을 멈춰보세요. 멈추려고 하는 마음도 멈춥니다. 마음이 계속 어딘가로 가려고 하죠? 움직임을 알고 있는 그 마음마저도 멈춥니다. 그렇게 움직임이 없는 세계, 가고 옴이 없는 세계가 바로 여래가 온 곳입니다. 지금 여러분 마음에 다시 움직임이 생겼죠? 그렇다면 여러분은 다시 중생으로 내려온 것입니다. 여래로 다시 돌아갈 수 있습니까? 지금 돌아가세요.

般若經(반야경)에 呼爲涅槃(호위열반)하니 衆聖所歸故(중성소귀고)요

반야경에 열반이라 하니 모든 성인들이 돌아가는 곳이기 때문이요.

열반涅槃은 산스크리트어로 니르바나Nirvana라고 합니다. 촛불을 훅 불어서 꺼진 상태가 니르바나의 원래 뜻이에요. 촛불이 꺼지듯, 몸이라는 경계와 마음이라고 여기는 경계로부터 번뇌가 소멸된 상태입니다.

여러분은 왜 몸이 있다고 여깁니까? 마음속에 몸에 대한 촉각적이고 시각적인 느낌들이 그려지기 때문에 자기 몸이 있다고 여깁니다. 그렇게 생각하는 것입니다. 그런 느낌이 없으면 몸이 있는지 없는지 모를 것입니다. 몸의 촉감이 없다고 생각해보세요. 시각적인 느낌도 없어서 눈에도 안 보여요. 그러면 몸이 있겠습니까? 투명인간이라고 해봅시다. 몸이 눈에 안 보여요. 그리고 촉감도 없다면 몸이 있다고 여기겠어요? 만져도 안 잡히고 눈에도 안 보이면 몸이 있는 걸까요? 몸이 기능은 한다고 가정해보죠. 장부도 다 있어서 기능을 하는데 눈에 안 보이고 손에도 안 잡혀서 느껴지지가 않아요. 그럼 자기 몸이 있다고 여길까요? 우리가 자신이 있다고 여기는 이유는 경계로 그려진 마

음, 즉 안이비설신의眼耳鼻舌身意라는 감각기관에 의해 잡히는 '몸의 느낌'이 있기 때문입니다.

그런 느낌이 마음의 경계이고 그 경계에 의해서 번뇌가 일어나는데, 그 번뇌를 촛불 끄듯 훅 꺼버린 상태가 바로 열반입니다. 눈을 감고 마음속에 촛불을 하나 켜보세요. 끊임없이 흔들리는 촛불을 바라보세요. 확대해서 아주 자세히 보세요. 불꽃은 한시도 쉬지 않고 흔들리며 움직입니다. 이제 그 촛불을 훅 불어서 끄세요....(침묵)

갑자기 흔들림이 사라지고 정적과 고요만 있습니다. 촛불을 끈 뒤에 심지에서 하얀 연기가 피어오르면 그 연기도 꺼버립니다. 그리고 남아 있는 초도 꺼버리세요. 초 또한 마음에 일어난 일종의 움직임이에요. 마음에 어떤 움직임이라도 일어난다면 촛불을 끄듯이 꺼보세요. 최종적으로는 끄려는 의도마저도 꺼버립니다. 촛불을 훅 불어서 끄듯이 단숨에 꺼봅니다. 그 어떤 마음의 불길도 나타나는 즉시 꺼버립니다. 단순히 그냥 불을 끄듯이. 이 상태가 모든 성인들의 마음이 돌아간 곳입니다. 마음의 움직임이 사라진 곳에는 어떤 자취도 남지 않습니다. 아주 철저하게 불꽃이 꺼져버린 상태에는 어떤 번뇌도 마음의 경계도 없어요.

다시 눈을 뜨고 천천히 돌아오면 여러분의 마음에 다시 경계가 생겨나고 이것저것을 분별하는 불꽃이 일어납니다. 그렇지만 그 경계의 불꽃, 분별의 불꽃이 다시 피어나더라도 마음이 본질적으로 바뀐 것은 아닙니다. 마음에 경계가 지어져서 나타난 모습일 뿐이에요. 그래서 이제는 마음의 불을 끄지 않더라도, 움직임의 불꽃을 멈추지 않더라도 그것을 끈 상태와 다르지 않음을 즉각적으로 파악해보세요. 느낌이 있어도 괜찮습니다. 그 느낌이 있다는 것은 마음이 살아서 움직이고 있기 때문입니다. 움직이지 않으면 열반이지만, 움직임이 있어도 움직이지 않음과 다르지 않다는 것을 발견하면 아주 다이내믹한 열반이 되겠죠. 열반은 한자로 하면 적정寂靜입니다. 아주 고요해서 어떤 움직임도 없어요. 그런데 일상의 열반이라는 것은 다이내믹한 열반입니다. 마음에 수많은 파도와 불꽃이 일어나지만 한 파도도 일어나지 않았다는 것입니다. 그저 마음에 경계만 그어졌을 뿐입니다. 보는자가 누구인지 알아보려 마음을 들여다보면 찾는 마음이 생겨났다가, 보리수를 생각하면 보리수의 맛이 떠오르고 순식간에 바뀌잖아요. 그저 경계만 바꾸면 느낌이 변합니다. 그러나 본질적으로 바뀌는 것은 하나도 없어요. 마음속에 이런 저런 파도만 생겨났다 사라진 것이지 물이라는 점에서는 아무 변화가 없어요. 그러니 그것이 일상 속의 다이내믹한 본질이라는 것입니다. 진심은 한 치도 움직인 적이 없습니다.

새의 날갯짓은 하늘이 아니다

金光明에 號曰如如하니 眞常不變故요
금광명 호왈여여 진상불변고

금광명경에 여여라 하니, 항상 진실하고 변치 않기 때문이요,

금광명경金光明經은 4세기 인도의 경전인데 공덕功德을 설하는 부분이 많다고 합니다. 금광명경에서는 진심을 여여如如라고 불렀습니다. 늘 같고 또 같다, 늘 변함없고 변함없다, 있는 그대로이며 또 있는 그대로라는 의미예요. 있는 그대로 보이고 느껴지는 마음의 상태입니다. 금광명경에 여여如如라고 한 이유는 진리가 항상 진실하고 변하지 않기 때문이라고 했습니다.

마음에는 수많은 현상이 오고가지만 그것들이 오고가는 공간은 변함이 없습니다. 하늘을 생각해 보세요. 비가 오는데 새가 날아갑니다. 비에 젖어서 축 처진 날개로 퍼덕이는 걸 보면 마음에 감지가 일어나요. 비에 젖은 날갯짓의 느낌이 일어납니다. 이렇게 하늘에 새가 날아가는 것을 보면 마음속에 새가 날갯짓하는 것이 느껴져요. 그런데 새가 날기 위해서는 날개짓하고 날아갈 수 있는 공간이 필요합니다. 마찬가지로 마음속에 새가 날아가는 느낌이 일어나려면 그 느낌이 일어날 수 있는 바탕이 있어야 할 것 아니에요. 그러니까 마음속에 날갯짓의 느낌이 일어난다는 것은 그 느낌이 일어날 공간이 당연히 있다는 뜻입니다. 우리는 마음에 어떤 느낌이 일어나면 보통은 그 느낌에 집중합니다. 그런데 느낌은 느낌이 일어날 공간을 증거하고 있다는 것에 초점을 맞춰보세요. 바로 그 공간으로 관심을 옮겨야 됩니다. 느낌은 그 느낌이 일어날 마음의 공간에 대한 아주 훌륭한 증거물입니다. 분노가 일어나면 분노에 휩싸이지 말고 분노가 일어나는 공간을 의식해 보세요. 분노가 날갯짓할 공간이 필요함을 알고 내 주의를 그 공간으로 옮기는 것입니다. 그러면 분노는 그냥 마음속의 작은 하나의 덩어리 밖에 안 됩니다. 전부가 되지 않아요. 마음에서 일어나는 외로움이나 소외감, 창피함, 슬픔과 두려움 등은 모두 마음의 공간에서 날갯짓하는 새예요. 그때 새에 집중하지 말고 새가 날아갈 수 있는 공간에 집중하세요. 우리 마음은 그럴 능력이 있습니다. 마음을 영감靈鑑이라고 했습니다. 신령스러운 거울인 마음은 그렇게 미묘하게 구별해낼 수 있어요. 날아가는 새를 통해서 새가 아닌 공간도 구별해 낼 수 있습니다. 지금 여러분이 느끼는 마음상태가 일어나기 위해서는, 그리고 그 마음이 느껴지기 위해서는 공간이 필요합니다. 그렇지 않다면 어떻게 느껴지겠어요? 하늘이 꽉 차 있다면 새가 날아갈 수 없듯이, 우리 마음이 분노로 가득하다면 분노가 느껴지지 않습니다. 분노는 마음의 한 부분에 불과합니다. 지금 여러분이 느끼는 그 어떤 느낌이라도, 텅 비거나 막연한 느낌이든 아주 거대하고 광대한 느낌이든, 그것이 **느껴지려면 그것은 마음의 부분이어야만 합니다**. 뭔가가 느껴질 때 그것을 즉각 파악해보세요.

마음에는 수많은 현상들이 오고가지만, 그것을 가능하게 하는 변함없는 공간은 항상 여여如如한 마음입니다. 비굴하고 왜소한 참새가 날아가든 위풍당당한 독수리가 날아가든 비에 젖은 새가 날아가든 제트기가 날아가든 그 모든 느낌이 일어나는 공간은 변함이 없습니다. 소리는 다양하지만 소리가 일어날 침묵의 공간은 변함이 없습니다. 그리고 중요한 점 하나, **소리를 통해서** 소리가 일어나는 **침묵을 자각**할 수 있습니다. 그리고 그 침묵의 자각은 소리가 있든 없든 변함없이 여여하며 늘 그대로입니다. 우리가 발견해야 할 것은 '변하는 것'이 아니라 '변하지 않는 것'이니 그것에 초점을 맞추어야 합니다.

淨名經에 號曰法身하니 報化依止故요
정 명 경 호 왈 법 신 보 화 의 지 고

정명경에 법신이라 하니, 보신과 화신이 의지하는 바이기 때문이요

정명경淨名經은 유마경維摩經의 다른 이름입니다. 정명경에서는 진심을 법신法身이라 하고, 그 법신은 보신報身과 화신化身이 의지하는 바라고 했습니다. 법신은 진리의 몸을, 보신은 공덕을 쌓은 결과로 얻게 된 과보의 몸을 말합니다. 그리고 화신은 진리가 인간으로 육화한 몸을 말합니다. 법신이 진리라면 보신과 화신은 현상으로서의 진리입니

다. 역사상에 나타난 깨달은 인간으로서의 석가모니는 화신이에요. 여러분도 자신의 본질을 깨우치게 되면 즉시 화신이 되는 것입니다. 법신이 화해서 깨달은 몸으로 드러났다는 말입니다. 그리고 보신은 쌓은 공덕에 따라 나타나는 행적의 크기를 말해요. 예를 들어 석가모니는 2,500년간 이어지는 거대한 진리의 물줄기를 이뤘잖아요. 이런 분을 보신이 강하다고 말합니다. 공덕을 그만큼 많이 쌓았다는 의미로 쓰입니다. 수영으로 비유하면, 이제 겨우 물에 뜰 줄 아는 사람은 보신이 아주 약한 상태이고, 물위에 떠서 자유롭게 움직일 줄 아는 사람은 보신이 조금 강해진 상태이며, 자유롭게 수영을 하면서 다른 사람이 물에 빠졌을 때 도와주는 사람은 보신이 아주 강한 상태예요. 진리의 몸인 법신, 서원을 세워 수행하고 베푼 공덕의 결과인 보신, 구체적인 현실 속에서 자유롭게 대응하면서 삶을 다이내믹하게 살아가는 화신(응신應身이라고 함)을 합쳐서 삼신이라고 부르는데 기독교의 삼위일체와 유사합니다.

탄생과 소멸, 마음의 그림

起信論에 名曰眞如하니 不生不滅故요
기신론 명왈진여 불생불멸고

기신론에 진여라 하니 불생불멸하기 때문이다.

대승기신론大乘起信論은 대승大乘, 즉 진리에 대한 믿음을 일으키는[起信] 논문[論]입니다. 철저하게 논리적이어서 투철한 지혜를 불러일으키는 대승불교에서 가장 중요한 논서 중 하나가 흥미롭게도 논리가 아니라 '믿음을 일으키는 논서'라는 뜻의 기신론이에요. 믿음은 논리와는 어울리지 않는 것 같아 보이지만, 결국 우리의 앎도 깊숙이 들어가면 일종의 믿음입니다. 그리고 그 앎을 넘어가는 것이 지혜입니다. 진여眞如는 산스크리트어 타타타tathata의 번역어로, 우주 만유에 보편상주하는 불변하는 본체로서 모든 현상의 참모습을 말합니다. 즉 모든 차별을 떠난 모습이 바로 진여예요. 분별과 대립이 모두 사라진 세계입니다. 분별과 대립은 어디에서 옵니까? 경계로 나눠어진 곳에서 옵니다. 그러니 모든 경계가 사라진 세계가 바로 진여입니다. 거짓이 아닌 진실이란 의미에서 진眞을 썼고, 변하지 않고 늘 똑같다는 의미로 여如를 썼으니 변하지 않는 진실, 진리가 바로 진여입니다.

잘 살펴보면, 세상 만물은 감각에 비쳐진 모습과 그것이 마음에 상相을 일으킨 느낌인 감지, 그리고 그것들에 이름이 붙어서 서로 얽힌 생각들, 생각에 의한 좋고 나쁨을 기준 삼은 감정, 이런 것들로 물들어 있습니다. 이것들을 모두 빼버리면 세상 만물이 과연 있을까요? 여러분 마음속에서 일단 감정을 빼보세요. 감정을 빼면 끌리고 밀치는 것이 사라집니다. 그 다음에는 생각을 다 빼보세요. 명확한 분별이 사라집니다. 그 다음에는 감지를 모두 지워보세요. 여러분 눈에 보이는 모든 감지를 지우면 마음도 비어 버립니다. 마음에 시각적 자극은 들어오지만 그것이 마음에 어떤 그림자도 불러일으키지 않아요. 우리가 말하는 감각상태이죠. 이제 그 감각마저 없다고 생각해 보면 과연 세상 만물이 있을까요? 결국 만물이 존재하는 이유는 우리의 감각과 감지와 생각, 그리고 감정들 때문입니다. 그것들을 떠난 곳에 어떤 세상 만물이 있겠습니까? 당연히 탄생과 소멸 또한 없겠죠.

감각과 감지만 지워버려도 탄생과 소멸이 없습니다. 생각은 일어나지도 않아요. 만약 '그래도 있지, 내가 없어져도 탄생과 소멸은 있잖아' 라는 생각이 일어난다면 그것 역시 생각이죠. 생각을 지워보세요. '그래도 의자에 앉아 있는 어떤 느낌이 있는데?' 한다면 그것은 감지와 감각입니다. 감지와 감각과 생각을 모두 빼면 뭐가 있겠습니까? 아무것도 없어요. 엄밀히 말하면 없다고도 할 수 없습니다. 이렇게 무언가를 파악해 내는 우리의 감각적인 도구와 그 자극을 마음의 그림으로 그려내는 느낌의 작용이 멈춘 곳에는 탄생도 죽음도 없습니다. 탄생과 죽음이란 것 또한 마음의 그림이에요. 파란색 사각형의 플라스틱 휴대폰 케이스처럼 나눠지지 않는 것을 '사각'과 '파란색'이란 개념으로 따로 떼어내듯이, 어떤 현상을 탄생과 소멸이라는 이름을 붙여서 나누고 있을 뿐입니다. 마음이 경계 지어 놓은 그 모습을 뺀다면, 지금 이 순간 마음속에서 모든 경계를 멈춘다면, 거기 어디에 탄생과 소멸이 있겠어요. 바로 그 상태를 진여라고 하는 것입니다.

대승기신론에서 생멸의 마음과 진여의 마음을 구별했습니다. 생멸의 마음은 태어남과 죽음이 있다고 믿는 마음이며, 진여의 마음은 있음과 없음을 넘어선 절대이고 불생불멸이라고 했어요. 자, 지금 눈을 감고 자기 몸을 느껴보세요. 몸을 촉감으로 느껴보세요. 촉감으로 느끼려고 하지만 대부분 시각적인 상이 따라붙습니다. 지금 앉아 있는 몸이 느껴지는데, 의자와 앞쪽의 탁자, 그것들이 놓여 있는 방이 시각적 상으로 따라붙을 수 있어요. 만약 촉감으로만 느낀다면 방은 없습니다. 그와 같이 모든 시각적인 상을 지워보세요. 방의 의자에 앉아있는 느낌이 든다면 시각적인 상이 미묘하게 들어가 있다는 뜻입니다. 시각적인 상만이 어떤 공간의 특정한 위치를 자기 위치라고 여깁니다.

촉감에는 그런 것이 전혀 없습니다. 촉감에만 집중해 보세요. 지금 몸에 닿는 것이 전부예요. 그리고 촉감은 몸에 닿는 것과 닿인 몸 자체도 구분이 안 돼요. 구분된다면 그 역시 시각적인 상이 들어간 것입니다. 촉감은 그냥 촉각적인 느낌이 있을 뿐이에요. 탁자에 몸이 닿았다면 그저 딱딱한 느낌이 있을 뿐이죠. 어디에 그 느낌이 있는지도 알 수 없습니다. 내 몸의 엉덩이에 있다는 생각이 든다면 그것은 엉덩이와 의자라는 시각적인 상이 끼어든 것입니다. 그냥 허공중에 느낌이 있을 뿐이에요. 공간의 느낌이 있지만 그 느낌이 있는 곳까지 연결된 것도 없습니다. 촉각적인 느낌은 뭔가 띄엄띄엄해요. 몸에 숭숭 구멍이 뚫린 것 같은 느낌입니다. 이제 거기에서 촉각적인 느낌마저도 지워보세요. 주의 제로attention zero 하면 됩니다. 지금 느끼는 것은 그냥 느낌일 뿐입니다. 그 느낌을 없애는 것은 단순해요. 느낌이 일어나려면 에너지가 있어야 하니까 그 기본적인 에너지인 주의를 없애는 것입니다.

지금 마음에 어떤 생각이나 느낌이 일어나도 괜찮아요. 잡생각이 일어나도 괜찮습니다. 그것들은 그저 나타났다 사라질 뿐이에요. 그것들은 내버려 두고 촉감에 집중하세요. 촉감에 집중이 되면 이제 거기서 힘을 뺍니다. 주의를 줘야만 엉덩이가 의자에 닿은 느낌이 느껴지듯이, 주의 제로 하면 의식하던 모든 것이 사라집니다. 의식되지 않아요. 마음이 가라앉거나 또는 완전한 정적이 되기도 할 것입니다. 그때 생멸이 있습니까? 그때는 그런 생각이 떠오르지 않고 몸도 잊혀집니다. 그때 무엇이 생하고 무엇이 멸하겠어요? 분별하는 의식이 없는 곳에는 탄생도 없고 죽음도 없습니다. 오직 지금 이순간의 존재감만 있을 뿐입니다. 그 존재감마저도 사실 미묘한 분별이에요. 느낌이 없는 곳에 무슨 분별이 있고 무슨 생사가 있겠습니까? 물론 쓰임과 용도로서의 생사는 인정해야하겠지요. 누군가 돌아가셨다고 부고장이 오면 찾아가서 같이 슬퍼해야 하지만, 우리 본질에 진짜 생사가 있는지는 자문해봐야 합니다. 누가 죽고 누가 태어납니까? '나'라는 느낌이 느껴지면 그것이 곧 탄생이고, 그 느낌이 사라지면 그것이 곧 소멸 아닙니까? 그런 느낌으로서의 탄생과 소멸 외에 무슨 생사가 있겠어요.

사실 우리는 매일 밤 죽어요. 내가 사라지잖아요. 그리고 매일 아침 탄생하죠. '나'라는 느낌이 없다가 갑자기 나타납니다. 그런데 우리는 죽음을 경험할 수 있나요? 죽는 순간, 잠으로 확 들어가는 순간에 자신이 '아 이것이 죽음이구나!'라고 알아요? 간혹 잠 속에서 깨어있었다고 말하는 사람도 있지만, 그것은 진짜로 잠든 것이 아니거나 '꿈꾸는 자'가 있는 다른 꿈을 또 만들고 있는 것입니다. 자기라는 것이 사라지는 깊은 잠속으로 들어간 것을 우리가 어떻게 알 수 있습니까? 그때 평상시의 앎이라는 것이 있나요? 또 아침에 깨어나는 순간에 어떤 과정을 거쳐 깨어나는지 압니까? 그냥 갑자기 '나'가 나타나죠. 물론 잘 바라보면 의식이 모호하다가 조금씩 선명해진다는 것이 느껴집니다. 그러면서 나와 대상이 나타나고 오늘 할 일이 떠오릅니다. 그런데 그 놈은 어디서 나타나는 거죠? 그 '나'란 놈은 도대체 어디서 나타나는 겁니까? 우리는 너무 당연시 하고 있어요. 매일 밤 죽고 매일 아침 탄생하는 것에 대해 전혀 의문을 갖지 않아요. 정말로 생사에 관심이 있다면 그것을 먼저 탐구해야 합니다. 매일 밤 죽고 있는데 진짜 죽음에는 관심이 없고 이론적인 죽음에 대해 탐구해봐야 아무 소용이 없습니다.

죽는다는 것은 '나'라는 느낌이 사라지는 것입니다. 그리고 태어난다는 것은 '나'라는 느낌이 다시 생성되는 과정입니다. 그런데 그 '나'라는 느낌이 어떻게 생성되나요? 주체와 대상이 나눠지면서 '나'라는 느낌이 생겨납니다. 어릴 때부터 '나'라는 느낌의 구조가 차차 생겨나고, 지금은 그 구조가 이미 자리 잡았기 때문에 매일 밤 그 구조가 무너지면서 '나'는 사라집니다. 그리고 아침에 그 구조가 다시 생성되면 '나'라는 느낌이 다시 생겨나죠. 인간의 진화적인 측면에서 한번 살펴보면, 원시시대에는 나와 가족이라는 것이 따로 없었는데, 점차 분리감이 생기면서 나와 가족, 개인주의로 흐릅니다. 이렇게 인류 전체의 역사, 태어나서 어릴 때부터 지금까지 자라오면서 생겨나는 의식의 과정, 그리고 매일 아침 의식이 생겨나는 과정은 모두 닮아 있습니다. 아침에 '나'라는 것이 생성되는 과정을 자세히 살펴본다면 뭔가 희미했다가 점차 명확해 진다는 것이 느껴질 것입니다. 그 과정이 모두 닮아있어요. 생물학적으로 '개체발생은 계통발생을 반복한다'는 홀로그램적인 법칙이 있습니다. 짧은 아침시간에 내 인생 전체의 삶이 들어있고, 내 인생 속에는 인류 전체의 진화과정이 들어있습니다. 인류의 진화과정 속에는 생명계의 진화과정이 들어 있고, 생명계의 진화 속에 태양계의 생멸이 들어 있으며, 태양계의 생멸 속에 우주 전체의 생멸이 들어 있습니다. 그 모든 생멸이라는 것은 다른 것이 아니라 느낌이 생겨났다가 사라진다는 것입니다. 그것을 잘 들여다보세요.

그런데 느낌이란 것이 과연 실체로서 '존재'합니까? 느낌이란 어떤 조건 있으면 생겨나고 없으면 사라지는 아주 일시적인 '현상'입니다. 무슨 실체가 생겨났다가 사라지는 것이 아니에요. 조건에 의해서만 생겨났다 사라집니다. 바퀴와 뚜껑과 엔진과 차축 등이 모인 것에 '자동차'라는 이름을 붙이듯, '나'라는 것은 주체와 대상의 관계가 생겨나고 어떤 조건이 만들어지면서 생겨난 느낌에 붙은 이름입니다. 이름과 실체는 매우 애매한 관계입니다. '나'라는 것도 마찬가지인데, 막연하게 그냥 나라고 생각하고 있을 뿐입니다.

바퀴가 굴러가려면 바퀴살이 있어야 하고, 바퀴살을 지탱해서 하나로 묶어주는 굴통이 있어야 합니다. 그 굴통의 속은 비어있어서 거기에 굴대를 꽂아서 굴리고 움직이는 것이 됩니다. 바퀴살들을 나의 모든 경험과 지식의 내용이라고 해봅시다. 그 내용들이 텅 빈 중심을 향해 정렬되어 있어야 바퀴가 굴러갈 수 있겠지요. 가령 내가 누군가를 대할 때에는 그 사람에 대한 경험 내용이 들어와서 중심축이 됩니다. 그 사람이 선생님이라면 나한테서 공손한 태도가 나오겠죠. 또 어린애를 만났다면 중심굴대가 바뀌어서 귀여워하는 태도가 올라옵니다. 이렇게 나의 굴통은 비어 있다가 누구를 대하는가에 따라 다른 굴대가 들어와서 바퀴가 상대와의 관계를 향해 돌아갑니다. 굴대는 이렇게 늘 바뀌는데도 우리는 같은 나라고 여깁니다. 왜냐하면 텅 빈 중심으로서의 굴통의 공간은 변함이 없기 때문에 늘 똑같다고 느껴요. 그것은 주체감과 같은 것입니다. 각 사람에 대한 경험 내용은 굴대가 되고 바퀴살들은 일반적인 경험 내용입니다. 매순간 사람을 대할 때마다 굴대와 바퀴살이 바뀌는데, 이 굴대가 바뀌는 것을 못 느껴요. 그런 것을 한번 잘 생각해보세요. 그러면 정말 변함없는 나라는 것이 과연 존재하는가라는 물음이 생깁니다. 변함없는 나라고 느끼게 만드는 것은 굴통 같이 텅 빈 공간인 비개인적 주체 밖에 없어요. 그것은 내용이 없으며, 대상이 내가 아님을 느끼게 해 주는 장치입니다. 이것은 다른 경험들을 정렬시키는 텅 빈 일시적인 중심일 뿐이에요. 매순간 사람과 사물을 대할 때 내 태도가 바뀌고 '나'라는 자아가 굴러가죠. 그 굴러가는

축의 색깔과 크기와 태도가 바뀐다는 것은 매 순간 매 조건마다 나는 달라진다는 것입니다. 그런데도 늘 내가 변함없이 똑같다고 여기는 정교하지 못한 거친 마음을 잘 보란 말이에요. 정교한 마음으로 보면 매 순간 생멸이 있습니다. 이 사람을 바라볼 때는 이 축이 들어와서 내가 새로워지고, 저 사람을 볼 때에는 방금 전까지 봤던 사람에 대한 축은 죽고 새로운 축이 태어납니다. 이렇게 본다면 매 순간 나고 죽는 생멸이 있습니다. 그런 것은 모른 채 있는지 없는지도 모를 몸의 죽음에만 사람들은 관심이 있습니다. 몸이 죽을 때 우리에게는 앎이 없어요. 아침에 일어날 때도 모르고, 밤에 잠 들 때도 몰라요. 꿈꾸는 것과 잠든 것은 다릅니다. '나'라는 것이 사라지는 잠속으로 들어가는 것과 내가 활동하는 꿈속에 있는 것은 달라요. 깨어있는 상태, 꿈꾸는 상태, 꿈없는 깊은 잠에 든 상태, 이 세 가지 모두 현상세계입니다. 변하는 세계여서 느낌이 달라져요. 그 모든 것들이 일어나고 있는 제 4의 상태를 인도에서는 투리야Turiya라고 합니다. 제 4의 상태만 항상 여여하게 있습니다. 투리야는 모든 것이 일어날 수 있는 바탕이 되며 새가 날아가는 공간 같은 것입니다. 이런 것을 변함없는 진여, 여래라고 합니다. 그리고 그 진여는 불생불멸합니다.

진심, 상락아정

진심은 다양한 경전에서 다양한 이름으로 불리며, 각각의 이름은 진심의 한 측면을 설명하고 있습니다. 여러 경전을 인용하여 다양한 각도에서 설명함으로써 진심의 여러 측면을 보여주기 위해서 진심이명이란 장을 넣었습니다.

涅槃經에 呼爲佛性하니 三身本體故요
열반경 호위불성 삼신본체고

열반경에서는 불성이라 하는데 삼신의 본체이다.

열반경涅槃經은 부처님이 돌아가시기 전후의 상황을 소재로 편찬된 대승경전입니다. 항상恒常한 것과 항상恒常하지 않은 것, 영원한 것과 영원하지 않은 것에 대해 설명하면서 영원한 것이 불성佛性이고 참본성이며 진리임을 설파하는 경전입니다. 삼신三身은 부처의 세 가지 몸인 법신法身, 보신報身, 화신化身을 말합니다. 법신은 진리의 몸이에요. 보신은 진리를 위한 서원을 세우고 공덕을 쌓는 노력을 통해서 결과적으로 받게 되는 몸입니다. 화신은 부처의 본성, 불성 또는 본질이 특정한 사람의 모습으로 육화되어 나타나서 법을 펼칠 때의 몸을 말합니다. 역사상에 나타난 석가모니라는 사람이 바로 화신이죠. 마음의 본질인 불성이 어떤 사람의 몸과 마음으로 드러난 것이 화신이고, 그 사람이 공덕을 쌓아서 활발한 대승의 길을 가면 그 인연공덕으로 받게 되는 몸이 보신입니다. 그리고 그 사람의 본질은 그런 모습으로 표현되고 나타나게 하는 법신입니다. 열반경에서는 이 삼신의 본체를 불성이라고 했습니다.

열반경에는 상락아정常樂我淨이라는 말도 나옵니다. 부처님은 살아생전에 계속해서 공空과 무아無我 같은 것들에 대해 말씀하셨습니다. '어떤 것도 있는 것이 없으며, 없다는 것마저도 없다'는 것이 바로 공空이에요. 무아無我는 나라는 것이 특별하게 있지 않다는 것입니다. '나'라는 것은 상황과 조건에 따라 임시적으로 나타났다 사라지는 느낌입니다. 그런데 부처님이 돌아가실 때가 되니까 제자들이 뭔가 좀 신기한 것을 기대했겠죠. 그래도 부처님인데 일반인과 다른 형상을 보이지 않을까, 몸이 썩지 않는다던지 하는 신기한 일이 일어나지 않을까 기대했어요. 부처님의 몸이 쉽게 죽어 사라져버리지는 않을 거라고 생각했을 수 있습니다. 그러나 사라지는 것은 불성이 아니라 몸입니다. 그 몸은 나타났다 사라지는 하나의 조건화된 형태예요. 반면에 부처의 본성인 불성은 늘 '변함없기'에 상常이라고 합니다. 그리고 그 본질에 뿌리박는 것이 곧 무한한 즐거움과 기쁨이니 낙樂이라고 합니다. 그 기쁨은 어떤 이유가 있어서라기보다는 본질적이고 궁극적인 '이유 없는 기쁨'입니다. 아我는 개별화된 개체로서의 나가 아니라 본질적인 '불성으로서의 나'를 말하며, 정淨은 '깨끗함'입니다. 이 상락아정常樂我淨이 열반의 특징이라고 열반경에서는 말합니다.

또 열반경에는 불신상주佛身常住라는 표현도 나옵니다. 법신의 본체인 불성은 상주한다는 의미입니다. 본질은 변함이 없다는 말이에요. 그런데 이것은 말로 표현하니까 그렇다는 것이지, 우리가 깨닫고자 하는 있는 그대로의 본질은 그렇지 않죠. 마음에 나타나는 것들 중에 끊임없고 변함없는 존재는 그 어느 것도 없어요. 마음에 잡히는 모든 것은 나타났다가 사라집니다. 다만 나타남과 사라짐을 가능하게 하는 그것만은 변함이 없어요. 그러나 그것을 우리는 '알지 못합니다'. 왜냐하면 우리라고 말하는 이 '나'는 나타나 있는 '현상 중의 일부분'이기 때문입니다. 현상의 일부분인 '나'가 자신을 나타나도록 해주는 영원무궁한 본질을 안다는 건 불가능합니다. '내'가 '녹아 사라져야'만 그것이 '될 수 있을 뿐'이에요.

모든 것을 갖춘 총지

圓覺經에 名曰總持하니 流出功德故요
원각경 명왈총지 유출공덕고

원각경에는 이름 하여 총지라 하니 공덕을 흘러나오게 하기 때문이요,

원각경圓覺經에서는 모든 것을 포함한다는 의미인 총지摠持를 진심의 다른 이름이라고 하였습니다. 총지摠持는 여래장如來藏과 비슷해요. 여래장은 여래의 씨앗이 담겨져 있는 중생의 마음입니다. 마음속에 수많은 것들이 올라오기에 중생의 마음이지만, 그러면서도 부처의 본성을 씨앗으로 가지고 있어요. 다시 말해 중생의 마음에 부처의 본성이 드러날 수 있다는 말입니다. 총지라는 것도 수많은 것을 갖추고 있어서 모든 좋은 공덕들이 거기에서 무궁무진하게 흘러나온다는 뜻입니다.

원각경의 원래 이름은 대방광원각수다라요의경大方廣圓覺修多羅了義經입니다. 원圓, 둥근 모양에는 완전하다는 의미가 있어요. 그래서 원각圓覺은 완전한 깨달음을 말합니다. 원각경은 부처님과 열두 보살의 문답을 통해서 원만한 깨달음의 묘한 이치를 설한 경전입니다. 그 내용은 대승의 길과 원만하고 완전한 돈오圓頓, 자세히 지켜보는 수행인 관행觀行에 대한 설명이 주를 이룹니다. 우리나라에서는 지눌스님이 요의경了義經이라고 하여 많이 전파했어요. 본질에 대해서만 얘기한 것을 요의경이라 하고, 각 중생의 근기에 따라서 방편적으로 설한 것을 불요의경不了義經이라고 합니다.

총지摠持는 모든 것을 갖추고 있다는 의미입니다. 마치 모든 파도가 물에서 나오는 것과 같아요. 아주 잔잔한 파도에서부터 반짝이는 파

도, 거대한 해일까지 모든 종류의 파도는 다 물에서 나옵니다. 물에 다 갖춰져 있어요. 이런 의미에서 총지라고 하였습니다. 우리 일상의 모든 사소한 표현들도 다 여기서 나옵니다. 마음에 금을 그어 일시적으로 나눠놓은 다음에 그것들끼리 서로 끌리고 밀치는 느낌이 생겨나면서, 희로애락과 마음의 모든 표현들이 일어나게 됩니다. "야 이놈아, 야 이 새끼야"하고 욕을 들어도, '새끼'라는 말의 의미를 모르는 어린애한테는 기분 나쁜 느낌이 일어나지 않습니다. 그런데 마음속에 '개새끼는 나쁜 말'이라는 흔적이 있으면, 누군가가 "너는 개새끼야."라고 말할 때 "내가 왜 개새끼야!"하고 튀어나오죠. 그리고 기분 나쁜 느낌이 일어납니다. 내 마음에 '나'가 있고 '개새끼'가 있어서 그렇습니다. 결국은 내 마음속에 있는 것이에요. 누가 한 그 말을 내 마음 속에 있는 개새끼랑 연결시키는 것입니다. 그렇지 않으면 누가 그런 말을 한다 해도 상관없어요. 이렇게 '나'와 '내 마음속 그것' 사이의 관계에서 밀침과 끌림이 일어나고 희로애락이 생겨납니다. 그러니까 모든 것이 내 마음 속 경계입니다. 어떤 말을 들으면 그 말에 대한 과거 흔적들이 튀어 올라서 마음에 형성되고, 동시에 '나'라는 것도 같이 형성됩니다. 그리고 이 둘 사이에 주고받는 것이 바로 느낌이죠. 희로애락은 내 마음에 생겨난 파도끼리 얽히고 설키는 과정에서 생겨난 느낌입니다. 이렇게 우리 마음속에는 희로애락이나 사랑과 미움, 고귀함과 천함을 느끼는 마음, 열정과 냉정, 선함과 악함 등 모든 플러스적이고 마이너스적인 것들이 망라되어 있습니다. 그리고 어떤 자극이 오면 그것과 얽혀서 마음이 툭 나눠집니다.

지금 '전체주의'나 '주의에 주의 기울이기'*를 하면 어때요? 좀 전에

---

*깨어있기 용어. 주의 자체에 주의를 기울이는 것

내가 했던 말은 다 잊어지고 마음은 비워집니다. 이렇게 단순한 작업 하나로 마음의 경계가 사라지면서 좀 전의 수많은 생각들도 다 사라지고 마음은 비어버립니다. 그러다가 뭔가에 관심을 기울이면 다시 경계가 생겨나서 이런저런 구별을 하게 돼요. 그래서 마음은 물과 같다는 것입니다. 물에 생겨나는 파도처럼 마음의 현상들은 즉시 생겨났다 즉시 사라집니다. 그런데 습관적이고 관성적인 파도들은 비슷한 모습으로 생겨나도록 자동화되었기 때문에 쉽게 내려놓질 못합니다. 관성적인 에너지가 실린 그 마음에 끌려가게 되면 쉽게 멈출 수가 없어요. 그런데 그것 자체가 경계 지어진 마음의 작용임을 보게 되면, 거기에서 힘이 빠지고 마음의 작용에서 벗어날 수 있습니다.

마음의 분별에 의한 모든 표현들은 총지라고 불리는 진심에 다 갖춰져 있습니다. 그것들이 진심 자체는 아니지만 모두 다 진심의 표현이에요. 그리고 총지에서 모든 공덕들이 나옵니다. 선함과 다른 사람을 배려하고 안타까워하는 마음과 다른 이들에 공감하는 마음도 나옵니다. 이런 모든 공덕들과 좋은 마음들이 진심에서 나오기 때문에 모든 것을 다 갖추고 있다고 해서 총지라고 이름 붙였습니다.

이 총지에 대해 잘 살펴볼 필요가 있어요. 모든 것을 갖췄다는 것은 좋고 나쁜 것을 다 가지고 있다는 말입니다. 그런데 좋고 나쁘다는 건 분별의 기준선이 있다는 것입니다. 그 기준선 이상이냐 이하냐에 따라서 좋음과 나쁨이라는 느낌이 생겨납니다. 뜨겁다 또는 차갑다는 것이 원래 있을까요? 온도 자체에는 뜨겁고 찬 것이 없어요. 그건 내 몸이라는 기준 때문에 생겨납니다. 36.5℃인 내 체온보다 높으면 뜨겁거나 덥다고 느껴지고, 그보다 낮으면 차갑게 느껴집니다. 사실은 아주 높은 온도에서 아주 낮은 온도까지의 커다란 스펙트럼이 있을 뿐인데, 어느 한 지점이 정해지면 그보다 높은 온도는 뜨겁고 그것보다 낮은 온도는 차갑게 느껴지는 것입니다. 좋음과 나쁨도 마찬가지 아니겠어요? 마음의 기다란 느낌의 선위에서 어디에 기준이 잡히느냐에 따라 다르죠. 자신의 기준에 가까우면 기분 좋게 느껴지고, 기준에서 멀면 기분 나쁘게 느껴집니다. '만 원짜리 한 장 주우면 좋겠다!'고 생각하면서 길을 가다가 이만 원을 주우면 기분이 좋겠죠. 백만 원 주우면 뛸 듯이 좋을 거고, 천만 원을 주우면 날아갈 것 같을 것입니다. 워렌 버핏과의 식사 한 끼가 22억이랍니다. 그 정도 받아야 식사를 같이 해주는 사람은 1억 받고 한 시간 동안 누군가와 식사를 하라고 하면 기분이 나쁠 것입니다. 우리 같으면 '일억을 줄 테니 같이 식사하자'는 제안을 받는다면 엄청 기쁘겠지만, 워렌 버핏은 22억 정도는 받아야 한 시간을 내주는 것입니다. 이처럼 기준이 정해지면 그때부터 좋고 나쁨이 갈라지기 시작합니다. 사실 어떤 행위에도 좋고 나쁨은 따로 없는데, 특정 부분을 나로 여겨서 선을 긋고 경계를 짓는다는 말입니다. 똑같은 행동에 대해서 어떤 때는 훌륭하다고 느끼고, 어떤 때는 비천하다고 느끼기도 하는 이유가 바로 이런 경계그리기에 있습니다. 훌륭함과 비천함이란 것도 고정된 기준에 의해 일어나는 것이 아니라, 끊임없이 변하는 우리의 에너지 중심에 따라 달라집니다.

우리가 경험하는 진심의 표현들은 이렇게 상대적입니다. 그러나 진심 자체는 절대적이에요. 그래서 우리의 상대적인 마음으로는 파악하기 힘들어요. 마음의 상대성에 의해 파악되는 모든 것은 비교의 결과입니다. 내 마음에 자리 잡은 경험의 흔적들을 기준삼아 '안다'거나 '

모른다'고 여깁니다. 사실 절대적인 앎이라는 것은 없어요. 우리의 모든 앎은 비교에 의한 앎인 것이고 상대적인 앎이에요. 그러나 이 모든 상대적인 앎의 바탕은 절대적인 진심입니다. 그것을 우리가 발견하려는 것입니다. 기다란 끈의 한쪽 끝은 사랑이고 반대쪽 끝은 미움이라고 한다면, 이 끝과 저 끝의 느낌은 명백히 다르게 느껴지지만 가운데로 올수록 사랑의 느낌이나 미움의 느낌은 희미해지겠죠. 진심의 표현은 이런 것처럼 상대적입니다. 무지개의 빨간색과 주황색의 경계는 빨간색인지 주황색인지 모를 애매한 색인 것처럼, 진심의 표현은 상대적이지만 진심 자체는 상대를 넘어서 있습니다.

모든 기준이 사라진 곳에 우리가 힐끗 절대를 볼 수 있는 터전이 마련되어 있습니다. 지금 여러분 앞에 먹을 것이 놓여있는데, 그것을 보고서 '저거 맛있을까?'라는 마음이 잠깐 일어났다면 그 일어난 마음 자체가 경계 지어진 마음이에요. 처음에는 먹을 것과 먹지 못하는 것으로 나눠지고, 그 다음에는 먹고 싶을 만큼 맛있는 것이냐 또는 덤덤하고 그저 그런 맛이냐 하는 마음의 경계가 지어집니다. 눈으로 보고 있으면 그와 비슷한 경험들이 올라와서 감지가 분출되고, 이전에 먹어본 것이라면 그 맛까지 기억납니다. 그리고 입에 대면 그 맛과 자극이 완전히 느껴집니다. 이런 마음의 경계가 없다면 맛있다, 맛없다는 인식 자체가 없을 것입니다. 몸이 가지고 있는 본능적인 기준인 감각은 내버려 두고, 감각에 의해 쌓인 마음의 흔적인 감지로 살펴봅시다. 모든 고통과 괴로움은 감지에 의해서 생겨납니다. 통증은 몸의 것이지만 괴로움은 마음의 것, 감지의 것이에요. 그래서 우리가 감지를 다루는 것입니다. 감지는 다 마음의 경계예요. 마음이 이렇게 저렇게 나눠 놓은 것입니다. 지금 주의에 주의 기울이기를 함으로써 이 순간 즉시 마음의 경계를 무너뜨려 사라지게 한다면, 아무리 맛없는 것도 우리는 맛볼 수 있어요. 더럽고 냄새가 지독하다는 생각이 없는 주의제로 상태라면 그냥 적당히 맛을 볼 수 있습니다. 내가 갖고 있던 개념적인 맛을 지워버리고 감각적으로만 느끼면, 아무리 맛없는 것에서도 단맛이 나기도 합니다. 우리가 뭔가를 보면 즉각 감지가 올라와서 마음의 경계가 생기고, 그 경계를 기반으로 느낌이 생겨납니다. 그리고 그 경계만 무너뜨리면 마음은 즉각 비어버려요. 지금 이 순간 여러분이 주의에 주의 기울이기를 하면 똥과 고기의 구별이 없습니다. 각각의 느낌도 다 사라져 버려요. 마음은 이렇게 아주 단순합니다.

마음은 수많은 분별을 하고 그 분별과 어떤 느낌을 매치시킵니다. 마음이라는 것은 아주 놀라운 장치여서 온 세상 만물을 간직하고 있고, 그 만물간의 관계에서 오는 느낌들도 다 간직하고 있어요. 그렇게 해놓고 시기적절하게 잘 사용합니다. 문제가 되는 건 그것에 집착할 때예요. 마음의 경계를 쓰는 것은 괜찮지만, 끌림과 저항이라는 마음의 경계에 머물러서 빠져나오지 못하고 집착한다면 그때부터 모든 괴로움이 생겨나게 됩니다.

지금 이 순간 경계 지어진 마음에는 어떤 기준이 있어요. 그 기준이 흐릿해지고 경계선이 사라진다면 내 몸에는 오직 텅 빈 자각만이 있으니, 그것이 바로 모든 의식의 기본입니다. 그 기본 하에 모든 공덕이 되는 좋은 마음들이 흘러나오므로 그것을 총지라고 합니다. 텅 빈 자각으로서의 빈 마음만을 강조한 것이 아니고, 진심의 수많은 내용물과 표현들을 다 포함하기 때문에 대승적인 측면에서 총지라는 이름을 붙인 것입니다. 소승이 오직 텅 빈 자각에 초점을 맞춘다면 대승은 수많은 선업善業과 공덕들을 언급하죠. 모든 공덕들이 다름 아닌 진심에서 우러나온다고 했어요. 그러나 진심은 발견하지 못하고 공덕에만 끌려 다닌다면, 아무리 오래도록 많은 공덕을 쌓더라도 진심을 한번 살펴보려는 마음에 비하면 아무것도 아니라고 했습니다.

진심 위에서 벌어지는 다양한 표현

> 勝鬘經에 號曰如來藏하니 隱覆含攝故요
> 승만경　호왈여래장　은부함섭고
>
> 승만경에서는 여래장이라 하니
> 중생 안에 숨겨져 다 포함되어 있기 때문이요.

승만경勝鬘經*에서는 대승大乘적인 측면을 얘기했습니다. 성문聲聞, 연각緣覺, 보살菩薩의 삼승三乘이 있습니다. 성문은 부처님의 설법을 듣고 깨달음의 길로 가는 사람이에요. 연각은 인연因緣을 통해서 만물이 존재한다는 것을 깨닫습니다. 이것이 있기 때문에 저것이 있고 이것과 저것의 관계 때문에 세상만물이 존재한다고 느껴질 뿐이지, 실질적인 실체는 아무것도 없다는 것이 인연설이에요. 연각은 스승 없이 혼자서 깨닫기 때문에 독각獨覺이라고도 합니다. 석가모니도 스스로 알아챘기 때문에 어찌 보면 독각인 것입니다. 그리고 여섯 가지 보살도의 길을 가는 보살승이 있습니다. 이 삼승의 모든 가르침이 대승의 일승一乘에 귀결됩니다. 일승이라는 것은 대승의 일심一心이에요. 이름 붙일 수 없

---

* 승만경은, 사위국舍衛國 파사익波斯匿 왕의 딸로서 아유타국의 왕과 결혼한 승만부인이 부처님 앞에서 설법을 하고 부처님은 이를 옳다고 인가하는 형식으로 구성되어있으며, 10대 서원과 이를 요약한 3대 서원을 강조합니다. 유마경의 유마거사와 함께 출가를 하지 않고 세속의 삶을 영위하면서 깨달을 수 있다는 재가불교의 실례를 보여줍니다.

고 말로 할 수도 없지만, 표현하자니 할 수 없이 하나의 마음인 일심一心이라고 했습니다. 그 일심을 향해서 함께 가는 것이 대승의 길이고, 중생심이 곧 대승이라고 말했습니다. 중생은 비록 번뇌에 쌓여있지만 본성은 청정무구한 여래임을 밝히는 내용이 승만경의 핵심이에요.

승만경에서는 진심을 여래장如來藏이라고 표현합니다. 여래의 씨앗이 저장된 여래장이 중생 안에 숨겨져 있어요. 총지처럼 모든 것이 다 내장되어 있기 때문에 그로부터 수많은 것들이 표현되어 나타납니다. '나는 남자이고 당신은 여자이며, 나는 아무개의 아버지이고 우리 어머니의 아들이며, 나는 너그러운 사람이고 너는 까탈스럽고 질투심 많은 사람이고, 나는 지혜롭고 너는 멍청한 사람이다'라는 식으로 말해지는 다양한 직업과 역할, 그리고 생각들 역시 모두 진심의 표현입니다. 진심에 경계 지어져서 일시적으로 나타난 모습이에요. '나는 진리를 추구하는 사람이고 더 나아가 나는 자각 그 자체이다. 나는 투명한 의식이고 존재한다는 느낌만 있는 존재 그 자체이다'라고 할 때도 이 모든 것은 진심의 표현입니다. 그러나 진심자체는 아니에요. 왜냐하면 여러분이 느낄 수 있고 파악할 수 있기 때문입니다. 이 모든 것들이 진심 위에서 자각되며 벌어지는 다양한 표현입니다.

오직 하나인 진심에 수많은 경계가 지어져서 '나'를 비롯한 다양한 표현과 드러남이 가능해집니다. 지금 이 순간 감각상태에만 들어가도 모든 마음의 경계는 그냥 사라지고 말아요. 그러면 조금 전까지 금 그어져있던 마음은 대체 어디로 가버렸을까요? 내 말을 들으면 여러분 마음에 다양한 경계가 그려지면서 '아, 그럴듯해' 또는 '아, 잘 모르겠어' 하는 마음들이 일어날 것입니다. 그 마음들은 지금 이 순간 경계지어진 부분적인 마음이고, 감각으로 들어가거나 주의에 주의기울이기만 해도 바로 사라져버립니다. 좀 전까지 분명하게 있던 마음의 현상인데 금방 사라지고 없어요. 느낌이 사라지고 현실감도 없어집니다. 나 자신한테 주의를 잔뜩 기울이며 '나는 이런 사람이야'라는 생각을 가지고 대화를 나누면, 상대방이 그 생각을 조금 건드리기만 해도 기분이 나빠지고 불쑥 뭐가 올라오죠. 그런데 만약 주의를 나와 상대방에게 50:50으로 주고 대화를 하면, 내가 말을 듣고 있다거나 저 사람이 얘기하고 있다는 느낌보다는 그냥 하나가 된 것 같은 느낌이 생깁니다. 누군가가 얘기하고 누군가는 듣는 것이 아니라, 그냥 하나인 상태에서 흘러가는 경험이 있는 것입니다. 들림이 일어나고 있는 중입니다. 이런 현상이 일어나고 있을 뿐인데, 나와 너를 나눠놓고서 나에 더 중점을 두면 '나는 듣고 있고 상대는 말하고 있다'는 마음의 경계가 생겨납니다. 지금 '강의하는 나'와 '듣고 있는 여러분'이 있고 '전달하는 얘기'가 있습니까? 사실은 이 모든 것이 하나의 경험으로 일어나고 있어요.

지금부터 눈을 감고 분별되는 시각적인 상을 모두 지워보세요. 자신의 몸과 앉아있는 이 방에 대한 상, 들려오는 말소리의 주인공에 대한 시각적인 상을 지우고 오직 청각에만 초점을 맞추고 그냥 있어봅니다. 이 사람과 저 사람을 분별하는 시각적인 상도 지우고, 말이 어디에서 나와서 어디로 흘러가고 있다는 시작과 끝이라는 경계선도 지우세요. 마음에 일어나는 모든 경계를 지우고 청각적인 상만 남겨둔 채로 듣습니다. 그러면 과연 듣는 자는 누구고 말하는 자는 누구이며, 말의 내용은 무엇인지 구분이 되나요? 말하는 자도 없고, 듣는 자도 없으며, 말도 없고 그저 어떤 소리들만 있습니다. 이제 말의 내용을 이해해 봅니다. 말의 내용은 이해하되, 말하는 자와 그 말을 이해하는 내가 따로 있다고 여기는 마음은 지워버리고 그냥 이해만 일어나게 해봅니다. 그러면 말하고 이해하는 사람 없이, 그저 말과 그 말에 대한 이해라는 경험이 어딘가에서 일어날 뿐입니다.

이렇게 경계짓기만 멈춰버리면 마음에 드러난 다양한 표현들이 금방 사라집니다. 언제 사라지고 언제 나타나는지도 잘 모르죠. 그렇다면 이제 마음에 언제 주체가 나타나고 언제 대상이 나타나는지, 또 말하는 자와 듣는 자 그리고 말의 수많은 내용들이 언제 내 마음에서 느낌으로 드러나는지 찾아봅시다. 내 말을 듣다가 '어 그럴듯해' 하면서 끄덕이는 마음이 일어나거나 '어 이것은 아닌데' 하는 마음이 올라온다면, 그 마음들이 도대체 어디에 뿌리를 두고 나타나는지 한 번 살펴보자고요. 그 생각들의 진원지가 어디이며, 대체 어디에 저장됐다가 나오는지, 저장된 장소는 있는 것인지를 과연 찾을 수 있을까요? 이렇게 찾으려고 하면 어떻습니까? 찾는 의도라는 경계가 생겨나죠. 다른 마음의 대상들은 흐릿해지고, 찾으려는 의도만 부각됩니다. 찾아보라고 하니까 의도가 생겨나면서 찾아보려는 마음을 먹었죠. 그 마음먹은 모습이 바로 경계 지어진 마음이에요. 생겨난 파도입니다. 모양이 없고 알 수도 없는 진심이 어떤 모습을 띤 경계 지어진 마음으로 나타난 것입니다. 이 모든 것들이 저장되어 있는 마음이 바로 여래장입니다.

주의에 주의 기울이기를 해보면 조금 전까지 나타나 있던 마음은 즉각적으로 사라집니다. 마음을 잘 들여다보면 이 마음 저 마음이 금방 금방 나타났다 사라져요. 그래서 물에 금 긋기라고 하는 것입니다. 잠시 존재하는 것 같지만 또 다른 자극이 오면 마음은 금방 바뀌어 버립니다. 나타났다 곧 사라지는 이 현상을 보면, 마음이란 매우 변화무쌍하고 자유롭게 변신한다는 것을 알 수 있습니다. 만일 마음이 고정된 물체처럼 딱딱하다면 그토록 빠르게 바뀌지는 않을 것입니다. 마음은 아주 유연하죠. 마음은 아주 단순한 작업을 통해서 수많은 분별들을 해내고 또 분별 속으로 들어가기도 합니다. 또 아주 단순한 작업을 통해 즉시 그것들을 사라지게 만들기도 합니다. 그 단순한 작업이란 뭘까요? 바로 경계 짓기입니다. 그런데 그 경계는 누군가가 긋는 것이 아니라 상황과 조건에 따라 그냥 그어지는 것입니다. 과거의 경험과 현재의 상황과 조건들이 서로 얽히고설키며 금이 그어지는 것입니다. 그렇게 분별이 일어납니다. 땅에 금을 그어 이쪽과 저쪽을 나누듯이, 마음에 경계가 지어져서 둘로 나뉘면 그 사이에 어떤 에너지 흐름이 생겨나고, 흐름이 생겨나면 느낌이 생겨나고, 앎과 다양한 감정들도 생겨납니다. 그런데 그 경계만 풀어버리면 즉시 마음은 텅 비어서 무한이 됩니다. 경계 없는 마음은 바로 무한이에요. 그러나 경계지어진 마음은 항상 유한합니다.

'나는 무엇이다'라는 문장에서 '무엇'에 해당하는 수많은 표현이 여래장 안에 포함되어 있어요. '나는 존재한다'거나 더 나아가 자각과 '있음' 또한 모두 여래장에 근거하고 있습니다. 우리 의식에 나타나는 만물은 근본적으로 '있음'을 기반으로 해서 생겨납니다. 그리고 그 '있음'을 통해서 알아챔이 일어나는데, 그 '있음'이라는 것마저 나타난 현상이기 때문에 진심에 기반하고 있습니다. 이처럼 모든 것들이 다 진심을 기반으로 하여 나타나기 때문에 여래장이라고 말하는 것입니다. 기본적인 '있음'마저도 알아챌 수 있는 본질이 모든 중생에게 상존하고 있고 내장되어 있어요. 이미 우리는 그 씨앗을 가지고 있습니다. 씨앗이라고 하니까 "아, 그러면 그 씨앗이 싹 트고 나무처럼 커지려면 한참 시간이 걸리는 것 아닙니까?"라고 할 수 있지만 그렇지 않아요. 이 씨앗은 그냥 알아채기만 하면 갑자기 나무가 됩니다. 단번에 오백년 묵은 나무가 되는 것이 이 씨앗이에요. 대승기신론 맨 처음에서 "중생의 마음이 곧 부처의 마음"이라고 했습니다. 중생심이 곧 본질적인 마음인 대승이에요. 이 중생심이 바로 여래장이고 모든 것을 다 갖추고 있습니다.

'나'라는 것은 '주체감 + 내용'

了義經에 名爲圓覺하니 破暗獨照故라
요 의 경 명 위 원 각 파 암 독 조 고

요의경에 원각이라 하니 어둠을 깨고 홀로 비추기 때문이다.

본질 자체에 대해서만 얘기한 것은 요의경了義經이고, 각각의 중생의 근기에 맞춰서 얘기한 것은 불요의경不了義經이라고 했습니다. 요의경은 방편에 대해서는 말하지 않고, 그저 공空과 무아無我 같은 본질적인 것에 대해서만 얘기합니다. 반면에 불요의경은 중생의 바른 정진과 선근善根을 위해 설한 것으로 하나의 방편이라고 할 수 있어요. 사실은 표현된 모든 것들이 방편이죠. 진리라고 고집하기 시작하면 또 함정에 빠지는 것입니다. 사실 요의경과 불요의경을 판단하는 기준은 모호하다고 합니다.

요의경에서 말하는 원각圓覺이라는 것은 뭘까요? 원의 성질은 모나지 않고 아주 균등하고 완전하여 어떤 단점이나 허점이 없으니, 그러한 깨달음이 바로 원각입니다. '무언가를 의식한다'에서 무언가를 뺀 것으로, 그저 의식이 있을 뿐 마음의 내용이 없는 각覺이에요. 내용이 있는 것은 모두 오염된 각覺입니다. 자신의 마음을 살펴보고 '무언가를 의식한다'에서 무언가를 다 빼보세요. 최종적으로 '나는 존재한다'고 의식한다면 그 역시 무언가에 해당합니다. '있음'을 느끼고 있다면 그 '있음' 역시 무언가에 해당해요. 마음에서 무언가라고 할 수 있는 것을 다 제거해버리면, 어떤 일이 벌어집니까? 흔히들 '그 무엇도 없고 알아챔만 있다'고 하는데 과연 알아챔만 있습니까? 그런데도 잠들지 않고 멍해지지 않습니다. 죽지 않고 살아있어요. 그 어떤 무엇도 없는 의식, 그 순수의식에 주체와 대상이라는 경계가 생겨나면서 마음에 최초의 그림이 그려집니다. 그림들 사이에 긴장이 일어나고, 에너지가 투입되어 관계 맺어지고, 수많은 밀고 당김이 일어나고 그로 인한 느낌들이 생겨나며 내용이 있는 의식으로 돌아갑니다. 수많은 밀고 당김과 내용들은 마음이 경계 짓기 때문에 생겨납니다. 마음이 특별히 바뀌는 건 아니에요. 왜냐하면 아무것도 없는 의식으로 즉시 돌아올 수 있기 때문입니다. 그렇게까지는 안 되더라도 텅 빈 것 같은 마음으로는 돌아올 수 있어요. 텅 빈 느낌이 일어난다면 텅 빈 느낌이라는 경계가 지어진 것입니다. '텅 빈'이라는 내용이 있는 의식이에요.

'나'라는 것은 주체감 + 내용이라고 했어요. 그렇지만 주체감이라는 것 역시 대상과 함께 나타나는 의식적인 내용의 한 종류입니다. 주체감도 느껴지기 때문에 '무언가를 의식한다'에서 무언가에 해당되는 것입니다. 대상과 주체라는 경계가 생겨나서 대상을 바라보는 순간 주체의 느낌과 대상의 느낌이 생겨나면서 만상을 만들어냅니다. 지금 여러분이 63빌딩 옥상에 올라가서 아래를 내려다본다고 생각해보세요. 저 밑에 사람들이 개미처럼 보이고 자동차들이 지나갑니다. 난간 끝에서 떨어질 듯 말듯하게 있어 보세요. 뭔가 철렁하는 것이 느껴집니까? 지금 이 순간 그런 느낌이 일어나잖아요. 마음에 경계를 그리고, 분리된 마음과 마음이 관계 맺으면서 아찔한 느낌이 생겨났어요. 우리가 세상을 경험하는 것도 바로 이런 방식입니다. 시각, 청각, 촉각의 자극들이 마음에 들어오면 거기에 해당하는 경험의 흔적이 불러일으켜지고, 그 흔적이 경계지어져 나타나면서 그것을 보는 나도 나타납니다. 진심 위에 금이 그어져서 뭔가가 나타나는 것처럼 보일 뿐이지, 특별히 뭐가 바뀌거나 생겨난 것이 아닙니다. 그냥 금이 그어져서 나누어진 것들 간에 밀고 당기기를 하면서 느낌을 만들어 내고 있어요. 마음에 흔적이 없는 어린애는 그런 밀고 당기는 느낌이 없습니다. 사랑이라는 단어에 어른들만, 경험한 사람들만 가슴 설레어 합니다. 내가 중학교 다닐 때는 신록예찬 같은 글을 봐도 전혀 느낌이 안 왔어요. 녹색의 신록만 보면 가슴이 두근거리고 기분이 너무 좋다는데 나는 아무 느낌이 없었던 것입니다. 그런데 여기 시골에 내려와서 경험하다보니 이제는 느낌이 옵니다. 봄이 되서 3월에 이파리가 조금씩 나기 시작해요. 그러다가 4월말에서 5월초 정도 한 일주일 사이에 온 산이 신선한 초록으로 순식간에 바뀌어요. 하룻밤 자고 나면 그렇게 바뀝니다. 그러면 '와, 이것이 신록이구나!' 하고 마음에 느낌이 와요. 이렇게 경험의 흔적이 있어야 느낌이 오는 것입니다. 신록을 보는 순간 마음의 흔적이 확 경계 지어지면서 나타나는 것입니다. 그리고 '아, 멋있다. 정말 아름답고 신선하다'라는 느낌이 일어나죠. 드디어 신록예찬이 공감이 되는 것입니다. 이렇게 느낌이란 지금 이 순간에 경계지어진 마음 위에서 생겨납니다. 그런데 내가 중학생 때는 그런 느낌이 없었어요. 암만 봐도 신록예찬이 전혀 이해가 안 됐습니다. 경험이 없기 때문에 경계 지어질 패턴이 마음에 없었던 것입니다. 이처럼 어떤 말이 모든 사람들에게 똑같은 느낌을 주지는 않습니다.

뭔가를 경험하고 받아들여서 마음 안에 쌓인 것들이 지금 생생하게 살아있는 진심을 물들입니다. 그래서 즉각 어떤 느낌을 만들어내는데, 즉각 물들었듯이 그 물듦이 즉각 사라지기도 합니다. 오염된 물이 즉각 깨끗해지죠. 아주 화가 나 있다가도 옆집 사람이 떡을 들고 오면 "아, 안녕하세요!"하고 카멜레온처럼 바로 웃는 마음이 됩니다. 그렇게 우리 마음은 순식간에 경계를 짓고 푸는 능력이 있어요. 그걸 의식적으로 경험하면 점차 경계를 쉽게 풀어낼 수 있습니다. 경계 지어진 마음이란 임시적이란 것을 알기 때문에 그래요. 화가 잔뜩 났다가도 그 화가 즉각적으로 풀어지는 것을 한 번만 의식적으로 경험하고 나면, 경계라는 것은 칼로 물 베기임을 알게 돼요. 계속해서 칼질을 하는 것이 아니라면 물은 나눠지지 않습니다. 그런데 대부분의 사람들은 화가 나면 계속해서 에너지를 주면서 칼질을 합니다. '저놈 나쁜 놈이야' 하면서 계속 칼질을 하면 계속 화가 일어나요. 그렇게 하루 종일 화를 내면 지쳐요. 에너지가 다 소진됩니다. 기쁨도 마찬가지예요. 하루 종일 기뻐해보세요. 허기지고 지쳐 쓰러집니다. 슬픔도 마찬가지죠. 사람은 견딜 수 없는 고통이 오면 기절합니다. 너무 슬퍼하면 견딜 수 없기 때문에 사람이 기절해요. 이런 일이 벌어지는 것은, 경계 지어진 것에 에너지를 무조건적으로 그리고 자동적으로 투입하기 때문입니다. 로봇이나 마찬가지예요. 어떤 경계가 생겨나면 나도 모르게 그 경계에 에너지를 투입합니다. 두려움이 생겨나면 '나는 못해'라는 생각에 끊임없이 에너지를 투입하죠. 또는 '나는 잘 할 수 있어'라는 자만심이 생겨나면 자신도 모르게 에너지가 거기에 투입돼요. 누가 내게 상처 주는 말을 한 마디 하면 못 들은 척 지나갈 수도 있는데, 그걸 붙들고 '저 놈 나쁜 놈!' 하면서 계속 에너지를 투입해요. 경계는 순식간에 생겨났다 순식간에 사라질 수 있습니다. 그러나 나의 습관적인 패턴에 자신도 모르게 에너지가 투입되면 그 관성에 의해 그 경계가 유지됩니다. 경계가 유지된다는 것은 끊임없이 경계를 그리고 있다는 의미예요.

의식에서 경계 지어진 그 무엇을 빼면 의식하는 나는 사라지고, 알아챔이라고 할 수도 없는 알아챔만 남게 됩니다. 이것이 바로 원각圓覺이에요. 우리의 의식 상태는 네 종류가 있어요. 낮에 깨어있는 상태, 밤에 꿈꾸는 상태, 꿈 없이 깊은 잠에 든 상태, 이 세 가지가 보통의 의식 상태입니다. 마지막 한 가지는 그 모든 의식상태의 기반이 되는 것입니다. 그것을 제 4의 상태라고 해요. 깊은 잠을 자고 일어나면 이상하게도 깊은 잠을 잤다는 것을 알아요. 어떤 느낌이 있죠. 그걸 제 4의 의식인 투리야Turiya라고 합니다. 사실 이것은 특별히 의식이라고 할 것이 없어요. 내용이 없으니까요. 다만 모든 것들을 느끼게 해주는 바탕이 될 뿐입니다. 이런 것이 바로 원각이며 한 점의 오염도 없는 완전한 알아챔이에요. 그래서 '어둠을 깨고 홀로 비춘다'는 말이 나온 것입니다. 둥근 원과 같은 하나의 완전체여서 아무런 부족함도 넘침도 없으며 어떤 것도 덧붙일 필요가 없는 자각이 바로 원각입니다. 우리가 아는 의식은 모두 내용이 있는 의식이죠. '무언가를 안다'는 의식입니다. 반면에 원각은 내용이라는 오염물이 없는 의식, 아무것도 덧붙일 필요가 없는 의식입니다. 이 원각에 수많은 내용들이 붙어서 지금 우리가 의식이라고 부르는 현상이 일어나는데, 그 현상 중에는 '나'라고 여겨지는 것도 포함됩니다.

언어도단

由是로 壽禪師唯心訣에 云하사대
유시 수선사유심결 운

그래서 영명선사가 유심결에 말하기를

수선사壽禪師는 북송시대 항주의 영명연수선사永明延壽禪師(904~975)를 말합니다. 영명선사가 쓴 유심결唯心訣은 만법은 오직 마음에서 일어나므로 마음이 모든 것의 근본이라는 것을 밝힌 책입니다.

一法千名이 應緣立號라 하시니
일법천명 응연입호

한 가지 법에 천 가지 이름이 다 인연에 응해 이름한 것이니,

오직 한가지의 법이고 진리인데 천 가지의 이름이 붙은 것은, 각각의 인연과 중생의 근기와 듣는 사람에 따라 맞춰서 이름을 붙였기 때문입니다. 그래서 만 가지 이름도 있을 수 있습니다.

備在衆經하야 不能具引이로다
비재중경 불능구인

모든 경전에 다 갖추어져 있으나 모두 끌어올 수는 없다

진심에 대한 이름은 경전에 수도 없이 많습니다. 그 모든 이름을 다

보여줄 수는 없고 몇 가지만 뽑아서 보여주고 있어요. 그렇지만 그 여러 이름 밑에 있는 것은 오직 한 가지 법인 진심입니다.

或이 曰 佛敎는 已知어니와 祖敎는 何如니 잇고
혹 왈 불 교 이 지 조 교 하 여

曰 祖師門下에 杜絕名言이라
왈 조 사 문 하 두 절 명 언

묻기를, 부처의 가르침은 알겠는데 조사의 가르침은 어떻습니까?
답하기를, 조사문하에는 이름과 말이 끊어졌으니

조교祖敎는 선사禪師의 가르침이죠. 조사는 이름과 말을 끊어버립니다. "불성이 뭡니까?"라고 물으면 선사들은 몽둥이를 들어 때리거나 "야, 이놈아!"하고 소리 질러 깜짝 놀라게 합니다. 또는 말없이 손가락 하나를 들기도 하죠. 지식과 경험의 흔적을 통한 과거의 것은 진심이 아니라는 것입니다. 진심이라는 것은 지금 이 순간 경험되고 표현되는 모든 것의 밑바탕입니다. 과거의 지식을 다 끌어와서 '이런 것이 진심이야'라고 수백 번 말해봐야 그것은 지금 이 순간 발현되고 있는 진심의 그림자에 불과합니다. 과거에 기반을 둔 지식과 설명으로는 진심을 전달할 수 없어요. 지금 이 영원의 순간에 진행되는 앎을 통해서만 진심을 파악할 수 있습니다. 그래서 조사들은 어떤 특정한 이름을 말하지 않았어요. 선어록禪語錄에 나오는 불립문자不立文字, 이심전심以心傳心, 언어도단言語道斷이 다 그래서 나온 것입니다. 진심은 결코 어떤 특정한 말로 전달할 수 없기 때문에 이름과 말을 끊어버렸다[杜絕名言]고 했습니다.

一名不立이어니 何更多名이리오마는
일명불립 하갱다명

應感隨機하야 其名이 亦衆하니
응감수기 기명 역중

하나의 이름도 세우지 않는데 어찌 여러 이름이 있겠는가만
감응하는 근기에 따라 그 이름이 여러 가지이다.

조사선에는 불성이 뭐냐는 질문에 마른 똥 막대기나 줄 없는 거문고와 같은 이상한 대답이 많아요. 그것은 제자의 근기根機에 따라 순간순간에 감응해 지어진 이름들인 것입니다. 논리적으로 이해할 것이 아니에요. 질문하는 순간 제자와 스승 간에 형성된 마음의 조건과 여기에 상응하는 상황, 그리고 감응하는 깊이에 따라 오고간 언어예요. 마른 똥 막대기, 빈 거울, 줄 없는 거문고, 본래무일물本來無一物 같은 조사들이 지은 이름은 이렇게 즉각적으로 반응하는 표현이었을 뿐입니다.

有時에 呼爲自己하니 衆生本性故요
유시 호위자기 중생본성고

때로 자기라 부르니 중생의 본성이기 때문이요

바로 자기가 진심이라는 말입니다. 진심이 어디 다른 곳에 있는 것이 아니라 중생의 마음이 바로 본질이라는 것입니다. 거기에 여러 가지가 덧붙여져서 오염되면 중생심이 되지만, 그 오염이라는 것이 깨끗하게 닦아내고 밝혀야 하는 그런 오염은 아닙니다. 즉각 빈 마음으로 들어가면 오염은 사라져요. 그냥 경계 지어진 마음인 것입니다. 만약 경계를 고집해서 계속 에너지가 머물러 그 현상이 유지된다면 그것은 강하게 오염된 마음이죠. 여기서 말하는 오염이란 건 깨끗한 물에 먹물을 타서 까맣게 흐려진 그런 오염이 아니라 아주 단순한 오염입니

다. 하지만 자기를 지독하게 고집하면 지독한 오염이 되죠. 그러나 누구라도 금방 빈 마음으로 갈 수 있습니다. 주의에 주의기울이기를 하면 금세 빈 마음으로 가요. 주의에 주의를 기울인 마음이 느껴진다면 그것은 본질의 그림자지만, 느껴지지 않는다면 진심에 가까워지면서 즉시 오염은 끝납니다. 마음의 오염은 그렇게 어렵고 심각한 것이 아닙니다. 나도 모르게 경계지어진 마음을 고집하여 유지하려는 습관적인 패턴만 풀어버릴 수 있다면 즉각 경계는 사라집니다.

경계 풀기가 지금 연습할 때는 쉽지만, 때로는 뜻대로 되지 않는 상황과 조건을 만나기도 합니다. 사기를 당해서 집을 뺏기고 억울해서 미칠 것 같을 때에도 이런 마음의 경계를 즉각 풀 수 있다면 그럼 다 끝난 것입니다. 오래전에 제 먼 친척뻘 되는 고모할머니의 남편이 갑자기 돌아가시고 얼마 후에 아들도 죽었어요. 여태껏 고생하며 살아왔는데 남편도 죽고 그나마 믿고 의지하던 아들도 죽으니까 너무 억울해서 나도 죽어버려야겠다고 계룡산으로 갔습니다. 사흘 밤낮을 통곡했어요. 그런데 나흘쯤 지나서 얼굴이 환해져서 돌아왔습니다. 모든 것을 남의 탓으로 돌리면 그 상황을 바꿀 수 없습니다. 아픈 마음을 바꿀 수 없어요. 그 고모는 아픈 마음을 바꿀 수 있는 것은 자기 자신이라는 것을 깨달은 것입니다. 그래서 무슨 일이 생기거나 누군가를 만나면 가슴을 치며 자기 탓을 했어요. 그러다가 치료능력이 생겼습니다. 손을 대면 아픈 사람이 다 나아요. 그런 능력이 생기니까 본질적인 것이 자꾸 희석이 됩니다. 사람들이 몰려와서 돈을 주니까 욕심이 생겨요. 그래서 치료 후에 돈을 적게 주면 화가 나고 짜증이 납니다. 그러더니 그 능력이 없어졌어요. 욕심을 부리기 시작하면서 그런 능력이 사라진 것입니다. 처음에는 '아, 내 마음 때문이구나'라고 알았지만 다시 물들어버린 것입니다. '내가 그런 능력이 있어!'에 물들어버리니까 그런 능력이 다 사라지고 말았습니다.

그 고모가 한 것처럼 한 순간에 마음의 경계를 풀 수가 있습니다. 남편도 아들도 죽어서 억울한 마음으로, 신이 왜 이런 고통을 나에게 주느냐고 사흘 밤낮을 통곡하다가, 아프고 괴로운 마음은 자신 때문인 것을 발견했어요. 그래서 그 분의 모토는 '내 탓이오'였습니다. 그래서 '내 탓이오!' 하면 낫는다고 사람들에게 전했습니다. 그렇게 마음의 경계를 지금 이 순간 풀어버릴 수 있다면 나는 이미 진심입니다. 나라고 할 만한 것은 없습니다. 나라는 것은 경계 중의 일부예요. 모든 것을 포함하는 중생의 마음 자체가 바로 나의 본질입니다. 여러 가지가 덧붙고 오염되어 중생심이 되더라도 그 경계만 즉각 풀어버리면 자기 자신이 이미 진심입니다. 이런 의미에서 '부처란 무엇입니까?'라는 물음에 선사들은 '네가 이미 부처다'라고 대답한 것입니다. 경계를 풀어버린 마음이 한번 발견되면 그 다음에는 아무리 경계가 지어져도 괜찮습니다. 그 경계는 파도처럼 임시적이란 것을 알기 때문이죠. 어느 한 파도에 머물지 않고, 내가 가고 싶은 대로 파도타기를 즐길 수 있다면 그것이 바로 응무소주이생기심應無所住而生其心이라는 금강경의 핵심입니다.

有時에 名爲正眼하니 鑑諸有相故요
유시 명위정안 감제유상고

때로 정안이라 하니 모든 상을 비추기 때문이요,

올바른 눈[正眼]은 모든 상相을 비추는 거울과 같다고 했습니다. 상相은 경계지음을 말하죠. 예를 들어, 자기가 신은 신발을 보고 '더러운 신발'이라는 경계가 생겼습니다. 그런데 정말 추운 한겨울에 불도 안 땐 방에 있어야한다면 이 신발이 나를 얼마나 따뜻하고 기분 좋게 만들어주겠어요? 그렇지만 지금이 더운 여름이라면 신고 있으면 덥기만 하겠죠. 이렇게 상황과 조건에 따라 경계는 달라집니다. 추울 때는 고마운 느낌의 경계가 일어나는데, 여름에는 더럽고 냄새나는 신발이라는 경계가 일어나요. 마음은 이 경계를 그대로 비춥니다. 그리고 이렇게 비춰진 마음과 저렇게 비춰진 마음을 서로 구별하고 비교해서 좋다, 나쁘다 하는 평가가 마음에서 일어납니다.

경계 속에 빠진다는 것은 경계 속에 에너지를 투입하는 것입니다. 에너지가 많이 투입되면 그 순간 그것이 우리 마음속의 주인이 됩니다. 이렇게 에너지가 투입되는 곳에 빠져서 헤어 나오지 못하면 동일시되는 것입니다. 동일시되어 있으면 그것이 '나'라고 느껴집니다. 에너지가 많이 투입된 것이 '나'라고 느껴져요. 내가 '옳다'고 여기고 '맞다'고 믿는 경계에는 관성적으로 에너지가 투입되고 있습니다. '잘 살고 싶다'는 경계에 에너지가 투입되면 잘 사는 것이 뭔지도 모르면서 무조건 잘 살려고 애쓰겠죠. 한편 잘 사는 것이 무엇인지 알기 위해서 탐구하는 사람들에게는 탐구하는 그 모습이 자기가 됩니다. 이렇게 매 순간, 매 조건에 따라 에너지가 많이 투입되는 것이 그 순간의 자기를 형성합니다.

모든 것들이 마음에 경계가 지어져서 내 마음에 비춰진 모습입니다. 안이비설신의眼耳鼻舌身意를 통해 보거나 들어서 내 마음이 자극되어 나타나는 것들이 바로 비춰진 모습이에요. 그때 '내가 아니다', '대상이다', '좋다', '나쁘다' 하는 비교 작업이 일어나고 거기에 에너지가 빨려 들어갑니다. 비교 판단을 하는 것은 괜찮습니다. 그럼으로써 최고의 것을 추구하되, 그것을 주인으로만 삼지 않으면 상관없어요. 에너지를 무작정 머물게 하지만 않으면 됩니다. 비교하고 판단할 줄 모르면 어린이예요. 어린이는 맑은 마음의 소유자이기도 하지만 또 어리석은 마음의 소유자이기도 하죠. 그래서 어린애 '같은' 마음이 되라고 했어요. 어린애 같은 맑은 마음을 갖되 '어린 나'가 되어서는 안 됩니다. 어리석음은 분별을 못하는 것입니다. 비교판단을 못하는 것입니다. 비교하고 판단하여 최고의 것을 추구하되 그 속에 빠지지는 마세요.

비춰진 대상에 중요성을 부여하거나 색칠하여 무게를 더하지 않고 가볍게 비추기만 하는 것, 다시 말해 비교와 판단 없이 언제든지 빠져나올 수 있는 것이 정안正眼입니다. 모든 상相에 머물지 않고 깨끗이 비추기만 한다는 말이죠. 대상이 없어지면 거울은 텅 빕니다. 내 눈앞에 누가 나타났는데 비교판단해보니 나쁜 놈이에요. '어떡하지?' 생각하는 중에 대상이 사라지면 마음이 텅 빕니다. 그 사람이 가버리면 마음은 텅 비어야 하는데, 대상이 가버렸는데도 집에 가서 밤새도록 '나쁜 놈' 하고 있으면 상을 계속 유지하고 있는 것입니다. 카메라로 사진을 찍듯이 마음에 사진을 찍어놓은 것입니다. 그런 사람의 마음은 거울이 아니죠. 마음이 감광판 같아서 한 번 찍어놓은 사진을 없애지도 못합니다. 사진을 찍으면 지워지지 않는데도 보는 사람마다 사진을 찍어놓으면 결국 마음이 시커멓게 되겠죠. 하지만 진심은 거울입니다. 무언가를 비추었다가도 다른 곳으로 돌리면 경계가 사라지고 다시 깨끗해져요. 경계가 있고, 이를 비추어 비교하고 판단하여 의식할 수 있지만 머물지는 않아요. 떠나면 깨끗해져서 텅 빕니다. 이것을 자꾸 경험하면 비춰지는 대상은 변하지만 자기는 변하지 않음을 확인할 수 있습니다. 이것을 비출 때는 이것이 비춰지고 저것을 비출 때는 저것이 비춰집니다. 변하지 않는 것이 대체 무엇인지는 모르지만, 대상이 왔다간다는 건 확인할 수 있잖아요. 계속해서 자기 마음에 비춰지는 것을 확인하면 '아, 이것은 비춰지는 거구나!'라는 것을 알 수 있습니다. 왜냐하면 비춰지는 것은 조금 있으면 달라지니까요. 그런데 한 번 비춰진 것을 꽉 붙잡아 사진 찍고서 집에 가서 잠들 때까지도 계속 물고 늘어지는 사람은 자기의 본질을 파악하기가 힘듭니다.

허령적조虛靈寂照,
아무것도 발판 삼지 않고 모든 것을 비춘다

有時에 號曰妙心하니 虛靈寂照故요
유시 호왈묘심 허령적조고

때로는 묘한 마음이라고 부르니 텅 비고 신령스레 고요히 비추기 때문이다.

텅 비고 신령스러우며 고요히 비추는 것에 대한 경험은 말로 전달할 수 없습니다. 자, 여러분 지금 느낌이 어떤가요? 뭔가 살펴보는 느낌이 있다면 그 살펴보는 느낌이 자기 자신인가요? 그 느낌은 거울에 비친 느낌이에요. 왜냐하면 나타났으니까요. 살펴본다는 느낌이 나타난 것입니다. 대상을 찾아서 생겨난 마음인 것입니다. 대상과 찾는 마음, 이 두 가지가 거울에 비춰졌어요. 그렇다면 거울은 어디 있나요? 또 다시 거울을 찾는 마음이 생긴다면 그 놈도 비춰진 마음입니다. 지금 이 순간 여러분이 보는 것은 거울에 비춰진 그 무엇이에요. 그리고 찾는 마음은 찾아야 될 대상과 함께 생겨납니다. 그것이 바로 지금 이 순간에 경계 지어진 마음입니다. 그 경계만 사라지면 이미 빈 거울이에요. 찾지 않으면 이미 그것입니다. 찾는 순간 찾는 자가 생겨나고, 아는 자가 생겨나고 모르는 자가 생겨납니다. '나의 본질은 무엇이지?'라는 물음에 '모르겠다'고 할 때 모르는 놈이 생겨납니다. 그리고 이것도 거울에 비춰진 경계지어진 상이죠. 찾으면 그때 즉각 생겨나요. 그렇다면 찾지 않는다면 어떨까요? 그럼 알 수 있나요? 알 수는 있겠지만 보통 우리가 알듯이 아는 건 아니에요. 그렇다고 아무것도 하지 말라는 것은 아닙니다. 말로 전달할 때의 애매함과 어려움이 바로 이런 것입니다. 찾으면 즉각 찾는 놈이 생겨나서 마음에 경계가 지어집니다. 그림자가 생겨난 것입니다. 그러나 거울은 여전히 거울이어서 찾는 놈이 생겨났다는 것을 압니다. 그 아는 놈을 찾으려고 하면 어때요? 아는 놈이 또 생겨나죠. 또 경계 지어진다는 말입니다. 매순간 나타나서 비춰지는 것들은 모두 마음에 지어진 경계예요. 그렇다고 거울이 따로 있다고 여기면 안 됩니다. 경계 지어지지 않은 마음이 바로 거울인 것입니다. 상相이 거울과 따로 있지 않습니다. 그래서 번뇌즉보리煩惱卽菩提라고 말하고, 파도가 곧 물이라고 말합니다. 파도와 물이 진심에 대한 아주 적절한 비유예요. 지금 느껴진 느낌은 따로 생겨난 것이 아니라, 마음에 경계로 나누어진 것들끼리 주고받는 현상입니다. 그 경계만 풀어지면 이미 빈 거울입니다.

거울의 비유는 아주 의미 있는 측면이 있습니다. 상相이 없어져야, 즉 경계가 없어져야 빈 마음이 됩니다. 그런데 거울의 비유에서는 상相이 있어도 거울은 여전히 투명한 거울이에요. 지금 내 마음에 혼란이 가득해서 복잡해도 거울은 그 상에 전혀 물들지 않습니다. 이런 이해를 돕기 위해 거울의 비유를 든 것입니다. 거울이 따로 있지 않습니다. 상이 곧 투명한 거울이고 거울이 곧 상이에요. 파도가 곧 물이고 물이 곧 파도죠. 번뇌가 즉 보리이고 보리가 즉 번뇌이니, 경계 지어지면 번뇌이고 경계 지어지지 않은 마음은 보리입니다. 사실 어려울 거 하나 없는데 말로 다 할 수 없다는 점에서 어려움이 있습니다. 말과 개념으로 결코 전달할 수 없어요. 지금 여러분의 마음상태가 어떤지 보고서 적절하게 찔러줄 수밖에 없습니다. 아니면 스스로 고심하면서 미친 듯 발버둥 치다가 깨어날 수밖에 없어요. 여러분의 지금 마음 자체가 이미 '그것'이에요.

경계 지어진 마음을 자기라고 여기는 것이 문제입니다. 느낌이 일어난 마음을 자기라고 여겨요. 물론 괴롭고 슬프고 두렵고 화나는 마음은 이미 느낌이고 감지라는 것을 우리는 압니다. 나아가 텅 빈 느낌과 지켜보려는 의도를 가진 관찰자로서의 마음 역시 경계 지어지고 금 그어진 마음이라는 것도 압니다. 마음은 참 신기합니다. 금만 그어 놓으면 뭔가 존재하는 것처럼 느껴져요. 그 금만 풀면 즉시 느낌은 사라집니다. 느낌이 그렇게 즉시 사라진다는 것이 참으로 신기하지 않습니까?

마음은 아주 순식간에 변합니다. 그렇기에 마음이 변하는 건 어려운 일이 아닙니다. 만일 어렵다면 습관에 매몰되어 있기 때문입니다. 너무 오래도록 그렇게 살아왔어요. 내가 있다고 믿어왔죠. 무슨 말을 듣고 상처 받으면 내가 아픈 줄 알고, 누가 칭찬하면 뛸 듯이 기뻐하고, 그렇게 자기라는 것을 믿고 살아왔습니다. 본질을 보는 것은 아주 단순합니다. 선사들은 코를 만지는 것보다 쉽다고 말했어요. 눈을 보는 것보다 더 쉽다고 했습니다. 자신의 눈을 보기는 어렵습니다. 거울이나 물 같은 비춰볼 수 있는 것이 없다면 눈을 어떻게 볼 수 있을까요? 눈에 보이는 것들을 통해서 눈을 볼 수 있습니다. 이것이 눈을 보는 방법이에요. 본질을 아는 것도 그런 방식입니다. 우리가 어떤 사람이나 사물, 지식을 이해하여 아는 것과는 다르죠. 마음에 일어나는 모든 것들을 통해서 본질을 알 수 있기 때문에 아주 즉각적이어서 따로 공부할 필요가 없어요. 그래서 '알아챈다'고 표현합니다. 열심히 수련한다고 해서 알아차릴 수 있는 것이 아닙니다. 그저 마음 하나 바꾸는 것뿐이에요. 아주 예리한 통찰과 지성이 필요하기는 합니다. 왜냐하면 한 번도 해 본적이 없어서 그래요. 지금까지 여러분이 알고 경험해 온 방식과는 완전히 다르기 때문에 상상도 못하는 거지만, 막상 알고 나면 헛웃음이 나옵니다.

때로는 묘한 마음[妙心]이라 부르니, 허령적조虛靈寂照하기 때문이라 했습니다. 텅 비고 신령스레 고요히 비추는 것을 지금 이 순간의 현상들을 통해 경험하는 것은 결코 언어로 전해질 수가 없습니다. 개념이나 생각 또는 지식이 아니어서 그렇습니다. 그러니 말로 알아들으려 하지 말고, 지금 이 순간에 경험으로 와 닿도록 해야 합니다. 지금 내가 하는 말을 말로만 듣지 말고, 여러분 마음에 즉각 적용해보세요. 자기 마음을 지켜보면서 내 말을 적용하고 실험하면서 들어야 합니다. 내 말은 실험을 위한 것이지, 뭔가 특별히 깨우침을 주려는 말이 아니에요. 내 말을 아무리 들어봐야 소용없어요. 지켜보고 살펴보고 실험해 봐야 합니다. 석가모니도 자기 말을 절대 믿지 말라고 했습니다. 믿어야 할 것은 말의 내용이 아니에요. 열심히 하면 될 수 있고 멈추지 않고 가면 가능하다는 것을 믿을 뿐이죠. 매순간 자기의 마음을 지켜보고, 지켜보는 마음을 포함한 나타난 모든 모습들은 나눠진 마음이라는 것을 즉각적으로 알 때, 드디어 마음의 작용에서 한 발 물러설 수 있습니다. 물러설 누군가가 있는 것이 아니라 에너지 중심이 떠난다는 것입니다. 그래서 어떤 마음에도 묶이지 않게 됩니다.

이제 여러분은 마음에서 일어나는 모든 것들을 하나의 감지로 파악할 수 있습니다. 그런데 감지를 감지라고 여기는 그 놈 또한 감지라는 것에 대해서는 아직 철저하지 못하죠. 감지를 아는 마음이나 '아, 그렇구나!' 하는 마음 또한 감지라는 것을 파악하지 못하고 있어요. 왜 그럴까요?

감지에는 세 가지가 있습니다. 고정된 느낌을 불러일으키는 죽은 감지, 매순간의 감각적인 자극으로 인해 신선하게 바뀌는 살아있는 감지, 그리고 보이지 않고 느껴지지 않는 주체라는 감지. 세 번째는 왜 느껴지지 않을까요? 그 놈이 느끼는 주체가 되기 때문에 느껴지지 않습니다. 그렇지만 나타나 있어요. 그 주체를 대상을 통해 알 수 있습니다. 그 놈이 없으면 대상도 없는 것입니다. 그러니까 대상이 있다는 것, 마음에 상이 있다는 것은 그것을 대상으로 보는 주체가 나타나있음을 의미합니다. 이것이 철저하게 감지로서 파악된다면 주체라고 여겨지는 것 역시 마음의 일시적인 파도임을 파악할 수 있습니다. 아주 치밀하게 봐야 합니다. 마음에 올라온 것을 볼 뿐만이 아니라, '마음에 올라온 것을 어떻게 알지?' 이렇게 물어봐야 돼요. 지금 마음에 뭔가 올라왔다는 것을 알잖아요? '내 마음에 지켜보는 느낌이 있네'라는 것을 대체 누가 아는 겁니까? 이상하지 않나요? 지금 눈을 감고 마음으로 들어가서 무엇이 있나 살펴보세요. 그러면 즉각 살펴보는 마음, 지켜보는 마음이 생겨나죠. 그런데 그것이 느껴지잖아요. 느껴진다는 건 그놈을 보고 있는 뭔가가 있다는 의미입니다. 아니면 그 놈이 활동할 수 있는 어떤 장이 있다는 소리죠. 마음에 잡히는 그 느낌이 전부가 아니라는 말이에요. 더 미세하게 가서는 항상 '나'라고 여겨지는 마음, 어제도 오늘도 변함없는 '나'라고 믿고 있는 그 마음 역시 하나의 나타난 마음이라는 말입니다. 어제의 나와 오늘의 나가 똑같다고 여기는 마음, 분명하게 나타나 있는 그 마음을 붙잡아서 그 또한 감지임을 파악하는 것이 최종적으로 우리가 할 수 있는 일이에요. 그러면 마지막 과정이 저절로 일어납니다.

아주 치밀하고 철저해야 합니다. 물론 그걸 통해 알게 되는 것은 정말 별게 아니어서 헛웃음이 나지만 그 결과는 대단합니다. 마음에서 일어나는 그 어떤 것에도 묶이지 않게 돼요. 본질 자체는 아무것도 아니에요. 이미 여러분이 본질이에요. 그런데 본질 아닌 것에 묶여버리는 것이 문제입니다. 그 묶임에서 풀려나기 위해서는 나타난 모든 것들을 현상으로 바라볼 수 있어야 합니다. 그렇게 되면 여러분의 중심은 그 어느 곳에도 머물지 않습니다. 에너지가 습관적으로 머물지만 않으면 끝이에요. 뭔가 마음에 걸린다면 즉각 살펴보는 작업을 계속하는 이유는 바로 머물지 않기 위해서입니다. 그래서 대승기신론에서는 마음의 본질에 대해 '있다고도 할 수 없고 없다고도 할 수 없다', '있지 않은 것도 아니고 없지 않은 것도 아니다'라고 끊임없이 비非를 붙여요. 비유非有, 비무非無, 비비유非非有, 비비무非非無. 왜 그럴까요? 마음의 본질이 없다고 하면 없음에 에너지가 묶여서 없다고 주장하게 돼요. 최종적으로는 아무것도 없는 무無일 뿐이라고 단멸론斷滅論은 말합니다. 공空에 빠진 것입니다. 그런데 모든 것은 본질, 참나의 표현이고 결국 만물이 참나라고 한다면 있음에 빠지게 됩니다. 뭔가를 주장하는 마음을 잘 살펴보세요. 그것이 바로 내가 묶여있는 마음입니다. 그래서 '있는 것도 아니고 없는 것도 아니다'라고 말해서 우리 마음이 어디에도 머물지 못하게 하는 것입니다. 혼란스럽게 만들죠. "그러면 뭘 어쩌라는 거야? 난 모르겠어."라고 말하면 "그래. 바로 거기에 머물도록 하라."고 합니다. '오직 모를 뿐'이라는 모름에 머물라는 것입니다. 그러면 주장할 것도 없고 걸릴 것도 없어요. 할 일이 생기면 그냥 하면 됩니다. 오직 모를 뿐이에요.

감지라고 이름 붙인다 해도, 그것을 주인 삼는 마음에서 미지의 마음으로 무게중심을 옮기지 못하는 것이 문제입니다. 마음에 나타나는 그 모든 것들에 우리는 감지라고 이름을 붙였는데, 그것이 파악되는 이유는 그것이 어떤 느낌으로 느껴지기 때문입니다. 잡아낼 수 있잖아요. 손으로 잡을 수 있는 모든 것은 손이 아니듯, 마음으로 잡아낼 수 있는 모든 것은 마음 자체가 아닙니다. 그래서 우리가 아주 미묘한 것들도 느낌으로 잡아내는 연습을 했어요. 생각은 자기라고 여기는 것이 너무 많아서, 생각을 느낌으로 파악하기는 쉽지 않습니다. 그래서 생각은 따로 놓아두고 그것보다 더 미묘한 느낌을 먼저 파악해봅니다. 미세한 느낌들을 느낌으로 파악할 수 있으면 생각도 느낌으로 파악할 수 있어요. 이렇게 감지를 감지로 파악하기만 하면 감지에서 무게중심이 떠나게 됩니다. 왜냐하면 그것은 현상이니까요. 그런데 흥미롭게도 무한 또는 미지의 세계로 무게중심을 옮겨오면 어딘가로 무게중심이 옮겨졌다는 느낌이 없어요. 옳다는 생각이나 주장, 또는 어떤 느낌에 머물렀을 때 느껴졌던 주인 되는 느낌이 없다는 말입니다. 마치 무중력상태에 있는 것처럼 내가 어딘가에 뿌리박았다는 느낌이 없습니다. 지구 위에서는 항상 지구 중심을 향하는 느낌이 있죠. 내가 똑바로 안정되게 서있다는 느낌이 있어요. 그런데 내가 우주 공간에 있다면 어디가 위이고 어디가 아래인지 모르겠죠. 우주에는 상하좌우, 동서남북이 없어요. 그리고 누우려고 해도 바닥이 없습니다. 누워있는 자세가

서있는 자세이기도 하죠. 보는 위치에 따라 다릅니다. 그런데 지구에서는 지구 중심이라는 기준이 있습니다. 이것처럼 자아라는 것이 어떤 기준이 되는데, 자아가 사라져서 그 어디에도 머물지 않고 미지에 뿌리를 박게 되면요(사실 미지라는 것은 뿌리를 박을 데가 없지만 말하자면 그렇다는 거예요), 마치 무중력상태 같아져서 주장할 것이 없어요. 옳다고 주장할 힘이 없어집니다. 그냥 상황과 조건에 따라서 말을 할 뿐이고 상대가 듣지 않으면 그뿐인 것입니다. 엄마 뱃속에서 밖으로 나올 때 내가 아는 것이 뭐가 있었나요? 내가 아는 모든 것들은 밖에서 주워들은 것입니다. 남의 말과 책에서 나온 지식, 착각으로 가득한 경험들로 얼버무려진 것을 나라고 여기고, 그걸 죽기 살기로 붙잡고 있습니다. 그런데 지금 이 순간 에너지가 들어간 마음의 경계를 풀어버리면 그냥 텅 비어버리게 됩니다. 빈 거울이에요. 그렇다고 해서 상과 거울이 떨어져 있지는 않습니다. 지금 여러분은 상과 거울은 떨어져 있다고 상상하고 있습니다. 거울은 결코 상이 아니고, 본질은 결코 현상이 아니라고 생각해요. 그것은 올바른 이해가 아닙니다. 거울의 비유를 드는 이유는, 거울 속에 상이 들어 있지만 결코 거울은 상이 아님을 알려 주기 위해서입니다.

무게중심을 미지의 세계로 옮겨오면, 다른 생각이나 느낌에 무게를 두어 머물 때와는 달리 어딘가에 뿌리박았다는 느낌 자체가 없습니다. 간단히 말하면 아무 곳에도 뿌리박지 않은 느낌이에요. 옮겨온 어딘가가 있다고 여겨지지 않습니다. 그렇다면 우리는 과연 어딘가로 옮겨온 것일까요? 나라고 여겨지는 마음과 생각으로부터 미지의 무한으로 무게중심을 옮기면 '아, 이제 무한이 내 주인 같아!'라는 느낌이 드는 것이 아닙니다. 그 어떤 것도 주인이 아니라고 느껴질 뿐이에요. 무한은 느껴지지 않아요. 그 어떤 것도 주인이 아님을 알면 그 사람은 무한에 뿌리박기 시작합니다. 다시 말해서 아무것도 아닌 곳으로 옮겨온 것입니다. 어떤 '곳'이나 어떤 '무엇'이 아니기 때문에 '중심'으로 느껴지지 않는 흥미로운 현상이 일어납니다. 그래서 '머물지 않는다'고 말하는 것입니다. 만약에 무한에 머물 수 있다면 '무한에 머문다'고 표현했겠죠. 하지만 무한은 그 무엇이거나 어떤 곳이 아니어서 어딘가에 머문다는 느낌이 없어요. 머문다는 느낌이 없다면 여러분은 이제 조금씩 맛보고 있는 것입니다.

지금까지는 무게중심을 옮기면 그 옮겨간 곳이 주인으로 느껴졌어요. 우리 마음은 항상 무언가를 붙잡아서 주인 삼기를 요구해 왔습니다. 마음의 습관이에요. 마치 수증기가 증발하면 공기 중에 있는 먼지덩이 하나를 만나야 뭉치고 엉길 수 있는 것과 같습니다. 수증기라는 생명의 에너지가 힘을 발휘하기 위해서는 먼지가 필요해요. 거기에 엉겨 붙으면 무게가 생겨서 물방울로 떨어집니다. 그런데 우리 본성은 그 먼지 덩어리에 의해 생겨난 물방울이 아니라 수증기라는 것입니다. 지금 여러분이 어떤 느낌을 느낀다면 그 느낌은 마음의 경계에 의해서 잠시 나타난 모습이에요. 그런데 자동적으로 거기에 동일시되어버립니다. 동일시는 나눠진 마음의 일부를 주인 삼는 것입니다. 동일시와 일체가 되는 것은 의미가 다릅니다. 동일시라는 것은 마음을 두 쪽으로 나눠 놓고 그 중 한 쪽과 하나가 되는 것입니다. 반면에 일체감은 마음의 분열이 없어지는 것입니다. 감각이나 주의에 주의기울이기로 들어갔을 때의 느낌처럼 너와 내가 사라집니다. 그렇지만 동일시에는 나와 너가 있고, 그 나에 동일시가 되는 것입니다.

허령적조虛靈寂照는 아무런 것도 발판 삼지 않고 그저 모든 것을 비춘다는 의미입니다. 나누어진 그 어떤 것도 주인 삼지 않는 마음이에요. 허령虛靈은 발판 없이 텅 비었지만 미묘하고 신령스러운 알아차림이 있다는 말이고, 적조寂照는 고요하게 다 비춰서 모든 것을 알아차린다는 의미입니다. 이것은 모든 경계 지어지고 나누어진 마음, 드러난 마음이 거울에 비춰진 상이라는 것을 알아낼 때 비로소 발견될 수 있습니다. 마음에서 뭔가 올라오면 즉시 '아, 내 마음의 거울에 뭔가 비췄구나, 그것은 비춰진 대상이지 거울 자체는 아니구나!'하고 아는 것이죠. 거울에 비친 상을 통해서 거울을 알 수 있듯이, 마음의 본질 또한 본질에 느껴지는 대상을 통해서 알 수 있습니다. 나라고 여겨지는 것도 마음의 현상이고 마음에 비친 상相일 뿐입니다.

마음에 어떤 질문을 던지면 답이 올라옵니다. '모르겠다'거나 '아, 그건 이거야'라는 마음이 올라와요. 그런데 그것은 도대체 어디에서 올라온 걸까요? 바로 텅 빈 마음에서 포말처럼 일어나서 의식되는 것입니다. 질문을 던진 의도가 주인 노릇을 하고 있다가 텅 빈 마음으로부터 올라온 생각이 힘을 받으면 그 생각으로 갈아탑니다. 질문을 던지는 마음에서 올라온 답으로 주인이 바뀌어요. 그래서 '내가 알았어!'라는 그 답이 주인이 됩니다. 그런데 그것이 정말 나라고 할 수 있습니까? 그냥 텅 빈 마음에서 올라왔잖아요. 내가 생각해 낸 것이 아니라 올라온 것을 붙잡아서 거기로 에너지를 옮기고 나라고 여길 것뿐이잖아요. 나라는 느낌이 그 생각에 올라타서 주인 노릇을 하는 것입니다. 진정한 주인은 주인이라는 느낌이 전혀 없는 허령적조한 텅 빈 마음이에요. 주인이라는 느낌도 일종의 느낌입니다. 그러면 그 또한 마음에 비친 상相인 것입니다. 진정한 주인은 주인이라는 느낌이 없습니다. 주인이라는 느낌이 있다면 모두 주인 노릇을 하는 가짜예요. 마음에 나타난 어떤 모습이니까요. 여러분이 지금 '내가 존재해' 또는 '내가 여기 있어'라고 느낀다면 가짜 주인 속에 에너지가 머물러 있는 상태라고 보면 틀림없습니다.

마음을 잘 살펴보면 '나'라는 느낌이 있습니다. 그 느낌이 있다는 건 그걸 알아차리는 놈이 있다는 것입니다. 또는 모든 것들이 일어나는 빈 마음 같은 것이 있어요. 그런데 그 빈 마음은 '나' 같지가 않은 것입니다. 그렇지 않은가요? 자기 마음을 한 번 잘 살펴보세요. 어떤 느낌이 있다는 것은 분명히 마음에 뭔가가 일어났다는 것입니다. 그러면 뭔가가 일어나고 있는걸 아는 마음은 도대체 뭐죠? 무언가 있는 것 같은데 그렇다고 그것이 나는 아닌 것 같아요. 그런데 그것이 바로 진짜 나입니다. 진짜 나는 나 같다는 느낌이 없어요. 나 같다는 느낌은 느낌이에요. 제가 하고 싶은 말은 바로 이것입니다.

텅 빈 마음이 진짜 여러분의 본 모습이지만, 이 텅 빈 마음이란 것도 붙여진 이름일 뿐 그것을 느끼거나 잡아낼 수 없습니다. 그냥 알아챌 수 있을 뿐이에요. '알아챌 수 있다'는 말을 쓴다는 것을 잘 살펴봐야 합니다. 잡거나 알 수 있거나 느낄 수 있는 것이 아니라 알아챌 수 있다는 건 다른 방법을 쓴다는 것입니다. 텅 빈 내면의 공간이 없다면 어떻게 자신의 의도가 있다는 것을 알겠습니까? 그런데도 여러분은 어떤 의도가 자기라고 여겨지는 것입니다. 왜냐하면 그것은 대상과 짝이 되어 나라는 느낌을 느끼도록 해주기 때문입니다. 그런 부분적인 현상인 느낌이 아닌 것을 찾아봐야 합니다. 잘 느껴보면 자신이 허령적조한 빈 마음이라는 것이 분명하지 않습니까? 모든 것이 자기 안에 있잖아요. 잡으려고 하면 물론 없겠지만, 잡으려고 하지 않아도 알 수 있습니다. 다만 그것이 '나'라고 느껴지지 않을 뿐입니다. 근원은 바로 그렇게 있습니다. 비어있지만 모든 것을 알아차리는 빈 마음으로 있어요.

有時에 名曰主人翁하니 從來荷負故요
유시 명왈주인옹 종래하부고

때로 주인옹이라 하니 종래로 짐 지어오기 때문이요.

짐 진다는 것은 책임진다는 의미입니다. 주인옹主人翁은 모든 것을 짐지어오는 주인이에요. 따라서 모든 것에 대한 책임이 있고 또한 모든 것을 관장하는 주인 자체를 말합니다. 옛날부터 노인은 한 집안에서 모든 것의 방향을 지시하고 안내하며 책임지던 분이었죠. 그래서 진심을 주인옹이라고 했습니다.

그런데 우리 표면에서는 진심이 주인 노릇을 하지 않고, '나'라는 것이 주인 노릇을 하고 있습니다. 지금 여러분이 나라고 느끼는 느낌, 지금 이 순간에 나라고 여겨지는 마음, 그 느낌과 생각들은 표면적으로 주인 노릇을 하고 있는 놈입니다. 주인과 주인 노릇을 하는 놈은 구별되어야 합니다. 그것을 구별하지 못하기 때문에 주인 노릇 하는 놈을 주인삼고 있는 것입니다. 주인은 결코 나타나지 않습니다. 주인은 드러나지 않아요. 주인 노릇을 하는 자아 뒤에서 지켜보고 있을 뿐입니다. 자아는 비굴함을 느끼고 때로는 잘난 척 하며 우월감을 느껴서 종래에는 주변의 불편함을 느끼면 다시 균형 잡는 일을 합니다. 이렇게 주인노릇을 하는 자아 자체가 '느껴지는 느낌'이라는 것을 발견하면 그 뒤에 주인이 있다는 것이 분명해집니다. 그러니까 주인 노릇을 하는 자아는 주인처럼 느껴진다는 것입니다. 주인이 아닌 것처럼 느껴지지 않습니다. '주인공처럼 느껴지는' 그런 '느낌'이라는 것입니다. 주인은 느껴지지 않고 보이지 않습니다. 다 보고 있을 뿐입니다. 이렇게 모든 짐을 지고 있기 때문에 주인옹이라고 했습니다.

무한을 담는 그릇

有時에 呼爲無底鉢하니 隨處生涯故요
유시 호위무저발 수처생애고

때로는 밑 없는 발우라 하니 곳에 따라 생활하기 때문이요.

발우鉢盂는 옛날 승려들이 밥 얻으러 다닐 때 들고 다니던 밥그릇을 말합니다. 그런데 발우에 밑바닥이 없대요. 밑이 빠져 텅 비면 아무리 주워 담아도 계속해서 무한히 담을 수 있습니다. 밑 빠진 발우인 무저발無底鉢이라는 것은 무한하여 한계가 없음을 의미합니다. 그릇의 역할은 공간을 한계 지어서 그 공간을 쓰기 위한 건데, 밑이 빠져버리니까 그릇이 무한해졌습니다. 그런 무한한 그릇이 본질이며 진심입니다. 그 무한한 그릇을 들고 곳곳을 찾아다니면서 삶을 살아가요. 이것은 현상입니다. 앞은 본질을 말하고 뒤는 현상을 말했어요. 그 진심이 어떻게 쓰여 지는가 하면, 수처생애隨處生涯 한다고 했어요. 밑이 트인 그릇과 같이 우리 마음의 근본도 걸림 없이 무한하다는 의미로 무저발이라 했고, 그 무한한 마음으로 현상계 곳곳을 돌아다니면서 살아가고 있다는 것입니다.

그러나 무한한 마음이 이리저리 옮겨 다니는 것은 아닙니다. 옮겨 다니는 움직임으로 표현되는 것은 현상이에요. 무한의 여러 다른 표현이 있을 뿐이지, 무저발은 결코 한발자국도 움직이지 않습니다. 진심은 이렇게 밑 빠진 발우처럼 한계가 없는 무한 그 자체입니다. 그리고 무한 자체를 느끼거나 경험할 수는 없어요. 그냥 그 속에 들어있을 뿐입니다. 우리가 뭔가를 아름답다고 느껴서 "예쁘다", "정말 향기가 좋아"라고 할 때는 아름다움을 대상으로 삼은 것입니다. 아름다움이 내 그릇 안에 들어온 것입니다. 그릇에 잡힌 아름다움은 대상이 된 아름다움이기 때문에 한계가 있습니다. 그런데 숨 막힐 정도의 아름다움을 만났을 때는 그것이 느껴지지 않아요. 그냥 그 속에 푹 들어가 있을 뿐입니다. 우리가 아름다움을 느낄 때 그것은 한계가 있는 아름다운 대상이지만, 너무나 아름다워서 마음의 그릇으로 잡을 수 없을 때는 오직 그 아름다움을 살아낼 뿐입니다. 우리가 아름다움을 경험할 때는 경험자와 경험대상으로 나뉘지만, 우리가 아름다움 그 자체가 되었을 때는 아름다움을 따로 경험하지 않습니다. 바로 밑 빠진 발우와 같이 한계 없는 그릇으로만 담을 수 있는 삶을 살게 되는 것입니다. 다시 말해 무한의 아름다움은 마음으로 잡을 수 없고 오직 고정되지 않은 마음으로 매순간 경험할 뿐이에요.

우리 마음의 그릇으로는 무한을 담을 수 없습니다. 마음의 그릇에 무한을 담으려면 마음에 구멍이 뚫려야 합니다. 밑 빠진 발우처럼 한계가 없어야 해요. 어떤 대상을 잡아내는 마음은 항상 그릇이 있는 마음입니다. 밑이 있는 마음이에요. '이것이 무엇이다'라고 잡아내는 마음과 그 잡아내어진 것은 한계 지어진 것이고, 마음에 나타난 현상입니다.

그러면 우리의 본질은 어떻게 발견하고 잡을 수 있을까요? 발견하고 경험하고 잡아낸다는 건 마음이 뭔가를 터치하는 것입니다. 그런데 한계 없는 우리의 본질은 터치할 수가 없습니다. 그렇다면 어떻게 해야 할까요? 지금 이 순간 나로 여겨지는 느낌, 그리고 자기를 찾아보려고 하는 마음, 그것이 바로 밑이 있는 한계 지어진 마음의 그릇이에요. 마음의 그릇은 지금 이 순간 만들어집니다. 매 순간 뭔가를 찾으려고 하면 바로 만들어져요. 그 마음의 그릇으로 무언가를 퍼서 구별하려는 것입니다. 마음의 본질이라는 바닷물을 찾겠다는 의도가 그릇이 됩니다. 그러나 그 그릇으로 퍼서 발견되는 것은 그릇에 담긴 물이지 바다 자체는 아닙니다. 그 안에서는 무한이 안 느껴지잖아요. 그렇다고 그 물이 바다가 아니라고 말할 수는 없어요. 모든 의도는 바닷물을 떠서 담으려는 그릇과 같습니다. 한계 있는 그릇에 어떻게 바다를 담을 수 있겠어요? 바다는 결코 그 그릇에 와 닿지가 않습니다. 무한함이 와 닿으려면 어떤 전환이 일어나야만 하죠.

소금인형의 비유가 정말 적절합니다. 소금인형이 바닷물을 손으로 떠서 맛을 봅니다. 마음의 본질을 찾으려는 의도로 맛을 보지만, 그래봐야 그 의도라는 것은 두 손으로 움켜쥔 만큼이에요. 자기의 본질을 찾으려는 의도는 좋지만, 의도를 가지는 순간 손으로 그릇을 만드는 것입니다. 또 제 아무리 그릇을 크게 만들어본들 바다를 뜰 수 있는 그릇은 없습니다. 그렇게 소금인형은 바닷물을 뜨고 또 뜨다 지쳐서 바다에 빠져버립니다. 바다에 녹아서 없어져 버려요. 그러면서 드디어 자기라는 느낌이 사라지고 잡으려는 의도도 사라져요. 또한 '나는 무한을 발견했어!', '나는 그것을 경험했어'라는 그 뿌리 깊은 안정감도 사라지고 녹아서 바닷물이 되어버립니다. 소금인형의 개체성이 녹아 없어져버려요. 그러나 소금인형이 정말 사라진 건 아닙니다. 소금인형의 본질인 소금이 바닷물에 녹았을 뿐 사라지지는 않았어요.

미지未知가 자기중심이 된다는 것은 말일 뿐입니다. 미지를 어떻게 느끼고 잡을 수 있어서 중심으로 삼겠어요? 그냥 이름이 미지일 뿐이에요. '나는 모르겠는데' 하는 것이 미지가 아니에요, 미지가 자신의 중심이 된다는 것은, 막대하고 무한해서 절대로 말로 할 수 없고 알 수도 없는 그 미지가 되어버린다는 것입니다. 내가 녹아서 거기로 들어가버리는 것입니다. 미지가 내 뿌리가 되는 것입니다. '나'라는 느낌을 주인삼아 살다가 미지로 녹아들어가게 되면, 모든 의도가 하나의 조그마한 밥그릇에 불과하다는 것을 알게 되고, 자기 밥그릇을 깨트려 밑 빠진 그릇이 되면 드디어 무한한 공간이 됩니다. 무저발에는 그 어떤 것도 담을 수 없지만, 그것을 물에 담그면 그릇 자체가 물과 통하게 됩니다. 그런데 밑바닥이 있을 때는 항상 뭔가가 떠지니, 이는 마음이 뭔가를 잡은 것과 같습니다. 여러분의 마음이 밑 빠진 그릇과 같이 되었을 때 뭔가를 뜰 수 없다는 것을 알게 됩니다. 그런데 그것을 모르면 계속해서 마음으로 뭔가를 떠서 잡으려고 하죠. 아무리 떠봐야 그것은 그릇 속 물에 불과하지 바다 자체가 아닙니다. 그런데도 계속해서 애쓰고 노력해서 뭔가를 붙잡으려고 하죠.

그릇의 밑을 뚫어서 '나'라는 밥그릇이 깨져나가면 진짜 바다를 뜰 수 있습니다. 바다를 뜬다기보다는 자기가 바다가 되는 것입니다. 구멍 난 '나'라는 그릇으로 물을 뜨면 그냥 밑으로 훅 떨어지겠죠. 나는 밑 빠진 그릇과 같아서 아무리 근본을 뜨려 해도 안 된다는 것을 절감하게 되면 자기를 놓겠죠. 밑 빠진 그릇이 '놓아지는 것'입니다. 그러나 뭔가를 잡으려는 마음은 밑바닥이 있어서 뭔가를 뜨면 떠져요. 기분 좋고 황홀한 경험이든, 무심無心의 경험이든, 떠서 잡을 수 있는 물입니다. 그 물이나 바다나 물은 물이니까 비슷합니다. 그렇지만 맛이 비슷하다고 해서 바다와 그릇 안에 있는 물이 같은 건 아니에요. 이제 정말 '아, 내 그릇으로는 결코 바다를 뜰 수 없구나' 하면서 밑이 빠져버리면 자기라는 것이 아주 가벼워집니다. 아는 것도 없어져요. 내가 물을 떠서 뭔가를 경험하면 아는 것이 많아요. '물이 이런 것이고 물맛은 이렇구나. 이 물이 많이 모인 게 바다란 거지! 이제 알 것 같은데!' 이러고 있는 것입니다. 그릇을 들고서.

그러나 이 그릇이 깨져서 구멍이 나면 뭔가가 떠지지 않아요. 뜨려고도 안하겠죠. 그때 바다가 됩니다. 그때부터는 기워서 밑을 다시 만들어 물을 떠서 사용하며 삽니다. 그러나 더이상 이전의, '나'가 주인이라는 그릇이 아닙니다. 이것이 바로 '나라는 것을 사용하면서 살아가는 삶'입니다. '나'라는 그릇으로는 결코 바다 전체를 뜰 수 없음을 철저히 알고 난 이후에 '나'라는 것을 잘 사용하며 살아갑니다. 그리고 내가 완전히 녹아들어갈 때만 드디어 진심이 드러난다는 것을 알지요.

무저발이라는 이름은 무한함 그 자체를 말하고, 그 무한함을 기반으로 매 처에 다니면서 삶을 살아가는 것을 의미합니다.

有時에 喚作沒絃琴하니 韻出今時故요
유시 환작몰현금 운출금시고

때로 줄 없는 거문고라 하니 운이 지금 나오기 때문이요.

줄 있는 거문고에서는 어떤 소리가 날까요? 또 그 줄은 무엇으로 만들어졌을까요? 바로 현상계의 줄로 만들어져 있습니다. 과거의 경험과 데이터로 만들어진 줄이에요. 그리고 그 줄이 튕겨져서 나오는 소리는 모두 과거와 미래가 조합된 소리입니다. 지금 이순간의 소리가 아니에요. 현상계의 경험의 줄에서 나오는 수많은 소리들은 과거의 흔적인 마음속 데이터로 이루어진 소리들이어서 결국 한계가 있습니다. 과거와 그 과거의 연장선인 미래의 소리들이기 때문에 그래요. 그런데 줄 없는 거문고가 낸 소리들은 지금 이 순간 나온다고 했습니다. 과거의 데이터로 만들어진 그런 줄이 없어요. 그래서 지금 이 순간 나는 소리라는 것입니다. 시간에 속하지 않는 영원의 순간과 과거, 현재, 미래를 다 통합하는 지금이라는 순간, 그리고 과거도 미래도 아닌 오직 우리가 경험하는 이 현존의 순간에서 나오는 소리입니다.

선사들은 시인 같습니다. 줄도 없는 거문고가 소리를 낸다고 표현했어요. 거문고를 연주할 때 줄을 손으로 잡고 뜨듯이, 마음의 모든 현상들은 마음이 붙잡아서 내는 소리예요. 그러나 진심은 마음의 데이터와 접촉하지 않는 줄 없는 거문고입니다. 오직 이 거문고만이 과거와 미래를 떠난 지금 이 순간의 소리를 냅니다. 지금 이 순간, 즉 찰나는 다르게 말하면 영원이기도 합니다. 영원이 곧 찰나예요. 시간에 구애받지 않고 시간에 걸리지 않는 것이 영원과 찰나입니다. 이런 것을 무시간적이라고 합니다. 독서삼매경에 빠지면 시간을 잊어버리잖아요. 숨막히는 아름다움 속에 있어도 시간을 잊어버려요. 그것이 바로 지금 이 순간이에요. 이 순간 속에 깊이 몰입하면 시간이 없습니다. 과거와 미래도 없어요. 시간이라는 것은 시간감각입니다. 마음속 경험의 흔적이 만들어놓은 일종의 감지예요. 그런 시간이 없는 지금 이 순간에 흘러나오는 소리는, 과거의 데이터인 마음의 현상이라는 줄이 없는 거문고에서 나오는 소리라는 것입니다. 그래서 진심의 또 다른 이름이 줄 없는 거문고라고 했어요.

몰입의 순간에도 꺼지지 않는 참마음의 등불

有時에 號曰無盡燈하니 照破迷情故요
유시 호왈무진등 조파미정고

때로 다함없는 등불이라 하니 미혹된 정을 비춰 깨뜨리기 때문이요,

꺼지지 않는 등불[無盡燈]이 미혹한 정[迷情]을 비춰서 깨뜨린다고 했습니다. 이때 정情은 감정이라기보다는 육근六根인 안이비설신의眼耳鼻舌身意가 만들어내는 의식현상을 말하는 것으로, 육정六情이라고도 합니다. 꺼짐이 없는 등불은 뭘까요? 등불을 켜기 위해서 옛날에는 기름이나 양초를 사용했고 지금은 전기를 사용합니다. 그런데 다 한계가 있어요. 기름이나 양초가 다 타면 등불이 꺼집니다. 전기도 한여름에 에어컨을 많이 사용하면 발전소의 전기용량이 부족해서 비상상태에 빠지고 때로 정전이 되기도 합니다. 한계가 있어요. 어떤 연료를 사용하든 등불은 연료가 다하면 꺼지기 마련이지만 무진등은 꺼지지 않습니다.

우리 의식 현상에 네 가지 상태가 있다고 했습니다. 하나는 내가 있다고 여기고 너와 나를 분별하는 깨어있는 낮의 상태, 두 번째는 꿈이 있는 잠의 상태, 세 번째는 꿈 없는 깊은 잠의 상태, 네 번째는 이 상태들을 전부 다 알고 경험하는 본바탕으로서 제 4의 상태인 투리야Turiya입니다. 이 투리야가 바로 무진등입니다.

다양한 꿈으로 가득한 잠 속에서도, 꿈 없는 깊은 잠 속에서도 그리고 지금 이 순간에도 꺼지지 않는 마음의 등불. 수천 년 수만 년이 흘러도 꺼지지 않고, 이번 생에도 그리고 내생에 이르러서도 빛을 밝히며, 우리 몸이 흙으로 돌아가고 마음이 흩어져 허공으로 사라져도 꺼

지지 않고 비추는 등불. 내가 있다고 여겨질 때도 또는 내가 사라져서 잊혀져도, 몰입의 순간에도 이 참마음의 등불은 꺼지지 않습니다. 이것이 무진등無盡燈입니다. 이것을 일러 인도에서는 제 4의 상태 투리야라고 합니다. 깨어있을 때나 잠잘 때나 늘 똑같다는 오매일여寤寐一如와 같은 의미입니다. 깨어있는 것과 잠자는 것은 엄연히 다른데 왜 똑같다고 할까요? 오매일여寤寐一如라 하니 어떤 사람들은 잠자면서 잠자고 있음을 알려고 무진 애를 씁니다. 그래서 잠 속에서 깨어있는 자기를 하나 만들어서 잠자는 것을 계속 지켜본다고 합니다. 그러나 진짜 오매일여는 깊은 잠에서도, 꿈꾸는 잠에서도, 그리고 깨어있는 상태에서도 모두 변함이 없습니다. 모든 것을 알고 있고 모든 것을 느끼고 있어요. 안다고 해서 의식적인 앎을 말하는 건 아니죠. 이 모든 것들이 일어나고 있는 본바탕이며 근본의 의식 상태인 투리야가 발견될 때 그것이 진정한 오매일여입니다. 뿌리를 투리야에 두면 깨어있는 상태나 깊은 잠의 상태나 똑같습니다. 투리야의 입장에서 보면 다 나타난 현상이거든요. 잠잘 때나 깨어있을 때나 그것이 다 꿈이라는 것을 압니다. 우리가 깊이 잠든 밤에는 투리야가 깊은 잠이라는 현상을 경험하고, 깨어있는 낮에는 너와 나를 분별하는 의식상태를 경험하는 것입니다. 꺼짐 없는 등불의 상태인 투리야는 아주 깊은 잠의 상태나 낮의 깨어있는 의식 상태나 변함없습니다. 그래서 오매일여인 것이지, 잠 속에서도 깨어 있으려고 하는 건 잠 못자는 올빼미와 다름없어요. 지금 말하고 듣는 이 '나'가 내 본질이 아니라는 것을 명확하게 알면, 즉 그것이 나타난 현상임을 알면 나는 이미 투리야에 뿌리박은 것입니다. 낮에 깨어있는 의식상태가 하나의 나타난 모습이라는 것을 투리야에 즉 무진등에 뿌리박을 때 드디어 알 수 있어요. 잘못 이해하고 무진등을 자꾸 찾는다면 그건 방향이 잘못된 것입니다. 무진등은 찾을 수 없고 잡히지도 않아요. 내 마음에 일어나는 모든 것을 나타났다 사라지는 현상으로 볼 때 드디어 나는 무진등에 뿌리를 박게 됩니다. 그런 진정한 등불을 우리는 다 가지고 있습니다.

옛 선사들은 제자들을 깨우쳐 그 등불을 켜는 법을 전했습니다. 무진등을 전한 기록이 《전등록傳燈錄》입니다. 선사들의 선어록이죠. 사실 등불을 켜는 법을 전하는 건 아니에요. 그 등불은 다 켜져 있는데 거기로 주의를 돌리지 못하는 것입니다. 주의는 나타난 현상들에 쉽게 묶여버립니다. 마음속에 나타난 모든 현상들, 느껴지는 모든 것들에 주의가 머물게 하지 않고 언제든지 물러서게 할 수 있다면 이미 그 사람은 등불을 켠 사람이에요. 무진등은 미혹된 캄캄한 마음인 미정迷情을 비춰서 깨트린다고 했습니다. 미정迷情이라는 것은 미로 같은 마음의 구조라고 보면 됩니다. 미로 같은 마음의 구조를 비춰서 그것이 잠시 경계 지어져 만들어진 허구라는 것을 파악하면 그것은 저절로 깨지게 됩니다.

지금 여러분들이 주의에 주의 기울이기를 하면 즉시 나라는 느낌은 사라지고 말잖아요. 나는 무엇이고, 나는 이러저러한 사람이고, 내 기분이 지금 어떠하다는 그런 마음의 느낌들이 금방 없어져요. 이상하지 않아요? 왜 전체주의나 주의에 주의 기울이기를 하면 지금의 마음이 사라질까요? 마음이 물과 같아서 그렇습니다. 마음은 딱딱하게 굳어 있지 않아서 가변적이에요. 금방 금방 변합니다. 그런데 뭔가를 주장하는 고집에 에너지가 실리면 잘 변하지 않습니다. 차력사가 몸에 힘을 꽉 주면 두꺼운 통나무로 때려도 오히려 나무가 부러지잖아요. 하지만 힘을 안주고 있으면 몸이 날아가겠죠. 주먹으로 기왓장을 깰 때도 대충하면 손을 다치지만 강한 힘으로 기운을 실어서 치면 기왓장이 깨지듯이, 우리 마음도 '이것이 옳아'라는 생각에 힘이 확 들어가면 아주 커다란 힘을 발휘합니다. 깨지지 않아요. 그런데 여기서 힘만 풀면, 다시 말해 주의에 주의 기울이기나 전체주의를 하면 즉각 그 느낌이 사라지고 말아요. 마음은 매우 가변적이라는 것입니다. 화가 잔뜩 올라왔다가도 옆집에서 누가 떡을 들고 오면 고마운 마음으로 금방 바뀌잖아요. 그럼에도 자기가 자기를 어쩌지 못하는 것은 습관적이고 오랜 마음의 패턴이 관성화 되어서 그래요. '이것이 나다', '이것이 옳아', '이래야 해' 하며 힘이 들어가 있어요. 차력사가 몸에 힘을 주듯이 무의식적이고 자동적으로 힘이 들어가 딱딱해지는 것입니다. 그래서 로봇이라고도 말하지요. 사실 우리는 반절은 로봇이라고 할 수 있어요. 누구 말 한마디에 기분이 나빠진다면 '나는 로봇이구나'라고 생각하세요.

조파미정照破迷情은 미로 같은 마음의 구조를 비춰서 마음은 아주 약한 허구적인 구조물임을 발견하고 깨트린다는 의미입니다. 그래서 내가 자꾸 마음의 구조를 보라고 하는 것입니다. 마음의 구조물은 서로가 서로에게 기대고 있습니다. 그래서 그 중에 하나를 빼버리면 기대어 있는 다른 하나도 쓰러집니다. 나와 대상은 서로 기대어 있어서 나를 잃어버리면 대상도 사라집니다. 대상을 투명하게 보면 나도 사라져요. 사람 인人의 두 획이 서로 받치고 있듯이 나와 대상이 같이 서있어요. 나와 이웃이 모여 살기 때문에 인간이라고 하잖아요. 우리의 내면도 똑같습니다. 나와 대상이 서로를 받쳐주고 있기 때문에 내가 쓰러지면 대상도 쓰러집니다. 또 대상이 사라지면 나도 더 이상 서있을 수 없어요. 대상을 투명하게 보는 감각 연습을 하면 대상이 사라지고 대상을 보는 나도 희미해지면서 사라지잖아요. 나와 대상은 항상 이렇게 서로 얽혀있는 상태입니다. 혼자 서있을 수 없어요. 그런 구조를 명확히 비추어 어느 하나를 툭 건들면 다 쓰러지고 무너집니다. 그렇게 딱딱하지도 않아요. 그냥 경계선으로 되어있습니다.

물로 만들어진 물고기의 비유를 든 적이 있습니다. 그 물고기가 움직인다는 것은 물에서 물이 움직이는 것입니다. 그러면 이 물고기와 물 사이에는 뭐가 있습니까? 그냥 투명한 경계선이 있을 뿐이에요. 그리고 언제든 물고기라는 형태에서 힘이 빠지면 확 풀어져서 물로 돌아갑니다. 우리의 마음도 똑같아요. 여러분이 자신이라고 생각하는 것이나 마음에 강하게 올라온 느낌들은 물로 만든 물고기와 똑같아요. 힘만 빼면 사라집니다. 막 화를 내다가도 반가운 사람을 보면 화는 금방 사라지고 미소가 지어지듯이, 마음의 경계라는 것은 순식간에 사라집니다. 전체주의로 들어가 보면 어떻습니까? 마음에 어떤 중심이 있나요? 좀 전까지 나라고 여겨졌던 그 느낌이 있습니까? 왜 전체주의만 하면 그것이 사라질까요? '나'라는 것은 물로 만든 물고기와 같습니다. 그리고 경계선 역할을 하는 것은 생각이에요. 그 생각만 풀어버리면, 생각의 경계선만 지워버리면 물고기는 즉시 물로 돌아갑니다. 이렇게 미혹된 의식현상을 잘 비춰보면 서로가 서로를 의지하여 존재하는 구조가 보이고, 구조가 명확히 보이면 그 구조는 허물어지니, 이것이 조파미정照破迷情의 의미입니다.

有時에 名曰無根樹하니 根蔕堅牢故요
유시 명왈무근수 근체견뢰고

때로 뿌리 없는 나무라 하니 근본이 견고하기 때문이요,

나무는 뿌리가 깊어야만 견고하여 바람에 흔들리지 않습니다. 현상계에서는 그래요. 하지만 본질의 세계에는 뿌리가 없기 때문에 흔들릴 그 무엇도 없습니다. 뿌리가 없어서 도리어 견고합니다. 흔들릴 내가 없는 사람은 절대로 흔들리지 않아요. '나'를 가지고 있으면 제 아무리 튼튼하고 강하더라도 그것은 언젠가는 흔들립니다. 자기보다 강한 무언가가 나타나면 바로 흔들려요. 그러나 흔들릴 '나' 자체가 없으면 그 사람은 흔들리지 않습니다. 바로 무근수無根樹인 것입니다. 현상에 뿌리박지 않았기 때문에 현상에 매이지 않고 도리어 견고함을 얻게 된다는 말입니다.

有時에 呼爲吹毛劍하니 截斷塵根故요
유시 호위취모검 절단진근고

때로 취모검이라 하니 번뇌의 뿌리를 잘라버리기 때문이다.

취모검吹毛劍은 무협지에 나오는 아주 날카로운 칼입니다. 칼날에 털을 얹어놓고 후 불면 털이 잘릴 정도로 날카로워요. 문수보살이 항상 들고 있는 반야검般若劍이 여기 나오는 취모검입니다. 지혜의 칼인 반야검, 즉 취모검은 일체의 번뇌를 끊어버리는 칼이에요. 취모검은 선사들의 기록인 벽암록碧巖錄 제 100칙에도 나옵니다. 아주 예리해서 일체의 번뇌를 끊어버리는 검이에요. 아주 미묘한 감지라 할지라도 모두 발견하여 끊어내는 민감하고 예리한 마음의 검이라고 보면 됩니다. 감지 연습을 꾸준히 하면 분노가 올라올 때 그 분노를 이루는 구조가 보이고, 그 구조를 이루는 것들이 서로 만나서 만들어내는 느낌을 잡아낼 수 있게 됩니다. 이렇게 감지를 파악하는 마음이 민감해졌을 때가 취모검을 획득한 상태라고 할 수 있습니다.

"그것 하나도 제대로 못하냐, 이놈아!" 이런 말을 들으면 마음을 오래도록 바라본 사람에게도 뭔가 꾸물꾸물 올라옵니다. 그리고 어떤 느낌을 만들어내서 자신을 보호하려고 애쓰는 것도 느껴져요. 이렇게 민감하고 예리하게 느껴진다면 그 구조가 잡힙니다. 그 구조를 잘 보세요. '나'라는 허상을 지키기 위해 힘이 들러붙는 과정을 보면, '나'도 그리고 그 힘도 물로 만들어졌다는 것을 알게 됩니다. 물이 물의 힘을 받아서 움직이는 것입니다. 힘을 받아서 폭발하려고 합니다. 그때 그것을 바라보는 것 자체가 경계를 풀어버립니다. 전체주의를 했을 때 '나'라는 느낌이 사라지듯이 힘이 빠져버리죠. 마음은 아주 신비롭습니다. 굳세게 하면 할수록 강철보다 단단하고, 힘만 빼면 물보다도 더 흐릿하고 연기보다도 애매해서 마음이 있는지 없는지도 몰라요. 단단하고 강한 대상을 만나면 아주 강한 내가 생겨납니다. 그런 미묘한 구조까지 볼 정도로 취모검은 날카롭고 예리하기 때문에 번뇌의 뿌리를 단번에 잘라 버릴 수 있습니다. 사람을 죽이는 검이 아니라 살리는 검입니다. 번뇌에 빠져 죽지 않게 하는 활인검活人劍이에요.

감지를 발견할 때 외적인 감지를 먼저 살펴봤었죠. 외적 감지는 시각과 청각, 촉각과 미각 같은 거친 감각에 잡히고 느껴지는 것입니다. 그런데 그것들이 느껴진다는 측면에서 살펴보면 그것들은 밖에 있다기보다는 내 안에 있습니다. 내적인 마음의 느낌이죠. 결국은 내적 감지입니다. 감지에는 세 가지가 있습니다. 첫 번째는 육체적이고 물리적인 감지입니다. 물론 이것도 마음의 감지예요. 다만 자극 원인의 측면에서 물리적 외적 감지라고 합니다. 두 번째는 에너지적인 감지입니다. 오감五感과 연계되지 않는 미묘하면서도 구체적인 에너지의 느낌이에요. 세 번째는 그보다 더 미묘한 의식적인 감지입니다. 이 세 가지를 느낌으로 구별하자면 몸의 느낌과 에너지적인 느낌, 그리고 의식의 느낌이라고 할 수 있습니다. 에너지적인 느낌은 몸의 느낌과 마음의 느낌 사이를 이어주는 역할을 합니다. 마음과 몸을 이어주는 에너지의 흐름이에요. 몸의 느낌부터 시작해서 에너지적인 느낌을 지나 드디어 마음의 느낌까지 잡아내게 되면 이제 취모검이 예리해진 것입니다. 감지를 발견하는 마음이 날카롭고 예리해졌어요.

감지의 발견 과정 중 마지막인 미묘한 의식적 감지에 '나'라는 느낌이 포함되어 있습니다. '나'라는 것만큼 미묘한 느낌이 없습니다. 분명히 있는 것 같은데 정작 살펴보면 없어요. 지금 자기를 한번 찾아보세요. 나는 어디 있나요? 자기를 찾으려고 하면 마음이 애매해져요. 생각을 빼고 느낌으로 찾아보면 그냥 비어버리거나 경계가 없어져버립니다. 이 '나'라는 감지는 반드시 대상과 함께 나타나는데, '나' 자체를 대상 삼으니까 대상과 주체가 같아져서 경계가 없어지고 하나가 되거나 희미해져 버리는 것입니다.

마음의 모든 현상은 경계에 의해서 만들어집니다. 물로 만들어진 물고기와 물의 경계가 없어지면 물과 물고기가 똑같아지는 것처럼, 마음의 경계가 사라지면 일심삼매一心三昧로 들어가 버립니다. 마음에 경계가 없어지면 한 마음이에요. 예를 들어, 엄지손가락은 '나'이고 다른 손가락들은 마음속에 일어난 여러 생각들이라고 해 봅시다. 나와 이 생각과 저 생각이 서로 만나 주고받으며 움직이는데, 엄지손가락이 '나라는 것이 도대체 뭐지?'하며 스스로를 관찰하기 시작하면 손가락이 서로 붙어서 경계가 없어지며 하나가 되어버려요. 경계가 사라지면 나라는 것이 안 느껴지고 찾을 수도 없습니다. 그러다가 다시 외부를 보면 경계가 생겨납니다. 손가락들이 생겨나요. 다시 전체주의나 주의에 주의기울이기를 하면 손가락들이 붙어서 하나가 됩니다. 경계가 사라져요. 마음은 이처럼 가변적이지만 오직 하나의 질質이기 때문에 이것과 저것이 다르지는 않습니다. 손가락의 움직임에 따라 여러 가지 손의 모습이 생기듯이, 여러 형태의 감지는 모두 마음이 모습을 띤 것입니다. 마음 자체는 변함이 없습니다. 손이 진심이라면 손짓은 진심에 나타난 현상입니다. 손짓이 아무리 다양해도, 손짓에 따라서 손의 모습이 아무리 바뀌어도 손은 손이에요. 사랑하는 마음과 미워하는 마음의 손짓은 달라도 손은 똑같은 손입니다.

처음에는 그런 감지들을 느껴보는 연습을 합니다. 이런 손짓도 느낌이고 저런 손짓도 느낌이라고 하나하나 확인해 나가는 과정이에요. 그러나 느낌을 느낌으로 본다고 해서 손을 손으로 보는 건 아니에요. 손이 뭔지는 아직 모릅니다. 느낌에 대해서만 알아요. 다시 말해 손짓만 안다는 것입니다. 그렇다면 손짓이 아닌 건 뭘까요? 손짓이 아닌 것은 모든 손짓에 다 들어있어요. 이 손짓에도 손이 있고 저 손짓에도 손이 있습니다. 마찬가지로 이 느낌에도 진심이 있고 저 느낌에도 진심이 있어요. 지금 듣고 있는 마음에도 찾는 마음에도 진심이 있습니다. 진심이 손이라면 듣고 있는 느낌은 손의 모양입니다. 곧 진심의 표현이에요.

손짓을 감지라고 말하는 이유는, 손의 모습일 뿐 손 자체는 아니기 때문입니다. 그렇다고 해서 손짓이 손이 아닌 건 아니잖아요. 분노하는 마음의 손짓도 손이에요. 그래서 번뇌가 곧 보리라고 하는 것입니다. 흔히 '보리'라고 하면 평안한 마음을 의미한다고 생각하는데 그렇지 않습니다. 화난 마음은 화난 모습을 띈 마음, 화남이라는 경계로 그려진 마음입니다. 그리고 고요한 마음은 고요함이라는 경계가 그려진 마음, 고요한 느낌이죠. 하지만 마음 자체는 느낌이 아닙니다. 모든 느낌이 다 감지임을 안다는 것은, 손이 어떤 모습을 띠더라도 그것이 손 자체는 아님을 아는 것과 같습니다. 이런 의미에서 마음에 나타난 느낌들은 마음 자체가 아니라고 말하는 것입니다. 그렇지만 이 느낌들이 마음이 아닌 건 아니에요. '평상심이 도道'라는 말은, 마음의 평상적인 작용들이 마음의 본질과 다르지 않다는 말입니다.

지금 여러분의 골똘히 생각하는 마음, '도대체 무슨 소리지?' 하는 그 마음은 주의에 주의 기울이기만 하면 없어지잖아요. 전체주의를 해도 즉각 사라져요. '이것이 뭐야?'는 마음의 움직임입니다. 그런 움직이는 마음을 통해서 움직이지 않는 마음을 발견하세요. 움직이는 마음을 움직이는 마음이라고만 알면 이미 그 사람은 움직이지 않는 마음에 뿌리박은 것입니다. 아직 정확히는 파악 못했더라도 거의 된 거나 마찬가지예요. '이것도 일어난 마음이지, 이것도 감지네! 그러면 어쩌란 거지?'라는 마음도 역시 일어난 마음이라는 것을 파악하면 어디로 갈 곳이 없습니다.

자신도 모르게 동일시되는 미묘한 느낌이 있습니다. 일어난 모습과 나도 모르게 동일시되는 순간들이 있어요. 가장 미묘하여 알아채기 힘든 것은 지금 이 순간에 동일시되어 있는 마음입니다. '아, 그래. 지금 이 마음도 일어난 마음이구나, 알겠어!' 하는 그 마음 자체가 바로 일어난 마음이에요. 끊임없이 실시간으로 자기를 파악하다보면, 알겠다는 마음도 일어난 마음이라는 것을 알 수 있습니다. 마음에서 잡혔기 때문에 나타난 모습이라는 것을 알아요. 그러면 그 사람은 손 자체를 볼 수 있는 준비가 됐습니다. 본 거나 마찬가지예요. 모든 움직임을 움직임이라고 보기 때문에 모든 움직임 속에 손이 있다는 것을 발견할 수 있어요. 그런데 누가 발견하는 걸까요? 누군지는 모릅니다. 발견하는 자는 없어요. 그냥 발견됩니다. 가장 미묘한 감지는 '나'라는 감지이니, 진정 미묘하고 예리한 검이 필요합니다. 그러나 한편으로 그렇게 어려운 것도 아니에요. 마음에 나타난다는 측면에서는 모두 같기 때문입니다.

취모검은 육진六塵과 육근六根을 끊어냅니다. 육진은 여섯 가지 먼지인 색성향미촉법色聲香味觸法이고, 육근은 육진을 감각하는 감각기관인 안이비설신의眼耳鼻舌身意를 말합니다. 육진과 육근을 합쳐 12처라고 하죠. 각각에서 일어나는 모든 의식 현상과 먼지들을 취모검이 단칼에 잘라버립니다. 마음의 현상을 모두 현상으로 파악하여 그로부터 떠나는 것이 이때 가능하게 됩니다.

有時에 喚作無爲國하니 海晏河淸故요
유시 환작무위국 해안하청고

때로는 무위국이라 하니 바다가 고요하고 강물이 맑은 것과 같기 때문이요,

무위국無爲國은 '함이 없이 하는 나라'라는 뜻입니다. 함이 없이 이루어내는 것을 무위이화無爲而化라고 해요. 하기는 하는데 내가 한다는 생각 없이 하는 것입니다. 자연이 그렇습니다. 바람이 불어서 나무를 흔들어 풍욕시키지만 '내가 나무를 풍욕시켜서 씻겨줬다'라고 하지 않아요. 벌들이 꿀을 따 나르는 중에 꽃가루를 옮겨 수분시키지만 내가 한다는 생각을 하지는 않습니다. 인간의 몸이 산소를 흡수하고 이산화

탄소를 내뿜으면서 '내가 나무한테 생명의 호흡을 전해주고 있어'라고 안 하잖아요. 그냥 일어날 뿐이에요. 자연에는 쓰레기가 없습니다. 나무는 그냥 산소를 내뿜을 뿐이에요. 사람은 그 산소를 받아들이고 부산물로 이산화탄소를 내뿜을 뿐이죠. 버려지는 것이 없습니다. 나무가 산소를 내뿜고 사람은 산소를 필요로 합니다. 만약 이 둘이 따로 떨어져있다면 주고받음이 일어나겠지만 자연에는 주고받는 대상이 떨어져 있지 않아요. 자연은 모두 연결되어 있어서 부족함도 남음도 없습니다. 나무와 사람을 경계 지어 각각의 개체라고 생각하면 서로 무언가를 주고받은 것 같기도 해요. 그러나 자연은 경계 없는 하나입니다. 주고받음 없이 그냥 얽혀서 돌아가고 있어요. 그것이 자연이며, 함이 없이 하는 세계인 무위국無爲國입니다. 사실 우리도 무위국에 살고 있는데, 자기 스스로 경계를 그려서 분리시키고서는 '내가 무엇을 줬다'라고 생각합니다. 사실은 서로 얽혀서 주고받고 있는 중이에요. 여러분이 입은 옷들 다 스스로 만든 거 아니잖아요? 인간의 생각만이 경계를 그려서 이것과 저것이 따로 존재한다고 여깁니다. 그리고는 누가 잘나고 못났으며, 누가 자신에게 상처 입혔는지를 따지고, 또 상처 입기 싫어서 갑옷을 입고 자신을 보호하며 서로 대적하는 중이에요.

우리는 '나'라는 것을 도구로 사용하기 위한 기초 작업을 하고 있습니다. 20년 정도 살다보면 '나'라는 것이 생겨나는데, 대부분의 사람들은 이것을 자기라고 굳건히 믿으면서 더 확장하고 강화시켜서 공고히 하는 데 전 생애를 바치며 살아갑니다. 그런데 몇몇 사람들은 '나'라는 것은 진짜 주인이 아니라 일종의 도구라는 것을 발견했습니다. 하나로 얽혀있는 매트릭스와 같은 우주에서 잘 사용되어야 할 도구일 뿐이에요. 따라서 그것에 얽매일 필요가 없으니, '나'로부터 벗어나면 그 '나'를 잘 사용할 수 있습니다. 그런 사람들이 모여서 공동체를 이루면 그곳의 아이들은 자라면서 자아형성을 하되, 형성된 자아를 하나의 대상 또는 마음의 현상으로 보고, 그것을 사용하는 것까지 배울 것입니다. 그들이 이룬 사회가 진화된 새로운 인류 사회가 될 것입니다. 그런 과정이 진행되고 있어요.

원시 사회에서는 자아라는 것이 없었어요. 그냥 가족 전체가 우리였지, '나'라는 것이 특별히 없었습니다. 자아는 의식 현상을 일으키는 중요한 도구입니다. 그리고 의식현상은 무의식적인 변화를 빠르게 일으키지요. 우리가 자동차 운전을 무의식적으로 배운다면 얼마나 시간이 오래 걸리겠어요. 기어 한 번 당기는 것도 어린애한테 하듯이 수십 번을 가르쳐줘야 할 것입니다. 느낌으로 익혀야 하니까요. 그런데 의식적인 시뮬레이션을 통해서 전체 그림을 그리고 배워서 1년 정도 애써서 익히면 무의식적으로 운전하게 되죠. 무언가를 배우고 익혀서 자리잡게 하는 전체의 과정을 무의식적으로 하면 오래 걸립니다. 하지만 나와 너를 나눈 후에 마음의 시뮬레이션을 통해 배우는 의식적인 과정은 시간이 많이 걸리지 않아요. 그래서 지난 50억 년간 일어난 변화보다 더 많은 변화가 최근 수백 년 동안에 빠르게 일어난 것입니다. 자아의식이 강할수록 그런 변화를 더 빨리 일으킵니다. 그러나 분리된 자기가 존재한다고 생각하기 시작하면서 자기만을 위하는 이기利己라는 부작용도 생겨났습니다. 막상 혼자 떨어뜨려 놓으면 생존하지 못할 텐데도 자기가 독립적으로 존재한다고 생각합니다. 그러나 그렇게 생각하고 있을 뿐입니다.

'나'라는 것을 하나의 도구로 보아서, 내가 상처받는 일이 생기더라도 상처받은 그 마음을 품고서 갈 수 있다면 사회는 점차 평화로우며 조화로워질 것입니다. 상처받지 않기 위해서 우리가 얼마나 자신을 보호하고 강화하며, 상대에게 저항하고 위해를 가합니까? 이번 호 〈지금 여기〉에 소개하는 책 중에 '통증이 마음에서 연유한다'는 내용의 책이 있어요. 긴장증후군 비슷한 것입니다. 이 책의 저자는 의사입니다. 20년 넘게 진료를 하다 보니, 위장 궤양에서 두통에 이르기까지 많은 질병이 긴장성 통증이라는 것을 알게 됐어요. 화anger가 쌓이고 쌓이면 격노rage가 되는데, 그 격노를 무의식에 억압해놓으면 이 격노를 풀어내기 위해 통증이 발생한다는 것입니다. 내 안에 자아가 생겨나면 어떤 기준이 생겨나게 되고 결국 외부와 부딪칠 수밖에 없습니다. 부딪쳐 소리가 나는 순간 원시시대처럼 동물적으로 즉각 터트리면 좋은데, 문명사회가 되면서 생겨난 신피질은 자꾸 억압을 합니다. 화를 확 내버리면 좋은데 문명인으로서 차마 그렇게 못하는 것입니다. 그렇게 쌓이고 쌓이다 보면 무의식은 어떻게든 터트릴 기회를 마련하는데, 그것이 주로 몸의 통증으로 오게 됩니다. 그래서 아무도 안 보는 데서, 쌓인 분노를 욕하면서 풀면 통증이 덜 온다는 것을 발견했다고 합니다. 결국 많은 질병들이 '나'라는 것에 묶여있기 때문에 온다는 것입니다. '나'라는 것은 마음의 경계여서 주의만 풀면, 또는 구조를 정확히 파악하고 힘만 빼면 즉시 사라집니다. 그러면 분노를 일으키는 기준이라는 것은 별다른 힘이 없다는 것을 알게 되죠.

의식적인 유용한 도구인 자아는 부딪힘을 반드시 수반합니다. 부딪힘이 오면 힘을 빼고 필요하면 자아를 세워서 사용하기를 배우고, 그리고 그 자아가 상처받아도 괜찮다는 것을 아는 사람들이 하나둘 늘어나서 사회를 이루면, 그 사회의 아이들은 우리처럼 애쓰고 노력하지 않아도 저절로 자아를 내려놓을 수 있습니다. 그때는 사회 구성원의 대다수가 달라지겠죠.

남태평양의 한 원시 부족에는 숯불 위를 걷는 의식이 있습니다. NLP에도 숯불 위를 걷는 체험이 있죠. 그 부족사람들은 박수치고 소리 지르거나 흥분시켜서 사람의 정신을 빼놓아 숯불 위를 걷게 해요. '숯불 위는 뜨거울 거야, 발 다치면 어떡하지?' 이런 걱정을 잠재워버리고 주의를 다른 데 쏟게 만들면 숯불 위를 걸을 수 있어요. 그리고 부족의 아이들은 어릴 때부터 보아왔기 때문에 그것이 가능하다고 믿고 커서는 그렇게 합니다. 이와 마찬가지로, '나'라는 것이 허구이며 만들어진 쓸모 있는 도구라는 것을 배우고 경험하면서 자라난 아이들은 애쓰지 않아도 그렇게 될 것입니다. 그런 사람들이 늘어나서 공동체가 커지고 전 인류사회가 그렇게 된다면 지금과는 많이 다른 사회가 되겠죠. 그때는 이기주의도 이타주의도 없을 것입니다.

내가 한다는 생각 없이 모든 것을 하는 자연계가 바로 무위국無爲國입니다. 자연계는 모두가 하나처럼 또는 하나도 아닌 불이不二의 덩어리로 얽혀 돌아가고 있어요. 허리케인과 폭풍이 몰아쳐도 바다는 늘 고요합니다. 함이 없이 하기 때문이에요. 허리케인은 자기 일을 하고 있는 것입니다. 허리케인이 모든 것을 싹 쓸어버리기만 하는 것은 아니에요. 허리케인은 우리 몸의 간肝과 같은 역할을 합니다. 독한 것들을 정화하고 갈아엎어서 새롭게 해요. 이렇게 자연계가 하나로 얽혀 돌아간다는 것은 자연에는 쓰레기가 없다는 것을 의미합니다. 그냥 일어나는 게 아니라 모두 이유가 있고, 서로 유기적으로 얽혀 돌아갑니다. 우리 몸 안에 있는 모든 기관과 조직이 하는 일들이 서로에게 도움이 되는 것처럼 말이에요. 어느 하나가 버리는 것은 다른 하나가 받아 사용하는 필수 요소여서, 버려지는 것 없이 쓰이기에 얻음과 버림이란 개념 자체가 없습니다. 요철이 서로 맞물리는 것처럼 그냥 하나입니다. 요철을 따로 떼어서 경계 짓고 보면 얻음과 버림이 있지만, 둘을 맞물려서 전체를 하나로 본다면 얻음과 버림이란 없습니다. 요철을 둘로 나눠 따로 보면, 요凹에는 부족한 부분이 있고 철凸에는 버릴 것이 있는 것 같지만, 이 둘을 하나로 보면 버릴 것도 부족한 것도 없는 완벽한 하나입니다. 이렇게 하나가 된다는 것은 곧 고요하고 맑다는 의미이고 이것이 바로 무위국입니다, 요철을 개별적으로 나눠놓으면 오염과 시끄러움으로 가득 차게 돼요. 남는 건 빨리 버려야 하고, 모자라면 아우성칩니다. 그러나 이 둘을 합쳐 놓으면 남는 것도 없고 모자라는 것도 없이 조화롭게 균형이 맞춰집니다.

못한다고 여기는 건 한계지어 놓은 마음 때문

有時에 號曰牟尼珠하니 濟益貧窮故요
유시 호왈모니주 제익빈궁고

때로 모니주라 하니 빈궁한 자를 구제하여 이익을 주기 때문이다.

모니주는 마니주摩尼珠의 다른 이름으로, 무엇이든 뜻대로 이룰 수 있는 구슬인 여의주如意珠를 말합니다. 진심이라는 여의주를 가지고 있으면 못할 게 없고 안 될 게 없어요. '나는 못해요', '안 될 것 같아요', '어려워요' 이런 소리를 하면 백일학교에서는 반드시 그것을 시킵니다. 왜냐하면 여의주를 주기 위해서예요. 빈궁한 자는 '못한다, 안 된다, 어렵다'고 말하는 사람이에요. 진심은 그런 마음을 구제합니다. 여의

주 같은 진심은 '할 수 있다'는 마음이나 '하면 쉬워진다'는 마음을 경험시켜서 안 되는 것을 되게 만듭니다. 못한다고 여기는 건 내가 한계지어 놓은 마음 때문이에요. '나는 이런 사람이야'라고 여기는 한계를 풀어버리면 못할 것이 없습니다. 할 수 있는 건 다 하고, 그래도 안 되면 그것으로 족한 것입니다. 하지만 해보지도 않고서 마음의 한계 때문에 힘들어한다면 진심을 완전히 썩히고 있는 것입니다. 진심은 한계 없는 마음입니다. 우리가 이유 없는 정성을 쏟을 수 있는 이유는 바로 이런 진심 때문입니다. 이유 있는 정성은 이유라는 한계 속에서만 기울여질 수 있어요. 마찬가지로 이유 있는 기쁨도 어떤 이유가 있을 때에만 느껴집니다.

기쁨은 우리의 본성입니다. 왜일까요? 기쁨은 일종의 진동이고 전율이에요. 기쁠 때 떨리면서 좋은 파동이 일어나죠. '기쁨에 떤다'고 하잖아요. 물리적으로는, 물질 속으로 깊이 들어가면 원자와 전자가 있고, 더 깊숙이 들어가면 소립자가 있고, 더 깊이에는 쿼크가 있습니다. 쿼크들은 에너지 끈 또는 에너지 다발, 에너지 진동이에요. 우리가 몸이라고 여기는 이것을 깊숙한 밑바닥까지 들어가 살펴보면 한마디로 에너지 진동이라 할 수 있습니다. 그래서 우리 몸은 진동을 아주 좋아합니다. 진동을 일으키는 스피커를 몸에 대고 있으면 잠시 후에 졸리고 잠이 들기도 하죠. 목소리를 분석하는 성문聲紋 분석에서는 목소리가 우리 몸 전체의 상태를 반영한다고 봅니다. 이침耳針이나 발반사 요법에서도 한 부분에 몸 전체가 다 들어있다고 보죠. 홀로그램이에요. 목소리를 녹음해서 디지털 파장으로 분석해보면 아픈 부위에 해당하는 음音이 빠져 있다고 합니다. 그래서 그 빠진 음을 들려주면 부족했던 부분에 진동이 가고 회복된다고 성문분석에서는 말합니다. '도레미파솔라시'의 모든 음이 골고루 나오면 건강하다고 해요. 성문분석에서 사용하는 치료기가 두 가지 있는데, 하나는 주파수를 들려주고 또 하나는 몸에 부착하여 진동을 일으킵니다. 각자의 몸에 맞는 특정한 진동을 주면 몸이 노곤하여 졸리다가 잠이 들기도 합니다.

이렇게 몸은 기본적으로 진동과 파동을 좋아해요. 우리 몸 자체가 에너지 진동으로 되어 있기 때문입니다. 기쁜 마음 자체도 일종의 진동이고 파동이며 떨림이기 때문에, 우리 육체나 마음이 진동 속에 있을 때에는 저절로 미묘한 기쁨이 있습니다. 지금 엉덩이와 의자가 맞닿아있죠? 내 말을 듣고 엉덩이에 주의를 보내면 비로소 그 닿은 느낌이 의식됩니다. 내 말을 듣기 전에는 주의를 주지 않았던 것처럼, 우리는 평상시의 이유 없는 진동과 기쁨에 주의를 주지 않아요. 해결해야 하는 괴롭고 짜증나고 힘든 일에만 늘 주의가 갑니다. 그런 일들이 있다 해도 이유 없는 우리의 기쁨은 늘 있는데, 주의를 주지 않으니 없는 것처럼 느껴집니다. 엉덩이가 바닥에 닿은 감각은 늘 있지만 주의를 주지 않으면 느껴지지 않듯이, 늘 있는 이 미묘한 기쁨에 주의를 주지 않기 때문에 느껴지지 않는 것입니다. 의식이 안 되는 것입니다.

지금 자기 몸이 미묘한 에너지 진동 속에 있다고 생각하고 느껴보세요. 이유 없는 기쁨을 한번 발견하고 나면, 그때부터는 언제든지 그것에 주의를 주어 의식할 때마다 그 느낌으로 갈 수 있습니다. 걱정거리가 있어도 기쁜 마음은 여전히 있습니다. 소리가 있어도 침묵은 변함없듯이, 침묵이 모든 소리의 바탕이 되듯이, 미묘한 기쁨의 진동은 슬픔, 두려움, 걱정, 초조한 마음들에 상관없이 늘 있습니다. 지금 이 순간 자기 자신에게 주의만 준다면 몸과 마음에서 기쁨을 발견할 수 있습니다. 언제나 기뻐할 수 있는 이유 없는 기쁨, 언제나 에너지를 쓸 수 있는 이유 없는 정성. 이런 것들이 다 진심에 바탕을 두고 있어요.

진심은 못하는 것이 없습니다. 안 된다, 어렵다, 못한다는 마음을 넘어가게 하는 것이 바로 진심입니다. 자기라고 여기는 마음의 경계를 넘어가게 하는 것이 진심이에요. 마음속에 '아, 나는 못해. 힘들어'라는 생각이 있다면 그것을 한 번만 의식적으로 깨보세요. 그러면 안 되는 것이 없다는 것을 경험하게 됩니다. 힘든 것들을 다 찾아다니면서 하라는 말이 아니에요. '아, 정말 이것은 안 돼!' 이렇게 스스로 100% 믿고 있는 것을 의식적으로 한 번만 깨보라는 것입니다. 그렇게 경험해 보면, 마음의 경계는 언제든지 허물어 버릴 수 있다는 것을 알게 됩니다. 이것이 바로 '나'라는 경계를 무너뜨리는 것이기도 한 것입니다. 그 경계는 내가 그것을 굳게 믿기 때문에 단단한 거지, 그 믿음만 빼버리면 언제든지 쉽게 허물어집니다. 전체주의를 하면 지금의 느낌이 사라지듯이 말이에요. 이렇듯 모든 것을 할 수 있는 진심이라는 마니주는 빈궁한 자를 구제하고 부유하게 하는 이익을 줍니다.

모든 현상은 진심의 다른 표현

有時에 名曰無鏽鎖하니 關閉六情故요
유시 명왈무수쇄 관폐육정고

때로는 무수쇄라 하니 육정을 닫아걸기 때문이다.

무수쇄無鏽鎖는 열쇠 없는 자물쇠입니다. 한 번 잠그면 열 수 있는 방법이 없어요. 육정六情은 안이비설신의眼耳鼻舌身意라는 육근六根을 통해 일어나는 의식작용을 말한다고 했습니다. 진심을 무수쇄라고 하는 이유는, 의식작용을 한 번 닫아걸면 더 이상 풀지 못하게 하기 때문입니다. 닫아건다는 말은 의식 작용을 없애버린다는 뜻이 아니에요. 그건 기능 불능상태의 불구자를 만드는 것입니다. 의식작용을 닫아건다는 말은, 의식은 자유롭게 쓰되 묶이지 않는다는 뜻입니다. 한번 닫아걸면 절대로 열 수 없는 이유는 열쇠가 없기 때문이에요. 의식의 현상에 걸려들어서 거기에 끊임없이 머물고 묶이는 현상이 없어진다는 말입니다. 진심의 작용으로 일어나는 모든 의식현상을 현상으로 볼 때, 비로소 필요할 때는 의식을 쓰고 필요 없을 때는 언제든지 내려놓게 됩니다. 현상에는 머물지 않을 거 아니에요. 변함없는 것이라 할 때 머물게 되죠. '나'라는 느낌이 끊임없이 있기 때문에 거기에 에너지가 머무는 것입니다. 엄밀히 들여다보면 '나'라는 느낌은 자꾸 변한다는 것을 알 수 있어요. 어제의 나와 오늘의 나가 변함없는 나라고 느끼게 만드는 것은 무엇입니까? 우선 '어제의 나와 오늘의 나는 똑같아'라는 생각이 중요한 역할을 합니다. 그 생각을 일단 내려놓으세요. 생각은 우리의 본질이 아니니까요. 생각은 하나의 현상이잖아요. 그러니까 일단 그 생각을 내려놓고 다시 한 번 찾아보세요. 어제의 나와 오늘의 나가 변함없는 나라고 여기게 만드는 것이 무엇인가요? 여러분이 변함없는 나라고 굳게 믿는 근거가 무엇입니까?

어떤 느낌이 있습니까? 그렇다면 그 느낌이 어제의 나의 느낌인가요? 어제의 느낌은 사라졌습니다. 내가 느낄 수 있는 느낌은 지금 이 순간의 느낌밖에 없어요. 그 느낌을 가지고서 어떻게 어제의 나와 오늘의 나가 똑같다고 말할 수 있을까요? 어제의 나와 오늘의 나라는 것은 없습니다. 지금 이 순간의 나만 있어요. 그런데 다시 생각으로 들어가면 '어제 나는 일을 했고, 오늘도 나는 일을 했지' 이런 생각이 있습니다. 그런 생각이 어제의 나와 오늘의 나를 똑같다고 여기게 만들어요. 그러니까 그런 생각만 없으면 '나'라고 여겨지는 것은 지속되는 그 무엇이 아니라는 것입니다. 매 순간 느낌이 달라집니다. 각각의 사람을 만날 때마다 그 사람에 해당되는 내가 나타납니다. 사람에 따라 대하는 태도와 내용이 달라져요. 그런데도 우리가 변함없는 내가 있다고 여기는 것은, '어제의 나와 오늘의 내가 똑같아'라는 생각이 중요한 역할을 하기 때문입니다. 그 생각을 버려두고 느낌에만 집중하면, 느낌이 계속 달라진다는 것을 알 수 있어요. 그러면 '나'라는 것에 그렇게 묶이지 않을 것입니다. 변함없는 나라고 여기기 때문에 잘 치장하고 남에게 잘 보이려고 합니다. 의식현상을 정확히 살펴보면 그 의식에 걸려들지 않고 머물지 않습니다. 특히 '나'라고 여겨지는 의식현상에도 빠지지 않게 되어 그것으로 인해 생기는 모든 묶임에서 자유로워집니다. 이것이 바로 육정을 닫아거는 무수쇄입니다.

乃至 名 泥牛 木馬 心源 心印
내지 명 니우 목마 심원 심인

또는 진흙소, 나무말, 마음의 근원, 마음도장

세종대왕이 한글을 만들고 나서 월인천강지곡月印千江之曲이라는 불교 찬가를 지었습니다. '월인천강'은 하나의 달이 수천의 강에 도장 찍듯이 비쳐 있다는 뜻입니다. 천 개의 강에 비친 달은 현상이고, 하늘에 떠 있는 달은 본질입니다. 우리가 경험하는 마음의 모든 현상은 강에 비친 달과 같아요. 진짜 달은 하늘에 떠 있어서 느껴지지 않습니다. 그리고 우리의 마음이 바로 강입니다. 본질의 마음인 심인心印이 현상세계에 도장을 찍고 다녀요. 그래서 모든 현상에는 진심이 찍혀 있습니다. 따라서 모든 현상은 진심의 다른 표현입니다.

心鏡 心月 心珠라 하야
심경 심월 심주

마음거울, 마음달, 마음구슬이라 하여,

마음의 본질은 거울과 같아서 모든 것을 비춥니다. 모든 것을 비춘다는 말은 모든 현상을 다 느낀다는 것입니다. 느껴지는 그 현상들은 거울 자체는 아닙니다. 마음에 느껴지는 모든 것은 다 마음의 거울에 비친 것입니다. 비쳤으니까 느껴지는 것입니다. 이렇게 마음의 본질을 거울로 표현하기도 합니다.

種種異名을 不可具錄이다
종종이명 불가구록

여러 다른 이름이 있어 다 기록할 수 없으니,

진심에 대한 이름은 너무 많아서 일일이 기록할 수 없습니다.

若達眞心하면 諸名을 盡曉요
약달진심 제명 진효

만약 진심을 통달하면 모든 이름을 다 이해할 수 있으나

진심 자체가 터득되면 그런 이름을 쓴 이유를 자연스럽게 이해할 수 있습니다.

昧此眞心하면 諸名에 皆滯니
매차진심 제명 개체

故於眞心에 切宜子細니라
고어진심 절의자세

진심을 모르면 모든 이름에 대해 다 막히게 되니,
그렇기 때문에 진심에 대해 아주 철저하게 살펴서 터득하라.

제3장

진심묘체

眞心妙體

지금까지 진심, 즉 마음의 본질의 다른 이름에 대해서 강의했고, 오늘은 진심의 묘한 본체에 대해 이야기합니다.

或이 曰 眞心은 已知名字어니와 其體는 如何耶잇가
혹 왈 진심 이지명자 기체 여하야

曰 放光般若經에 云하사대
왈 방광반야경 운

般若는 無所有相하야 無生滅相이라 하시고
반야 무소유상 무생멸상

묻기를, 진심은 이미 이름을 알았거니와 그 본체는 어떠합니까?
답하기를, 방광반야경에 말하되 반야는 소유상이 없고 생멸상이 없다 하시고

방광반야경은 서기 291년에 중국 서진西晉의 무라차無羅叉라는 사람이 번역한 방광반야바라밀경放光般若波羅蜜經을 말합니다. 방광放光은 빛을 발한다는 의미이고 반야般若는 지혜라는 의미이니, 방광반야경은 빛을 발하는 지혜의 경전입니다. 그 경전에서 '반야라는 것은 특정한 모습이 없고[無所有相] 생겨나거나 사라지는 모습도 없다[無生滅相]'라고 했습니다. 어떤 상相이 있다면, 그 상은 생겨난 것이겠죠. 그리고 생겨난 것은 항상 사라지게 마련입니다.

마음의 본질인 진심은 아무런 모습이 없다

우리 마음의 본질인 진심은 아무런 모습이 없습니다. 모습이 있는 것들은 우리 몸과 마음의 감각기관으로 모두 잡아낼 수가 있어요. 여러분들 마음속에 잡히는 것들도 일종의 모습입니다. 시각적인 모습은 아니고 의식적인 모습이겠죠. 이렇게 마음으로 뭔가 잡아냈을 때 우리는 '안다'고 표현합니다. 오감五感에 잡히지 않지만, 의식적인 감각을

통해 마음으로 잡을 수 있는 것이 많이 있어요. 마음에 쌓인 것, 마음에 떠오르는 것, 그리고 마음의 다양한 움직임과 흐름을 마음으로 잡아낼 수 있어요. 그런데 진심은 그렇게 잡아낼 수 있는 상相이 없습니다. 그렇지만 우리는 지금 마음을 가지고 진심을 잡아내려고 합니다. 진심은 상이 없으므로 생겨나고 사라지는 모습도 없는데 어떻게 잡아내겠습니까? '나'라고 여기는 마음과 진심을 잡아내려는 마음 자체가 진심으로부터 나오는 작용의 모습인데, 그 작용의 원천인 진심을 어떻게 잡아내겠어요? 지난 인류 역사의 몇몇 사람들이 그 진심을 잡았다고 말하는데 그것이 말이 되는 소리입니까? 마음이 잡아낼 수 있는 상이 없어서, 그것이 어떻게 나타나고 어떻게 사라지는지도 보이지 않는데, 어떻게 진심이라는 것이 있는지 알고 또 경험하느냐는 것입니다.

'진심에는 상相이 없다'라는 말은 다르게 보면 '마음에 잡힌 모든 상相은 결코 진심이 아니다'라는 말입니다. 우리가 할 수 있는 건 그것이 다예요. 아무리 미세하다 할지라도 마음에 잡힌 그 무엇도 결코 진심이 아닙니다. 그래서 '있는 것도 아니고 없는 것도 아니다[非有非無]'고 말하는 것입니다. 만약에 없다고 하면 '없지. 없잖아!'라고 주장하면서 안다고 여깁니다. 또 만약에 영원불변하여 사라지지 않는 '참나'가 있다고 말하면 '있다'고 여겨서 주장합니다. 그래서 마음이 어디에도 머물지 않도록 '있는 것도 아니고 없는 것도 아니다.'라고 말하는 것입니다. 그러니까 여러분의 마음이 잡아낼 수 있는 것들은 다 본질이 아니라고 보면 됩니다. 진심에는 아무런 모습이 없으니, 그것이 나고 죽는 모습도 없습니다.

주먹을 쥐어보세요. 그리고 눈을 감고 느껴봅니다. 자신이 주먹을 쥐고 있다는 느낌이 있죠. 시각적인 몸과 눈을 감고 있는 자신, 그리고 주먹 쥔 모습, 주먹의 느낌 같은 것들이 포함된 느낌이 있어요. 시각을 포함한 모든 감각적인 감지가 동원되어서 지금 느껴지고 있는 중입니다. 거기에서 시각적인 상을 지워보세요. 주먹 쥔 손이라는 시각적인 상을 지우고 오직 촉각적인 상만 남겨둡니다. 시각적인 상에 주의제로를 합니다. 그러려면 우선 시각적인 상을 느껴야 하겠죠. 시각적인 상을 느낌 다음에 거기에 대해서 주의제로 합니다. 시각적인 상은 경계선이 분명하게 그려집니다. 우리가 가진 감각 중에 시각이 가장 정밀하기 때문에, 시각적인 경계선이 명확하게 느껴져요. 그래서 시각적인 상을 지우면 느낌의 경계가 애매해질 것입니다. 경계가 애매해진다면, 이제 촉각으로 넘어가는 중이라고 보면 됩니다. 그렇게 시각적인 상이 지워졌다고 느껴지면 다시 시각적인 상에 주의를 줘보세요. 그러면 시각적인 상이 다시 생겨나죠. 이것만 봐도 주의가 상을 생겨나고 사라지게 하는 역할을 한다는 것을 알 수 있습니다. 주의를 통해 상은 생겨나고 사라져요. 시각적인 상에 주의제로하면 촉각적인 상만 남는데, 그것도 상이기 때문에 어떤 느낌이 있습니다. 촉감적인 느낌이 있어요. 촉각은 시각보다 훨씬 둔한 감각이기 때문에 촉감적인 경계는 애매하고 명확하지 않습니다. 안개 속에 있는 둔한 느낌이에요. 진한 농도와 옅은 농도라는 차이를 느끼는 정도죠. 그러나 여전히 느낌이라는 것이 있습니다. 이제 그 손을 들어보세요. 팔을 들고 눈을 떠서 바라봅니다. 다시 눈을 감고 팔을 들고 있는 느낌을 느껴봅니다. 촉감을 느껴보세요. 시각적인 상이 들어오면 주의제로하거나 관심을 두지 말고 촉각적인 느낌에만 주의를 쏟습니다. 시간이 조금 지나면 팔이 조금씩 아파오죠. 그 느낌 역시 '팔이 아프다'라는 감지적인 느낌입니다. 내가 아는 느낌이에요. 아픈 느낌 또한 일종의 상인 것입니다. 아프고 힘든 그 느낌을 정확히 느끼다가 팔을 편하게 내려놓으세요. 아픈 느낌이 사라졌죠? 모습이 있는 상인 그 느낌은 사라지고 말았어요. 이렇게 여러 모습과 느낌들은 생겨났다 사라집니다.

그런데 이 모든 것을 알아채는 주체의 모습은 발견했나요? 주체의 모습이 언제 생겨났다 언제 사라지는지 봤습니까? 우리는 오직 여러 느낌이 생겨났다가 사라지는 것만 봤어요. 아픈 느낌이 생겨났다 사라지는 것은 알아챘는데, 알아채는 그 기능은 우리가 알아채지 못했어요. 이때 마음은 '아픈 느낌'과 '아프다는 것을 아는 마음' 두 가지로 나뉘었어요. 이것을 2분열이라 합니다. 이때 아픔을 아는 자는 인식되지 않았어요. 이제 아는 자를 인식하기 위해, 3분열 상태를 연습해보겠습니다.

눈을 감고 팔을 들어보세요. '힘든 느낌'이 생기면 그것을 느끼면서 그 느낌을 '느끼는 자신'도 알아채 봅니다. 우리는 '힘든 느낌'을 느끼고 있는 '자기'가 있다는 것을 '알아요'. 이것이 3분열 상태입니다. 즉, 힘든 느낌(대상), 느끼는 자(개인적 주체), 그것을 아는 앎(비개인적 주체, 순수의식), 세 가지로 마음이 나뉘는 것이지요. 이 상태에서는 개인적 주체감이 느껴집니다. 아픈 느낌이라는 상을 '아는 자'가 느껴져요. 느껴지니까 그것은 마음에 나타난 모습입니다. 개인적 주체'감'은 여전히 대상이지, 진정한 주체는 아닌 것입니다. 비개인적 주체의 대상이 되어버렸고 마음의 상이 됐습니다. 자, 이제 팔을 내리면서 아픔이 사라지는 것을 느껴봅니다. 이때는 아픔이 사라진 느낌과 그것을 아는 앎만 있습니다. 이것이 마음의 2분열 상태입니다.

이렇게 2분열에서 3분열을 왔다 갔다 하면 보이지 않는 진정한 주체인 비개인적 주체를 깨닫게 되는데, 이후에는 그것마저도 대상 때문에 생겨났다가 사라진다는 것을 알게 됩니다. 비개인적 주체는 그것을 인식하거나 보지는 못하지만 분명히 알아챌 수 있어요. 따라서 그것은 진심의 작용이지 진심 자체는 아닙니다. 왜냐하면 진심은 소유한 상이 없고 따라서 나타났다 사라지는 모습도 없기 때문입니다. 2분열과 3분열을 왔다 갔다 하면서 '나'라는 것을 알아채는 '그 작용(비개인적 주체)'을 알고 경험할 수는 없지만, 역시 알아챔의 대상이 됐다면 그 보이지 않는 비개인적 주체 역시 진심은 아니라는 것입니다.

상相이 있어서 마음에 잡히는 것들은 결코 진심眞心이 아니에요. 느껴지고 보이고 잡히는 그 모든 것은 상相입니다. 그런데 반야는 소유상이 없고 생멸상이 없다고 했습니다. 그렇다면 우리는 어떻게 그것을 파악할 수 있을까요? 우리는 삼매에 들기도 하고 텅 빈 마음으로 가기도 합니다. 그러고는 '나는 텅 빈 무無를 체험했어!'라고 생각합니다. 그는 '이 캐릭터로서의 나가 아닌, 무無와 같은 느낌 속에 있다 왔어'라고 생각합니다. 그렇다면 그 텅 빈 허공과 같은 느낌은 잡을 수가 없습니까? 느껴졌다는 것은 마음에 잡혔다는 얘기죠. 그 역시 상입니다. 이렇게 마음에 잡히는 모든 것은 진심이 아님을 알 수는 있어요. 앎이라는 것 자체가 이런 한계가 있습니다. 우리가 파악할 수 있는 최대의 것은, 마음에 잡히는 모든 것은 진심이 아니라는 것입니다. 진심이 무엇이냐는 물음에 소유상이 없고 생멸상이 없다는 식으로 말할 수 밖에 없는 것은, 진심에 대해서 직접적으로 얘기를 할 수 없기 때문입니다. 그것을 알아챌 때 니르바나nirvana이니, 마음속 번뇌의 촛불이 마침내 꺼지고 맙니다.

부처와 범인의 진심도 차이가 없다

起信論에 云하사대 眞如自體者는
기신론 운 진여자체자

一切凡夫 聲聞 緣覺 菩薩 諸佛이 無有增減하야
일체범부 성문 연각 보살 제불 무유증감

기신론에 말하되 진여 자체는 일체 범부와 성문, 연각, 보살, 제불에게서 아무런 증감이 없다.

진심이 뭔지 물으니까 대승기신론에서는, 진심 자체는 평범한 범부나 수도를 하는 성문연각과 보살 또는 깨우친 부처나 아무런 차이가 없는 것이라고 말합니다. 그렇다면 여기서 우리가 얻을 수 있는 힌트는 뭡니까? 우리가 이미 부처와 보살과 성문, 연각과 다르지 않다는 것입니다. 자신이 범부이든 수행자이든 어떤 상태에 있든지 그 모든 차이나는 '마음의 상태'는 진심과는 관련이 없다는 말입니다. 나의 상태가 다른 사람의 상태와 다르다면 그것은 진심과 상관이 없어요. 여러분이 덕이 높고 훌륭한 보살을 보고 부러움이나 존경심을 느낀다면 그것은 여러분의 진심, 즉 본질이 아닌 것입니다. 여러분이 부처를 우러르고, 그를 경외한다면 그 마음 역시 진심은 아닌 것입니다. 본질은 여러분과 부처 사이에 아무런 차이가 없다 했으니, 그런 것이 무엇인지를 봐야겠지요. 마음에 느껴지는 도달한 경지에 차이가 있다 하더라도, 그 경지境地는 경계 지어진 영역일 뿐입니다. 높은 경지든 낮은 경지든 특정한 경지에 있다면 그것은 본심, 즉 진심과 아무런 상관이 없습니다. 그런 경지를 자신이라고 여긴다면 그는 그 경지에 집착하는 것입니다. 진심에는 못나거나 잘난 것이 없습니다.

높고 낮은 경지를 나누는 것은 생각입니다. 그리고 나중에 이름이 붙죠. 어떤 느낌이나 경험을 하고 난 다음에 '난 이만큼 됐어. A보다 높은 경지에 오른 거 같아. B는 아직 멀었네' 이런 이름을 붙이면 느낌은 고정되기 시작합니다. 여러분은 그런 고정화된 느낌을 자기 자신에게 붙이고 있지는 않습니까? '옛날의 나와 지금의 나는 많이 달라졌어'라는 것도 이름 붙인 것입니다. 진심眞心이 아니에요. 전에는 묶여있고 갇혀 있는 것을 자기라고 여겼습니다. 지금은 풀려난 자유로움을 느끼면서 묶여 있던 나와 풀려난 나가 다르다고 여긴다면, 그것은 진심이 아닙니다. 차이가 나잖아요. 묶여 있다고 여겼을 때나 풀려났다고 여길 때나 변함이 없는 것은 뭡니까? 자신이 풀려났다고 생각하는 것도 차이 속에 들어있는 것입니다. 그래서 어떤 생각도 일어나기 이전이 전제가 되어야 합니다. 왜냐하면 생각에 이름을 붙이고 경계를 나누며 경지를 설정해서 차이를 구별하니까요.

그래서 파도와 물에 대한 비유를 계속합니다. 주의를 주면 상이 생기고, 주의를 빼면 상이 사라져요. 파도처럼 쉽게 생겨났다 쉽게 사라집니다. 마음의 상이라는 것과 파도는 너무나 비슷해요. 또 '어제의 나와 오늘의 나가 똑같다'는 상은, 다른 일에 몰두해 버리면 사라져버립니다. 안경집을 보면 안경집이 내 마음속에 툭 들어옵니다. 그러다가 바나나를 보면 바나나가 내 마음속에 떠올라요. 안경집이라는 상은 사라지고 없습니다. 우리 마음은 이렇게 파도처럼 즉각 변하면서 마음의 상을 경험시켜 줍니다. 바나나를 보면 바나나에 대한 느낌이 바로 옵니다. 내가 먹어봤던 길쭉하고 노란 바나나. 껍질을 까면 부드러운 질감. 그런 느낌이 탁 오죠. 그러다가 하얀 색깔의 플라스틱 안경집을 보면 딱딱하고 하얀 느낌이 마음에 들어와 있어요. 그리고 '안경집을 보면서 절대로 바나나를 생각하지 말라'는 말을 들으면 마음속에 안경집과 바나나가 떠올라요. 이때는 두 개의 파도가 동시에 있는 것입니다. 이렇게 주의가 어디로 가는지에 따라 마음에 의식되는 대상이 즉각 생겨났다 즉각 사라집니다.

'그 모든 마음 상태 속에서도 변함없는 것은 뭘까?'라고 이름 붙이지 말고, 마음에서 잡히는 모든 변하는 상태 하나하나를 의식하고 치워보세요. 그렇게 하다보면 마음에 잡히는 모든 것들의 종류를 알겠죠. 이렇게 마음에 많은 데이터가 쌓이면 미묘한 관찰자까지도 마음의 상임을 알게 됩니다. 전체주의*를 하면 전체주의의 느낌이 들고, '내가 지금 전체주의 상태에 있어'라고 **안다면** 그 전체주의 역시 미묘한 상인 것입니다. 거친 것부터 미묘한 것으로 알아챔은 이어집니다. 누군가는 의식적 알아챔이 우주 만상에 원래부터 있는 것 아니냐고 말하는데, 알아챔은 일종의 기준을 사용하는 것입니다. 기준이 없으면 어떻게 알아채겠어요? 어린애는 관찰자를 알아채지 못합니다. 마음에 아직 관찰자라는 미묘한 상이 없어요. 관찰하는 그런 느낌을 모릅니다. '관찰자도 마음속에 떠오른 상이야'라고 말해도 어린애들은 몰라요. 차근차근 설명해주고 붙잡게 하면 마음에 상이 생겨서 그때는 알 수 있겠죠. 우리도 자기 관찰을 처음 시작할 때에는 그것이 뭔지 잘 몰랐잖아요. 관찰에 대한 느낌이 없었으니까요. 이렇게 알아챔은 미묘한 기준을 사용합니다. 리모컨과 바나나가 다르다는 것을 비교를 통해서 아는 것과 같습니다. 알아챈다는 것은 마음에서 일어나는 어떤 느낌이 잡힌다는

---

* 전체주의: 깨어있기 용어. 주의가 하나의 대상에 가있지 않고 전체에 퍼져있어 주변 전체에서 일어나는 일에 대해 즉각적으로 느끼며, 동시에 거기에 머물지 않고 끊임없는 변화에 민감하게 깨어있는 마음.

것이지요. 이런 알아챔은 자꾸 세밀해지고 미세해집니다.

하지만 통찰은 기준이 없어도 일어납니다. 마음에 잡히지 않고 보이지 않아도 통찰은 일어나요. 2분열에서 3분열을 오갈 때, 잡히지 않아도 이 비개인적인 주체를 알아챌 수 있는 것은 통찰 때문입니다. '대상이 있다는 것이 주체가 있다는 증거'라고 수도 없이 말해왔어요. 맨 처음에는 말도 안 되는 소리로 들리다가 점차 뭔가 와 닿지 않습니까? 분명히 주체는 마음에 잡히지 않는데 이 말이 와닿기 시작해요. 그것이 마음의 통찰 현상의 일부입니다. 비개인적인 주체는 잡을 누군가가 없으니까 안 잡힐 뿐이지, 있긴 있습니다. 그러나 그것 역시 대상을 통해 생겨나는 현상이에요. 그런데 주체에게 잡히지 않는 것, 주체라는 기준에 걸리지 않는 주체 자신도 마음은 어떤 방식으로든지 잡아내기 시작합니다. 그래서 주체가 마음의 현상임을 알아채고 잡아낼 수 있다면, 이제 주체와 대상이 없어진다는 것에 대해서도 통찰해낼 수 있습니다. 그것은 마치 마음의 끊임없는 파도에 영향 받지 않는 그 무언가를 발견하는 것과 같습니다.

범부건 부처건 상관없이 늘 한결같아서 늘거나 줄지 않는 본질이 진심입니다. 우리가 변하지 않는 본질을 발견할 수 있는 한 가지 좋은 방법은, 마음에 잡히는 것들을 제외시켜 나가는 것입니다. 생각과 감정, 그리고 모든 느낌. 몸의 느낌과 마음의 느낌을 다 포함합니다. 느낌이 가장 스펙트럼이 넓어요. 이런 것들은 다 변하기 때문에 결코 본질이 아닙니다. 그 중에는 행복한 느낌, 불행한 느낌, 황홀경, 무아지경이 다 포함됩니다. 모두 느껴지기 때문에 본질이 아니에요. 그런데 황홀경을 어떤 증거로 삼으려고 하는 사람들이 있습니다. 황홀경은 다양한 상태에서 나타나는 어떤 경험입니다. 자기가 귀하게 여긴 것들이 체득될 때 오는 것이 황홀경입니다. 어떤 사람은 무아無我의 체험도 재미없다며 그만하고 싶다고 해요. 그 사람은 그것을 별로 추구하지 않았거든요. 반면에 어떤 사람은 생각만 없어져도 황홀해합니다. 평생에 걸쳐 생각 때문에 괴로웠는데 그런 생각이 사라졌어요. 아무리 생각이라는 것을 하려고 해도 안 되는 경험을 하면 굉장히 놀라워합니다. 그 경험을 자기가 얼마나 귀하게 여겼는지에 따라 달라요. 아주 사소한 것이라 할지라도 그것을 귀하게 여겼다면, 그것이 경험될 때 황홀경이 일어납니다. 결국 황홀경이라는 경험은 에너지가 얼마나 쏟아지느냐에 달려있어요. 폭포처럼 에너지가 쏟아져 들어가면 황홀경이 오는 것입니다. 아주 사소한 것도 귀하게 여겨보세요. 내가 죽을 만큼 귀하게 여긴다면 매일매일 사소한 것을 통해서도 황홀경을 경험하게 될 것입니다. 그것이 어린아이들의 마음입니다.

불생불멸하는 진심

非前際生이며 非後際滅이라
비전제생 비후제멸

앞의 때에 생하는 것도 아니고 뒤의 때에 멸하는 것도 아니라

진심이라는 것은 내가 생겨난 이전에 생겨난 것도 아니고, 내가 죽고 난 이후에 사멸하는 것도 아니라는 말입니다. 생겨나고 죽어가는 것이 있다면 그건 진심이 아니고 본질이 아닙니다. 그런 것은 변하는 모습이고 변하는 것은 진심과 상관없기 때문입니다. 모든 부처와 보

살, 범부에게서 아무런 차이가 없는 진심은 불생불멸不生不滅합니다. 우리가 불생불멸을 쉽게 얘기하는데, 그 말 자체가 생겨나지도 사라지지도 않는다는 말이고, 그렇다면 우주에 영원하다는 말이잖아요. 우주보다 더 오래되고, 빅뱅보다 더 오래된 것입니다. 빅뱅은 시작점이 있잖아요, 진심은 불생불멸입니다. 빅뱅 이전부터 있어왔고 또 우주가 사라진 이후에도 남아 있는 것이 진심이라는 것입니다. 생겨나지도 않지만 그렇다고 없어지는 것도 아닙니다. 그리고 우리가 의식적으로 잡아낼 수 없다는 측면에서는 있는 것도 아닙니다.

다시 한 번 눈을 감아보세요. 여러분이 자신이라고 여기는 것들이 모두 의식에 잡힌 것임을 확인해봅니다. '이런 것이 나야'라고 여기는 의식이 있어요. 나는 여자다, 남자다, 의사야, 선생님이야. 이것들은 모두 의식에 잡힌 생각들입니다. 그리고 지금 앉아있는 느낌이 있다면 그것도 의식적 마음에 잡힌 것입니다. 마음에 잡혔으니까 나타나있는 모습입니다. 이렇게 '마음에 잡힌' 생각과 모습들을 다 버린 후에도 남아있는 것은 존재감입니다. 그렇지만 그 존재감도 잡히죠. 잡히는 모든 것은 나타났다가 사라지는 마음의 상이니 모두 생멸하는 것들입니다. 이런 것들은 그냥 두고 이제 그렇지 않은 것을 확인해 봅시다. 알 수도 잡을 수도 없지만 결코 없다고 말할 수 없는 그 본질은 무엇인지, 불생불멸하다는 것이 무엇인지 한 번 확인해 보세요. 여러분의 진정한 본질은 생겨나지도 사라지지도 않는 불생불멸의 영원한 것임을 한 번 느껴보세요. 가슴이 저려오지 않습니까?

우리는 모두 불멸의 진심에 기반을 둔 마음으로 살아가고 있습니다. 본질을 터득했든 터득하지 못했든, 지금의 나와 나타난 현상은 불생불멸의 본질에 기반을 두고 작용하고 있다는 점을 생각해보세요. 본질을 터득했다는 이는 도대체 무엇을 터득했기에 우리의 본질이 물질계의 모든 인과를 초월하고 생과 사를 넘어서 있다고 확신하는 걸까요? 여러분 마음의 본질이 지금 이 순간 마음에 잡히는 현상들의 밑바닥에 단단히 뿌리박고 있다는 점을 한 번 생각해보십시오.

이제 자신의 인생을 한 번 느껴봅니다. 과거가 있고 현재가 있고 미래가 있을 것입니다. 과거의 나는 어떠했고, 미래는 어떨 거야 하는 것이 있죠. 이렇게 과거와 현재, 미래의 자신에 대한 느낌을 느껴보고, 그 느낌이 느껴지면 그것도 상이니까 내려놓으세요. 그러면 여러분에게는 과거도 없고 미래도 없고 현재도 없어요. 다 텅 비었다고 생각해보세요. 텅 빔을 느껴보세요. 그러면 이제 여러분의 인생은 어떨 것 같습니까? 만약에 공허감을 느낀다면 그 공허의 느낌도 마음의 상입니다. 마음에 떠오르는 모든 것이 상이라는 것을 파악하면 그것들은 진심이 아니라는 것이 분명해집니다. 그러면 그 상들로부터 우리는 떠납니다. 그런 상은 마음의 드라마 중에 일부예요.

연습 하나만 더 하겠습니다. 앞에 있는 물건 하나를 보세요. 컵이나 마우스, 볼펜 등 어떤 것이든 상관없습니다. 그 물건을 볼 때 주의가 그쪽으로 향하는 것이 느껴지죠? 이렇게 느껴지는 주의는 한계 지어진 주의입니다. 무언가를 향해 움직이는 주의는 한계가 있어요. 이번에는 전체주의를 해봅니다. 뭔가 막연하게 뭐라 말할 수 없는 전체를 향한 어떤 느낌이 있죠? 그것 역시 한계가 있어요. 어떤 느낌이 있다는 것은 한계가 있다는 것입니다. 전체라는 한계가 있는 전체주의의 느낌이 있어요. 전체주의의 주의도 한계지어져 있습니다. 이번에는 주의에 주의 기울이기를 합니다. 그리고 깊숙이 주의 속으로 스스로가 사라져 버리도록 해보세요. 잘 되지 않으면 주의가 흘러나오는 원천 쪽으로 주의를 쏟으면 되겠죠. 뭔가에 주의를 보내면서 흐르고 있는 그 주의가 시작된 시점으로 들어가는 것입니다.

전체주의는 분명한 한계가 느껴지지만, 주의에 주의 기울이기를 해서 주의 속으로 자신이 사라져 가면 느낌이라는 것이 사라지게 됩니다. 왜냐하면 느낄 '내'가 사라지기 때문이에요. 전체주의는 전체를 대상으로 삼는 미묘한 '나'가 있지만, 주의에 주의 기울이기를 깊숙이 하면 할수록 그것을 느끼는 내가 사라집니다. 그러면 느낌이라는 것도 없어지죠. 그때 주의의 한계도 없어집니다. 한계 없는 주의는 느껴지지 않습니다. 그래서 있다고 할 수 없어요. 마음으로 잡히지 않으니까요. 그렇다고 없다고도 할 수 없습니다. 왜냐하면 주의에 주의 기울이기를 통해서 나라는 것이 사라졌으니까요. 이처럼 주의에 주의 기울이기만 해도 마음속의 상이라는 것은 그냥 사라져버리고 말아요. 얼마나 순식간에 사라집니까? 그 복잡하다는 마음이 금방 사라져버려요. 마음이라는 것은 이렇게 유동적입니다. 그리고 순식간에 변합니다. 그런데도 거기에 한번 힘이 들어가면 고집불통이 되어서 강철보다 더 강해집니다. 신념에 에너지가 들어가면 목숨을 바칠 정도로 강해지지요. 마음은 솜사탕보다 부드럽고 희미해서 쉽게 사라질 수 있고, 동시에 다이아몬드보다 더 강하기도 합니다. 노자는 '마음은 바늘귀보다 더 작고, 우주보다 더 거대하다'라고 했습니다. 논리적으로는 말이 안 되지만 실제로 연습해 보면 경험적으로 느껴집니다. 순식간에 사라지는 물결 같다가 절대로 흔들리지 않는 천추만고千秋萬古의 강한 믿음을 갖기도 하는 것이 마음이라는 현상입니다.

진심은 모든 것을 이루어낼 힘이 있다

畢竟常恒하야 從本已來로
필 경 상 항 종 본 이 래

性自滿足一切功德이라 하시니
성 자 만 족 일 체 공 덕

필경에는 항상하는 것으로 본래부터 지금까지
그 본성이 스스로 일체 공덕을 만족하니

이 세상이 생겨나기 이전부터, 또는 우리 마음이 태어나기 이전부터 지금까지 본성이 스스로 좋고 훌륭하고 선한 모든 덕들을 다 만족시킵니다. 모든 공덕을 이룰 수 있는 힘과 능력이 본성에 갖추어져 있다는 말이에요. 그래서 이 진심을 터득한 사람은 못한다, 안 된다, 어렵다, 힘들다는 말을 하지 않습니다. 힘들다고 말하는 사람은 진심 속에 있으면서 자신은 진심이 아니라고 주장하는 것과 같아요. 스스로의 한계를 만드는 일은 본성에 위배됩니다. 본질은 무한한 미지 그 자체인데, 마음은 항상 한계를 짓고 그 안에 들어가서 그걸 자기라고 여깁니다.

훈련과 수련을 통해 얻은 경지는 진심이 아니다

據此經論컨댄 眞心本體는 超出因果하고 通貫古今하야
거 차 경 론 진 심 본 체 초 출 인 과 통 관 고 금

이런 경전과 논서를 열거해보면 진심본체는
인과를 초월하고 고금을 관통하여

인과因果의 전제조건은 분별입니다. '이것이 있음으로 저것이 있다'는 의타성과 분별성을 초월하는 것이 인과因果를 초월한다는 말의 의미입니다. 고금古今을 관통한다는 말은 시간을 넘어선다는 것이니 영원, 불생불멸과 이어집니다. 노력이나 훈련, 애씀을 통해 어떤 결과를 얻는 것이 모두 인과입니다. 진심은 인과를 초월하여 인과의 법칙에서 벗어나 있습니다. 애씀과 노력은 진심과 상관이 없다는 말입니다. 그렇다고 노력하지 말라는 것은 아니에요. 무진 애를 쓰다가 '아, 이것이 쓸모없는 짓이구나!'하고 마음이 지쳐서 떨어져 나갈 때 진심이 드러납니다. 그런데 그런 노력이 쓸모없는 짓이라는 것을 아직 모를 때는 노력을 해야 합니다.

훈련을 해서 얻는 결과와 수련을 해서 이른 경지들은 모두 인과의 법칙에 속해 있습니다. 끊임없이 훈련하고 수련하고 닦아야만 나아지는 것은 누구입니까? 그렇게 해서 도달한 경지라는 것은 무엇이며, 얼마나 많은 변화가 일어났습니까? 또 그 경지에 도착한 이는 누구입니까? '아, 나는 이런 경지에 도달했어!'라고 미묘하게 느낀다면 그것은 진심이 아닙니다. 그런 것들은 다 분별 속의 일이에요. 마음으로 나눠놓고서 이것과 저것을 구별하고 있잖아요. 아무리 훌륭한 경지라 할지라도 분별 속에 있는 그것은 진심과는 거리가 멉니다.

不立凡聖하야 無諸對待호미
불립범성 무제대대

如太虛空이 徧一切處하야
여태허공 편일체처

범과 성에 차별을 세우지 않고 모든 대대가 없으니
태허공과 같고 일체처에 두루하여

빛이 있다는 것은 곧 어둠이 있음을 의미합니다. 빛은 어둠에 대비되어 있어요. 오르막이 있으면 내리막이 있고, 움직임이 있다는 것은 움직이지 않음이 있다는 뜻입니다. 이런 것이 대대對待입니다. 우리가 **의식하는 현상세계**는 이렇게 **이원적二元的인 대대관계**로 되어 있습니다. 현상적으로는 결코 음陰이나 양陽 하나만 존재할 수는 없어요. 위라는 현상은 항상 아래라는 현상을 동반합니다. 왜냐하면 아래가 없는 위는 의미가 없으니까요. 사람이라는 것은 사람 아닌 것을, **안다**는 **모른다**를 대대합니다. 범부凡夫가 있다는 것은 곧 성인聖人이 있음을 의미하며, 성인이 있다는 것은 범부가 있다는 증거입니다. 그렇기 때문에 성인이라는 이름을 붙인 것입니다. 일반적인 속인에 대비해서 붙여놓은 이름이니까요. 그러나 진정한 진심의 세계에는 범부와 성인이 따로 없습니다. 범부와 성인의 구별은 현상세계 속의 대대관계에서나 있는 것입니다. 그러니까 누군가를 성인처럼 받드는 사람이 있다면 그 사람은 현상 속에 있다고 보면 되겠죠. 또 누군가를 속인으로 무시하는 사람이 있다면 마찬가지로 마음의 분별이라는 현상 속에 빠져있는 사람이에요. 진심에 다가갈수록 모든 차별을 떠나게 됩니다. 좋고 나쁨, 훌륭하고 못남, 자만과 비굴, 이런 대대관계를 떠나서 차이가 없는 Zero의 세계로 갑니다. 그런데 잘못하면 허무주의에 빠지게 되죠. Zero는 충만해서 에너지가 무한하게 발산되는 원천의 의미이지, 무기력하게 된다는 의미가 아니에요. 하나마저도 없는 제로는 잘못 이해하면 무기력함이지만 1에다가 0을 붙이면 10, 100, 1000으로 무한한 에너지를 생산해낼 수 있는 원천이기도 한 것입니다. 1은 방향성이에요. 우리의 무한한 생명력은 방향성이 생기면 언제든 벡터가 되어서 쓰입니다. 그러나 방향이 없으면 무한함으로 남아있게 되죠. 그런데 이것이 무기력한 것처럼 보이니까 자기의 본질도 이러한 줄 알고 허무주의에 빠지는 사람들이 있습니다. 텅 비었다, 공空하다, 아무것도 없다. 이런 것들은 무無에 묶인 것입니다. 진심은 없는 것도 아니고 그렇다고 있는 것도 아니에요. 있고 없음에 묶이지 않으며 그 무엇에도 머물지 않습니다. 어떤 대대관계에도 묶이지 않아요. '있다'는 '없다'를 전제로 합니다. 이 대대관계가 멈추면 마음이 멈추고, 마음이 멈추면 드디어 마음과 상관없이 마음을 사용하게 됩니다.

본질에는 결코 분별이 없어요. 지금 진심의 본체에 대해 물어보는데, '본체는 이런 것'이라고 답하지 않고 본체의 속성에 대해서만 이야기합니다. 그것이 작용하는 모습들만 보여줘요. 본체 자체에 대해서는 보여주거나 느끼게 하거나 경험시켜줄 수 없기 때문에 그렇습니다.

妙體凝寂하야 絕諸戲論하야 不生不滅하며
묘체응적 절제희론 불생불멸

묘한 본체는 흐트러짐 없이 고요하여 일체 희론을 끊었으니 불생불멸하며,

진공묘유眞空妙有라는 말이 있습니다. 참 애매한 말을 많이 써요. 진짜 공한데 묘하게 있다고 해요. 있다는 건가요, 없다는 건가요? 본체라는 것은 진공묘유라고 합니다. 대대관계에 기반을 둔 말로 표현하자니 이런 모순된 말을 할 수 밖에 없습니다. 없는 것 같지만 있고, 있는 것 같지만 없고, 무기력한 거 같은데 절대 무기력하지 않고, 온갖 것을 표현해내고 활발하게 현상화하지만 아무것도 현상화되지 않았고, 폭우가 온 대지를 적시지만 대지는 전혀 젖지 않았고. 뭐 이런 소리를 하는 것입니다. 이것이 바로 묘체라는 것입니다. 영원무궁토록 불생불멸하는 진심묘체에 대해서 얘기하고 있습니다.

마음의 벡터를 탐구하기

非有非無며 不動不搖하야 湛然常住일세
비유비무 부동불요 잠연상주

있지도 없지도 않고 요동하지 않아 맑게 상주한다.

인도철학에 단멸론斷滅論과 상주론常住論이 있습니다. 영원한 뭔가가 있다거나, 죽지도 않고 사라지지도 않는 진정한 나가 있다는 참나 이론이 상주론에 해당합니다. 반면에 참나도 없고, 말로 하거나 느낄 수 있는 그 어떤 것도 없으며, 없다는 것마저도 없다는 것이 단멸론입니다. 불교는 단멸론과 상주론을 다 부정합니다. '참나가 있다'고 하면 '있다'에 에너지가 머물러서 자꾸 참나를 찾으려고 합니다. 또 '아무것도 없다'고 하면 '없다'에 묶여서 모든 것이 공空하다고 버립니다. '없다'를 기준으로 행동을 하면서 자기 에너지를 사용하는 것입니다. 그러나 '있는 것도 아니고 없는 것도 아니다'라고 하면 우리의 에너지가 뭔가를 찾아 나가지 못하고 찾는 마음 그 자체를 보게 됩니다. 진리 찾기에 매몰된 마음과 진리를 찾는 마음 자체를 살피기는 다릅니다. 찾는 것은 벡터예요. 마음이 어딘가로 향합니다. 그런데 어딘가로 향하는 마음을 살펴보는 것은 마음 자체로 하는 실험입니다. 이런 것이 진정한 관찰이라면, 무언가를 이루기 위한 관찰은 그냥 벡터 속에 들어 있는 것입니다. 실험하고 살펴보고 과정을 터득해야지 벡터 속에 들어가 있으면 안 돼요. 분명한 목적을 가지고 추구하는 마음은 그 목적을 향해 흐르는 에너지 속에 빠져있는 것입니다. 그런데 비유비무非有非無라 하면 어떻습니까? 유有라고 하면 목적을 향해 가고 무無라고 하면 멈출 텐데, 멈추지도 못하고 가지도 못하게 하는 것입니다. 그러면 어떻게 하라는 거예요? 마음의 움직임을 보라는 것입니다.

유有에도 무無에도 걸리지 않으면 아주 깨끗하고 맑게 항상 머물게 됩니다. 예를 들어 뜨거운 날씨에 바다에서 올라온 수증기는 티끌을 만나서 뭉쳐집니다. 그리고 무게를 이기지 못할 만큼 뭉쳐지면 빗방울로 떨어져 내리죠. 수증기가 뭉칠 수 있게 해주는 티끌과 같은 단초가 되는 것이, 우리 의식으로 따지면 방향입니다. 방향이 있어야 우리 마음이 움직입니다. 에너지가 끓어 넘쳐서 뭐라도 하고 싶은데 아무것도 못하게 하면 어때요? 아무것도 안하고 있을 수 있을까요? 최소한 '아무것도 안 해야지'를 '해요'. 정말 아무것도 안 하는 것이 대체 뭔지 모르는 것입니다. 아무것도 안 한다는 것은 의도가 없다는 뜻입니다. 자연은 아무것도 안 하고 있어요. 아무런 의도가 없습니다. 그냥 일어날 뿐이죠. 그런데도 아주 조화롭게 존재합니다. 바로 이것이 무위無爲의 위爲입니다.

喚作舊日主人翁이며 名曰威音那畔人이며
환 작 구 일 주 인 옹　　　명 왈 위 음 나 반 인

부르길 옛날의 주인옹이며, 이름 하여 위음나반인이며

주인옹은 앞에서 얘기했듯이 모든 것을 책임지는 진짜 주인을 말합니다. 위음威音은 당당한 위풍과 장엄한 음성으로 설법하는 최초의 부처님인 위음왕불을 말하고, 위음나반인威音那畔人은 나반那畔이 저쪽을 뜻하니 최초의 부처님보다 저쪽으로 넘어있는 더 오래된 사람이란 의미입니다. 진심이 최초의 부처님보다 더 이전이라는 거예요.

又名空劫前自己라 一種平懷하야
우 명 공 겁 전 자 기　　일 종 평 회

또 이름하여 공겁전 자기라 한가지로 평탄하여

공겁 이전부터 있던, 아주 오랜 세월보다도 더 오래된 자기이며 오직 한 가지로 차별과 분별과 나뉨이 없음을 말합니다.

無纖毫瑕翳하야 一切山河大地와
무 섬 호 하 예　　일 체 산 하 대 지

草木叢林과 萬象森羅와 染淨諸法이 皆從中出이라
초 목 총 림　　만 상 삼 라　　염 정 제 법　　개 종 중 출

털끝 하나의 하자도 없어 일체산하대지와
초목총림과 만상삼라와 더럽고 깨끗한 모든 법이 모두 여기서 나온다.

이렇게 진심은 이 현상세계에서 일어나는 모든 현상의 근본이 되기 때문에 우리가 진심에 뿌리를 박게 되면 그 모든 현상을 적절하게 쓸 수 있습니다.

故로 圓覺經에 云하사대
고　　원 각 경　　운

고로 원각경에 이르기를

원각경圓覺經은 부처님이 문수, 보현, 금강장 등 열두 보살과의 문답을 통해 대원각大圓覺에 대한 묘한 이치와 수행에 대해 설법한 것을 기록한 경전입니다. 혹자는 중국에서 만들어진 위경僞經이라고도 합니다. 불경에도 위경이 많아요. 부처님이 말한 경전이 아니라 후세의 사람들이 쓴 경전들이죠. 성경에도 위경이 있습니다. 진짜 경전이 위경

으로 밝혀지기도 하고, 위경이 진짜 경전이 되기도 합니다. 그러니까 위경인지 정경인지는 정확히 알 수는 없고, 중요한 것은 그 경전의 내용들이 우리를 얼마나 일깨우느냐, 그 경전이 내 마음의 본질을 파악해내는 데 얼마나 도움이 되느냐 하는 것이죠. 누가 말했는지는 사실 중요하지 않습니다. 부처님이라는 존재가 개인으로서의 한 인물을 말하는 것이 아니라, 본질의 성품인 불성佛性을 말하잖아요. 채널링을 통해서 나왔건, 무당을 통해서 나왔건, 또는 길가는 거지한테서 나왔건, 그 말의 의미가 나를 일깨워준다면 그것이 나에게는 경전이 되는 것입니다. 그렇지 않고 내용보다 출처에 지나치게 초점을 맞추다보면 우상숭배가 될 수도 있습니다. 부처님은 '나한테 절하지 말라'고 했고, 기독교에서도 '다른 우상을 섬기지 말라'고 합니다. 한 개인이 아니라 진리 자체에 초점을 맞추라는 말입니다. 말 자체 또는 말이 가지고 있는 진정한 의미에 더 귀한 가치가 있어요.

완벽과 불완전이 함께 있다

> 善男子야 無上法王이 有大陀羅尼門하니 名爲圓覺이라
> 선남자 무상법왕 유대다라니문 명위원각
>
> 선남자여, 무상법왕에게 대다라니문이 있으니 이름 하여 원각이라

선남자善男子는 성실하게 진심을 다해 도道의 길을 가는 사람이고, 무상법왕無上法王은 위없이 가장 높은 법의 왕, 즉 부처님을 말합니다. 다라니陀羅尼는 총지摠持 또는 능지能持의 의미입니다. 통섭하여 다 가지고 있으며, 능히 모든 것을 다 품어 안는다는 말이죠. 다시 말해 광대무변한 이치를 모두 포함하고 끌어안을 수 있는 지혜를 다라니라고

합니다.

거대하고 깊은 총지의 문門이 있으니 그 이름이 원각이라고 했습니다. 원은 어디에도 편중되지 않고 둥글기 때문에 자동차바퀴에도 쓰이죠. 만약에 자동차 바퀴의 원이 조금이라도 균형이 맞지 않으면 차가 울퉁불퉁하게 달릴 텐데, 원만하게 둥글기 때문에 매끄럽게 잘 달릴 수 있습니다. 이처럼 원은 흠이 없고 균형 잡힌 완전을 뜻합니다. 그런데 사실 지구는 원이 아니에요. 울퉁불퉁하게 산도 있고 계곡도 있고 하잖아요. 그런데 멀리서 보면 완벽한 원이죠. 지구는 완벽한 원이면서도 편중되어 울퉁불퉁하게 살아있는, 끊임없이 변화하는 양극성을 가지고 있습니다. 높낮이의 차이가 있고, 어느 곳은 물로 가득 차있고, 어느 곳은 바짝 마른 사막이에요. 아주 변화무쌍한 현상세계를 갖추고 있으면서도 멀리서 보면 완벽함을 갖춘 원입니다. 완전한 원이란 것은 보는 관점에 따라 달라집니다. 둥그런 테이블이 우리에게는 완전한 원으로 보이지만, 바이러스의 입장에서는 울퉁불퉁한 거대한 히말라야와 같겠죠. 이와 같이 완벽함은 완벽하지 않음과 함께 있습니다. 마음이 완벽하고 완벽하지 않음을 개념으로 나눴을 뿐입니다.

완벽한 깨달음인 원각圓覺이라고 이름 붙였지만, 사실 이것은 표현일 뿐이고 또 하나의 개념일 뿐입니다. 원각이라는 이름이 있다고 해서, 저 멀리에 완벽한 깨달음이 있을 거라 여긴다면 커다란 오해입니다. 지금 이 순간에 이미 완벽한 깨달음이, 거칠고 편중되며 불완전한 수많은 현상과 함께 있습니다. 그 완벽함은 늘 있지만 그것을 볼 수 있는 눈이 있는 사람에게만 보입니다. 그것을 보는 사람한테 있는 거대한 총지摠持를 이름하여 원각圓覺이라고 했습니다.

流出一切淸淨한 眞如와 菩提와 涅槃과
유출일체청정 진여 보리 열반

及波羅密하야 敎授菩薩이라 하시고
급바라밀 교수보살

거기서 일체의 청정한 진여, 보리, 열반과
바라밀이 나와 보살을 가르치니라.

이 원각으로부터 일체의 맑고 고요한 진여와 보리, 그리고 모든 현상이 멈춰버린 열반적정涅槃寂靜이 나오고, 피안彼岸의 경지에 이르게 하는 바라밀이 흘러나와서 보살들을 가르친다고 했습니다. 바라밀은 산스크리트어인 파라미타pāramitā를 소리 나는 대로 한자로 옮긴 말입니다. 파라pāra는 '저 언덕'이고, 미타mitā는 '~에 도착되다'를 의미합니다. 그래서 바라밀은 '저 언덕으로 건너다', '완전한 것을 이루다'는 뜻입니다. 한자로는 도피안度彼岸이라고 합니다.

圭峯이 云하사대 心也者는 沖虛妙粹하고
규봉 운 심야자 충허묘수

규봉스님*이 말하기를 마음이라는 것은 깊고 텅비어 묘하게 순수하며

충허묘수沖虛妙粹라는 표현을 잘 보십시오. 깊고 텅 비었다는 말을 합니다. 본질의 세계가 이렇다는 것입니다. 깊은 바다에 만물이 모여 살듯이 미묘하게 수많은 움직임과 현상이 있는듯 하지만 또 아주 텅 비고 순수하다고 했습니다.

깊어서 가득 찬 듯하지만 텅 비었다는 건 뭘까요? 뭔가 여러 가지로 가득 차 있는 것 같아요. 그런데 그것은 모두 마음이라는 한 가지 재질

* 규봉스님(780~840): 당나라 화엄종의 제5조로써, 선교일치禪敎一致를 주장했다.

로 되어있다는 것입니다. 물로 만들어진 물고기의 비유를 들 수 있어요. 물고기도 물이고 물결도 물이며, 물고기 앞에 있는 바위도, 물고기가 헤엄치는 강도 다 물이예요. 모두 다 물로 되어있습니다. 이것이 지금 우리 마음속에 일어나고 있는 일입니다. 여러분은 오늘 어디서 무슨 일을 했나요? 집에서 청소를 했다면, 지금 집과 청소하던 자신의 모습이 떠오를 것입니다. 이런 것이 다 물로 만든 물고기입니다. 마음속에서 수많은 일이 일어나고 있어요. 자 다시, 주의에 주의 기울이기 또는 전체주의를 해보세요. 그 물고기 다 어디 갔어요? 이상하게 금방 사라져버리죠. 수많은 것으로 가득 차 있는 듯하지만 사실은 똑같은 재질로 되어있습니다. 금으로 만든 사자를 보면 대부분의 사람은 사자를 봅니다. 그런데 눈이 뜨인 사람은 금을 보죠. 사자를 보는 사람은 현상 속에 있고, 금을 보는 사람은 본질 속에 있다고 할 수 있습니다. 금을 보는 사람도 사자의 모습이라는 것을 압니다. 그러나 그 사람에게 사자라는 것은 중요하지 않아요. 금이 더 중요하죠. 사자든 쥐든 별 차이가 없습니다. 마찬가지로 누가 나를 업신여기고 상처 입히든 또는 똑똑하다고 치켜 올려주든 다 금의 모습일 뿐입니다. 금의 모습은 다르지만 금이라는 것에는 아무런 차이가 없어요.

물고기도 물이고, 물결도 물이고, 물고기 앞을 막는 바위도 물이에요. 그리고 주변 전체도 물입니다. 그 사이에는 경계가 그려져 있습니다. 그래서 물이 나뉘어 물결도 되고 바위도 되는 것입니다. 마찬가지로 우리 마음속에 경계 지어진 수많은 현상도 마음속에 경계를 지었기 때문에 나타나 있는 것입니다. 물에 그려진 경계와는 다르게 마음속의 경계는 느낌으로 나누어집니다. 집 같은 느낌, 집의 감지가 있어요. 친한 사람을 떠올려 보세요. 어떤 특정한 느낌이 있을 것입니다. 또 싫어

하는 사람을 떠올리면 싫어하는 어떤 느낌이 있어요. 이런 것이 다 경계입니다. '경계에 빠졌다'는 것은, 물로 만든 물고기가 물로 만든 바위에 부딪혀서 아파하는 것과 같아요. 전체주의 한번이면 다 사라지고 말 것들인데, 평상시에는 그렇게 하지 못하죠. 관성 때문에 마음대로 되질 않습니다.

'깊어서 텅 비어 있다'는 말은, 마음이 바다같이 깊고 넓어 여러 가지로 가득 찬 것 같지만 사실은 모두 마음이라는 한 재질이 여러 모습과 느낌을 일으켰다는 것이니 텅 빈 것과 같다는 것을 의미합니다. 그 느낌을 일으키는 가장 기본적인 구조는 나와 대상이에요. 주체와 대상이라는 구조입니다. 뭔가를 느끼려면 동일시된 '나'가 있어야 되고 내가 아닌 대상이 있어야 합니다. 그리고 그것들이 만나야 해요. 두 손바닥을 마주쳤을 때 소리가 나듯이, 모든 느낌은 둘이 만나야 생겨납니다. 그런데 나와 나 아닌 것을 나누는 것이 뭐죠? 마음속 경계란 말입니다. 조금 전 집을 떠올리면서 집과 밖을 나누고, 친한 사람과 싫어하는 사람을 나누는 이런 것들이 다 마음속 경계입니다. 마음으로 나눠놓고 분별하는 것입니다. 분별은 느낌의 차이 때문에 일어납니다. 감지연습을 어느 정도 하고 나면 이제, 화가 나기 전에 마음속에 뭔가 꼬물꼬물 올라오는 것이 느껴지죠. 전에는 화가 확 올라왔을 때만 알았는데 말이에요. 어딘가에 에너지가 몰리고, '나'라는 것이 상처 받지 않으려고 방어하기 위해 강한 갑옷을 입기 시작하는 느낌이 느껴지잖아요. 서서히 경계 그려지면서 나누어지다가 뭔가 확연히 올라오게 되면서 명확히 나누어집니다.

깨어있기 기초과정 때 에셔M. C. Escher의 검은 새와 흰 새 그림을 봤었죠. 맨 아랫부분은 모양이 불분명하지만 점차 올라갈수록 흰 새와 검은 새가 완전히 나누어집니다. 우리 마음의 본질은 본바탕인데 흰 새를 자기라고 여기기 시작합니다. 그리고 점차 위로 올라오면서 흰 새는 나, 검은 새는 대상이 되어 서로 부딪힙니다.

다 마음속의 경계 아닙니까? 마음에 느껴지지 않으면 '내'가 의식되지 않습니다. 어린애한테는 마음속 시뮬레이션의 세계가 형성되어 있지 않아서 나도 없고 대상도 없어요. 좋고 나쁨도 없습니다. 마음에 아직 경계가 그려지지 않았기 때문에 그래요. 단순하지 않습니까? 어렵지 않아요. 물로 만든 물고기와 같아요. 지금 당장 해보면 알 수 있습니다. 지금 여러분들은 내 말을 진지하게 듣고 있어요. 진지하게 듣고 있는 그런 느낌이 있죠. 마음이 지금 그렇게 형성되어 있습니다. 그런 물고기가 만들어져 있는 거지요. 그렇게 형성된 마음을 풀어버리면 진지함도 사라집니다. 그와 같이 진지하지 않음도 따로 없어요. 이것도 저것도 없는 그냥 텅 빈 순수한 재질만 있을 뿐입니다. 그런데 마음의 초점이 경계에 가 있으면 또 나눠지고, 분리된 모양에 초점이 가면 마음은 이제 수많은 것들로 가득 차 있는 것처럼 느껴집니다. 그러니까 생명의 에너지가 어디에 머무는지에 따라서, 마음은 깊고 텅 빈 것 같은 것입니다. 그래서 충허沖虛라고 말했습니다.

다양한 모든 것은, 생각이라는 청사진에 관성적인 에너지가 붙어 이루어집니다. 그래서 다양한 듯하면서도 일순간에 빈 마음이 될 수도 있습니다. 전체주의나 주의에 주의 기울이기 한 번하면 그냥 빈 마음이 되어버려요. 마음이 이런 저런 생각과 느낌들로 가득 찼더라도 지금 이 순간에 텅 빔에 초점을 맞추면 마음은 즉시 비워집니다. 물로 만든 물고기와 같은 것입니다. 경계 지어진 물고기의 모습만 흐트러트리면 마음은 그냥 물 자체가 되어버립니다. 경계 없고 모습 없는 물이 되죠. 하나도 어렵지 않아요. 그런데 왜 우리는 경계 지어진 마음을 즉시 풀지 못하고 경계 속에 머물고 있을까요? 경계 그려진 마음, 즉 물로 만든 물고기 속에 내 에너지가 머물고 있어요. 물고기 모습으로 있으려면 에너지가 필요합니다. 그 형태를 유지해야 하잖아요. 그 형태를 유지하는 힘과 에너지가 관성적으로 습관이 되어 버린 것이 바로 물고기를 '나'라고 여기는 마음입니다. '나는 물고기야' 이러고 있는 것입니다. 누구는 20년 전부터 또 누구는 50년 전부터 '나'라는 관성을 시작해서 형태를 유지하고 있는 것입니다. 그런데 여기서 힘을 빼버리면, 유지하고 있는 에너지만 사라진다면 우리는 즉시 빈 마음이에요. 물고기라는 모습은 사라지고, 물이 되어버립니다. 허虛로 돌아가는 것입니다. 어떤 모양과 형태로 가득한 것 같지만 사실 텅 비어 있어요. 그래서 충沖이고 허虛인 것입니다. 깊은 공허란, 다시 말해 '충만한 공허'라고도 할 수 있습니다. 그런데 이 말은 논리적으로는 말도 안 되죠. 우리의 논리라는 것은 이토록 힘이 없습니다. 진실을 표현할 수 없어요. 진실을 표현하면 비논리적인 말처럼 들립니다. 만약에 진실에 대한 표현이 비논리적인 말로 들린다면 여러분의 마음은 논리라는 반쪽 마음 속에 빠져있다고 보면 됩니다. 수많은 것들로 가득한 복잡한 마음이 주의에 주의 기울이기 한 번으로 텅 빈 마음으로 돌아갑니다. 어떻게 이런 일이 일어나느냐는 것입니다. 이런 경험을 한 번도 해보지 않으면 복잡한 마음이 늘 진실이라고 믿습니다. 그리고 꼭 그것을 유지해야 한다고 생각해요. 화나는 마음이 가라앉으려면 어떤 이유가 있어야 한다고 생각해요. 그런데 아무 이유 없이도 그냥 가라앉힐 수 있잖아요. 주의에 주의 기울이기를 하면 마음의 경계가 그냥 사라지는데, 우리는 이유가 있어야만 경계를 풉니다. 경계는 아무 이유 없이 풀어지는 것입니다. 어린애 보세요. 막 울다가도 좀 있으면 웃잖아요. 아무런 이유가 없어요. 떼쓰고 울다가도 겨드랑이 한 번 간질이면 깔깔거리고 웃습니다.

또 마음이라는 것은 묘하고 순수하다[妙粹]라고 했습니다. 묘하고 순수하다는 건 어떤 의미일까요? 감지에 대한 경험들은 모두 일시적이고 순간적인 느낌입니다. 두 손을 마주잡고 한 번 느껴보세요. 두 손의 형태와 위치, 그리고 힘의 강도를 조금씩 바꿔가면서 느낌의 차이를 느껴보세요. 미세하고 섬세하게 느낌이 달라지는 것을 느껴보세요. 다른 사람이 내 손을 만지면 내가 내 손을 느끼는 것과 똑같이 느낄 것 같지만 전혀 그렇지 않습니다. 두 손을 맞잡은 느낌은 매순간 달라지듯이, 모든 느낌은 순간적이고 일시적이에요. 그러나 우리의 본질적인 마음은 일시적이지 않습니다. 어떤 순간에도 변함이 없고 어느 한순간도 달라지지 않기 때문에 순수하다는 것입니다. 묘한 느낌의 차이들이 있는 가운데, 본질은 그와 상관없이 순수합니다. 이렇게 얘기하면 묘함과 순수함은 완전히 다른 얘기 같죠? 모든 느낌과 경험은 일시적이고 순간적인 시간의 세계 속에 있어요. 그리고 본질은 시간을 떠난 영원의 세계에 있습니다. 시간의 세계 속에 있는 묘한 현상, 묘한 느낌의 세계, 묘한 경험의 세계와 시간을 벗어난 영원 속의 본질은 서로 완전히 떨어져 있는 것 같지만 사실 그것들은 서로 다르지 않습니다. 그래서 묘한 순수라고 표현했습니다.

시간과 영원

느낌의 차이는 어디에서 오는 걸까요? 얼마 전에 치과에 다녀왔는데, 치과에서 잇몸 수술을 할 때 마취를 하죠. 지금은 손으로 턱을 만지면 느낌이 있지만, 마취를 했을 때는 이 느낌이 아닙니다. 느낌이 완전히 달라요. 꼭 남의 살 같습니다. 지금 손으로 턱을 만져보면 손과 턱이 느끼는 쌍방향의 느낌이 있습니다. 하지만 턱의 감각이 마비되면 느낌이 완전히 달라지죠. 왜 다를까요? 이제는 느낌이 일방적인 느낌이 되었습니다. 하나가 마비되면 똑같이 만져도 조건이 달라졌기 때문에 느낌도 달라지는 것입니다. 이렇게 느낌이라는 것은 매 순간의 조건과 상황에 따라 달라지기 때문에 일시적일 수밖에 없습니다. 또 일시적이기 때문에 지금의 느낌에 초점을 맞추면 지금 여기에 있게 되는 것입니다. 참 아이러니하죠. 감지를 발견하고 매 순간 달라지는 느낌을 느낀다면 지금 이 순간에 있을 수밖에 없어요. 생각은 어떤가요? 영원한 것 같죠. 사람들은 어제의 나와 오늘의 나는 똑같다는 생각을 가지고 있어요. 그 생각 때문에 같다고 느끼는 것입니다. 컵 속에 담긴 물과 같아요. 컵이라는 생각 속에 느낌이라는 물을 담아놓으면 그 물은 컵의 모양대로만 느껴집니다. 그런데 물을 바닥에 부어버리면 모양이 달라지니 느낌이 달라지죠. 생각이라는 컵, 즉 개념에 붙어있는 느낌은 항상 같습니다. 그래서 '어제의 나가 오늘의 나'라는 생각을 갖고 있다면 내가 늘 똑같다고 느껴지는 것입니다. 어제의 나와 오늘의 나가 똑같다는 그 생각을 지우고 한 번 느껴보세요. 지금 이 순간의 자기를 느끼면서, 어제의 나가 오늘의 나와 같다는 생각이 떠오르지 않도록 그 생각에 대해 주의 제로하고 자기를 느껴보세요. 그 생각이 없을 때 지난 한 달 동안 변함없이 똑같던 나로 느껴집니까? 이럴 때는 전무후무한 느낌밖에 없습니다. 그것이 바로 지금 이 순간의 느낌이에요. 어제의 느낌이 아닙니다. 그리고 당연히 내일의 느낌도 아니겠죠. 그 느낌 속에 어제의 나와 오늘의 내가 똑같은 그런 느낌이 있나요? 느낌 속에는 그런 것이 없습니다. 생각이 그렇게 느끼게 만들 뿐이에요. 그런 생각을 가지니까 그런 느낌이 나는 것입니다.

생각만 풀어버리면 느낌은 매순간 달라집니다. 그렇게 느낌은 시간의 세계 속에 존재해요. 일정 시간 동안만 나타난다는 말입니다. 그러나 본질은 시간과 상관이 없습니다. 본질은 시간을 넘어서 있습니다. 순간적이지 않고 영원하죠. 느낌을 아주 정밀하게 파악해서 찰나의 느낌을 느낀다고 해봅시다. 아주 짧은 순간의 느낌에는 시간이 없어요. 그래서 찰나는 곧 영원이에요. 의식이 파악하지도 못할 만큼의 아주 짧은 순간의 느낌을 느끼려고 한다면 마음이 다른 곳으로 갈 수 없겠죠. 지금 이 순간의 느낌을 그대로 느껴야하니까요. 그래서 거기에는 시간이 없습니다. 반면에 느슨하게 시간을 늘려놓으면 잔상이 남는 것처럼 느낌이 유지되는 것 같죠. 그것이 시간 속의 느낌이에요. 진정한 느낌은 매 순간 달라지는 것이기 때문에 짧은 순간의 느낌에 집중하면 자기도 없고 느낌도 없어집니다. 시간을 넘어선 것입니다. 시간을 넘어서면 주체와 대상이 사라지고 오직 비어버린 영원만이 남습니다.

간격은 마음의 경계를 그리는 도구

시간을 늘렸을 때에 개념이 생겨납니다. 시간이란 것은 결국은 경계선이에요. 우리가 느끼는 경계에는 공간적인 경계와 시간적인 경계가 있습니다. 나와 다른 사람이 다르다는 것을 느끼려면 그 사람과 나 사이에 공간이 있어야 합니다. 그리고 한 생각과 또 다른 생각을 구별하려면 시간적인 차이가 있어야 합니다. 두 개의 생각이 동시에 나타난다면 구별이 안 되겠죠. 두 개의 생각을 구별하는 것은 시간적인 간격이 있기 때문입니다. 두 가지의 느낌을 구별할 때도 시간적인 간격이 있어야 합니다. 이처럼 간격은 경계를 그리는 도구이며, 우리 마음속에 경계선의 역할을 하는 것이 시공간입니다. 그래서 맨 처음 의식에 시공간에 대한 개념이 생겨나는 것입니다. 의식에 시공간에 대한 개념이 만들어지면 드디어 구별이 생겨나게 됩니다.

여러분이 앉아 있는 강의실의 바닥부터 천장까지의 간격은 실제 공간이라기보다는 여러분이 느끼는 어떤 공간적인 느낌입니다. 그 공간적인 느낌이 느껴져야 비로소 나와 나 아닌 것이 구별되기 시작하죠. 이런 시간과 공간이라는 개념과 느낌이 마음에 경계를 그리는 토대가 되고 있습니다. 이런 경계들 때문에 마음속에 수많은 일이 벌어지고 있는 것 같지만 그 경계선만 없애버리면, 경계를 유지하는 힘만 사라지게 하면 마음은 즉시 텅 빈 상태가 됩니다. 물로 만든 물고기가 아무리 많아도 물은 물인 거예요, 별 차이가 없습니다. 그렇기 때문에 물밖에 없다고 말할 수 있겠죠. 마찬가지로 우리 마음속의 수많은 경계로 인해 생각과 감정, 그리고 여러 느낌들이 일어나도 이미 거기에는 본질밖에 없다고 말할 수 있습니다. 경계라는 것 자체가 마음의 재질로 되어 있기 때문에 그렇습니다.

炳煥靈明야 無去無來로대
병 환 령 명　　무 거 무 래

환하게 빛나고 신령스레 밝아, 가고 옴이 없지만

환하게 빛나고 신령스럽게 밝아서 가는 것도 없고, 오는 것도 없다고 했습니다. 밝지 않고 환하지 않은 것은 어둠이죠. 어둠은 이름과 생각들로 가득한 마음입니다. 이름과 생각으로 이루어진 대상의 세계를 진실이라고 믿는 마음이 무명인 어두운 마음입니다. 우리가 경험하는 세계가 명백하게 밝지 못한 것은, 대상이 주체와 상관없이 존재하고 주체 역시 대상과 상관없이 독립적으로 존재한다고 믿고 있는 어두운 마음 때문입니다. 여러분이 경험했듯이 주체와 대상은 같이 생겨났다가 같이 사라집니다. 그것을 경험은 했어도 짧게 경험했기 때문에 자기 존재를 아직 철저하게 파헤치지 못했어요. 그러니까 나 따로 있고 내 앞에 보이는 탁자가 따로 있다고 여기게 되는 것입니다. 나와 탁자는 지금 동시에 생겨나 있는 것입니다. 내가 텅 빈 마음으로 가면 탁자는 보이지 않아요. 탁자가 내 눈앞에서 사라지면 탁자를 보고 있는 내 마음도 사라지고 없죠. 탁자를 보는 주체인 나도 사라지고 없습니다. 그렇게 주체와 대상이 항상 서로 관계하여 존재함에도 불구하고, 서로 독립적으로 존재한다고 믿는 생각에 에너지가 붙으면 그것이 자기에게는 사실이 됩니다. 여러분의 감각이 없다면 결코 세상은 존재하지 않아요. 누군가는 "정말로 당신에게 세상이 존재하지 않는다고? 만일 그것이 의식적인 세계의 발현이라면 지금 당장 벽에 네 머리를 찧어봐. 안 아플 거 아냐?"라고 말할 수 있습니다. 머리를 찧으면 당연히 아픕니다. 그러나 아프다는 것 자체가 관계에 의해서 생겨난 느낌이라는 것입니다. 계속 벽에 머리를 찧다보면 처음처럼 아프지 않아요. 느낌이 달라집니다. 느낌이 달라지는 이유는, 아픔이라는 것 자체가 관계이기 때문입니다. 탁자 위에 손바닥을 대 보세요. 계속 그렇게 대고 있으면서 느낌이 처음과 비교하여 어떻게 달라지는지 확인해 보세요. 조금만 있어도 처음의 느낌과는 달라집니다. 지금 앉아있는 의자에 엉덩이가 붙어있다는 사실을 의식하면 어떻습니까? 의식이 되니까 느낌이 있죠. 조금 전까지는 엉덩이의 느낌이 없었잖아요. 무의식적으로 몸이 느끼는 자극은 있었겠지만 의식적인 느낌은 없었어요. 자신에게 주의를 많이 주면 줄수록 나라는 느낌은 생생해지고, 주의가 서서히 빠져나가면 느낌은 흐려지다가 주의가 멀리 다른 곳으로 가면 나는 존재하지 않아요. 어떤 차력술사들은 몸에 못이 박혀도 아프지 않다고 합니다. 못이 박힐 때 당신은 어디에 있느냐고 물어보면, 저 옆집의 따뜻한 물이 담긴 욕조에 장미꽃을 띄우고 기분 좋게 목욕하는 상상을 하고 있다고 답합니다. 그 사람은 평생 그것을 연습한 것입니다. 훌륭한 가능성을 보여주는 연습이긴 하지만 그런 것을 평생 할 필요는 없죠. 그렇지만 그런 것이 가능하단 말이에요. 주의를 완전히 다른 곳으로 돌려 버리면 지금 여기서 일어나는 일들이 전혀 느껴지지 않습니다. 엉덩이가 의자에 닿은 느낌이 느껴지지 않았던 것과 똑같아요. 이런 약한 감각뿐만 아니라 강한 감각 또한 잊힐 수 있다는 것입니다. 전쟁터에서 죽음을 불사하고 싸울 때에는 총알이 몸을 뚫고 지나가도 별로 아프지 않습니다. 총을 맞았는지도 모르죠. 그러다가 전투가 끝나고 막사로 돌아오면 아프기 시작해요. 이처럼 모든 느낌은 관계이고 조건입니다. 세상에 존재한다는 것 자체도 마찬가지예요. 극적인 예쁜만 아니라 일상적인 것도 마찬가지입니다. 자신의 주의가 쏟아진 그곳이 자신의 현실인 것입니다. 그러니 여러분의 주의를 쓸데없이 자신을 괴롭히는 데에 쏟지 말고, 죽기 전에 진정으로 할 일이 무엇인가에 대한 고민에 쏟아야 합니다. 죽기 전에 해야 할 일을 끝낸 사람은 더 이상 할 일이 없습니다.

나와 대상 사이의 관계에서 만들어진 세계라는 것을 독립적으로 존재한다고 믿는 마음이 바로 어두운 마음이고 캄캄함 속에 빠져있는 마음입니다. 그것을 넘어서 마음의 구조를 보고, 마음이 만들어낸 세계를 환히 들여다보는 마음이 바로 신령스럽게 밝은 영명靈明입니다. 의식의 대상인 존재의 세계에는 항상 오고 감이 있습니다. 나타났다 사라지고, 있다가 없고, 없다가 다시 나타납니다. 그러나 이 모든 오고 감이 일어나는 바탕이 되는 세계는 있는 것도 아니고 없는 것도 아니며 나타나지도 않습니다. 바로 그 세계가 환한 세계이고 신령스러운 세계이며 가고 옴이 없는 세계입니다. 그것이 마음의 본체예요. 마음은 깊고 텅 비고 묘하고 순수하다고 했습니다. 그 속에 이미 있고 없고가 다 있는 것입니다.

> 冥通三際(명통삼제)하고 非中非外(비중비외)로대 洞徹十方(통철시방)이로다
>
> 과거, 현재, 미래에 은연히 일관하여 통하고, 몸 안이나 밖에 있는 것도 아니며, 시방세계에 두루 미치지 않은 데가 없다.

삼제三際는 과거, 현재, 미래의 세 가지 때를 말합니다. 과거 현재 미래에 은연히 일관하여 통하고, 몸 안이나 밖에 있는 것이 아니면서 온 우주에 통하지 않는 곳이 없는 것이 바로 마음이라는 말입니다.

不滅不生이어니 豈四山之可害며
불 멸 불 생　　　　　기 사 산 지 가 해

불멸불생이니 어찌 아상, 인상, 중생상, 수자상이 해를 입히며

사산四山은 네 가지 상相을 말하니 아상我相, 인상人相, 중생상衆生相, 수자상壽者相이 그것입니다. 아상은 내가 있다는 상, 인상은 내가 아닌 남 또는 개인적인 인간이 있다는 상, 중생상은 깨닫지 못한 사람이 있다는 상, 수자상은 목숨이 있다는 상입니다. 끊임없이 생멸하여 이어지며 윤회하는 개인성이 있다고 믿는 것이 수자상입니다. 이런 것들이 모두 마음의 상相이라는 것입니다. 마음의 본질은 이런 상相에 전혀 영향을 받지 않으니 이것들이 어떻게 마음의 본질을 해칠 수 있겠습니까?

離性離相이어니 奚五色之能盲이리오 하시니라
이 성 이 상　　　　　해 오 색 지 능 맹

성품도 떠나고 상도 떠나니 어찌 오색이 눈멀게 하겠는가.

본체라는 것은 성품도 떠나고 상도 떠나있으니 오색五色, 즉 색성향미촉법色聲香味觸法에 미혹되지 않는다고 했습니다. 다섯 가지 성품이라는 것은 성문, 연각, 보살, 부정성不定性, 무선근성無善根性을 말합니다. 부정성不定性은 정해지지 않은 성품이니 마음을 살펴보는 것에 대해 크게 끌려하지도 않고 저항하지도 않는 중간적인 상태의 성품입니다. 무선근성無善根性은 선근이 아예 없어서 '먹고살기 바쁜데 무슨 마음공부야?'라며 전혀 마음 살펴보기에 관심두지 않는 사람을 말합니다. 인간의 이런 다섯 가지 성품을 오성五性이라고 합니다. 그러한 성품들도 떠나고, 마음에 올라온 상들도 다 떠나는데 어찌 오색에 끌려다니겠냐고 했어요. 마음의 본질은 결코 안이비설신眼耳鼻舌身이 사로

잡히는 색성향미촉법에 빠지지 않는다는 말입니다.

故로 永明唯心訣에 云하사대
고 영명유심결 운

夫此心者는 衆妙群靈而普會하야 爲萬法之王이요
부차심자 중묘군령이보회 위만법지왕

고로 영명이 유심결에 말하되, 무릇 이 마음이라는 것은 모든 미묘하고 신령스런 것이 다 모여 있어 만법의 왕이요,

영명선사의 유심결唯心訣에서는 이 마음이 만법萬法의 왕이라고 했습니다. 마음 안에는 모든 미묘하고 신령스러운 것이 다 모여 있기 때문에 마음으로 못해내는 것이 없습니다. 마음으로 살펴보지 못하고, 읽어내지 못하고, 보지 못하는 것이 없어요. 우리가 경험하는 모든 것들이 다 마음의 일이라고 보면 되는데, 우리는 얼마나 다양한 일들을 경험합니까? 일상적인 감정과 지성이 있고, 통찰적인 깊은 지혜도 있으며, 심지어는 귀신을 보기도 하고 영적인 경험을 하기도 하죠. 놀랍고 흥미로운 모든 경험과 생각해낼 수 있는 많은 것들이 바로 중묘군령衆妙群靈입니다. 그런 것들이 다 마음속에 모여 있으니 우리가 경험하는 모든 것은 다 마음의 일이에요.

三乘五性而冥歸하야 作千聖之母로다.
삼승오성이명귀 작천성지모

삼승과 오성이 차별 없이 돌아가니 일천성인의 모체가 된다.

삼승三乘은 성문, 연각, 보살을 말합니다. 설법을 듣고 깨달음의 길을 가는 사람, 스스로 인연의 법칙을 깨우쳐서 깨달음의 길을 가는 사람, 육바라밀을 통해 그 길을 가는 사람이죠. 오성五性은 삼승에 두 가

지 성품을 더 붙인 것인데, 하나는 부정성不定性이니 아직 정해지지 않은 성품입니다. 다시 말해 가능성이 열려있는 사람이죠. 이 사람은 잘 이끌어지면 마음의 길을 갈 수 있는 사람입니다. 다음으로 무선근성無善根性은 선근이 전혀 없는 성품을 말합니다. 이런 성품의 사람을 악한 사람이라고도 해요. 도둑질하고 살인하는 악함은 아니에요. 마음을 전혀 살필 줄 모르고 관심도 없는 것을 말합니다.

삼승三乘과 오성五性이 모두 고요히 본체로 돌아간다고 했습니다. 그러니까 무선근성의 성품마저도 이 진심에 속해 있다는 말입니다. 거기로 차별 없이 돌아가므로 일천 성인들의 모체가 된다고 했어요. 진심이 수많은 성인을 나타나게 한다는 말입니다. 진심이라는 것은 다양하고 천변만화하는 모든 현상의 모체가 됩니다. 이러니 어찌 진심을 없다고 말할 수 있겠습니까? 그런데 이 모든 것들은 일시적인 현상이고 진정으로 영원히 존재하지는 않기 때문에 있다고도 할 수 없죠. 어쨌든 삼승오성이 차별 없이 귀속되어 일천성인의 모체가 되는 것이 바로 이 진심입니다. 없는 것 같으면서도 수많은 현상을 다 일으키기 때문에 묘한 본체라고 말하는 것입니다.

獨尊獨貴하며 無比無儔하니
독존독귀 무비무주

홀로 높고 귀하여 비교할 수도 짝할 수도 없으니

짝할 주儔입니다. 짝할 수 없다는 말은 동등하다 할 만한 것이 없다는 말입니다. 진심과 같은 레벨의 것이 없어서 홀로 높고 홀로 귀하며 비교할 수도, 짝할 수도 없습니다.

實大道源이며 是眞法要라 하시니
실대도원 시진법요

信之則三世菩薩同學이 蓋學比心也요
신지즉삼세보살동학 개학차심야

실로 대도의 근본이요 참 진리의 요체라. 이것을 믿는다면 삼세의 보살들이 똑같이 배우는 것이 모두 이 마음을 배우는 것이요.

진심이 대도大道의 근본이고 참 진리의 요체임을 믿으면, 과거 현재 미래의 모든 보살들의 배움이라고 했어요. 보살이고 부처고 모두 이 진심에 대해 배우는 것이기에 다른 어떤 것을 찾을 필요가 없다는 말입니다. 마음 밖에서 찾지 말고, 바로 이 마음을 살펴보면 됩니다. 그런데 마음을 살펴보라고 하면, 대부분의 사람은 마음의 상相을 그려놓고 상을 다루기 시작합니다. 마음에 이런저런 상을 띄워놓고, 이것이 옳고 저것이 그르다 하면서 상 속에서 놀아요. 하지만 정말 배워야 하는 건 마음의 작용을 살피는 것이죠.

마음의 작용을 살피라

마음의 작용을 살펴보는 일이 힘든 이유는 마음에 나타난 상相 중의 일부를 자기라고 믿기 때문입니다. 그래서 여전히 본질이 아닌 드러난 현상 속에 있을 수밖에 없어요. 마음속에서 일어나는 감지를 자기라고 여기게 되면, 결국은 그 감지의 수준에서 진리를 추구할 수밖에 없습니다. 감지는 진리의 그림자일 뿐이에요. 상相이라는 말 자체가 그림자를 의미합니다. 그러니 그런 상을 가지고 무언가를 추구한다면 결국은 상의 수준에 있을 수밖에 없습니다. 여러분이 저 멀리에 자신이 목적하는 바, 예를 들어 '마음의 본질이라는 것은 이런 거야'라는 상을 세워놓고 있다면, 여러분은 감지 차원의 자기 안에서 맴돌이를 하고 있는 것입니다. 그 안에서 맴돌게 되면 결코 마음의 작용을 볼 수 없어요. 마음의 작용을 상상할 순 있겠죠. 그러나 마음의 작용을 보려면 감지 차원에서 떨어져 나와야 합니다. 감지가 감지임을 볼 수 있어야 해요. 상이 상임을 보고 느낌을 느낌으로 느낄 수 있을 때, 드디어 마음의 작용이 보이기 시작합니다.

그래서 진심을 믿어서 마음의 작용을 보려고 한다면 과거, 현재, 미래의 보살들이 배우는 것과 똑같은 것을 배우는 것입니다. 엄밀하게 진심의 작용 자체를 봐야 합니다. 진심이 만들어낸 상相 속에 있는 것이 아니라, 지금 내 마음이 어떤 식으로 움직이는지 봐야 해요. 마음의 느낌, 생각, 감정 속에 있어서는 결코 마음의 작용을 볼 수 없습니다. 그래서 우리가 보이지 않는 '비개인적 주체'라는 것을 그토록 살펴보고 잡아내려고 하는 것입니다.

三世諸佛同證이 盖證此心也요
삼 세 제 불 동 증 개 증 차 심 야

삼세의 모든 부처가 함께 증거 하는 것이 이 마음을 증거 하는 것이요,

진심은 항상 증거를 통해서만 득得할 수 있습니다. 결코 진심 자체를 득할 수는 없어요. 왜냐하면 진심 자체를 얻으려는 의도 역시 진심에 나타난 하나의 마음이기 때문이에요. '나타난 마음'이 그 바탕이 되는 진심 자체를 어떻게 얻을 수 있겠습니까? 생각하고 느끼고 보이는 모든 것은 마음의 나타난 일부예요. 인식되는 '나'라고 여겨지는 것도 마찬가지죠. 그래서 그것들이 모두 '의식되는' 것입니다. 그러니 그것이 어떻게 진심 자체를 얻을 수 있겠어요? 그것이 녹아 사라지면 진심이

드러나긴 하겠죠. 그런데 그때는 누가 그걸 보겠어요? 보는 자가 없습니다. 진심은 그냥 드러날 뿐이에요. 그래서 증득證得이라고 합니다. 주체와 대상이 함께 생겨나는 기본적인 작용을 통해서 보이지 않는 주체가 있음을 확인하게 되면, 우리는 대상을 증거삼아서 주체라는 것도 마음의 현상이라는 것을 얻을 수가 있습니다. 지금 말하고 듣고 있는 이 놈 자체가 이미 마음에 나타난 한 현상이라는 것을, 대상을 증거로 알아챌 수 있어요.

삼세三世의 모든 부처가 함께 증거 하는 것이 바로 이 마음을 증거하는 것이라고 했습니다. 다른 마음이 아니라 바로 이 마음이에요. 어렵지 않습니다. 여러분들의 지금 이 마음, 나라고 여기는 이 마음, 내 말을 들으면서 골똘히 생각하거나 마음을 열고 귀 기울이는 이 마음, 이해되는 것 같아 고개를 끄덕이는 이 마음이 '현상'으로 '지금 일어나고' 있습니다. 그 모든 현상이 전부 진심의 작용이에요. 결코 진심은 그 자체로 드러나지 않아요. 진심은 이런 작용이 멈출 때 드러나는데, 그것을 결코 알 수는 없습니다. 아는 것 자체가 하나의 작용이니까요. 이것을 빨리 눈치채야 합니다. 그래서 여러분에게 마음의 구조를 보라고 말하는 것입니다. 그런데 마음의 구조는 보지 않고, 마음에 나타난 것으로 진심을 알려고 한다면 마음속의 상相하고 노는 것입니다. 그렇게 100년을 놀아봐야 마음의 작용이 보이지 않습니다. 마음의 구조를 봐야만 드디어 구조에서 떠날 수 있습니다. 누가 떠납니까? 누군가가 떠나는 것은 아니고, 에너지가 머물지 않게 되는 것뿐이죠. 떠날 누군가가 없다는 것을 알게 되니까요.

마음의 '상을 가진 추구'와 마음의 '작용을 보는 것'은 완전히 다르다는 것을 빨리 눈치채고 작용에 자꾸 초점을 맞춰야 합니다. 작용은 마음의 구조예요. 마음이 어떻게 생겨나서 움직이고 어떻게 사라지는가를 보는 것입니다. 마음의 구조와 작용을 명확히 보지 않고, 상을 가지고 다루면 본질로 향하는 길은 결코 보이지 않습니다. '마음을 벗어나면 이럴 거야'라며 열심히 연습하고 노력한다면 마음의 상을 가지고 진리를 추구하는 것입니다. 마음 깊숙한 곳에서 뭔가 이루어질 거라고 기대하고 있습니다. 그러면 아무 소용이 없어요. 기대는 모두 내려놓고서 그냥 살펴보세요. '이럴 땐 이런 일이 벌어지는구나!' 하고 마음의 작용을 보세요. 마음의 상을 가지고서 이렇게 저렇게 끼워 맞춰서 얻는 이해와 터득은, '그렇구나!'하는 것으로 포장된 하나의 결론일 뿐입니다. 그것이 자기가 되어 거기에 묶이고 에너지가 머물게 됩니다.

그래서 수련을 할수록 본질을 깨치기가 더 힘듭니다. 자기가 더 미묘해지기 때문이에요. 더러운 유리창을 보고 '이 더러운 유리창은 내가 아니지' 하면서 닦아요. 닦고 또 닦으니까 깨끗하고 투명해져서 밖이 잘 보입니다. 그럴 때 '이제 나는 되었네. 감정에도 끄달리지 않고 이런저런 생각에도 더 이상 흔들리지 않아. 나는 이제 뭔가 되었어'라고 여기는 마음이 바로 투명한 유리창 속에 갇혀있는 마음입니다. 투명한 유리창을 자기라고 여기는 마음이죠. 이런 것이 바로 더 미묘한 곳에 머무는 것입니다. 본질을 깨친다는 것은, 나타난 어떠한 현상에도 머물지 않는다는 것입니다. 머무를 내가 없어요. 나라고 할 만한 것이 없다는 건 에너지가 어디에도 머무르지 않는다는 의미입니다. 어떤 에너지가? 삶의 에너지가. 그런데 '나라는 것은 없지'라고 생각은 하지만, 일상 속에서 툭툭 걸려 넘어져서 아파하고, 고집하고 주장하는 마음이 일어난다면 그렇게 하고 있는 놈이 있다는 거잖아요. 그때는 그

놈이 자기가 되어 있는 것입니다. 그 놈이 주인 노릇하는 작용을 보지는 않고 계속해서 마음의 내용만을 다룬다면, '아, 이런 것이 깨달음이야. 이런 것이 마음의 작용이지. 이렇게 되는구나' 이러고 있을 뿐, 실제로 자기 자신을 보지는 못하는 것입니다. 마음의 상을 가지고 놀고 있다는 것을 보지 못해요. 상의 수준에서 아무리 마음을 들여다봐야 소용이 없습니다.

그렇지만 어느 순간 툭 마음의 작용을 보게 되면, 깨달음은 특별한 것이 아니라는 것을 알게 됩니다. 어디에도 머물지 않을 뿐이죠. 마음의 본질은 이렇듯 단순합니다. 경험되는 모든 것들이 마음의 상이라는 것을 알게 되면 어디에도 머물지 않아요. 내가 경험하는 것은 모두 내 상의 세계라는 것을 알기 때문입니다. 그렇지 않고 상만 가지고 놀면, 그것이 상이라는 소리를 아무리 들어도 여전히 저 밖에 세계가 존재한다고 여겨집니다. 그것은 나와의 관계 속에서 나타난 느낌일 뿐이에요. 두 손바닥이 부딪쳐서 소리가 나듯, 느낌이란 항상 둘이 맞부딪혀 생겨납니다. 그런데 이 둘은, 둘도 하나도 없는 진심에서 나타난 두 개의 마음이에요. 두 개의 마음이 서로 맞부딪혔기 때문에 나는 소리의 세계가 느낌과 경험의 세계이고, 내가 보는 감각적인 세계입니다. 이런 것들이 마음의 작용을 통해서 보입니다. 마음의 상속에 있을 때는 아는 것 같아도 결코 실현이 안 돼요. 상을 가지고 공부를 열심히 하면 뭔가 많이 아는 것 같습니다. 많이 듣고 많이 배우면 자기가 아는 것 같아요. 그렇지만 그 앎은 다 마음의 상이에요. 수백 번 알았다 하더라도 일상에서 현실화되지는 않습니다. 아는 것은 많은데 자꾸 감정이 올라오는 것입니다. 그것을 하나의 느낌으로 보지 못하고 그걸 주인삼아 버리는데, 자기가 그러고 있는지도 몰라요. 왜냐하면 그 순간 그것이 자기니까요. '자기가 없다'라고 말하면서도 그렇게 주장하는 자기는 보이지 않아요.

마음의 상을 보는 것과 마음의 작용을 보는 것은 천지차이입니다. 비유하자면 상을 보는 것은 모니터에 그려지는 그림을 보는 것입니다. 작용을 보는 것은 마우스의 움직임을 보는 것입니다. 모니터의 그림이 아무리 멋지다 한들 그건 그림일 뿐입니다. 우리의 앎이라는 것은 바로 그런 것들이에요. 우리가 진짜 경험해야 될 건 그림을 마우스가 그리고 있다는 것입니다. 모니터에 그려지는 **그림을 통해서** 마우스가 **자신의 움직임을 파악하는 것**이 바로 마음의 작용을 보는 것입니다. 마우스가 스크린에 그림을 그리면서 그림을 보는 것은 마음의 상을 보는 것입니다. 상을 보는 것과 마우스 자신의 작용을 보는 것이 비슷한 것 같지만 완전히 다르죠. 작용을 본다면 어떤 그림이 그려지는지 상관하지 않습니다. 마음의 내용에는 전혀 상관하지 않아요. 알든 모르든 관심 없습니다. '마음의 작용이 이럴 때는 모른다는 느낌이 드는구나. 이럴 때는 안다는 느낌이 드네' 한다면 작용을 보는 것입니다. '알겠어!' 라고 한다면 상을 보는 것입니다. '모르겠는데?'도 마찬가지죠. 엄밀히 구별하지 않고 끊임없이 상에 머문다면 아무리 오래 공부해도 소용이 없습니다.

一大藏教詮顯이 盖顯此心也요
일 대 장 교 전 현　　개 현 차 심 야

팔만대장경이 말로 나타내는 것은 바로 이 마음을 나타내는 것이요,

팔만대장경의 수많은 말들이 나타내는 것은 바로 이 마음 하나입니

다. 텅 빈 것 같지만 가득 차고, 아무것도 없는 것 같지만 묘하게 있는 그 진심 하나를 얘기하고 있어요. 마음의 수많은 작용 속에 들어가 있지 말고 작용 자체를 봐야만 이 진심을 알 수 있습니다. '나'라는 것이 있다고 여기며 살아가는 것은 진심의 작용 속에 들어가 있는 것입니다. 진심이 작용해서 마음이 주체와 대상으로 나뉘었는데, 주체에 무게 중심을 두고 살아가요. 작용 속에 들어가서 작용의 일부를 자기라고 여기고 있습니다. 반면에 작용을 본다는 것은, 나누어진 두 개의 움직임을 밖에서 보는 것입니다. 그런데 밖에 나와 있는 내가 없잖아요. 그러니까 주체로 남아 있으면서 자기 자신도 마음의 작용이라는 것을 알아채야 하기 때문에 어려운 것입니다. 나라고 여기는 그것 자체가 이미 드러난 현상의 일부인데, 그것을 자기로 삼았기 때문에 마음의 전부를 보지 못합니다. 본다는 것 자체가 나눠져야 가능하죠. 마음의 전부를 본다는 것은 마음의 조각난 모든 부분으로부터 떨어져 나올 때 가능합니다. 최종적으로 남는 지켜보는 자인 관조자 역할의 자기조차 마음의 한 현상임을 볼 수 있을 때, 비로소 도약이 일어납니다.

'나는 마음의 작용을 보는 것 같은데 왜 아직 시원하지가 않지?'라는 생각이 든다면 여러분은 진정으로 마음의 작용을 보고 있는 것이 아닙니다. 여전히 마음의 상에 주의가 가 있어요. 마음의 작용이 보여진 것이 아닙니다. 물론 작용과 마음의 상을 본다는 것은 아주 미묘하게 연결돼 있습니다.

여러분이 예전에는 주의에 주의 기울이기를 몰랐는데 이제는 알아요. 이렇게 '안다'는 것은 또 다른 상을 하나 더 만들어 놓은 것입니다. 그전에는 불투명한 오염된 상으로만 살아 왔는데 이제 주의에 주의 기울이기, 투명한 주의, 전체주의 이런 것들에 관심을 기울이면서 여러분의 마음이 투명해졌어요. 마음이 투명한 상으로 가득 차 있다는 것입니다. 전에는 사물을 보면 그것이 내 마음에 가득 찹니다. 옳고 그름 속에 들어앉아 '넌 틀렸어. 이것이 옳아.' 하는 건 수많은 색깔에 주의가 가 있는 상태입니다. 색깔에 물든 것입니다. 그럴 때는 분열된 마음의 상황에 빠져서 자기라고 여기는 마음이 있는 것입니다. 그런데 투명한 주의에 주의를 기울이면 마음이 투명해집니다. 아까는 색깔에 물든 상에 빠져 있었다면 지금은 투명한 주의라는 상에 빠져 있어요. 이 투명한 주의는 경계선상에 있습니다. 왜냐하면 주의를 통해서 모든 의식작용이 일어나니까요. 의식을 일으키려면 주의가 가야 합니다. 주의라는 놈이 마우스 역할을 하는 것입니다. 그런데 투명한 주의에 주의를 기울인다는 것은, 비유를 들자면 주의가 마우스이기도 하고 마우스가 그린 그림이기도 한 것입니다. 상과 작용을 보는 것에 주의가 미묘하게 겹쳐있습니다. 그래서 작용으로의 도약이 일어나기가 쉽지 않아요. 헷갈리죠? 잘 구분이 안 갑니다. 그러나 자꾸 보다보면 **작용을 보는 것**과 **상 속에 있는 것**이 구분될 것입니다.

안다, 경험했다 등의 생각이나 느낌이 있다면 상相속에 있는 것이라 보시면 됩니다. 상이 없으면 '내가 경험했다'는 것을 어떻게 **알겠어요**? 경험은 일어났고 끝났습니다. 경험은 여러분을 도약시켜주고 끝납니다. 전에는 묶여 있던 것들에 더 이상 묶이지 않게 하는 것이 경험의 효과예요. 그런데 거기에 덧붙여 '내가 전에는 이랬었는데 이젠 이렇게 됐어. 이젠 그것이 느낌인 줄 알겠네.' 이렇게 생각을 하고 느끼죠. 붙잡을 수 있는 상이 있으니까 그러는 것 아니에요? 미묘한 상이에요. 경험이 끝나면 항상 경험의 그림자가 남기 때문에 '나는 경험했어, 나는 알았어!' 이러고 있는 것입니다. 그러면 또 상에 붙들리는 것입니다. 이때 다시 작용으로 가야 합니다. 배를 타고 왔으면 배를 버려야 하는데, '이 배가 나를 이 언덕까지 데려와 주었어. 나에게는 이제 이 배가 있어.' 이러면 안 됩니다. 작용을 봐야 합니다. 그렇다면 작용을 본다는 것은 어떻게 하는 것일까요?

두려움이 있지만 두려움이 없다

마음을 제대로 공부하는 사람은 두려움이 없습니다. 두려움과 아픔이 오면, '이럴 땐 내게 이런 아픔이 느껴지네?'라고 자문하면서, 오롯이 느끼는 동시에 마음을 살펴봅니다. 실험을 하는 것입니다. '기쁨이 일어나네. 기쁨은 이런 과정을 통해서 일어나는구나.' 이것이 작용을 보는 마음이에요. 그런데 상 속에 있는 사람은 경험이 일어날 때의 **합일된 느낌** 같은 기쁨만 추구합니다. 합일된 느낌도 상이죠. 여기서 저기로 올라갈 때의 느낌이에요. 작용을 본다는 것은 그런 과정을 보는 것입니다. 작용을 보는 사람은 끊임없이 자기 마음을 가지고 실험하다가 나중에는 실험하고 있는 자기도 실험 대상이라는 것을 알아채지요.

마음의 상 속에 남아 있느냐, 마음의 작용을 보고 있느냐를 구별하고 작용을 보는 쪽으로 가는 것이 공부의 핵심입니다. 자기라고 여겨지는 것을 가지고 계속해서 실험하세요. 그렇게 하다보면 그 사람은 자기를 넘어갑니다. 왜냐하면 자기라고 여겨지는 것을 볼 수 있는 힘이 저절로 생기고, 나라고 느껴지는 느낌이 어떻게 생겨나는지를 알면 저절로 거기서 떨어져 나오기 때문입니다. 그러지 않고 '나라는 것은 주체와 대상이 나눠져서 주체에 에너지가 많이 몰려서 생겨나는구나.'

라고 마음속에 그림을 그리고 있으면 상에 빠져있는 것입니다. 상에 빠져 있으면 마음은 편합니다. 자기가 다 아는 것 같거든요. 우리 마음은 모를 때 불안함을 느낍니다. 그러나 **아는 것이 자유를 주지는 않습니다**. 그에 반해, 작용을 보는 사람은 오염 속으로 들어가고 불안을 경험합니다. 그리고 불안이 어떻게 일어나는지를 봅니다. 실험자의 정신으로 자기 마음에서 일어나는 작용들을 살펴보고 부딪쳐 들어가 보세요. 팔만대장경에서 말로 표현된 모든 것이 바로 이 마음을 표현한 것입니다.

> 一切衆生迷妄이 蓋迷此心也요
> 일 체 중 생 미 망 　 개 미 차 심 야
>
> 일체중생이 미망한 것이 이 마음에 대해 미망한 것이요,

미망迷妄은 미혹됨과 망령됨입니다. 미로 속에서 헤매고 있는 것이 미혹이고, 없는 것을 나눠서 있다고 이름 붙이고 그중 하나를 자기라 여기며 분별하는 마음이 망령입니다. 모든 중생의 끊임없는 미망을 모두 이 마음, 즉 진심이 만들어 낸다고 했습니다. 진심은 참 대단하지 않습니까? 미혹된 마음도 만들어 내요. '나는 몰라!'하는 마음도 진심이 만들어 내고 있다는 것입니다. 상相 속에 있는 사람은 뭘 모르면 창피해하기만 하지만, 마음의 작용을 살피는 사람은 모를 때 **창피한 마음**이 **일어나는 것을 알고**, 그것을 누가 느끼는지 실험합니다.

중생의 미혹된 마음은, 진심이 주객으로 분열되고 그중 한 부분에 빠져 그와 동일시된 것을 자기라고 여기는 것입니다. 그러나 사실 진심은 한시도 나눠진 적이 없습니다. 미망된 우리의 마음이, 일시적으로 나타나서 잠시 머무는 느낌에 이름을 딱 붙여놓고는 영원히 그렇

다고 여기고 있을 뿐이죠. 지금 앞에 있는 컵을 보면, 그것이 대상이고 내가 그 컵을 보고 있다는 주체와 대상의 느낌이 있잖아요. 그 느낌에 이름을 붙입니다. '나는 나고, 컵은 컵이지. 내가 저 컵을 보고 있어' 그리고 나중에 저 컵을 볼 때 '내가 저 컵을 보고 있지'라고 생각한다는 것입니다.

그렇게 이름 붙여 놓으면 항상 주체라는 느낌이 있습니다. 이름표는 그릇과 같은 역할을 합니다. 그리고 느낌은 그릇 속의 물과 같아요. 실제로 느낌은 끊임없이 바뀝니다. 나타나기도 하고, 사라지기도 하고, 대상이 바뀌면 다른 주체의 느낌이 생기기도 해요. 그런데 이름을 붙여놓으면 사물을 볼 때마다 그 그릇을 꺼내서 거기에 느낌을 담아요. 그러니까 항상 같은 모양이 느껴지겠죠. 어제의 나와 오늘의 내가 변함없다고 여기는 것도 똑같습니다. 한 번도 제대로 살펴보지 않았기 때문에 그렇게 생각하는 것입니다. 우리가 여러 번 살펴봤듯이 대상에 따라서 나라는 느낌이 달라지잖아요. 지금 이 순간 자기라는 것을 한 번 느껴보세요. 생각을 지우고 느껴보세요. 마음에 나타난 현상일 뿐인 생각을 지워버려도 변함없는 나라고 느껴지는지. 어떻습니까? '변함없는 나'라는 생각이 없어도 '변함없는 나'라는 느낌이 있어요?

그냥 지금 이 자리에 있는 느낌만 있을 뿐입니다. 지금 이 자리에서 느껴지는 그것이 전부예요. 내 눈앞에 또는 내 손의 촉감으로 느껴지는 대상들과 함께하는 그 느낌이 전부입니다. 어제의 나와 오늘의 내가 똑같다고 여기는 것은 생각이 끼어들었기 때문입니다. 미혹된 마음인 미망迷妄입니다. 생각으로 분리시킨 틀 속에 생명의 힘이 부어져서 똑같은 느낌을 만들어내고, 그걸 변함없는 나라고 느끼는 것이 바로 미망이에요. 생각만 없으면 느낌은 유동적입니다. 앞을 봤다가 고개를 돌려 옆을 보면 느낌이 확 달라지잖아요. 그런데 '내가 이걸 보고 있고 저걸 보고 있어' 이런 생각이 무심결에 깔려있으면 '이걸 보나 저걸 보나 나는 변함없지'라고 느끼는 것입니다. 느낌 자체를 한번 잘 살펴보세요. 순간순간마다 나라는 느낌이 달라집니다. 주체가 달라져요. 잘 살피지 않고 생각만 가지고 있으면, 생각이 지금 이 순간 내 마음에 작용하게 그냥 내버려 두는 것입니다. 그러면 생각에 끌려 다닙니다.

이름이 붙고 이름끼리 서로 부딪쳐서 감정을 만들어내는 작용을 자기라고 여기는 것이 중생의 미망한 마음입니다. 그런데 이 미망한 마음 또한 진심의 표현이고 진심의 작용이에요. 현상을 떠난 곳에 본질은 따로 없다는 말입니다. 이 세상에 파도가 없다면 그 어디에 바닷물이 있겠어요? 파도는 물과 떨어질 수 없는 현상입니다. 마찬가지로 현상을 떠난 본질은 따로 없습니다. 그래서 번뇌즉보리煩惱卽菩提인 것입니다. 번뇌는 보리가 복잡다단하게 나타난 모습일 뿐이에요.

작용하는 마음을 보다

一切行人發悟가 蓋悟此心也요
일체행인발오 개오차심야

一切諸祖相傳이 蓋傳此心也요
일체제조상전 개전차심야

일체 모든 수행자가 깨닫는 것은 바로 이 마음을 깨닫는 것이요,
일체 모든 조사들이 서로 전한 것이 바로 이 마음을 전한 것이요,

달마가 혜가에게, 혜가가 승찬에게, 그 뒤로 도신과 홍인을 거쳐 혜능에게 전한 것이 바로 이 진심입니다. 그러나 진심이 없던 사람에게 전한 것은 아닙니다. 다 진심을 가지고 있습니다. 그렇지만 눈을 감고

있으니까 눈을 뜨도록 한 대 친 것이 조사들이 한 일입니다. 일상에서 끊임없이 사용하고, 보고 듣고 경험하는 원천이 되어주는 마음이 바로 그 마음입니다. 그렇지만 마음의 모습 속에 자신의 중심을 두기 때문에 모습 없는 마음을 알지 못합니다. 본질이라는 것은 모습 없는 마음이고, 느껴지고 경험되는 마음은 모습이 있는 마음입니다.

모습이 있건 없건 마음이라는 것은 똑같습니다. 펴진 손이나 주먹을 쥔 손이나 똑같은 손인 것과 같아요. 그런데 우리는 엄지손가락을 나라고 여기고 나머지 손가락을 대상으로 삼고 있으면서 손을 발견하려고 합니다. 즉 모습 있는 마음을 가지고 모습 없는 마음을 발견해야 하는 딜레마 속에 있어요.

'본질이 있다'고 말하는 것 자체가 하나의 손가락이에요. '본질은 늘 있다'는 말은 하나의 비유입니다. 말이라는 것은 그럴 수밖에 없어요. 본질은 지금 이 순간에도 있지만, 우리는 본질이 모습을 취한 것만을 경험할 수 있습니다. 경험하려면 경험자와 경험의 대상으로 나뉘어야 하는데, 나뉨 그 자체가 하나의 모습입니다. 그리고 '나' 자체가 마음의 모습 중의 일부예요. 모습 중의 일부가 모습도 없는 마음을 찾으려고 하니까 참 아이러니하죠. 그때 할 수 있는 건 '나'라고 여겨지는 마음이 마음의 한 모습임을 발견하는 것뿐입니다. 그래서 자꾸 느낌을 강조하는 것입니다. 마음에 잡히는 모든 것이 느낌입니다. 여러분이 '나'라는 것을 느끼기 때문에 내가 아닌 다른 사람을 구별하잖아요. 내적인 분별이 일어났다는 말이죠. 그것이 바로 마음의 모습입니다. 그 모습의 일부로 살아가면 모습 없는 마음을 결코 알 수 없습니다. 모습을 모습으로 알아야 합니다.

수행자들은 이 단순한 마음을 깨달은 것입니다. 작용하는 마음을 작용으로 본 것입니다. 작용하지 않는 본체를 본 것이 아닙니다. 부처도 본체를 볼 수는 없어요. 본체를 봤다면 본 놈이 있다는 의미인데, 그렇다면 그것은 깨달음이라고 할 수 없겠죠. 그래서 금강경에 깨달은 아라한은 없다고 했습니다. 또 석가모니에 의해서 말해진 진리도 없다고 했어요. '진리'라는 것은 '진리 아닌 것'과 대비되어 사용하는 개념입니다. 진정한 진리에는 대비와 분리가 없습니다. 진리 아닌 것이 없어요. 그것이 본모습이고 본마음입니다. '진심'이라고 이름을 붙였는데 이것은 진심이 아닌 것이 있다는 소리입니다. 벌써 진심과 진심이 아닌 것을 나눠놓고 얘기하고 있어요. 그렇지만 그럴 수밖에 없는 것이 말입니다. 언어의 세계에서는 분리를 해야만 얘기할 수 있고 전달할 수 있어요. 우리의 마음과 의식작용이 그렇습니다. 우리가 돌고래라면 지금과는 다르겠죠. 돌고래는 파동을 사용합니다. 저 앞에 바위가 있으면 음파를 쏴서 반사되는 파동을 받아서 다른 돌고래에게 그대로 전하고, 다른 돌고래가 바위를 그대로 느낍니다. 우리가 사용하는 말은 진짜 바위의 10% 정도만 전할 수 있습니다. 말 외의 눈빛, 몸짓, 목소리, 억양 등을 통해서 더 많은 것이 느껴지죠. 말은 어쩔 수 없이 분별을 기반으로 할 수밖에 없어요. 손가락의 모습을 가지고 손을 설명하는 것과 같아서, 진심이라고 말하지만 이미 진심이 아닌 것을 바닥에 전제하고 있습니다. 그래서 진심과 진심이 아닌 것이 따로 있다고 받아들이는 오류가 생겨납니다. 진심과 진심 아닌 것은 따로 없습니다.

天下衲僧參訪이 蓋參此心也니
천하납승참방 개참차심야

천하의 운수납자들이 묻는 것이 이 마음을 참구하는 것이요,

걸식하며 구름처럼 여기저기 다니는 납승衲僧이 스승들에게 묻고 배

우는 것이 모두 다 이 마음에 대한 것입니다. **마음이 만들어내는 수많은 상태**에 대해서 배우고 묻는 것이 **아니에요**. 마음을 통달하면 생긴다는 천리안, 다른 사람의 마음을 읽는 타심통, 이런 것들을 찾고 구한 것이 아닙니다. 그것은 모두 마음의 상이죠. 마음 자체, 모습 없는 마음을 묻고 배웠습니다.

達此心則頭頭皆是며 物物全彰이요
달 차 심 즉 두 두 개 시　　물 물 전 창

이 마음에 통달하면 낱낱이 다 이것이며(진심이며),
물물이 온전히 나타난다.

이 마음에 대해 통달하면 이 사람이 하는 말, 저 사람이 하는 말이 다 맞습니다. 옳고 그름을 떠나있기 때문인데, 걸림이 없다는 뜻입니다. 보고 듣고 느껴지는 모든 것이 마음 자체가 아닌 마음속의 상이고, 경험 자체가 마음의 현상임을 파악했기 때문에 그것에서 떠나있게 됩니다. 그래서 다 옳아요. 특정한 것이 옳다고 주장하지 않습니다. 상대가 다른 것을 말하면, '저 사람의 마음을 어떻게 열 수 있을까?'에만 초점을 맞춰서 여러 방향에서 바라보고 움직이고 물러섭니다. 이 사람은 주장할 것이 없어요. 상대가 안 배운다 해도 그만이에요.

그리고 마음을 통달한 사람에게는 모든 사물이 온전히 나타난다고 했습니다. 상相으로 보고 있다는 것을 명확히 파악했기 때문입니다. 모든 것이 온전히 보이는 것이 아니고, 다 상이라는 것을 알기 때문에 온전한 것입니다. 핸드폰을 보면서 '핸드폰은 이런 모습이야'라고 철저하게 믿는다면 틀린 것입니다. 내 눈에 핸드폰의 표면이 매끄럽게 느껴질 뿐입니다. 실제로 매끄러움이라는 것은 없음을 아는 사람은 핸드폰을 매끄럽게 느끼면서도 그것이 상이라고 압니다. 그렇게 아는 사람이 아니라면 자신이 경험한 것을 주장하죠. 자신이 경험하는 세계가 상의 세계임을 몰라요. 그런 사람의 말은 아무리 옳다고 한들 옳지 않습니다. 하지만 자신의 경험이 모두 느낌의 세계임을 아는 사람은 어떻습니까? 그 사람은 무슨 말을 하든지 옳아요. 자신이 옳지 않다는 것을 알기 때문입니다. 사실 그런 사람은 옳다고 말하지도 않죠. 옳은 것이 없다는 것을 알기 때문입니다. 어떻게 하면 알아채게 할지만 고심합니다. '이것이 최고야. 이것이 옳아'라는 말과 생각은 옳지 않습니다. 묶여있으니까요. 자신의 경험이 자신의 세계에 묶여 있다는 것을 그 사람들은 모릅니다. 그 아무리 황홀한 느낌의 세계라고 해도 마찬가지예요.

끊임없이 수련하여 자신을 닦아서 어떤 경지에 이르러야 한다고 여긴다면 평생을 그렇게 살아도 됩니다. 별 문제는 없어요. 그런데 수련해서 뭐가 됩니까? 끊임없이 수련해서 **누가** 나아집니까? 닦아지고 나아지는 것은 누굽니까? 본질은 닦기 전과 후가 다르지 않습니다. 한 치의 변화도 없기 때문에 본질인 것입니다. 열심히 닦으려고 하지 말고 마음의 작용을 파악하려고 하십시오. 자기를 세련되게 만들어서 훌륭한 사람이 되려고 하지 마세요. 그냥 있는 그대로의 자기를 받아들여요. 나라는 인간을 만들고 움직이려는 것이 마음의 작용임을 파악하세요. '훌륭한 나'라는 것은 마음의 상이에요. 자기 이미지죠. 그래서 자신이 뭔가가 되려는 사람은 절대로 본질을 깨우칠 수 없습니다. 뭔가가 되려고 하고 **이루려고 하는 말뚝**에 붙들린 채로 나아가려고 하기 때문입니다.

단지 순수한 마음으로 실험해보세요. 여러분은 이미 이루어져 있습니다. 이미 여러분의 마음은 본질 그대로예요. 단지 마음의 파도인 모습에 현혹되어 마음에 잡히는 그 느낌을 자기로 여기고 있을 뿐입니다. 괴롭고 힘들 때, 질식할 때까지 숨을 멈춰보세요. 그때 괴로움이 그대로 남아있을까요? 금방 없어집니다. 하늘이 무너지는 고통이 느껴지거나 참을 수 없을 만큼의 분노가 올라온다고 해도 숨을 멈추면 바로 사라집니다. 고통은 생명보다 본질적이지 않으니까요. 의식된다는 것 자체가 이미 본질적이지 않다는 것을 의미합니다. 본질이 아님을 파악하는 것이 바로 현상을 현상으로 본다는 말의 의미입니다. '아, 그럴 듯한데, 그렇지'라는 마음이 들면 그렇게 움직이는 마음의 작용을 보세요. 마음을 사용해서 이해하고 받아들이는 동시에 그것이 마음의 작용이라는 것을 보라는 것입니다. 그런 것이 마음을 잘 사용하는 것입니다. 누가 사용합니까? 사용할 누구는 없죠. 상황과 조건에 의해서 사용되고 있는 것입니다. 가장 적절하게. 자연도 사용되고 있는 것입니다. 자연의 수많은 현상은 아주 부드럽고 조화롭게 사용되고 있습니다, 자연 전체가 하나의 시스템이고, 우리도 그 속의 일부입니다. '나'라는 느낌도 거대한 생태계의 일부에 불과한데, 그 생태계에서 주인 노릇을 하려고 합니다. 그저 이름 붙여졌을 뿐이에요. 일을 열심히 할 때는 자기가 한다는 생각도 느낌도 없는데, 끝나고 나면 '내가 했어'라고 이름 붙여요. 하지만 그건 나도 모르게 경험이 쌓인 것입니다. 살아오면서 경험이 저절로 쌓인 것이지, 내가 경험을 쌓은 것이 아니에요. 자연이 쌓았어요. 그렇게 쌓인 데이터를 무슨 일을 할 때 사용합니다. 그 또한 내가 쓰는 것이 아니에요. 필요에 따라 쓰일 뿐입니다.

'나'라는 것은 무엇입니까? 살아오면서 쌓인 데이터들을 총합해서 '

나'라고 이름 붙여놓은 것뿐입니다. 그리고 어제의 나와 오늘의 나는 똑같다는 이름도 붙여놨죠. 내면의 정글을 탐험하면서 여러 지식과 경험이 자신도 모르게 쌓이고 기능이 작동하는데, 거기에 '이것은 내가 했어. 이것이 나야. 이것이 나의 지식이야'라고 이름을 붙이고 그것들을 자기라고 여겨요. 이것이 자아自我가 하는 일입니다. 자아는 이름, 라벨을 모아놓은 덩어리예요. 라벨에 붙어있는 느낌과 행동이 저절로 딸려옵니다. 그 느낌과 그에 의한 행동들은 어떤 조건을 통해 나도 모르게 생겨나고 익혀졌어요. 나라는 이름이 붙기 전부터 익혀졌습니다. 태어나서 한 살쯤, 한참 기어 다닐 때는 나라는 것이 아직 나타나지 않았죠. 나라는 것은 의식되지 않았어요. 그런데도 기고 움직이죠. 그걸 누가 합니까? 우리는 자기가 했다고 스스로를 속이고 있어요. 자신을 철저히 관찰하지 않았기 때문입니다.

이 마음에 통달하면 사물이 온전히 나타나는 이유는, 모든 것이 마음의 상이며 왜곡되었음을 알기 때문입니다. 그래서 온전해요. 자기가 틀린 것을 알기 때문에 틀리지 않았습니다. 소크라테스는 자신은 진실로 아는 것이 하나도 없다고 했어요. 그래서 그가 진정으로 아는 사람인 것입니다. 다른 사람들은 모르면서 아는 척하고 있다는 것입니다. 그래서 결국 독배를 마시게 됐습니다. 고집 센 나이 든 사람들한테는 그들이 안다고 우겨도 그냥 넘어갈 줄 알아야 하는데, 소크라테스는 융통성이 없었어요. 그래도 온전합니다.

아는 것이 없기 때문에, 마음에 들어온 것은 사물 자체가 아니라 상相이라는 것을 알기 때문에 도리어 이 사람, 소크라테스에게는 사물이 온전히 나타납니다.

혼미한 미로는 캔버스 위의 선일 뿐

迷此心則處處顚倒하며 念念痴狂이니
미차심즉처처전도　　염염치광

이 마음에 미혹하면 처처에서 전도되며,
생각하는 것마다 어리석고 날뛰게 되니,

이 마음에 미혹되면 가는 곳마다 위아래가 뒤바뀝니다. 지혜가 없어서 어리석고 미쳐 날뜁니다. 완전히 전도돼요. 예를 들면, 도화지 위에 그려진 복잡한 선의 미로에 한번 빠지면 헤어 나오기 어렵습니다. 그런데 그 미로는 사실 도화지 위에 그려진 선일 뿐이에요. 2차원의 존재라면 도화지 위의 선이 벽이 되기 때문에 빠져나오지 못하지만, 3차원의 존재는 평면적인 도화지에 그려진 선 위를 뚜벅뚜벅 걸어 다니면 그만입니다. 이것이 바로 마음에 나타난 느낌을 나라고 여기는 사람과, 그것이 하나의 느낌임을 아는 사람의 차이입니다. 나라는 것이 단지 느낌으로 느껴진다면 그 느낌에 휘둘릴 필요가 없어요. 자존심, 굴욕감 같은 것들은 다 하나의 느낌 아닙니까? 잠시 나타났다가 흔적도 없이 사라집니다. 그것을 느낌으로 아는 사람은 도화지 위의 미로를 선으로 대하는 3차원의 사람이고, 그 느낌을 자기라고 여기는 사람은 선 속에 갇힌 2차원의 사람입니다. 그 선을 피해서 다녀야 해요. 어떤 선은 반드시 지켜야 해서 그 선이 망가지면 '내'가 죽을 것만 같아요. 그러나 우리는 그 선이 마음에 잠시 나타난 일시적 경계일 뿐임을 압니다. 경계가 그려졌기 때문에 그 느낌이 일어났다는 것을 알아요. 느낌이란 경계로 나뉘어진 것들 간의 차이에 의해 생겨나는 것이기 때문입니다. 그래서 경계로 인해 생긴 그런 느낌이 있어도 아무 상관없어요. 그 느낌이 꼭 없어져야 하는 것이 아니에요. 느낌이 자꾸 없어지면 사람이 둔해집니다. 차이를 모르는 것과 같아요. 이런 것을 무기공無記空에 빠졌다고 합니다. 우둔한 평화와 같아요. 마음에 미혹되면 마음의 선이 만들어 내는 느낌들을 자기라고 여겨서 그 느낌에 끌려 다닙니다. 그런데 이 미혹에서 벗어나면 선을 지우지 않더라도 그 위를 지날 수 있어요. 즉, 느낌이 있어도 상관없습니다. 우리는 이미 3차원 인간입니다. 그러나 2차원 인간이라고 믿고 있을 뿐이에요.

此體는 是一切衆生의 本有之佛性이며
차 체 시 일 체 중 생 본 유 지 불 성

이 본체는 일체중생이 본래부터 가진 불성이며,

마음의 본체는 모든 중생, 즉 자갈 하나부터 사람에 이르기까지의 전부가 본래부터 가지고 있는 불성佛性입니다. 본질적인 마음의 성질이에요. 그러니까 우리가 이것을 애써서 찾고 무언가가 되려고 할 필요가 없습니다. 이미 본질임을 그저 알아차리면 됩니다. 각자가 가지고 있는 특성들이 있는데, 그것들은 잘 사용하면 그만입니다. 사람마다 잘하고 못하는 일이 달라요. 그러나 그들의 본질은 똑같습니다. 다만 나타난 모습이 다를 뿐이죠. 각자 다르게 타고난 패턴을 잘 사용하면 됩니다. 본질을 파악하면 패턴에 걸리지 않으면서 자신이 가진 패턴의 특성을 잘 사용할 수 있어요. 그 패턴을 없애거나 둔하게 할 필요는 없습니다. 잘 사용하되 그것이 본질이 아닌 특성이라는 것을 파악하면 됩니다.

乃一切世界生發之根源이라
내 일 체 세 계 생 발 지 근 원

곧 일체세계가 발생하는 근원이라

진심이 바로 일체 세계가 발생하는 근원입니다. 일체의 세계에 대한 세 가지의 이해가 있습니다.

첫째, 처음에는 세계가 사실로 존재한다고 생각합니다. 지금도 대부분의 사람들이 그렇게 생각하죠. 그런데 칸트는 논리적으로 철저하게 파고들어가 자신의 의식이 그렇게 받아들였기 때문에 그런 세계가 있다는 것을 알게 되었습니다. 순수이성비판에 나오는 얘기죠. 물物 자체는 우리가 건드릴 수 없다고 했습니다. 간단하게 말하면 사실이란 것이 있는지 없는지 모른다는 것입니다. 우리가 경험하기는 하는데 그것이 정말 있는지는 알 수 없다는 말입니다. 처음으로 어리석은 마음에서 벗어나면, 사실이라는 것 자체가 내 마음이 받아들이고 경험해서 결정해 놓은 것이고 그런 사실 자체가 정말 있는지 없는지는 우리는 알 수 없다는 것을 알게 돼요.

두 번째는 모든 것이 마음의 세계라고 여깁니다. 그것이 바로 유심唯心입니다. 그런데 이때의 마음을 인간적인 마음으로 생각하는 사람이 있어요. 그런 의미가 아닙니다. 마음은 만물에 걸쳐있어요. 일체중생이 무엇입니까? 돌 하나, 나무 한 그루, 티끌 하나도 모두 일체중생입니다. 무생물, 생물 할 것 없이 모두 본래부터 진심을 가지고 있어요. 그런 의미의 진심이지 인간의 마음만을 의미하는 것은 아닙니다. 인간이 가진 힘도 일체만물에 들어있는 힘이 발전되고 확장된 모습일 뿐, 본질은 사물에 들어있는 것과 같습니다.

물리적으로 설명해 봅시다. 원자 단위 밑으로 내려가면 양성자와 전자가 있고, 더 밑으로 내려가면 소립자와 쿼크, 더 내려가면 힉스입자가 있습니다. 양자陽子는 에너지 덩어리죠. 실제 입자가 아니라 에너지가 뭉쳐진 덩어리입니다. 예를 들면 빛을 돋보기로 모은 것과 같아요. 한 점이 생긴 것 같아 보이지만 돋보기로 모은 빛 덩어리일 뿐이에요. 그것처럼 양자도 에너지 덩어리가 뭉친 것인데 마치 입자처럼 행동합니다. 거기까지는 물리학자들이 동의를 해요. 사실 그것을 볼 수 있는 것은 아니고, 전자현미경과 같은 다양한 도구들로 실험하고 추측하여서 그렇게 하자고 한 것입니다. 이처럼 양자도 우리가 추론한 모습이고, 우리의 측정 장치에 의해서 파악된 사물입니다. 우리 의식의 세계가 파악하는 물리세계의 가장 기초적인 모습이죠. 이 세계의 본질은 아닙니다. 키보드를 가지고 설명해보겠습니다. 키보드를 구성하는 것은 알루미늄입니다. 산소와 수소의 차이가 무엇입니까? 양성자와 전자의 개수만 다를 뿐이에요. 알루미늄과 철도 마찬가지죠. 알루미늄이 알루미늄으로 유지되는 이유는, 특정한 전자가 특정한 패턴으로 양성자 주변을 움직이기 때문입니다. 양성자라는 에너지 덩어리 주변을 전자라는 에너지 덩어리가 특정한 패턴으로 움직이고 있는 것에 우리는 알루미늄이라고 이름 붙였습니다. 그것을 풀어 헤쳐 놓으면 그저 에너지일 뿐입니다. 에너지가 특정한 모습으로 유지되고 있죠. 그런데 이상하게도 이 에너지는 무작위로 생겨나거나 사라지지 않아요. 어떠한 질서를 가지고 있습니다. 또 그 질서가 사라지기도 하는데 무조건 사라지는 것이 아니라 어떠한 질서에 따릅니다. 혼돈 속에서 어떤 질서가 생겨난다는 것이 바로 카오스 이론이죠. 무작위적인 랜덤의 세계가 아니라는 말입니다. 그 질서는 누가 만드는가 하면, 굳이 말하면 이치 또는 마음입니다. 어떤 패턴이 있고 패턴대로 현상화합니다.

만물에 마음이 있습니다. 여기 함양의 식물들을 보면 알 수 있어요. 풀은 생명력이 강합니다. 나무들은 마음이 조금 복잡하고, 사람은 더 더욱 복잡하죠. 그런데 복잡하면 복잡할수록 게으릅니다. 그래서 에너지를 효율적으로 쓰려고 해요. 풀들은 아무리 뽑아도 계속해서 나오지만, 나무는 가지를 열 번 정도 자르면 더 이상 새로운 가지를 내지 않아요. 소용없다는 것을 아는 것입니다. 사람은 어때요? 쓸데없는 일을 시키면 하지 않습니다. 1m 깊이의 구덩이를 팠다가 다시 덮는 과정을 반복시키면 마음이 지칩니다. 러시아에서 최악의 형벌이 이렇다고 하는데, 말 안 듣는 사람에게 일주일 동안 시키면 사람이 미친다고 합니다. 미칠 거 뭐 있습니까? 그냥 하면 되지. 그런데 사람은 마음이 복잡하기 때문에 미친다는 것입니다. '의미 없는 일'이라는 내적인 기준과 실제 해야 하는 '상황'이 부딪혀 내면에서 갈등과 충돌을 일으키기 때문입니다. 이렇게 지치는 현상이 있다는 것은 지칠 마음이 있다는 뜻입니다. 나무가 뭘 안다고 새로운 가지를 내지 않을까 싶지만 실제로 가지를 내지 않아요. 일체가 오직 마음뿐이라는 것은 바로 이런 마음을 말합니다. 인간의 마음만을 의미하는 것이 아니에요. 일체의 세계가 발생하는 근원이 되는 것이 바로 이 마음입니다.

세 번째, 인간의 세계는 인간의 마음으로 지금 이 순간에 경험하는 세계입니다. 카메라를 카메라로만 보고, 천장을 천장이라고만 보는 느낌의 마음은 내가 경험하는 내 세계입니다. 내가 만들어낸 세계예요. 내가 만들었다고 말했지만, 만들어낸 주체가 따로 있다는 의미가 아니라 마음의 작용에 의해 나타난 모습의 세계라는 말입니다. 그래서 일체가 마음이 만들어낸 세계라는 것입니다. 내가 보는 세계는 내 마음이 만들어 내는 세계입니다. 내 마음의 필터에 비춰져 있는 모습일 뿐이에요. 강아지가 보는 세계는 내가 경험하는 세계와는 다르겠죠. 개는 적록색맹이에요. 1㎞ 전방에서 움직이는 것은 잘 파악하지만 바로 눈앞의 적색과 녹색은 구별하지 못합니다. 그것이 바로 개가 경험하는 세계예요. 그런데 우리는 바로 앞의 것들은 잘 경험하지만 1㎞ 전방에 있는 것은 경험하기 힘들어요. 내가 경험하고 느끼는 세계는 바로 나의 물리적, 의식적 감각기관이 만들어 내는 세계, 또는 거기에 비춰져서 조합된 세계입니다. 그것이 바로 일체유심조一切唯心造의 의미입니다. 모든 세계가 내 느낌의 세계이고 그것은 나의 근본인 진심으로부터 나타나는 현상입니다. 진심을 떠나서는 세계가 따로 없고 일체의 나타남도 없습니다.

일체세계란 무엇입니까? '어제의 나와 오늘의 나는 변함없는 나'라는 생각을 내려놓고 지금 자기를 살펴보면 지금 이 순간의 느낌만 있다는 것을 여러분은 발견했어요. 이 순간의 느낌에 의해 경험되는 세계죠. 과거를 다 잊어 버렸고, 미래도 생각하지 못합니다. 오직 이 순간만 보고 듣고 느낄 수 있어요. 주의를 오직 지금 이 순간에만 집중하면 어제의 나와 오늘의 나가 변함없는 나라는 느낌이 있습니까? 그 생각이 없으면 그런 느낌도 없죠. 그 '변함없는 나'라는 생각이 나라는 느낌을 불러일으키고 유지시키고 있는 것입니다. 그 생각을 떠올리니까 지금 이 순간 그 느낌이 불러일으켜집니다. 그와 똑같이 내가 경험하는 일체의 세계도 지금 이 순간 일어난 지금 나의 세계입니다. 내가 경험하는 것입니다. 이 세계가 어제도 있었고 오늘도 있고 내일도 있을 것이라는 생각의 연계성을 믿을 뿐이지, 정말 그런지 아닌지 어떻게 알아요? 생각을 빼고 이 순간의 느낌만 본다면 어제라는 것이 있나요?

생각을 빼면 어제에 대해 알고 있는 뭔가가 있습니까? 생각은 마음이 만들어내는 마음의 흔적이고 그림자일 뿐 실체가 아닙니다.

그렇게 일체의 세계라는 것은 지금 이 순간 발생하는 생각과 느낌의 세계일 뿐입니다. 그것을 빼면 우리가 무슨 세계를 경험할 수 있겠어요? 세계는 지금 이 순간 생겨났다가 사라집니다. 습관적인 세계의 나타남이죠. 지금 내가 있는 이 방은 일주일 전에도 있던 방이라고 '여기는 그 마음'이 바로 습관적으로 나타나는 세계입니다. 늘 그렇게 내가 '아는 세계'가 나의 의식에 나타납니다. 정말 그것이 세계의 진실입니까? 아니면 내 생각의 세계입니까? 생각을 지우고 느낌으로 느껴보세요. 느낌으로 들어가면 과거와 미래는 없고, 지금 이 순간 감각하고 느껴지는 범위 내에서만 내가 존재합니다. 그렇기 때문에 생각과 생각에 붙어있는 느낌, 그리고 이 순간 감각기관의 작용들이 통틀어 지금 이 순간 내가 경험하는 세계가 만들어지고 있는 것이죠. 내 의식 세계에 비춰지는 세계입니다. 저 밖에 무슨 세계가 있는지는 알 수 없어요. 이것을 단순히 논리라고 생각하지 마세요. 경험적인 세계 아닙니까? 나의 감각기관의 기준을 가지고 바이러스의 세계를 경험할 수는 없잖아요.

이 말이 철저하게 느껴지면 지금 내가 경험하고 있는 세계는 나의 내면의 세계 그 이상도 그 이하도 아님을 알 수 있습니다. 그것이 인간으로서 일체유심조一切唯心造의 의미라고 할 수 있습니다. 원효대사가 전날 밤 그렇게 달콤하게 마셨던 물이 해골바가지 안의 물이라는 것을 알고 갑자기 구토를 하죠. 생각이 육체에 영향을 미쳤기 때문입니다. 이 일을 통해서 원효에게 통찰이 일어났습니다. 우주 만상이 이렇게 움직인다는 것을 알아냈어요. 해골이라는 생각을 하니까 어제 저녁에 해골 물을 마셨다는 느낌이 일어났어요. 해골 속의 물을 마셨다고 상상하고 그 느낌 속에 푹 빠져버린 것입니다. 그 순간에 해골의 물임을 알고 마시고 있다는 느낌이 든 것입니다. 원효에게 그것은 단순한 상상이 아니었습니다. 그 생각이 현실이 되었죠. 어제 해골 물을 마셨다는 현실을 그 순간에 경험했고, 그래서 구토가 올라왔어요. 그리고는 즉각 알아챘죠. 내가 경험하는 현실은 내가 현실이라고 믿는 그것임을 발견한 것입니다. 해골바가지의 물이라고 믿고 먹으면 구토가 일어나고, 깨끗한 바가지 속의 물이라 믿고 먹으면 아주 달콤하게 느껴집니다. 이처럼 현실이라는 것은 바로 내 믿음의 세계라는 것입니다. 이것이 바로 일체유심조입니다. 마음은 믿음의 세계입니다. 믿음의 힘이 가야 생겨납니다.

진리의 다양한 표현

故로 世尊이 鷲峯에 良久하시고
고 세존 취봉 양구

그러므로 세존이 꽃을 들고 한참 말없이 계시었고

영취산에서 꽃을 들고 말없이 있었던 부처님 마음도 이 진심이며,

善現이 巖下에 忘言하시고
선현 암하 망언

수보리가 바위 아래서 말을 잊었으며,

선현은 부처님 십대 제자 가운데 수보리 존자를 가리키는데 바위 아

래 앉아 말을 잊었다는 수모리의 마음도 이 진심이었습니다.

達磨가 少室에서 壁觀하시고
달마 소실 벽관

달마가 소림사굴에서 면벽을 하시고,

달마가 소림사에서 말없이 면벽하며 있던 마음도 이 진심이었습니다.

居士가 毘耶에서 杜口하시니
거사 비야 두구

유마거사가 비야리성에서 입을 닫았으니,

유마거사가 병이 들어 누워있으니 부처님이 문수보살을 시켜 대중을 이끌고 가서 문병하게 했습니다. 유마거사가 문병 온 대중들에게 불이법不二法에 대해 말해보라고 하니 다들 이런저런 대답을 했어요. 마지막으로 문수보살은 그것은 일체의 말과 생각을 떠난 것이니 말로 할 수 없다고 하였습니다. 대답을 마친 문수보살이 유마거사에게 말해보라고 하자, 유마거사는 아무 말 없이 침묵으로 답하였습니다. 말로 할 것이 무엇이 있냐는 의미입니다. 다른 보살들은 이런저런 말로 설명했고, 문수는 말로 설명할 수 없다는 말로 대답했고, 유마는 말없는 말로 대답한 거예요.

悉皆發明此心妙體라
실개발명차심묘체

모두가 다 이 마음의 묘한 체를 밝게 드러낸 것이다.

말없이 꽃을 들고, 면벽을 하며, 말을 잊고, 입을 닫은 것이 모두 마음의 묘한 체를 드러내는 행위였습니다. 도대체 이들은 무엇을 드러내 보인 걸까요?

자, 지금 주의를 밖의 사물에 보내보세요. 주의가 밖을 향해 가는 것이 느껴지죠? 이제 주의를 안으로 보내보세요. 내적인 상에 보내봅니다. 주의가 안으로 가는 것이 느껴지나요? 이제 주의를 밖도 아니고 안도 아닌 곳으로 보내세요. 지금 마음은 어디에 있습니까? 마음이 어디에 머무나요? 만일 마음이 내적인 곳으로 들어간다면 안에 머무는 것입니다. 만일 마음이 밖으로 향하는 것이 느껴진다면 밖에 있는 것입니다. 마음이 중간에서 느껴진다면 그것 역시 느껴진다는 의미에서 일종의 밖입니다. 자, 이제 마음은 어디에 머물고 있습니까? 마음이 어딘가에 머물고 있다고 '안다'면, 그것은 '앎' 속에 머물고 있는 것입니다. 모든 마음의 현상은 작용에 의해 일시적으로 나타납니다. 그 일시적인 형상과 허망한 생각들에 집착하는 것을 '마음에 때가 낀다'고 표현하죠. 마음의 현상들이 나타났다 사라지도록 내버려 두세요. 때만 끼지 않으면 됩니다. 집착이 없다면 이미 당신은 그 어느 누구도 아닙니다. 머무는 그것이 바로 '나'가 됩니다. 지금 당신은 어디에 머물고 있습니까? 그 머묾이 바로 현상적인 '나'인 줄 알겠습니까?

故로 初入祖門庭者는 要先識此心體也니라
고 초입조문정자 요선식차심체야

그러므로 처음으로 조사의 문안에 들어오는 자는 반드시 이 마음의 묘체를 먼저 알아야 한다.

제4장
진심묘용
眞心妙用

지난 시간까지는 진심의 본체에 대해 주로 이야기했고, 오늘부터는 그 진심의 묘한 작용에 대해서 말합니다. 작용과 본체로 나눴지만 사실 그런 나눔 자체가 마음으로 나눈 것이기 때문에 본체라고 말을 하지만 이 또한 마음의 상相이라는 것을 전제로 합니다. 본체에 대해 말한다 해도 결국 모두 본체의 상相에 관한 말일 뿐입니다. 그와 마찬가지로 이제부터 다룰 묘한 작용 또한 마음의 상이죠.

> 或이 曰 妙體는 已知어니와 何名妙用耶가잇가
> 혹 왈 묘체 이지 하명묘용야
>
> 曰 古人이 云하사대
> 왈 고인 운
>
> 風動心搖樹요 雲生性起塵이라
> 풍동심요수 운생성기진
>
> 묻기를, 묘체는 이미 알았는데 묘한 작용은 어떠합니까?
> 답하기를, 고인이 말하기를 바람이 이니 마음이 나무를 흔들고, 구름이 생기니 성품이 먼지를 일으킨다.

바람이 부는데, 그 바람이 나무를 흔드는 것이 아니라 마음이 나무를 흔든다고 했어요. 무슨 말입니까? 흔들린다는 느낌은 흔들리지 않음을 기반으로 하는 마음의 인식작용입니다. 움직이지 않음에 '대비되는 움직임'이라는 느낌을 우리 마음이 만들어내고 있기 때문에 흔들린다고 느껴져요. 여기서 말하는 바람은 불교적으로 말하면 무명無明의 바람이기도 합니다. '무명의 바람이 부니, 마음이 움직인다'는 의미도 되는 것입니다. 본래의 마음은 움직임과 움직이지 않음을 떠나 있습니다. 그런데 움직임을 통해서, 어떤 현상을 만들어내는 마음의 작용을 통해서 무명이 현상계에 드러나게 됩니다.

그 뒤에 구름이 생기니 성품이 먼지를 일으킨다고 했어요. 구름은 탐진치貪瞋癡를 의미하니, 곧 마음의 기본적인 세 가지 독毒입니다. 탐욕과 성냄, 어리석음을 기반으로 삼아 수많은 번뇌가 생겨납니다. 여기서는 성품이 먼지를 일으킨다고 표현했어요. 예를 들어 봅시다. 피리를 불 때, 제대로 연습도 안하고서는 잘 불어보겠다고 애써서 삑삑 소리를 내는 것이 바로 욕심을 부리는 마음입니다. 그러면 소리가 제대로 날 리가 없고 조화롭지도 못하니까 피리를 내려치고 밟는 것이 화내는 마음이죠. 그렇게 되면 생명력의 악기인 우리의 마음과 몸이 망가지고 깨집니다. 생명의 힘이 피리를 통해서 잘 불려나오면 아름답고 조화로운 소리가 나는데, 아직 실력도 갖추지 않았으면서 욕심만을 부리면 제대로 소리가 나지 않죠. 그런 것이 바로 탐貪입니다. 그런 욕심으로 인해서 성에 안차는 결과가 나오기 때문에 화가 나고, 그 화로 인해서 피리를 부수고 마음과 몸을 망가트립니다. 분노는 몸과 마음을 망가트리죠. 쓸모 있게 분노를 잘 사용하는 사람도 있습니다만, 대부분의 경우는 분노의 힘에 이끌려서 자신의 몸과 마음을 망치니 이것이 바로 진瞋입니다. 그리고 피리를 전혀 다루지도 못하면서 자기 멋에 취해 맘대로 피리를 부르는 것이 어리석음[癡]입니다. 주변과 전혀 조화를 이루지 못하면서 자기만 마냥 기분이 좋아요. 이러한 일들이 일어나면 악기가 함부로 다루어지고 침과 먼지가 끼어 제 가치를 발휘하지 못하듯이, 탐진치貪瞋癡의 세 가지 독이 일어나면 몸과 마음이 망가집니다. 사실 우리의 본성에는 아무런 때가 끼지 않습니다. 그렇지만 악기를 함부로 다루면 때로 인해서 쇠소리가 나듯이, 탐진치 때문에 작용이 엉망이 되는 것을 성품에 때가 끼었다고 표현했습니다.

若明今日事하면 昧却本來人이라 하시니
약명금일사 매각본래인

만일 오늘의 일을 밝히려 한다면 본성을 모르게 될 것이다

본래인本來人은 우리 마음의 본성을 말합니다. 오늘의 일을 밝히려고 하면 도리어 본성이 어두워서 보이지 않는다고 했어요. 왜 그렇습니까? 오늘의 일이나 마음의 일을 알고자 하는 의도 때문에 마음은 알려는 주체와 알려지는 대상으로 나누어집니다. 그 분열이 나뉨 없는 본성을 나누고 말죠. 나누어진 상태이니 이미 본성이 아닙니다. 본성의 작용으로 흘러간 것입니다. 주체와 대상은 본성의 작용으로 인해 생겨나고, 그렇게 되면 본성을 모르게 돼요. 그러니까 오늘의 일을 밝혀서 알려고 하면, 즉각 본성을 모르는 상태가 되어 버린다는 말입니다. 본성에 대해서 어두워진다는 것입니다. 그렇다면 알려고 하지 말라는 말일까요? 그런 뜻이 아니라 알려는 마음 자체가 마음을 분열시키는데, 분열된 마음은 이미 본성을 떠나있음을 깨우치라는 말입니다.

피리소리와 공기로 비유해보겠습니다. 피리는 소리를 내는 악기입니다. 피리를 통해 나오는 소리인 도레미파솔라시도가 마음의 작용이라고 할 수 있어요. 그런데 이 소리를 통해 공기를 알려고 하는 것이, 열심히 노력하여 본성을 알려고 하는 것과 똑같습니다. 깨어있기의 기초과정과 심화과정을 통달했다고 할지라도 결코 본성을 알 수 없습니다. 열심히 하면 텅 빈 마음, 순수의식, 미묘하게 주체와 대상으로 나눠져 있는 순수한 의식상태 정도는 체험할 수 있겠지만 본성을 알 수는 없어요. 왜 그렇습니까? 안다는 것 자체가 이미 소리와 같기 때문이에요. 피리를 통해 난 소리예요. 우리가 알려는 건 바로 공기입니다.

그렇지만 우리가 알 수 있는 건, 그것이 아무리 미묘하다 하더라도 공기가 움직여서 난 소리일 뿐이에요. 그래서 우리는 소리를 통해 공기를 파악할 수밖에 없습니다. 그것이 바로 현상을 현상으로 아는 것이죠. 소리를 소리로 알 때, 비로소 모든 소리를 떠나 소리의 본질인 공기를 파악할 수 있다는 것입니다. 그렇지만 그런 파악은 소리에 대한 파악과는 다릅니다.

소리를 알 듯 공기를 알 수는 없다는 말입니다. 앎의 형태가 조금 달라요. 그래서 어려운 것입니다. 모든 소리는 공기가 어딘가에 부딪힌 것입니다. 공기 그 자체는 아니에요. 그러나 공기의 작용이라는 점은 분명합니다. 그래서 마음의 모든 작용이 마음의 본체가 아니라고 할 수 없는 것입니다. 번뇌마저도요. 번뇌는 비유하자면 삑삑거리는 거친 피리소리예요. 그 소리도 아름다운 소리와 마찬가지로 공기의 작용이죠. 마찬가지로 번뇌 또한 조화로운 마음과 마찬가지로 곧 보리라는 말입니다. 소리가 곧 공기라는 것입니다. 그런데 또, 소리가 공기는 아닙니다. 이것이 애매한 부분이에요. 소리는 공기인지 생각해보면, 분명히 공기 그 자체는 아닙니다. 그렇다고 해서 소리는 공기가 아니라고는 할 수 없죠. 왜냐하면 공기가 어떤 구멍에 부딪혀서 나는 것이 소리니까요. 공기가 진동하는 것이 소리예요. 공기의 작용입니다. 그런데 우리가 말하는 마음의 본체라는 것은 그 어떤 진동도 없는 공기 자체입니다. 그리고 그걸 알고 싶어 하는 우리의 앎은 미묘한 진동이란 말이에요. 어떻게 진동으로 공기 자체를 알 수 있겠어요? 그래서 현상세계에 대한 앎과 본질을 알고자하는 앎은 다를 수밖에 없습니다.

마음이 무언가를 알려고 하는 흐름이 있다는 것은 이미 마음이 움직였다는 애기입니다. 소리가 발생했기 때문에 이미 공기 자체는 아닌 것입니다. 이런 기본적인 마음의 구조를 알아야 합니다. 우리가 마음의 구조를 들여다보는 이유는 고요한 마음을 발견하기 위해서가 아닙니다. 고요하고 평화롭거나 황홀한 마음은 본체가 아니에요. 그것은 일종의 소리예요. 아름다운 소리죠. 그리고 괴롭고 힘들고 아픈 마음 역시 번뇌의 마음이지 마음 자체는 아니지요. 그렇다고 해서 이 번뇌가 마음이 아닌 것은 또 아니에요. 아름다운 소리든지 삑삑거리는 소리든지 다 공기의 진동임을 알아야 합니다. 또한 우리가 발견하려고 하는 것은, 공기의 진동이 아닌 진동 없는 공기라는 것도 알아야 합니다.

그런데 잘 보십시오. 안다는 것 자체가 일종의 진동이에요. 어떻게 진동을 통해서 진동 없는 공기를 알 수 있을까요? 지금 여러분의 마음속에 뭔가 움직이고 있죠? 내 말을 듣고 있고, 그러다 보니까 마음에 어떤 상상이 펼쳐지죠? 공기나 피리의 비유를 들면 마음속에 어떤 상이 잡히잖아요. 자, 지금 자기 자신을 한번 살펴보세요. '나는 누구인가?'라고 질문을 하며 자기마음을 들여다봅니다. 나는 누구이며 어디에 있는지. 나라고 느껴지는 의식적인 느낌은 어디 있어요? 지금 이 말을 들으니 또 마음이 작용하죠? 뭔가 찾으려 하고 들여다보는 일이 일어나죠? 그것이 일종의 소리라는 것입니다. 이미 진동입니다. 그런데 어떻게 진동 없는 마음이 드러날 수 있겠어요? 드러난 모든 것은 진동입니다. 그런데 마음의 본체는 진동과 소리가 없는 공기 그 자체라는 말입니다. 그래서 미지未知라고 말합니다. 앎이라는 진동이 없어요. 텅 비었다는 느낌도 일종의 미묘한 진동입니다. 자기가 자기를 들여다보면 주의가 주의를 느끼는 상태가 되니까 점차 주체와 대상이 사라집니다. 나중에는 '아, 내 마음은 지금 텅 비었어'라고 미묘하게 알죠? 그런 상태마저도 미묘한 진동인데, 그 진동마저도 없는 미지未知를 우리가 어떻게 알겠어요? 앎이라는 것 자체가 없어집니다. 모른다는 것이 아니에요. '나는 모르겠어'도 일종의 진동입니다. 여기에는 모른다는 느낌이 있죠. 안다는 느낌과 마찬가지로 마음의 진동이에요. 그런 것마저도 없는 상태는 경험될 수가 없습니다. 느낄 수가 없기 때문에 그냥 미지인 겁니다. 여러분이 느끼는 모든 마음의 느낌, 마음의 작용, 생각할 수 있는 것, 마음이 잡아내는 모든 것은 일종의 진동입니다. 그러한 진동이 없는 상태를 여러분이 상상할 수 있겠어요? 그런 것을 상상해냈다 해도 그것 역시 일종의 진동이죠. 마음의 작용이니까.

그렇기 때문에 오늘의 일을 밝히려고 하면 본성을 모르게 된다고 했습니다, 오늘의 일이든, 지금 이 순간의 일이든, 지금 여기에 존재하려고 하든, 나의 본질을 찾으려고 하는 모든 일 자체가 본질을 모르게 하는 작용입니다. 이미 틀렸어요. 이미 움직인 것입니다.

乃妙體起用也라
내 묘 체 기 용 야

곧 묘한 본체가 작용을 일으키는 것이다.

왜 묘한 본체라고 했을까요? 본체는 움직이지 않고, 작용은 움직입니다. 그런데 여러분의 마음에 떠오르는 그 모든 것은 마음의 움직입니다. 안이비설신의眼耳鼻舌身意의 육식六識, 거기에 더해서 '내가 있다' 고 여기는 말나식, 그리고 모든 무의식적인 흔적들인 아뢰야식까지도 모두 마음의 움직임, 마음의 작용입니다. 그런 작용이 없는 것이 본체인데, 그것을 잡을 수는 없기 때문에 현상을 현상으로 알라고 말합니다. 작용을 작용으로 알라는 말이죠. 그렇게 하기 위해서 우리는 마음의 구조를 보려고 해왔습니다. 왜 그럴까요? 작용을 작용으로 알려는 애씀 자체가 마음 작용의 일부잖아요. 그러지 말고 마음이 어떻게 작용하는지 그 구조를 보는 것입니다. 대상 쪽으로 주의가 움직였기 때문에 주의의 시작점인 주체의 느낌과 도착점인 대상의 느낌이 생겨나고, 거기서 어떤 앎이 일어납니다. 저 멀리 있는 책장을 바라볼 때 생겨나는 느낌, 즉 저 책상은 대상이고 저것을 보는 주체가 '나'라는 느낌이 마음의 작용임을 보라는 말입니다. 그래서 주체와 대상의 느낌은 주의의 흐름에 따라서 바뀌기도 한다는 것도 우리는 경험했었죠.

모든 움직임은 마음의 작용이지만 그 움직임은 아무렇게나 생겨나지는 않습니다. 주체와 대상으로 나뉘는 것이 첫 번째 마음의 움직임인 전식轉識입니다. 그 다음에 대상이 세세하게 분별되는 것이 두 번째 움직임인 현식現識입니다. 분별되면 만물이 나타나고, 그것들에 좋고 나쁨이 붙는데 이것이 지식智識입니다. 호오好惡가 생겨나면 좋은 것에 머물려고 하고 나쁜 것은 떠나려고 하는데, 이것이 바로 고락苦樂이 생겨나는 상속식相續識식입니다. 상속식이 생기면 집착이 생겨나서 끊임없이 의식意識 활동이 일어납니다. 이런 의식작용을 잘 바라보면 의식의 전개 과정 중에서 자신이 어디에 머물고 있는지를 알 수 있습니다.

뭔가에 집착하고 있다면 끊임없는 의식의 순환 속에 빠져있는 것이고, 뭔가를 즐기고 있다면 상속식 안에서 고락苦樂에 빠져있는 것입니다. 그것이 무엇이든 탐닉하거나 중독되지는 않은 채, 좋고 나쁨을 분별하는 상태에 있다면 지식에 머물고 있는 것입니다. 만약 좋고 나쁨이 아닌 단순한 구분 속에 있다면 현식 속에 있는 것입니다. 더 거슬러 올라가서 개개의 사물에 대한 분별없이 그저 나와 대상의 분별만 있는 상태가 최초의 의식인 전식 상태입니다. 우리가 깨어있기에서 말하는 감각과 비슷하죠. 내 눈에 사물이 다 보이지만 분별되지 않는 상태가 전식이에요. 시각적 감각상태입니다. 그래도 여전히 내가 무언가를 보고 있다는 느낌은 남아있습니다.

마음의 움직임 자체가 본체의 작용

지금 여러분의 마음이 어느 상태에 있는지 잘 살펴보면 마음의 작용 속에 있다는 것을 알 수 있습니다. 일종의 진동 속에 있죠. 자신마저도 느껴지지 않을 정도로 진동이 전혀 없는 상태가 아주 고요한 삼매인데, 그것 역시 일종의 상태입니다. 진동이 없는 상태죠. 그런데 여기서 도약이 일어나기 시작합니다. 진동이 없는 상태에서 상태가 아닌 공기 자체로의 도약. 소리가 가라앉은 상태에서 소리 없는 상태로 되었다가 소리의 본질인 공기 자체로 도약하여 넘어갑니다. 여러분의 마음이 어떤 움직임 속에 있다면 진동 속에 있는 상태입니다. 진동은 공기가 움직인 것이기 때문에, 공기가 아니라고 말할 수 없어요. 마찬가지로 여러분 마음의 움직임이 마음의 본질이 아니라고는 결코 말할 수 없습니다. 움직임 자체가 이미 마음의 본질이고 본체입니다. 그래서 대상을 보고 주체를 발견하듯이, 주체와 대상의 작용을 보고 간접적으로 본체를 발견하는 것입니다. 여러분 마음의 움직임 자체가 이미 본체의 작용이라는 것이 '묘한 본체가 작용을 일으킨다'의 의미입니다.

움직임의 측면에서 보면 본체는 움직이지 않고 작용은 움직이는 것이니, 움직이지 않는 그 무엇이 움직임을 일으키는 것입니다. 움직이지 않는 본체가 없다면 움직이는 작용도 없습니다. 그런데 이 말을 들고서 마음의 본체가 '있다'고 상상한다면 그 역시 마음의 움직임입니다. 그 작용마저 아닌 것이 바로 진공묘유眞空妙有입니다. 텅 비어서 아무것도 없는 것 같지만 묘하게 있는 그것이 마음의 본체라는 것입니다.

眞心妙體는 本來不動하야
진심묘체 본래부동

진심의 묘체는 본래 움직이지 않아

마음의 본질인 묘한 본체는 움직이지 않습니다. 알 수가 없다는 의미입니다. 여러분이 알 수 있는 건 모두 진동입니다. '아 이것은 알 수가 없구나'라고 느끼는 것도 마음의 진동이에요. 마음의 작용 속에 있는 것입니다. 그러한 진동마저도 없는 것이 미지입니다. 미지는 모름이 아니에요. '안다'에 대비되는 '모르겠다'는 느낌이 아닙니다. 미지는 무한으로 가득 차있습니다.

지금 여러분의 마음속으로 들어가서 나라는 것이 있는지 살펴보세요. 살펴보는 나가 있죠. 그 살펴보는 나를 다시 한 번 살펴봅니다. 그리고 살펴보는 작용인 관찰 자체도 살펴봅니다. 그러면 어떻게 됩니까? 관찰대상이 관찰자 자체에게 가까이 다가오면서, 다시 말해서 두 개의 주의가 가까워지면서 하나가 되어버리고 말죠. 그러면 관찰한다는 작용이 희미해지고 움직임이 줄어들면서 사라져갑니다. 자기가 자기를 보니까요. 그냥 듣지 말고 자기 마음을 대상 삼아서 실험하면서 들어야합니다. 관찰하는 주체를 관찰해보세요. 자꾸 관찰자가 뒤로 물러나고 있다면 헛바퀴를 도는 것입니다. 굳이 관찰자를 새로 만들 필요는 없습니다. 관찰자 안으로 관찰의 힘이 들어가도록 하면 자기라는 것이 특별히 느껴지지 않습니다. 관찰자도 희미해지죠. 희미해지고 마음이 비어가는 건 마음이 작용을 멈춰간다는 뜻입니다. 앎이 없어져가죠. 지금 그 상태에서 '모른다'가 있습니까? 거기에는 앎도 모름도 없습니다. 이것이 극도로 무한해지면 바로 미지입니다. 안다, 모른다는 느낌 자체가 없어요. '모른다'는 느낌은 주체와 대상으로 나뉜 상태의 깜깜한 느낌이고, '안다'는 느낌은 아주 밝은 느낌이라고 할 수 있습니다. 그러나 어떤 느낌도 없는 상태, 주체와 대상으로 나눠지지 않은 상태에 무슨 앎이 있고 모름이 있겠습니까? 이것이 바로 앎과 모름을 떠나있다는 말의 의미입니다.

마음의 본질은 결코 움직이지 않습니다. 그렇기 때문에 앎이 일어날 수 없어요. 모든 앎은 일종의 움직임이고 일종의 소리입니다. 조화로운 소리가 난다면 논리적으로 아주 잘 들어맞는 앎이고, 삑삑거리는 소음이라면 논리에 어긋나는 앎이에요. 앎이 제대로 이루어지지 않은 것이 모름이죠. 안다와 모른다는 결국 하나의 선의 양쪽 끝이어서 한쪽 끝은 정확히 아는 것이고, 저쪽 끝은 알지 못하는 것입니다. 그 둘은 모두 현상이에요. 우리가 말하는 미지는 이 선마저도 사라진 상태여서 앎도 모름도 없습니다. 여러분의 마음을 보세요. 자기 자신이 존재한다는 느낌이 있다면 앎이라는 소리를 내고 있는 것입니다. 그럼 진짜 나는 무엇일까요? 여러분은 자신의 본질을 압니까? 이렇게 물어보면 마음에서 '나는 잘 몰라' 이런 소리를 냅니다. 모른다는 소리를 내요. 본질은 이런 소리가 아니라 소리를 내는 공기죠. 우리는 움직이는 것만을 알 수 있는데, 묘한 본체는 움직이지 않기 때문에 도저히 알 수가 없습니다.

安靜眞常이어던
안 정 진 상

편안하고 고요하며 참되고 항상 한다.

공기는 움직이지 않기에 이미 편안하고, 흐르지 않기에 고요하며, 아무런 소리도 나지 않기에 좋고 나쁨을 떠난 참됨이며, 시작과 끝이 있는 소리와 달리 늘 항상합니다. 모든 소리는 생겨났다가 곧 사라집니다. 진동하지 않는 공기는 나타났다 사라지지 않아요. 늘 있습니다. 하지만 늘 있다는 것을 우리가 알지 못하죠. 우리가 알고 경험하는 모든 건 방향성을 가지고 움직이는 벡터입니다. 공기가 움직여야 바람으로 나타나죠. 움직이지 않는 것은 바람이 아닙니다. 움직이지 않는 에너지인 스칼라는 나타나지 않아요. 그렇지만 움직이지 않는다고 해서 없는 것은 아닙니다. 있다, 없다가 일종의 벡터라면 스칼라는 있다, 없다를 떠난 것입니다. 느낌이 있는 모든 벡터는 마음의 움직임입니다.

마음의 본체는 어떤 형상도 없지만 모든 형상의 모체가 됩니다. 어떤 소리도 나지 않는 공기가 모든 소리의 원천이 되는 것과 같아요. 마음에서 느껴지는 모든 느낌들은 마음의 작용이지만 마음의 본체는 그 어떤 작용도 아닙니다. 그걸 알 수 있습니까? 모든 작용을 작용으로 볼 수 있다면 그 사람은 작용을 이미 떠나있게 됩니다. 왜 그럴까요? 마음이 작용하는 구조를 본 것이니까요. 우리가 알 수 있는 건 오직 작용뿐입니다. 안다는 것 자체가 일종의 움직임이에요. 여러분 마음속에서 어떤 일이 벌어지고 있다면 그건 다 작용입니다. 작용 아닌 것을 한번 찾아보세요. 무언가를 발견하려고 하면 할수록 아무것도 발견되어지지 않습니다. 그럼 발견하려는 의도를 멈춰야 될까요? 그 멈추려는 의도 역시 마음의 작용입니다. 이것이 마음의 딜레마입니다. 발견하려고 할수록 마음의 움직임이 만들어집니다. 끊임없이 마음의 움직임만 잡히는 이유는, 움직임 속에서 인식하는 주체가 생겨나기 때문입니다. 마음이 멈추면 발견하려는 의도도 사라집니다. 그러니 무언가를 아는 나라는 것이 없어지고 앎도 생겨나지 않죠. 앎이라는 것은 항상 아는 나와 알려지는 대상으로 나뉘어져서 생겨납니다.

소리는 공기의 진동, 진동없는 공기를 발견하라

眞常體上에 妙用이 現前하야
진상체상 묘용 현전

참되고 항상하는 본체 위에 묘한 작용이 나타나니

공기의 흐름이 피리 속을 흐르면 청아한 소리가 납니다. 피리의 모든 구멍을 막고 맨 밑의 구멍만 열면 '도'라는 소리가 나고, 두 번째 구멍을 열면 '레' 소리가 나죠. 이럴 때 공기는 어디에 있습니까? 공기의 움직임인 바람은 어디에 있어요? 우리가 가지고 있는 감각기관이 귀밖에 없다고 가정해봅시다. 우리는 공기를 발견하려고 하는데, 귀는 소리밖에 듣지 못합니다. 진동하는 것만이 귀에 자극을 주죠. 이와 똑같이 마음에 나타난 움직임만이 우리 마음에 현상으로 잡혀요. '도'와 '레'라는 소리 속에 공기는 어디에 있습니까? '도'에 있나요? '레'에 있나요? '도'에도 있고 '레'에도 있죠. 모든 소리 속에 공기가 있어요. 모든 소리들 속에 이미 공기가 있듯이, 모든 마음의 작용 속에 마음의 본질이 들어있습니다. 그러니 마음의 본질을 직접 알려고 하지 말고 모든 작용을 철저하게 작용으로 파악해보세요. 그렇게 작용을 파악하고 있는 자기 자신도 일종의 작용이라는 것까지. 그것을 언젠가 알게 되면 자기로부터 떠나게 됩니다. 나라고 여겨지는 느낌과 조건들 자체가 일종의 마음의 작용입니다. 왜? 마음에 잡히니까요.

소리를 통해서 공기와 그 흐름을 알아내는 것이 어렵기는 하지만 불가능하지도 않습니다. 수많은 선사들과 성현들이 자기 마음의 본체를 알고서 그에 대해 많은 말들을 남겨놓았어요. 그 말들이 우리 마음에 진동을 일으켜서 그 진동이 자기인 줄 착각하게 만들기도 하지만, 진동의 내용에 빠지지 않고 진동 자체가 일종의 마음의 흔들림이라는 것을 안다면, 흔들리지 않는 마음으로 옮겨갈 수 있겠죠. 어떤 흔들림에도 머무르지 않는다면 여러분은 이미 흔들림 없는 곳에 있는 것입니다. 우리는 그것을 '겪어내기'라고 이름 붙였어요. 힘들고 어렵고 아픈 느낌들을 그대로 느끼면서 겪어내면, 그 사람은 그 느낌이 자기가 아니라고 아는 더 큰 마음으로 옮겨가고 있는 중입니다. 반면에 그 느낌 속에 푹 빠져 자기라고 여기면 그것이 바로 작용에 빠진 것입니다. 작용은 늘 일어날 수밖에 없습니다. 그 작용을 가라앉히려고 하면 사람이 둔해집니다. 모든 작용이 세밀하고 다채롭게 일어나도록 내버려 두고 그 작용을 잘 사용하세요. 그러나 그 작용이 마음의 본질은 아니라는 것을 놓치지 말고 살펴보세요.

모든 소리는 공기가 아니라는 것을 알아채고, 다시 돌아와서 모든 소리 속에 공기가 있음을 파악해야 합니다. 모든 마음의 움직임이 본체의 작용을 증거한다는 것을 통해서 마음의 본체에 대해 알아야 합니다. 그렇지 않고 어떻게 마음의 본체를 볼 수 있을까요? 움직이지 않음은 흑암의 세계입니다. 성경에 우주가 맨 처음에 흑암으로 덮여있었다는 말씀이 나와요. 그 흑암이 바로 움직이지 않는 마음입니다. 거기에는 아무런 앎이 없죠. 통찰도 없고 빛도 없습니다. 움직임, 즉 현상 속에서만 본질이 발견됩니다. 모든 앎과 모름은 일종의 움직임이라는 것을 알게 되어 움직임이 멈출 때 무한한 미지 속에 있게 됩니다. 그리고 다시 움직임 속으로 돌아와도 움직임은 무한한 미지를 기반으로 하고 있음을 알게 되죠. 지금 이 순간 마음의 작용이 아닌 것을 알아챌 수 있다면, 모든 마음의 작용을 통해 마음의 본체인 미지를 알아챌 수 있다면, 그는 이미 '그 누구'도 아닙니다. '그 누구'라는 것 자체가 마음의 움직임이라는 것을 알아챘기 때문이죠. 자기라고 할 수 없다는 점을 알아버린 것입니다. 마음에 나타난 모습, '이것이 나야'라고 하는 마음은 본체가 아니라는 것을 알아버렸으니, 더 이상 개인성이 존재하지 않습니다. 자신이 개인이라고 여기는 마음은 작용이기 때문에, 마음의 본질을 파악하면 더 이상 어떠한 개인도 없다는 것을 알게 됩니다.

참되고 항상恒常한 본체 위에 묘한 작용이 나타나서 끊임없는 움직임이 일어납니다. 자, 내 손을 보세요. 손이 끊임없이 움직이지만 손 자체가 변하는 순간이 있습니까? 손의 모습은 끊임없이 변합니다. 하지만 손짓이 계속 바뀐다 해도 손 자체에는 아무런 변화가 없어요. 우리가 보는 것은 바뀌는 손짓이듯이, 마음은 모습이 바뀔 때만 파악할 수 있습니다. 모습 없는 손은 알 수 없어요. 자기라고 여기고 있는 마음도 일종의 손짓이에요. 주체인 손짓이 대상인 다른 손짓을 아는 것이 바로 마음에 나타나는 뭔가를 안다고 여기고 파악하는 짓입니다. 엄지손가락이 '손짓이라는 것은 모두 다 마음의 작용이라는 거지? 그러면 움직이는 놈을 하나씩 빼보자' 하면서 한 손가락씩 빼다가, '나 자신도 움직이네?'하면서 가라앉히니 움직임이 멈춰버렸어요. 그렇다면 손이라는 것을 누가 압니까? 아는 놈이 없어졌어요. 이것이 바로 마음이 고요한 상태입니다. 더 이상 마음의 움직임이 없는 상태에서는 지혜가 일어나지 않습니다. 그래서 이런 삼매 상태만 자꾸 연습하다보면 조용하고 평화스럽긴 하지만 사람이 둔해지고 게을러집니다. 그렇다고 끊임없이 움직이기만 한다면 움직임 속에만 빠져있게 됩니다. 그래서 통찰은 멈춤과 움직임 사이, 들숨과 날숨 사이, 느낌과 느낌 사이에서 일어나는 것입니다. 주체와 대상이 나타나는 움직임을 살피다보면 '이런 것이 움직임이구나!'라는 통찰을 얻어요. 움직임이 없는 삼매와 마음의 움직임이 나타나는 과정을 오가면서 움직임을 파악하고, 자기도 움직이고 있음을 아는 것입니다. 내가 나를 일종의 움직임으로 파악하게 되면 모든 움직임을 파악하게 되고, 움직임은 나의 본질이 아니라는 것을 자기가 압니다. 알면서도 이 앎이 진정한 앎이 아니라는 것을 알아요. 나 또한 움직임이기 때문이죠. 모든 움직임을 움직임으로 알 때 드디어 미지가 주인이 됩니다. 그 어디에도 머물지 않기 때문에 마음의 주인이 없어진다는 말이에요.

不妨隨流得妙니
불 방 수 류 득 묘

그 흐름을 따라 묘함을 얻는 데 방해받지 않는다.

마음의 움직임은 결코 그 누구도 방해할 수 없어요. 그래서 가장 평범한 사람의 뜻도 바꿀 수는 없다고 말합니다. 당나귀를 끌고 물가로 갈 수 있지만 물을 먹일 수 없는 것처럼, 내 마음을 누가 어떻게 할 수 없어요. 뜻을 세우면 마음은 방해받지 않습니다. 참 놀랍습니다. 우리가 안 하겠다고 마음먹으면 누가 와도 억지로 하게 만들 수 없죠. 하는 척 할 수는 있겠지만 진정한 숙임은 일어나지 않아요. 그런 것처럼 뭔가 하려는 마음은 어느 누구도 어떻게 할 수 없습니다. 물론, 하려고 하는 누군가가 있다는 말은 아닙니다. 어떤 조건에 의해 만들어졌더라도 지금 내 마음의 본질을 보겠다는 뜻을 여러분이 세웠다면 그 누구도 그 뜻을 막을 수 없다는 말입니다. 그것을 막는 자는 자기 자신밖에 없습니다. 그렇게 어떤 흐름의 마음은 결코 묘함을 얻는 데 방해받지 않는다는 뜻입니다. 마음에는 묘한 신비가 갖춰져 있어서 그 무엇이든 못하는 것이 없습니다. 만일 여러분이 '안 된다, 못한다, 어렵다'하고 있다면 마음의 묘한 작용인 신비를 아직 터득하지 못해서 그렇습니다. 못한다는 마음을 내려놓고 시도한다면 마음은 못하는 것이 없습니다. '못한다'는 스스로 자기 마음에 걸어 놓은 제한일 뿐이에요. 하고 또 하면 안 되는 건 없습니다.

진심의 본체를 앞장의 진심묘체에서 먼저 설명한 후에 이제 진심의 작용에 대해 얘기하는데, 이 진심묘용이 더 재밌습니다. 왜냐하면 진심묘체는 말로 표현할 수 없는 것을 억지로 말로 설명한 것이라면, 진심묘용은 그래도 말로 표현할 수 있는 작용에 대한 것이어서 훨씬 쉽게 다가오기 때문입니다.

故로 祖師頌에 云하사대
고 조사송 운

心隨萬境轉하니 轉處에 實能幽라
심수만경전 전처 실능유

그러므로 조사께서 게송으로 말하기를, 마음은 만 가지 경계를 따라 움직이는데 움직이는 곳마다 참으로 그윽하고 묘함이 있도다.

심수만경전心隨萬境轉은 마음이 만 가지 경계를 따라서 움직인다는 뜻입니다. 파도는 물을 떠나서 따로 있지 않죠. 물이 모습을 띤(즉, 경계 지어진) 것이 파도이기에 결국 모습만 다를 뿐 변함없는 물입니다. 마음의 작용에도 이와 같은 변함없는 측면이 있습니다. 마음을 잘 살펴보면 다양한 느낌과 생각과 감정이 나타났다 사라지고, 수만 가지로 구분되죠. 눈앞에 있는 다양한 물건이 다르게 구분되고 느껴지는 이유는 그것들이 경계 지어진 모습이기 때문입니다. 마음이 이렇게 저렇게 경계 지어져서 다양한 모습을 띠니까 다르게 느껴지는 것일 뿐, 궁극적으로 다르지는 않아요.

만 가지 경계가 움직인다는 것은 무슨 의미일까요? 경계는 마음의 구분입니다. 일종의 감지죠. 깨어있기 과정 초반에 사물을 보면서 이름과 생각을 빼고 경계 지어 느끼는 연습을 했었죠. 이처럼 이름과 생각이 없는 느낌을 우리는 감지라고 합니다. 나중에는 생각이나 이름도 감지의 일종이라는 것을 알게 되죠. 생각도 느껴지잖아요. 단순하게 얘기하면 마음에 인식된 모든 것은 감지라고 보면 됩니다. 느껴지는 모든 것이 감지죠. 다만 좀 더 구체적으로 체계가 잡혀있어서 교묘하고 복잡한 회로로 분류하는 것을 생각이라고 하고, 그냥 뭉뚱그려져서 한 덩어리로 느껴지는 것을 느낌이라고 합니다. 느낌은 하나하나가 다르지만 이름과 생각이 붙은 것은 늘 그대로인 것처럼 여겨집니다. 그러나 지금 여러분은 생각과 느낌을 구분할 수 있어요. 어쨌든 느낌과 생각은 마음에 나타난다는 측면에서 모두 다 감지라고 할 수 있습니다. 마음이 경계지어져 나뉜 것처럼 느껴지고 구분된다는 말입니다.

눈을 감고 여러분이 살고 있는 안방을 떠올려 보세요. 마음에 떠오르는 안방은 시각적 상相이죠. 자 이제 백두산을 한 번 떠올려 보세요. 아주 고고히 솟아 있는 산의 꼭대기에 하얀 눈이 쌓여있습니다. 천지에 신령스러운 물안개가 피어나는 모습을 상상해보세요. 이 역시 시각적인 상입니다. 그런데 백두산 꼭대기를 상상하는 지금의 느낌과 조금 전에 안방을 상상했을 때의 느낌이 차이가 있나요? 시각적인 상相 외에도 어떤 느낌의 차이가 분명히 있습니다. 예를 들어 안방은 좁은 느낌이라면, 백두산은 높고 시원하게 느껴지죠. 전반적인 느낌, 한 덩어리로서의 느낌이 다르다는 말입니다. 이처럼 마음에 떠오른 모든 상들의 느낌 역시 일종의 경계를 가지고 있습니다. 경계는 간단히 말하면 이것과 저것을 분별하는 것입니다. 시각적인 경계, 촉각적인 경계, 또는 의식적인 경계가 있어서 다 다르게 분별되죠. 백두산 천지와 안방을 떠올렸을 때, 눈에 보이는 측면은 시각적인 상입니다. 그리고 눈에 보이지는 않지만 느껴지는 차이가 있는데 이것은 의식적인 느낌이라고 할 수 있습니다. 그런 것들 역시 마음의 경계예요. 의식적인 느낌은 의식적인 경계가 있다는 말이에요. 그래서 감지에 대해 민감해지면 의식적인 경계를 느끼기 시작하죠. 미묘하게 분위기가 달라지는 느낌을 알아차리게 돼요. 민감해지면 민감해질수록 의식적인 느낌이 아주 세밀하게 구분됩니다. 각각의 경계들은 종류별로 다르지만, 그것이 마음에 의해서 잡힌다는 점에서는 차이가 없습니다. 그런 의미에서 마음에 나타나고 잡히는 것은 모두 감지이고 느낌이며 경계입니다.

좀 더 구체적으로 시각적인 경계를 느껴보겠습니다. 눈을 감고 여러분의 몸을 느껴보세요. 몸에 대한 상相이 단번에 떠오르죠. 자, 이제 어깨를 느껴보세요. 바로 어깨의 시각적인 상이 따라올 것입니다. 시각적인 느낌은 내려놓고 촉각적인 느낌만 느껴보세요. 만약에 어깨는 머리 아래에 있고, 다리보다 위에 있고, 왼쪽 어깨와 오른쪽 어깨가 구분되어 느껴진다면 그런 건 시각적인 상입니다. 시각적인 상은 위치를 가지고 구분해요. 그런 위치감은 내려놓으세요. 시각적인 상을 버리면 위치의 느낌은 사라집니다. 촉각의 느낌만 느껴보세요. 뭔가 닿는 느낌이라던가, 공기 중에 떠 있는 것 같은 느낌이 느껴집니까? 어깨에 힘을 주거나 주의를 보내면 옷에 닿는 느낌 같은 것이 있잖아요. 이것이 촉각의 느낌입니다. '어깨가 이렇게 생겼어'라고 느껴진다면 시각적인 느낌입니다. 어깨의 둥근 느낌 같은 시각적 경계는 아주 명확히 느껴집니다. 왜냐하면 눈이 우리의 감각 기관 중에서 가장 섬세하고 정밀한 기관이기 때문에 그렇습니다. 그에 반해서 촉감적인 경계는 매우 애매하고 희미하죠. 그러나 분명히 느껴집니다. 자, 오른쪽 어깨의 촉각적인 느낌을 살펴봅시다. 우선 왼손을 오른쪽 어깨에 올려보세요. 느낌이 분명하게 오죠. 이것이 촉각의 느낌입니다. 왼손이라는 시각적인 상과 오른쪽 어깨라는 시각적인 상은 지웁니다. 촉각으로만 느껴보세요. 두 개의 물체가 닿은 느낌인가요, 아니면 그냥 한 덩어리로 느껴지나요? 시각적인 상을 제외하고 느낄 때, 왼손과 오른쪽 어깨가 따로따로 느껴지나요? 손과 어깨 두 가지가 붙어서 느껴지는 느낌이라면 그건 시각적으로 두 개를 경계 지어서 나눈 채 느끼기 때문입니다. 손과 어깨라는 시각적인 상을 제외하고 그냥 촉감으로만 다시 느껴봅니다. 어떻습니까? 만약 손을 움직여서 어깨를 잡았다 놨다 한다면 느낌의 변화 때문에 손과 어깨가 따로 있는 것 같지만, 그냥 손을 어깨에 올린 채 가만히 있으면 그냥 한 덩어리의 느낌이라고 여겨질 것입니다.

한 덩어리의 느낌 같은 촉각의 느낌도 분명하게 구분이 됩니다. 다만 경계가 명확하진 않아요. 그렇지만 분명한 촉감이 있다는 것은 곧 경계가 있다는 말입니다. 시각적 경계처럼 정확하게 이것과 저것의 사이가 구분되어야만 경계가 지어지는 건 아니에요. 촉감의 경계는 압력이나 온도와 같은 느낌으로, 애매하기는 하지만 분명하게 느껴집니다. 이번엔 손을 무릎에 올려 보세요. 손이 무릎에 닿은 느낌이 있죠. 그 느낌은 더 명확하죠. 시각적 경계도 명확하지만 촉각적인 경계도 이렇게 명확합니다. 경계, 즉 느낌의 종류가 좀 다를 뿐 느낌이 있다는 것만은 분명합니다. 우리가 시각적인 경계만 경계라고 여기기 쉬운 이유는, 시각이 매우 정밀하여 감각의 80% 이상을 시각에 의존하여 살아가기 때문에 그렇습니다.

수많은 느낌이 일어나는 것, 그것이 경계를 따라 움직이는 마음

이제 의식적인 느낌의 경계를 느껴보도록 하겠습니다. 눈을 감은 채로 자기 몸의 의식적인 느낌을 느껴보세요. 우선 시각적인 느낌과 촉각적인 느낌을 제거하세요. 그래도 남는 것이 있다면 미각이나 후각의 느낌은 아닐 테니까 의식적인 느낌이라고 할 수 있습니다. 자기 몸 전체를 한 번 느껴보고 거기서 시각적 느낌과 촉각의 느낌을 지우세요. 불편하면 오른쪽 어깨만 느껴 봐도 됩니다. 오른쪽 어깨에 대한 시각적 상을 지우고 촉각적인 상을 지우세요. 그럼에도 여전히 뭔가 있는 것 같은 느낌이 있죠. 의식적인 상은 촉각적인 상보다 더 모호할 것입니다. 미묘하게 뭔가가 존재한다는 느낌이에요.

거기에 어떤 생각이 일어나면 생각이 끼어든 의식적인 느낌이 되겠죠. 생각이 끼어든 의식적인 느낌은 어떤 것이 있는지 살펴볼까요. 눈을 감은 채로 고개를 들어서 45도 전방을 바라봅니다. 지금 고개를 들었다는 느낌이 있죠. 그것에는 시각적, 촉각적, 의식적인 느낌이 다 포함되어 있습니다. 그 느낌을 그대로 기억하세요. 이번에는 정면보다 45도 아래로 고개를 내립니다. 여기에도 역시 시각적, 촉각적, 의식적인 느낌이 다 포함되어 있습니다. 이제 고개를 숙인 그 상태에서 상방 45도를 바라본다고 생각해보세요. 고개를 들지 말고 고개는 아래를 향한 채, 의식적으로만 고개를 들어서 위를 바라본다고 생각하는 것입니다. 아까 45도 상방을 향했을 때의 느낌을 상상하면 되죠. 숙여진 고개의 시각적 느낌은 몸에 남아 있습니다. 그런데 의식적 느낌만 위를 향하고 있는 것입니다. 그 느낌에 주의를 많이 줄수록 어떤 강한 힘이 느껴질 것입니다. 이것이 바로 생각이 끼어든 의식적인 느낌이라고 할 수 있어요. 그 느낌을 그대로 느끼면서 고개를 실제로 들어서 45도 위를 향하게 하세요. 이번에는 시각적 느낌과 촉각적 느낌, 의식적 느낌이 전부 다 위를 향하고 있습니다. 좀 전에 의식적으로만 위를 향했을 때와 느낌과 다르다는 것이 느껴집니까? 이런 것을 구분해 보는 것입니다.

단순히 상상하는 것과 그 상상에 주의를 쏟아 붓는 느낌은 다릅니다. 의식적인 느낌이라는 것은 이렇게 주의가 쏟아져서 마음의 힘이 더 강하게 느껴집니다. 단순히 생각만 하는 것으로는 결코 그 생각을 현실로 이룰 수 없다고 말하죠. 생각을 발현시키려면, 그 생각에 주의를 쏟고 관심과 힘을 쏟아서 에너지적인 느낌을 느껴야 합니다. 그래서 그 느낌이 나로 하여금 행동하게 만들 때 드디어 뭔가 이루어낼 수 있어요. 현상 세계는 에너지에 의해서 현상으로 드러나는 세계입니다. 즉 물이 어떤 파도의 모습을 띠려면 에너지가 필요해요. 마찬가지로 우리 마음이 어떤 느낌을 느끼려면 주의가 흘러서 내 마음에 의식적인 느낌이 강하게 쏟아져 들어와야 됩니다. 생각대로 이루어진다는 그런 얘기를 하려는 건 아니고, 의식적인 느낌에 대해서 말하고 있습니다.

고개를 숙이고 있을 때, 시각적인 느낌과 실제 아래를 향한 촉각적인 느낌과 마음의 의식적인 느낌이 함께 있습니다. 그 상태에서 의식적인 느낌만 방향을 바꾸어 위를 쳐다봤어요. 그럴 때 시각적인 느낌은 몸과 함께 있는 느낌이어서 단순한 상상이 아닙니다. 그런데 고개를 위로 향한다고 상상하고 그 상상에 에너지를 쏟으면, 비록 실제로 고개는 아래를 향하고 있지만 고개가 위를 향했을 때의 느낌이 아주 강하진 않더라도 느낌으로 다가옵니다. 이런 것이 생각이나 상상이 끼어든 의식적인 느낌이라고 볼 수 있어요. 생각과 상상이 다 사라진 의식적인 느낌은 뭔가 존재한다는 느낌이에요. 생각이 끼어든 의식적인 느낌과는 또 경계가 다릅니다. 고개는 숙이고 있지만 마음은 위를 향할 때의 느낌의 경계가 분명합니까, 애매합니까? 시각적인 상을 함께 가지고 있을 때와는 달리, 상상을 하더라도 그처럼 경계선이 명확하지는 않아요. 그렇지만 생각이 끼어들었기 때문에 그냥 단순한 있음이나 존재감을 느끼는 것보다는 명확한 경계가 있긴 하죠. 어쨌든 이렇게 마음으로 경계 지어지는 모든 것은 의식적인 느낌입니다.

우리는 하루에 오만가지 생각을 한다고 합니다. 오만가지 느낌을 느끼는 것입니다. 오만가지 경계를 그려서 나누고 있는 중입니다. 그 중 어떤 생각 하나에 에너지가 쏟아져 들어가면 그 생각이 불러일으키는 느낌과 감정에 우리는 휩싸입니다. 불쾌한 생각을 하면 불쾌한 느낌에 휩싸이죠. 그 불쾌한 상상을 사실이라고 믿어버리면 그 믿음이 에너지 통로를 더 강력하게 만들어 주의가 더 강하게 쏟아져 들어가 불쾌감도 강해집니다. 그렇지만 생각 하나만 돌리면 느낌은 완전히 바뀌죠. 좋은 느낌으로 살아가라는 말을 하려는 것이 아니라, 마음의 작용을 보라는 말을 하려는 것입니다. 생각 하나만 긍정적으로 바꾸면 인생이 밝게 빛난다는 말도 좋습니다만, 누가 생각을 바꾸느냐 이 말이죠. 생각은 어떤 상황과 조건, 이유에 따라서 바뀌겠죠. 그런데 긍정적인 생각으로 바꿀 수 있는 사람은 부정적인 생각으로도 떨어질 수 있는 사람입니다. 물론 긍정적인 생각만 하도록 습관을 들여서 자동적인 로봇처럼 만들어 버린다면 늘 밝은 생각이 유지될 수 있겠죠. 패턴화된 관성이 생기니까요. 그렇게 해도 좋아요. 어쨌든 밝은 인생을 살아가는 것은 좋습니다. 긍정적인 사고와 긍정적인 삶은 충분한 의미가 있어요. 그러나 중요한 것은 그런 노력에는 마음 작용의 원리가 스며들어있지 않다는 것입니다. 경계 그어진 의식적인 느낌에 힘이 쏟아 부어지면 그것이 우리의 삶을 좌우한다는 것이 마음 작용의 원리입니다. 그래서 의식적인 경계를 '느끼고 구분'할 수 있다면 이미 그 사람은 의식적 경계 밖에 가있는 거예요.

여러분의 일상을 잘 살펴보세요. 미묘하게 어떤 생각이 깔리면 그 생각에 붙은 느낌들이 가득해져서 전체 분위기를 그렇게 만듭니다. 무의식적인 생각일수록 더 쉽게 그래요. 왜냐하면 무의식적이라는 것은 자동화되었다는 의미거든요. 나도 모르게 어떤 느낌 속으로 자꾸 빨려들도록 습관이 들고 패턴화되었다는 뜻이에요. 자동차 운전과 비슷합니다. 맨 처음에 의식적으로 운전을 할 때는 신경을 많이 써야 해서 아주 힘들고 어렵지만, 시간이 지나 능숙해지면 졸면서도 운전을 하죠. 신경이 안 쓰인다는 의미이고, 자동적으로 에너지가 알아서 하도록 프로그래밍이 되었다는 뜻이죠. 그런 것처럼 까닭 모를 생각이나 감정 속에 빠져서 어떤 무드로 들어간다면, 자동적인 의식의 경계 속에 빠져있다는 뜻입니다. 경계는 구분되는 그 무엇이죠. 이것과 저것이 다르듯, 이전 기분과 이후의 기분이 다르다면 그 밑에 깔려있는 의식적인 경계가 다르다는 의미입니다. 그 의식적인 경계를 명확하게 느낄 수 있다면, 이미 그 사람은 그 경계로부터 떠난 것입니다.

물론 중간의 과도기가 있습니다. 의식적인 경계가 느껴져요. 그러면 느끼려고 하는 의도를 갖고 애쓰는 놈과 느껴지는 의식적인 경계, 이 두 가지 모두 마음에 나타난 현상입니다. 그래서 의도가 힘을 많이 받으면 받을수록 의식적인 경계도 선명한 느낌으로 느껴질 것입니다. 이런 상태가 바로 마음의 내용 속에 여전히 반 정도 들어가 있는 상태입니다. 마음의 내용 속에 들어가서 아무리 관찰하고 살펴봐야 그것은 실제로 자기마음을 보는 것이 아닙니다. 마음의 작용을 봐야만 진짜로 마음을 보는 것입니다. 마음의 내용은 경계 속에 들어앉은 것입니다.

'이것은 컵이야'라고 하는 것은 컵의 내용입니다. 컵은 물을 마시기 위한 도구이고, 빈 공간이 있고, 도자기를 구워서 만들었고, 도자기는 3000℃의 가마에서 구워지고. 이런 것들도 다 내용이죠. 그렇다면 컵의 작용은 뭡니까? 컵이라는 이름과 그 이름에 딸린 느낌을 다 떠나서 물을 마실 수 있도록 하는 기능이 컵의 작용입니다. 이와 마찬가지로 마음의 작용과 마음의 내용도 서로 다릅니다. 여러분이 자기를 살피면서 마음의 내용 속에 머물지 않고 마음의 작용을 철저하게 살펴볼 때, 여러분은 작용에서 떠나게 됩니다. 처음에는 작용에서 떠난다는 말이 잘 와 닿지 않을 것입니다. 왜냐하면 내용 속에 있을 때는 결코 작용을 파악할 수 없기 때문이에요. 그래서 오늘 여러분이 가장 중요하게 관심을 갖고 귀 기울여 들어야하는 부분은, 마음의 내용과 마음의 작용을 구분하는 것입니다. 내적으로 자기 마음을 살피면서 오늘 강의를 듣도록 하세요.

마음의 모든 내용은 마음의 경계, 즉 의식적인 느낌으로 이루어져 있습니다. 그런 의식적인 느낌이 어떻게 생겨났다 사라지는지, 어떤 구조에 의해서 생겨나는지를 보는 것이 작용을 보는 것입니다. 내용은 아주 다양한 느낌들을 불러일으키지만, 작용은 느낌과는 상관이 없습니다. 다양한 느낌이 있든 없든 상관없어요. 느낌이라는 것 자체가 생겨나는 것을 보는 것이 작용을 보는 것입니다. 기쁨, 슬픔, 황홀함, 괴로움, 아름다움, 밝음. 이런 건 다 내용입니다. 어떤 느낌이 생겨나건 '이 느낌이 이런 과정을 거쳐서 생겨나는구나' 하는 것이 작용을 보는 것입니다. 여러분이 좋은 느낌이 드는 쪽으로만 가려고 한다면, 내용 속에 빠져있다고 보면 돼요. 본질적인 측면은 좋고 나쁨을 떠나있습니다. 부드러운 파도는 좋은 느낌이고, 거친 해일은 나쁜 느낌이라고 해봅시다. 거친 해일과 같은 느낌이 몰려오면 위협적이어서 기분이 나빠지고 위축되겠죠. 그런 거친 해일이 어떻게 생겨나서 어떻게 움직이는지 보는 것과, 부드러운 파도가 어떻게 생겨나는지 보는 것에는 어떤 차이도 없어요. 파도라는 측면에서는 둘이 같습니다. 마음의 움직임이라는 측면에서는 똑같다는 말이에요. 원문에서 마음은 만 가지 경계를 따라서 움직이고, 움직이는 곳마다 그윽하고 묘한 현상들을 만들어낸다고 했어요. 이것이 다 마음의 내용이라는 말입니다.

작용은 경계의 생겨남과 움직임을 보는 것입니다. 좋은 움직임이든 나쁜 움직임이든 어떤 과정을 거쳐서 왜 일어나는지 보는 것이 작용을 보는 것입니다. 기분 좋고 편안하고 평화롭기 위해서 마음을 본다면 그 사람은 느낌에 끌려가는 것입니다. 기분 좋아지려고 이 공부하는 거 아니에요. 물론 나중에는 기분 좋음과 나쁨을 다 떠나기 때문에 아주 궁극적인 기분 좋음 같은 것이 오긴 합니다만, 애초부터 그런 것을 바라고 하는 건 아니죠. 물론 공부하는 목적이 여러 가지가 있겠죠. 만약 감정적으로 불편하고 힘들어서 시작했다면, 편안함과 평화로움이 느껴지고 모든 삶이 다 내 마음에 수용되는 느낌이 들면 기분이 좋을 것입니다. 하지만 그것들은 여전히 마음의 느낌일 뿐이에요. 그런 마음은 어떻게 생겨나고 어떻게 사라지는가? 누구한테는 일어나는데 누구한테는 일어나지 않는 이유는 무엇인가? 그 사람의 마음은 어떤 구조를 가지고 있기에 그런 마음이 일어나는가? 이런 것을 보는 것이 작용을 보는 것입니다. 자꾸 작용에 관심을 기울여야 합니다. 그러면 지금 이 순간에 초점을 맞추게 돼요. 내용은 과거, 미래, 현재를 왔다 갔다 합니다.

우리는 하루에도 오만 가지의 생각을 한다고 했습니다. 오만 가지 느낌의 경계를 따라다니면서 생명의 힘은 움직이고 있어요. 그렇다면 움직임이라는 것은 무엇입니까? 심수만경전心隨萬境轉이라고 했죠. 마음은 만 가지 경계를 따라서 구른다轉는 말입니다. 마음의 최초의 움직임이 전식轉識이라고 했어요. 주체와 대상이 나눠지는 움직임이죠. 마음이 한번 굴러서, 즉 한번 움직여서 최초로 생겨나는 분리가 바로 주체와 대상입니다. 즉 나와 나 아닌 대상이라는 경계가 생겨나요. 그리고 이 경계에서 저 경계로 옮겨 다니는 것이 바로 움직임이라고 할 수 있습니다. 경계가 생겨나면 마음은 다양한 느낌들을 만들어내죠. 이 경계에서 저 경계로 움직이니까 여러 느낌이 생겨나는 것입니다. 주체와 대상이 나눠지고, 주체에서 대상으로 주의가 흘러갑니다. 그러니까 '내가 본다, 내가 경험한다'는 느낌이 일어나요. 주의의 흐름이 곧 마음의 움직임입니다. 마음이 움직이기 시작하면 느낌들이 생겨나는데, 그것을 이 경계에서 저 경계로 옮겨 다니는 움직임이 일어난다고 우리는 말합니다.

어릴 때는 그저 옮겨 다니는 것이 좋아서 움직이는데, 나이가 들면 이유가 있어야만 움직입니다. 그리고 그 이유를 이루거나 완성하려는 의도대로만 움직여요. 그렇죠? '내가 이러이러한 사람인데 나는 이런 점이 좀 불만이야. 저러저러한 사람이 되어야겠어'라는 의도대로만 마음이 움직여요. 그 이유들을 이루거나 완성하려고 움직이는 것입니다. 그 모든 의도들은 이루어지거나 이루어지지 않거나 둘 중의 하나겠죠? 이루어짐에도 원리가 있고, 이루어지지 않음에도 원리가 숨어 있으니, 그래서 움직임에 묘한 능력이 있다고 말했습니다. 모든 움직이는 현상들에는 다 메커니즘이 있습니다. 묘한 움직이는 길이 있으니 실능유實能幽라고 했어요.

캐릭터에 물든 '나'를 넘어서

隨流認得性하면 無喜亦無憂라 하시니
수류인득성 무희역무우

흐름을 따라 본성을 알면 기쁨도 근심도 없으니

흐름을 따른다는 말은 어떤 의미일까요? 마음이 경계를 따라서 현상으로 드러난다는 의미입니다. 마음의 본질은 경계를 통해서만 작용하고 나타나요. 마음이 주체와 대상으로 나눠지지 않으면 무엇을 안다, 경험한다, 느낀다는 의식현상은 일어나지 않습니다. 경계 지어져야만 주의의 흐름 또는 마음의 흐름이 생기고 움직임이 생겨서 드디어 다양한 의식현상이 일어납니다.

눈을 감고 지금 이 순간, 자기 자신이라고 느껴지는 것을 살펴보세요. 자신의 이름을 떠올리고 '나는 누구야/나는 이런 사람이야'라고 떠올릴 때의 느낌은 캐릭터의 느낌이에요. 마음의 내용이고 경험의 기억입니다. 나의 진정한 모습이 아니라 물든 모습이에요. 어떤 캐릭터에 물들어있는 것입니다. 그 캐릭터는 지워버리고 정말 나라고 할 만한 것이 남아 있는지, 지금 이 순간에 마음이 어떻게 작용하고 있는지, 마음이 어떤 모습을 띠고 있는지 한번 살펴보세요. 생각을 빼버리고 느낌으로. 그래서 뭔가 존재한다는 느낌이 있다면, 그 느낌이 뭔지 깊숙이 들여다보며 느껴봅니다. 존재감 느끼기 또는 주의 자체를 느껴보기라고 할 수 있겠죠. 점차 캐릭터로서의 나는 사라지고 힘을 잃어버립니다. 물론 떠올리면 다시 나타나겠지만, 그러지 말고 주의에만 주의를 기울인다면, 또는 투명한 존재감 자체에만 주의를 기울이면 마음은 점차 투명해지고, 모든 구분이 없어집니다. 좀 전까지 그렇게 복잡했던 마음이 왜 이렇게 단순해질까요?

이처럼 단순해지기는 그리 어렵지 않습니다. 순간적으로도 그렇게 될 수 있어요. 이때의 마음은 미묘하게 흔들리고 있을 뿐, 다양한 세계를 경험하고 있지는 않습니다. 현상화가 거의 안 되고 있는 마음이에요. 그냥 투명한 현상만 있을 뿐 다양한 현상은 일어나지 않습니다. 그런데 다시 자신이 지금 책꽂이가 놓여있는 방안에 있고, 여러 사람과 함께 있으며, 하얗고 둥그런 탁자를 앞에 두고 앉아있다고 생각하면 어떻습니까? 갑자기 세계가 마음에 나타나죠. 탁자가 있는 방에 앉아있다는 생각, 책꽂이들, 이런 것들은 서로를 구분시키는 경계선이 있습니다. 마음이 지금 경계를 그리고 있는 것입니다. 순식간에 말이에요. 그런 경계를 통해서 마음이 작용하여 세계가 나타납니다.

여러분이 이런 경계로 인해 만들어지는 현상만을 보지 않고 현상을 통해 본성을 보면, 즉 파도를 보지 않고 물 자체를 본다면, 그것이 바로 수류인득성隨流認得性입니다. 그렇게 되면 기쁨도 근심도 없다고 했습니다. 기쁨과 근심은 경계에 의해서 만들어진 모습이죠. 기쁜 파도와 슬픈 파도예요. 그런데 경계에 의해서 만들어진 모습이 아니라, 경계를 이루는 본질적인 측면에 초점을 맞춰서 봅니다. 파도에 초점을 맞추지 않고, 물에 초점을 맞췄어요. 기쁜 파도건 근심스런 파도건, 모두 다 물로 되어있다는 측면은 같습니다. 물에는 기쁜 파도, 근심스런 파도란 없어요. 왜? 물은 파도가 아니니까요. 마음의 본질, 즉 경계 없는 마음에는 결코 기쁜 느낌과 근심하는 마음이 없습니다. 여러분이 기쁨 속에 있다거나, 근심 속에 있다면 마음의 경계 속에 있는 것입니다. 마음의 느낌 속에 있잖아요. 모든 느낌은 경계 지어진 마음이 만들어내는 조건화된 현상이고, 본성은 그 어떤 현상도 아닙니다.

모든 소리는 공기의 진동이지만, 공기 자체는 아닌 것과 같아요. 소리와 공기는 같은 종류의 다른 무엇이 아닙니다. 다시 말해서 레벨이 다르다는 것입니다. 소리는 공기가 흔들려서 만들어진 느낌이에요. 다시 말하면 공기의 진동이며 공기의 어떤 모습이라는 말입니다.

소리는 공기가 드러난 모습인 것처럼, 우리 마음에 느껴지는 모든 것은 본질의 어떤 모습일 뿐입니다. 본질 자체는 어떤 모습도 안 띠어요. 마음이 경계에 따라서 이쪽과 저쪽을 구분 짓고, 그 사이에 관계를 맺으면서 만들어내는 것이 바로 느낌입니다. 공기는 어떤 진동도 아니라는 것을 소리를 통해 알 수 있듯이, 마음의 본질과 모습도 그렇게 파악될 수 있습니다. 문제는 우리가 보고 알아채는 것 자체가 일종의 소리라는 데 있어요. '아, 알겠어'라는 느낌도 일종의 소리이고, '모르겠는데? 나는 왜 이렇게 멍청할까?'라는 느낌도 마음이 만들어내는 일종의 소리입니다. 그런데 마음의 본질은 소리가 아니라 공기 자체여서 어떤 느낌으로 잡아낼 수 있는 것이 아니에요. 여러분은 지금 마음에 나타난 어떤 소리를 자기라고 여기고 있습니다. 비록 미묘한 소리라 할지라도 그것을 자기라고 여기는 사람이 공기 자체를 어떻게 알 수 있겠어요? 안다는 것 자체가 일종의 소리인데. 소리는 공기가 움직이지 않으면 없어져요. 여러분이 '나'라고 느끼는 느낌도 잠들어 마음이 멈추면 없어지잖아요. 전체주의만 해도 '나'라는 느낌은 아주 희미해집니다.

이렇게 마음이 움직일 때만 느낌이라는 것이 생겨납니다. '나'라는 느낌이 느껴진다면 그것은 곧 마음이 움직이고 있다는 의미입니다. 어떤 특정한 패턴으로 움직이고 있어요. 컵이 그 모습대로 계속 유지되는 건 컵을 이루고 있는 전자와 원자들이 특정한 패턴으로 끊임없이 진동하기 때문입니다. 그래서 에너지가 끊임없이 움직이면서도 변함없는 컵의 모습을 이루고 있어요. 마찬가지로 '나'라는 느낌이 느껴지는 이유도 마음의 진동이 끊임없이 일어나기 때문입니다. 그 진동이 정지하면 '나'라는 느낌이 사라져요. 주의에 주의 기울이기나 전체주의만 해도 갑자기 멍해지면서 그 느낌이 즉각 사라집니다. 전체주의는 특정한 경계가 아닌 전체에 주의를 쏟기 때문에 경계가 자꾸 희미해지고 사라집니다. 경계를 허물어트리는 작업이기 때문에 '나'라는 개별적인 느낌도 사라져요.

마음이 만들어내는 모든 경계가 마음의 본질이라고도 본질이 아니라고도 할 수 없는 이유는, 소리와 공기의 비유로 잘 설명될 수 있습니다. 소리가 나는 곳에는 공기가 있으니까, 소리가 공기가 아니라고 할 수는 없겠죠. 하지만 소리 자체는 결코 공기가 아닙니다. 공기의 모습이 만들어내는 현상일 뿐이죠. 마찬가지로 마음에 잡히는 모든 것은 마음이 움직여서 내는 소리라고 보면 됩니다. 움직이지 않는 마음이 모든 마음의 본질입니다. 그렇지만 움직이지 않으면 어떻게 그것을 알겠어요? 그래서 움직이는 현상을 힌트삼아 알아채라는 것입니다. 마음의 소리가 있는 곳에 마음의 본질이 늘 함께하기 때문에 번뇌가 곧 보리라고 말합니다. 괴로운 마음, 기쁜 마음, 악한 마음, 선한 마음, 이 모든 마음이 움직인 마음이에요. 마음이 움직이면서 내는 특정한 소리죠. 선한 마음은 전체와 어우러지는 조화로운 소리이고, 악한 마음은 삑삑거리는 소음입니다. 그러나 소리임에는 틀림없죠.

모든 마음의 움직임은 마음 자체가 아니라고 할 수 없습니다. 마음 자체라고 말하면 거기에 마음이 머물기 때문에 이렇게 말하는 것입니다. 움직이는 마음은 본질의 마음과 같다고 하면, 그 즉시 본질을 찾을 필요가 없다고 여겨서 어딘가에 머무르려고 할 것입니다. 그러지 못하도록 움직이는 마음은 본질이 아니라고도 할 수 없고, 마음의 본질이라고 할 수도 없다고 말합니다.

기쁨도 슬픔도 본성이 아님을 보게 되면 본성을 본 것과 같고, 어떤 기쁨이나 근심도 더 이상 없습니다. 그것들이 있지만 동시에 없는 것입니다. 마치 옆집에 불이 난 것과 같습니다. 기쁨과 근심은 나의 본질이 아니기 때문에 걱정스런 근심이 있어도 괜찮습니다. 우리 집에 불이 난 것이 아니니까요. 옆집에 큰 경사가 있으면 기쁜 일이죠. 기쁘지만 내 일은 아니에요. 본질이 아니란 건 그런 것입니다. 기쁨이 일어나지만 그것은 본질 자체가 아닌 본질의 모습입니다. 슬픔, 아픔, 근심은 마음의 느낌이지 마음 자체는 아닙니다. 그래서 기쁨이 넘치거나 근심이 있어도 옆집의 화재를 보는 것과 같아요. 여러분이 '나'라는 캐릭터를 느끼는 것도 그렇게 바뀌게 됩니다. 마음에 일어나는 어떤 느낌일 뿐이죠.

현상에 기쁨의 빛이 일고 근심의 불꽃이 애를 태워도 옆집에서 벌어지는 일과 다를 바 없으니, 그것들은 공기가 아닌 소리이기 때문입니다. 사실 공기와 소리라고 각자의 이름을 붙였기 때문에 다르다고 느껴지지만 사실 소리도 공기도 없는 것입니다. 우리가 붙인 이름일 뿐이에요. 마찬가지로 본질도 현상도 따로 있지 않습니다. 우리가 붙인 이름이에요. 그저 현상의 나타남과 사라짐이 있고, 우리는 그 현상을 일어나게 하는, 현상을 넘어서 있는 무한한 미지에 점차 뿌리박게 될 뿐입니다. 미지의 무한을 알게 되지는 않아요. 무한을 어떻게 알겠어요? 안다는 것 자체가 유한인데. 만약 무한이라는 느낌을 갖는다면, 그것은 무한이라는 경계를 그린 마음의 모습일 뿐입니다. 마찬가지로 여러분이 텅 빈 마음을 느낀다면 그 역시 마음의 느낌일 뿐이에요. 정말 미지에 뿌리를 박으면 어떤 느낌도 없어요. 무한의 느낌조차 없습니다. 그렇다고 아주 좁은 유한한 느낌은 더더욱 아니죠. 미지에 뿌리박는다는 것은 어떤 느낌에도 발을 디디고 서 있지 않다는 것입니다. 만약 발을 딛고 서 있는 느낌이 있다면 발을 디디고 서 있을 곳과 그렇게 하고 있는 놈이 있다는 뜻이죠. 그것이 바로 '나'입니다. 아무리 투명하다 할지라도.

흐름을 따라서 본성을 본다고 했어요[隨流認得性]. 무엇의 흐름을 따릅니까? 경계의 흐름인 현상을 따른다는 말입니다. 현상을 따르지 않고서 본성을 보기는 힘들어요. 우리가 볼 수 있는 건 오직 현상뿐입니다. 자신의 본질을 봤다거나 경험하고 느꼈다고 말하는 사람이 있다면, 그는 착각하고 있는 것입니다. 경험하거나 느끼고 보려면 그 대상이 있어야하죠. 아무리 투명한 경험적 대상이라도 마찬가지입니다. 본질은 결코 대상이 될 수 없기 때문에 우리가 경험하고 느끼고 알 수 있는 것이 아니에요. 이러 저러한 건 현상이고, 현상이 아닌 것이 바로 본질이라고 그냥 이름 붙였을 뿐입니다. 그래서 대승기신론에서도 말로 할 수 없기에 어쩔 수 없이 대승大乘, 일심一心이라고 이름 붙였다고 했어요.

경계 지어진 마음의 흐름을 따라가면서 마음의 경계가 어떻게 생겨나서 어떻게 작용하는지를 보면, 그 경계로부터 벗어납니다. 그러나 작용을 보지 않고 그 작용 속에 있으면 경계를 경험하죠. 만약 어떤 느낌에 집착하거나 밀쳐내면 경계 속에 들어가 있는 것입니다. 그래서 마음의 작용을 보려는 사람은 마음의 느낌을 겪어낼 줄 알아야 해요. 힘들고 어렵고 슬프게 느껴지는 느낌을 피하지 말고, 그런 느낌이 있다는 것 자체가 경계가 작용하는 증거임을 알아채야 합니다.

경계의 작용 속에서 마음의 작용을 봐야 해요. 경계가 없다면 어떻게 마음의 흐름을 보겠어요? 그리고 경계의 생겨남과 사라짐을 보려면 경계를 경험하면서 봐야합니다. 그냥 편안한 마음으로는 볼 수 없어요. 보는 마음이 치밀해지면 그런 편안한 와중에도 마음의 경계를 다 볼 수 있지만, 맨 처음 시작할 때는 힘들고 어려운 거친 경계부터 봐야합니다. 그런 것부터 볼 수밖에 없어요. 미묘한 건 안 보이니까요. 그 경계가 싫다고 돌아보지 않으면 그 경계의 작용을 볼 수 없습니다. 자동차 엔진이 돌아가는 것을 보려면 엔진을 돌려봐야 할 거 아닙니까? 어떻게 움직이는지. 화가 일어나서 들끓는 것을 봐야 하는데 고개를 돌려버리면 어떻게 마음의 작용을 볼 수 있겠어요. 화가 나면 그 마음속에 머물지 말고 화가 나는 마음의 작용을 보려고 해야 합니다. 왜 화가 일어나는지, 슬픔과 괴로움이나 고요함과 평화로움이 일어난다면 왜 일어나는지, 어떤 경계와의 관계 때문에 일어나는지, 이런 것을 보는 것이 작용을 보는 것입니다.

좋고 싫음 속에 빠져있으면 경계 속에 들어있는 것입니다. 좋고 싫음이 일어나는 건 괜찮지만 그것을 피하지는 마세요. 마음의 경계가 일어나는 것을 잘 볼 수 있는 좋은 재료입니다. 그걸 볼 수 있는 연습이 우리가 하는 겪어내기예요. 느낌과 함께 가라는 것입니다. 좋은 느낌에 집착하지도 말고, 싫은 느낌을 피하려고 하지도 말고 그냥 겪어냅니다. 사실 좋음에 대한 집착을 벗어나기가 더 힘듭니다. 싫은 느낌에서 벗어나는 건 잘 되죠. 좋든 싫든 느낌이 일어나면 그대로 느끼며, 어떤 식으로 그것이 나타나는지 살피는 것이 바로 마음의 작용을 보는 것입니다.

마음의 내용과 작용을 보는 것의 차이

마음의 내용 속에 들어가 있는 것, 마음의 내용을 보고 있는 것, 마음의 작용을 보고 있는 것, 이 세 가지는 다 다릅니다. 내용 속에 들어가 있는 것을 우리는 '빠져있다'고 말하죠. 내용을 보고 있다면 그래도 이해하려고 하는 것입니다. 마음의 그림을 그리는 것입니다. '이것은 이거고 저건 저거네' 하는 것이 마음의 그림 속에 들어있는 상태입니다. 내용에 빠져있지는 않지만 그림을 그리고 있는 중이에요. 그리고 지금 이 순간 일어나는 자기 마음을 보는 것이 바로 작용을 보는 것입니다. 자기가 그림을 그리고 있다는 것을 보는 것입니다. '무언가를 해결하려는 마음을 먹으면 의도가 일어나고 그 의도대로 에너지가 쏠려서 어떤 작용이 이루어지는구나' 이런 것이 작용을 보는 것입니다. 마음의 그림을 그려서 하는 이해는 과도기입니다. 마음의 느낌 속에 빠져있는 것이 일반적인 마음이라면, 마음에 일어나는 느낌을 기반으로 그림을 그리는 것이 중간 과정의 이해입니다. 더 지나면 내가 그림을 그리고 있는 손이라는 것을 보는 것입니다. 손이 손을 봅니다. 반면에 이해는 손이 그리는 그림을 보는 것입니다.

경계의 흐름을 따라서 본성을 본다고 했어요. 경계가 없으면 '봄' 자체가 없습니다. 본다는 것 자체가 일종의 경계입니다. 주체와 대상을 나눠서 보기 때문에 알고 경험할 수 있어요. 모든 경험에는 경험하는 자가 있습니다. 손이 있어야 손에 닿는 대상도 있을 것 아닙니까. 물론 경험에 깊숙이 들어가면, "경험하는 자도 없고 경험의 대상도 없고 경험만 있다." 이런 소리를 하죠. 점차 주객일체主客一體가 되어가는 과정입니다. 주객일체가 된다는 것은 마음을 살펴봄에 있어서는 주의에 주의를 기울이는 것과 같습니다. 그리고 다른 상황에서는 스킬이 늘어나는 것이라 할 수 있어요. 발레리노 니진스키는 춤에 몰입하면 2미터 넘게 점프를 했다고 합니다. 평상시에는 그렇게 못 뛰어요. 어떻게 그렇게 뛰었는지 자기도 몰라요. 몰입하면 그렇게 된다는 것 정도밖에 몰라요. 일종의 스킬입니다. 마음에 대해서도 그렇다는 것입니다. 주의에 주의를 기울이면 주체와 대상이 사라지면서 나라는 것이 안 느껴집니다. 물론 더 세밀하게 살펴보면 느껴지긴 합니다.

흐름을 따라, 경계의 작용을 따라 마음의 본성을 알면 거기에 기쁨도 근심도 없다고 했습니다. 기쁨이나 근심이 일종의 마음의 흐름이거든요. 기쁨이나 근심에 빠지지 않고, 기쁨이나 근심이 생겨나고 사라지는 작용을 통해서 본성을 보면 기쁨이나 근심은 마음이 움직일 때 나는 소리일 뿐 마음 자체가 아니라는 것을 알 수 있는 것입니다. 그러면 기쁨도 근심도 없습니다. 기쁨이나 근심의 작용 자체가 나타나지 않는다는 말이 아니라, 본질이 아니기 때문에 나타나지 않는 것과 다르지 않다는 말입니다. 잘못 해석하면 본성을 보면 기쁨도 근심도 없다고 오해해요. 그건 목석木石과 다를 바 없습니다. 인간의 마음이 작용하지 않는 것입니다. 기쁨도 근심이라는 현상이 안 일어난다는 말이 아니라, 일어나더라도 일어나지 않음과 다르지 않다는 말입니다. 어디에도 집착하지 못하도록 있음도 없음도 아니라고 말하는 방식이에요.

> 故로 一切時中에
> 고 일체시중
>
> 動用施爲하며 東行西往하며
> 동용시위 동행서왕
>
> 喫飯着衣하며 拈匙弄箸하며
> 끽반착의 염시롱저
>
> 左顧右眄이 皆是眞心妙用이 現前이어늘
> 좌고우면 개시진심묘용 현전
>
> 고로 일체의 때에
> 움직이고 작용하여 행위를 하고 동서로 왕래하며
> 밥 먹고 옷 입으며 숟가락과 젓가락을 잡기도 하고,
> 왼쪽 오른쪽으로 돌아보니 모두가 진심의 묘한 작용이 나타나는 것인데

동용시위動用施爲는 마음이 움직여 경계를 짓고, 움직이면 경계가 지어지는 것입니다. 움직임 자체가 경계죠. 주체와 대상이 나눠져야 '내가 무엇을 본다'는 마음의 움직임이 생겨나기 때문입니다. 주체와 대상이라는 경계가 생겨났다는 것은 곧 구별한다는 말입니다. 이것은 주체고, 저것은 대상이라고 구별해요. 그래야만 주체가 대상을 본다는 흐름이 생겨나잖아요. 동動은 마음이 움직여 경계를 짓는 것을 말합니다. 용用은 그 경계를 사용하여 행동이 일어나는 것입니다. 시위施爲, 즉 움직임이 일어납니다. 마음이 움직여 경계를 짓고, 경계를 사용하여 행동이 일어나요. 마음이 처음 움직여 나와 대상을 나누는 경계를 짓고, 그 경계를 사용하여 주의가 나에게서 대상에게로 가는 행동

이 일어난다는 말입니다. 그렇게 하여 동서로 왕래가 일어나고 밥 먹고 옷을 입는 행동이 일어납니다. 또 왼쪽과 오른쪽을 돌아보는 일이 일어나요. 경계가 없다면, 다시 말해 경계를 지어 나누는 분별이 없다면 왼쪽과 오른쪽이 어디에 있고, 동쪽과 서쪽이 어디에 있겠습니까? 동서가 없다면 동으로 가고 서에서 오는 이런 움직임 또한 없겠죠. 따라서 모든 움직임은 분별없는 진심의 그 묘한 작용인 것입니다. 모든 작용은 진심에 경계가 지어져서 일어나는 묘한 일입니다.

우리는 모든 파도를 뭉뚱그려서 그냥 파도라고 여깁니다. 1번 파도, 2번 파도, 3번 파도라고 나누어 인식하지 않아요. 마찬가지로 마음에 나타났다가 사라지는 모든 것도 본래는 현상입니다. 그런데 우리는 그 현상들 각각에 이름을 붙였어요. 기쁨, 슬픔, 분노. 마음에 잡히는 것들에 수많은 이름을 붙여 놓고 실제하는 것으로 여기고, 그것들로 시뮬레이션해서 만들어낸 연기緣起된 세계 속에서 우리는 살아갑니다. 이름에 붙어 있는 느낌들이 상호작용하여 만들어지는 내적인 느낌이 바로 내가 경험하고 있는 세계예요. 여러분들은 지금 이 순간 어떤 세계 속에서 살고 있습니까? 어떤 느낌의 세계입니까? 모두 다 여러분 마음의 느낌의 세계입니다. 시각, 촉각, 청각 등의 감각기관으로 들어오는 자극으로 인해 내적인 연기緣起 현상이 일어나고 느낌이 만들어집니다. 그런 느낌의 세계가 진정한 세계일까요? 잠시 후 돌아서면 잊힐 것들입니다. 강의가 끝나고 집에 가면 지금의 느낌은 다 사라지고 없겠죠. 어제의 일, 직장에서 있었던 일 다 희미해지고 사라졌어요. 10년 전에 있었던 일도 다 흩어져서 사라졌습니다. 그 느낌들은 어디로 갔나요? 다시 불러낸다면 그 느낌 그대로 불러내질까요? 아니면 지금 내가 새롭게 만들어 조작하는 느낌일까요? 닮은 느낌일 뿐, 완전히 똑같은 느낌은 아닙니다. 과거를 회상하면 떠오르는 느낌은 내가 지금 만들어 낸 느낌인 것입니다.

오늘 집에 돌아가서 10년 전 자기 사진을 한번 찾아보세요. 예전 사진을 볼 때 드는 느낌은 뭘까요? 그 사진에 붙어 있는 경험에 기반해서 내가 지금 만들어낸 느낌이에요. 그 사진만 보면 그런 느낌이 일어나요. 그런데 지금의 나는 아니죠. 지금의 내가 나라고 느끼는 느낌도 아니에요. 그런데 그 사진을 보면서 '아, 내가 옛날에는 이랬지'라고 해요. 다 느낌의 세계입니다. 느낌의 세계는 고정되어 있지 않고 파도처럼 끊임없이 출렁이기 때문에 결코 '존재한다'고 말할 수 없습니다.

또 한 가지 살펴볼 점은 '묘한 작용이 나타난다'는 말입니다. 묘妙하다는 것은 무슨 의미일까요? 거칠고 험악하거나 명백한 것을 우리는 묘하다고 표현하지 않습니다. 아주 조화롭고, 있는 듯 없는듯하다는 의미로 사용하죠. 따라서 묘한 작용이란 가장 자연스럽고 조화로운 작용이라고 말할 수 있습니다. 일상에서 밥을 먹고, 옷을 입으며, 수저를 드는 것은 필요에 가장 알맞은 조화로운 작용이죠.

정비공이 자동차를 수리하는 상황으로 예를 들어 봅시다. 한 정비공은 자기가 지금까지 알고 있던 내용만을 기준으로 삼아서 작업을 합니다. 다른 한 명은 자기가 알던 내용을 기본으로 하면서 현재 일어나는 상황, 예를 들어 엔진 소리의 정상 여부와 같은 조화롭거나 조화롭지 못한 현상이 일어나는 순간을 찾아내어 수리합니다. 이 사람은 과거의 지식과 경험만을 기준삼지 않고, 지금 일어나는 것을 제대로 보고 수리하는 사람입니다. '컵'을 떠올려 보라고 말하면, 어떤 사람은 자신이 그동안 경험했던 컵을 무조건 들이미는 거친 반응을 보입니다. 또 어떤 사람은 '저 사람이 컵이라고 말했지만, 저 사람이 말하는 컵은 내가 경험한 컵과는 다를 수 있어. 저 사람은 컵을 가지고 무엇을 설명할까? 지금 이 상황과 조건 속에서 말하는 컵은 무엇을 뜻하는 거지?' 이렇게 세심하게 살피면서 들어요. 진정으로 귀를 기울이는 것입니다. 경청, 리스닝listening입니다. 그저 귀가 뚫려 있어 들려오는 히어링hearing과는 다릅니다. 히어링은 소리가 들려와서 내 안에 있는 과거 경험을 자동적으로 끌어냅니다. 기계적이죠. 반면에 리스닝은 자신의 온 주의력을 이 순간에 둡니다. 마음속의 데이터를 자동적으로 떠올리지 않고, 내부에서 올라오는 반응을 참고하면서도 지금 현재의 상황과 조건에 더 주의를 쏟으며 조율하여, 고정관념 없이 판단하며 부조화를 찾아내는 것이 진정한 귀 기울임입니다. 자동차 수리도 이런 방식으로 한다면 그것이 가장 묘한 정비가 될 것입니다. 우리가 그동안, 죽은 감지는 과거의 고정된 느낌을 불러내는 것이고, 살아있는 감지는 지금 들어오는 감각 정보를 실시간으로 반영하여 재구성한 느낌이라고 했습니다. 경청은 바로 이렇게 이 순간 말하는 사람의 안이비설신의를 통해 나오는 모든 정보를 그대로 반영해 듣는 묘한 작용입니다. 이처럼 묘하다는 것은 지금 이 순간에 느껴지는 흐름을 타고 뜻한 바대로 애씀 없이 나아가는 것을 의미합니다.

물고기는 물의 흐름을 아주 잘 탑니다. 물의 흐름이 느껴지기 때문에 그렇죠. 물고기의 몸통에는 옆줄이 있어서 물의 흐름, 즉 압력을 느낄 수 있습니다. 흐름을 느낄 수 있어야만 흐름을 탈 수가 있어요. 사람들은 흐름을 느끼지도 못하면서 무조건 지금의 현실에서 다른 현실로 갈아타려고만 합니다. 지금의 현실을 느낄 줄 알고, 다른 현실 또한 느낄 줄 알아야 갈아탈 수가 있어요. 자동차 기어를 1단에서 2단으로 바꾸려면, 2단의 흐름도 알고 지금 차가 어느 정도로 돌아가는지 느낄 수도 있어야 합니다. 이와 마찬가지로 흐름을 잘 타기 위해서는 내 안의 흐름과 밖의 흐름을 잘 느껴서 조화시켜야 합니다.

내 안의 흐름이라는 것은 무엇입니까? 지금 나라고 여기는 그 마음이 1단의 마음이라고 해봅시다. 시속 20㎞로 달리고 있는 지금의 마음이 1단인데, 밖의 흐름은 시속 60㎞로 달려야 해요. 그러면 액셀을 밟아서 60㎞로 만들어서 5단으로 가야겠죠. 그러나 속도를 높인다고 해서 곧바로 5단으로 가지 않습니다. 3단과 4단을 거쳐 5단으로 가죠. 내 안과 밖의 흐름을 잘 느껴서 둘 사이의 중립을 거쳐서 기어를 바꾸는 것이 바로 흐름을 타는 것입니다. 순간의 흐름을 느껴야만 그 흐름을 타고 '나'라고 여겨지는 것이 원하는 바를 이룰 수 있어요. 이것이 바로 조화롭고 묘한 작용입니다. 현실화 기법 등에서 자주 하는 말인데 지금은 그런 관점에서 말하는 것은 아니고, 마음에 느껴지는 모든 것들은 일어난 현상임을 발견하도록 돕기 위해서 설명했습니다. 마음을 잘 쓰면 그렇게 쓸 수 있다는 것입니다. 진심은 이렇게 자기라는 흐름과 외부라는 흐름을 잘 느껴서 갈아탈 수 있게 하는 묘한 작용을 일으키는 근본 바탕입니다. 자연스러운 흐름을 타고 뜻한 바를 향해 나아가는 것인데, 뜻한 바라는 것 역시 하나의 자연스러운 흐름이기도 합니다.

물을 마신다는 앎과 그 작용을 보는 것

凡夫는 迷倒하야 於着衣時에 只作着衣會
범부 미도 어착의시 지작착의회

喫飯時에 只作喫飯會하야
끽반시 지작끽반회

범부는 미혹하여 옷 입을 때 단지 옷을 입는다고 알고,
밥을 먹을 때 단지 밥을 먹는다고 알아

범부凡夫는 다만 옷을 입는다고만 알아요. 그의 마음은 이미 '옷을 입는다'와 '안다'는 경계 속에 푹 빠진 것입니다. '내가 지금 물을 마시고 있어'라고 안다면 컵이 있고, 물이 있고, 마신다는 행위가 있죠. 자신이 지금 그렇게 한다고 아는 것은 그런 경계 속에 들어 있기 때문입니다. 여러분은 '마음이 컵이라는 느낌을 만들고, 마신다는 움직임을 구별하고, 내가 마신다고 아는 현상을 일으키고 있구나!'를 느낌으로 알 수 있어요. 하지만 미혹한 범부는 물을 마신다고 알 뿐, 그것이 마음의 작용임은 모릅니다. 그러니 어떻게 진심을 알아챌 수 있겠습니까? 그의 마음에 옷이 나타나는 순간 그는 이미 진심에서 멀어집니다. 마음에 어떤 상相이 나타난다면 그 사람은 이미 진심에서 멀어진 것입니다. 그렇다면 아는 것 자체가 이미 진심에서 멀어진다는 말인데, 대체 어떻게 해야 진심을 알 수 있을까요? 방법이 하나 있으니, '안다'가 진심의 작용이라는 것을 보는 것입니다. '아, 나는 알았어!'라는 앎 속에 들어가 있지 말고, '안다는 느낌이 일어나고 있네. 이것은 하나의 마음의 작용이구나!' 이렇게 파악하라는 것입니다. 작용에는 앎도 모름도 없습니다. 그저 현상일 뿐이에요. 진정한 탐구자는 안다고 말하지 않습니다. 모른다고도 말하지 않아요. 다만 살펴볼 뿐이죠. 그저 '

이런 일이 벌어지고 있구나' 합니다. 물론 '이렇게 해서 이런 작용이 생기는구나'라고는 해요. 여기까지는 탐구인데, 그 다음에 '아, 알았어!'라고 이름 붙인다면 바로 내용 속에 빠지는 것입니다. 그러니까 여러분도 탐구할 때 '이런 일이 벌어지고 있구나'까지만 하세요. 거기서 끝! 다음에 또 무슨 일이 생기면 '이래서 이런 일이 벌어지네,' 하고 끝! 거기에 이름을 붙이지 마세요.

'안다'는 것이 진심의 작용임을 보면 됩니다. '안다'도 작용이고 '안다'를 보는 것도 작용인데, 이 작용이 어떻게 일어나는지를 보면 '안다'를 봄과 동시에 보고 있는 자신도 작용의 일부라는 것을 보게 됩니다. '자기'라는 것도 일종의 작용이라는 것을 봐요. 거기서 작용을 뛰어넘는 일이 벌어집니다. 작용을 통해서 마음의 모든 그림이 그려집니다. 마우스가 작용해서 스크린에 그림이 그려지듯이, 의도를 가지고 마음에 이리 저리 그림을 그리면서 '이것은 이래서 이렇고, 저것은 저래서 저렇다'는 이해가 일어납니다. 그러면 주체라는 놈이 '나는 이해했어!'라고 딱 말뚝을 박죠. 이 전체 과정을 보는 것이 바로 작용을 보는 것입니다. 그럴 때 작용을 넘어서는 일이 일어나죠. 그렇지 않으면 계속 작용 속에 있게 됩니다. 작용을 통해 그림이 그려지기 때문에 마음의 그림, 즉 내용 속에 있지 말고 그 내용을 만들어 내는 작용을 살펴보세요. 이것이 진짜 탐구입니다.

범부는 옷 입고 밥을 먹을 때 진심이 작용하고 있다는 것을 알지 못합니다. 그래서 마음의 그림이 실제 상황이라고 알고 믿어버리죠. 마음의 스크린에 투사된 빛의 조합이라는 통찰이 일어나지 않아요. 그러면 울고 웃는 영화 관객과 다름없습니다. 관객은 스크린 위에서 일어나는 움직임을 탐구하지 않고, 그 움직임에 의해서 만들어지는 스토리 속에 빠져서 울고 웃으며 때로는 황홀경을 경험합니다. 그러나 그것들은 다 스크린에 투사된 빛의 조합이 만들어낸 그림일 뿐이에요. 그 그림 속에 빠져들면 거기에는 판타지가 있습니다. 밥이 있고, 먹는다는 행위가 있고, 각각의 움직임이 다르다는 분별이 있어요. 그리고 분별 속에 들어앉아서 상을 따라 움직입니다.

一切事業에 但隨相轉일새
일체사업 단수상전

일체의 일에 단지 상을 따라 움직이니

일체의 일은 진심의 움직임입니다. 상相은 진심이 움직이는 모습이죠. 서로 상相을 쓰는 이유는, 무엇인가를 볼 때 무의식에서 그에 대비되는 것과 비교하기 때문입니다. 의식적 상이 느껴질 때 두 가지가 작용하는데, 하나는 무의식적 배경이고 또 하나는 의식적 전경이에요. 예를 들면 배경이 검은색이고, 전경은 흰색이죠. 그러니까 흰색이 흰색으로 느껴집니다. 만약 배경도 흰색이라면 흰색이 흰색으로 느껴지겠어요? 아무 느낌도 나지 않죠. 이렇게 느낌과 상은 서로가 서로에게 의존하고 있어요. 직선은 곡선을 배경으로 하기 때문에 직선으로 느껴지고, 뜨거움은 차가움과 비교되어 뜨겁게 느껴집니다. 아름다움은 추함을, 똑똑함은 멍청함을 배경으로 하기 때문에 느껴져요. 두 가지가 자신의 마음속에 모두 들어있기 때문에 비교되어 느껴질 수 있습니다.

이러한 진심의 모든 움직임을 작용으로 보지 못하고 상相만을 따라서 보는 것이 바로 어리석음입니다. 상相은 마음의 내용이고, 구조는 마음의 작용이 일어나는 기반입니다. 마음의 내용 속에 들어가지 말고, 즉 상을 따라가지 말고 구조를 통해 일어나는 작용을 보는 것이 매우 중요합니다.

所以로 在日用而不覺하며
소이 재일용이불각

그래서 매일매일 쓰면서도 알아채지 못하고

매일매일 진심이 작용하고 있음에도 불구하고, 그것을 알아채지 못하고 작용이 만들어내는 내용 속에 빠져 지냅니다. 에너지 중심이 내용, 다시 말해 상相 속에 들어있기 때문에 그래요. 상과 동일시되어 있죠. 마음의 내용에는 과거와 현재와 미래가 있지만, 작용은 오직 이 순간에만 있습니다. 과거에 기분 나빴던 경험을 하나 떠올려 봅니다. 기분 좋았던 일을 떠올려도 좋아요. 그 느낌을 가슴으로 가져가서 한 번 느껴보세요. 지금 그 느낌은 과거의 느낌입니까? 물론 지나간 느낌이죠. 하지만 느껴지는 것은 지금 이 순간이에요. 그러니까 과연 과거라는 것이 있냐는 것입니다. 여러분의 모든 경험은 '지금 이 순간'에 일어나고 있습니다. '과거라고 여겨지는 느낌'이 '지금 이 순간'에 일어나고 있어요. '그때 그러지 말았어야 해. 그 친구한테 그 말을 하면 안됐는데' 이런 것은 내용에 빠진 것입니다. 작용을 본다는 것은, '생각이 올라오고 그 생각을 믿는 마음에 힘이 들어가고, 그런 일은 좋지 않다는 내 기준과 부딪혀서 이런 기분을 만들어 내는구나' 하는 것입니다. 작용은 항상 이 순간에 있습니다. 그리고 내용은 과거와 미래라는 드라마 속에 있어요. 그것을 구분해서 살펴보세요.

'지금 여기'에 있을 수 있어야 비로소 작용을 볼 수 있습니다. 다르게 말하면 작용이 무엇인지 알아채고 살펴보기 시작할 때, 비로소 그 사람의 마음의 초점이 '지금 여기'에 맞춰진 것입니다. '내가 안다'거나 '나는 모른다'는 생각 속에 있는 건 내용 속에 들어있는 것입니다. 안다, 모른다는 중요하지 않아요. 다 마음의 상입니다. 안다와 모른다가 마음의 어떤 구조 때문에 생겨나는지를 보세요. 그러면 그 둘을 넘어서게 됩니다. 지금 이 순간의 마음의 작용을 보아야 합니다. 그냥 지금 이 순간이 있을 뿐이에요. 우리는 매일매일 진심을 사용하고 있기 때문에, 지금 이 순간에 초점을 맞추면 진심의 작용이 문득 와 닿을 수 있어요. 그러나 내용 속에 있으면 결코 진심을 알 수 없습니다. '이것이 진리야' 하면서 그림을 그릴 수는 있어요. 그러나 진리에 대한 직접적인 체득은 지금 이 순간 마음의 작용을 볼 때만 가능합니다.

在目前而不知어니와 若是識性底人인댄
재목전이부지 약시식성저인

動用施爲에 不曾昧却이라
동용시위 부증매각

눈앞에 있는데도 알지 못하니 만약 본성을 제대로 아는 사람이라면
움직이고 작용하고 행동하는 모든 일이 진심임을 망각하지 않는다.

눈앞에 있어도 왜 알지 못할까요? 지금 말하는 '안다'는 그림의 앎이 아니라 체득과 통찰을 뜻합니다. '눈앞에 있는데도 알지 못한다'는 것은 동일시된 상태에서 보는 것입니다. 차를 운전하고 있다면 자동차 밖의 풍경이 눈앞이 되겠죠. 운전을 하면 자동차와 동일시되어 차 밖의 것을 눈앞이라고 여긴다는 말입니다. 차는 동일시된 보이지 않는 주체가 되고, 차 밖의 것들을 향해 주의가 쏟아져 차는 의식되지 않습니다. 자동차와 동일시되어 있으면 자동차는 보이지 않아요. 자동차

아닌 것이 느껴지고, 보여지고, 경험되는 것입니다. 이제 좀 더 깊이 들어가 관찰해 봅시다. 자동차를 관찰하는 것입니다. 그러면 주의는 어디로 옮겨갈까요? 내 몸으로 옮겨 오겠죠. 차 안에서 운전하고 있는 내 몸으로 주의가 옮겨져서 몸과 동일시됩니다. 동일시된 몸으로 자동차를 바라보면 이제 눈앞에는 자동차가 있습니다. 다음, 몸에서 한 발 더 물러나 마음으로 몸을 관찰합니다. 그러면 어때요? 몸이 눈앞이 되고, 관찰 주체인 마음은 보이지 않는 동일시된 주체가 되겠죠. 다시 한 번, 마음을 더 관찰해 봅시다. 여기서는 좀 신기한 일이 벌어지죠.

마음이 마음을 관찰할 때 일어나는 현상

몸과 마음은 레벨이 다릅니다. 마음으로 몸을 관찰할 때는 몸이 변하지 않고 관찰됩니다. 그런데 마음으로 마음을 관찰할 때는 같은 레벨을 관찰하는 거라서 관찰자가 관찰대상한테 영향을 미치는 일이 벌어져요. 물리세계에서는 예를 들어 광자光子를 다른 광자가 관찰하는 것과 같죠. 광자가 광자를 관찰하면 관찰자가 대상에 영향을 미쳐 관찰이라는 기능이 뭔가 애매해져 버립니다. 우리가 사물을 관찰할 때, 빛이 사물에 부딪쳐서 내면으로 들어오는 것을 관찰합니다. 내 눈에 들어오는 빛은 사물에 부딪쳤을 때의 정보를 가지고 오기 때문에 사물이 여기에 있다고 여기게 되죠. 여러분이 보는 별빛도 그렇습니다. 십년 전에 발생한 별빛을 지금 보면서 '별이 있다'고 여기죠.

그런데 광자가 광자를 관찰하면, 빛이 다른 빛에 부딪쳤다가 들어오면서 관찰이라는 기능이 뭔가 애매해져버립니다.

우리의 마음이 마음을 관찰할 때도 이와 비슷한 일이 벌어집니다.

마음으로 몸을 관찰할 때는 그런 일이 벌어지지 않아요. 몸에 대한 느낌을 다 느낄 수 있잖아요. 그러나 마음으로 마음을 관찰할 때는 관찰하는 마음이나 관찰되는 대상의 마음이나 레벨이 같거든요. 그래서 아픈 마음을 관찰할 때, 관찰하려는 마음에 에너지가 충분히 실리지 않으면 아픈 마음 쪽으로 에너지가 끌려가서 관찰이 안 일어납니다. 그냥 아파하고 싶죠. 황홀한 마음도 그렇습니다. 강한 에너지에 쌓인 황홀한 마음을 관찰하려고 아무리 애써도 잘 관찰이 되지 않고 그냥 빠져버립니다. 그래서 절실함이 중요하다고 말하는 것입니다. 진정으로 자기 마음을 관찰하려고 한다면 강한 관찰력이 필요합니다. '광자가 광자를 관찰할 때는 위치와 속도를 동시에 알 수 없다'는 것이 하이젠베르크의 불확정성의 원리입니다. 이 세계는 우리가 정확하게 알 수 있는 세계가 아니라 애매한 세계예요. 우리가 관찰할 수 있는 세계가 아니죠. 마음의 세계도 비슷합니다. 마음의 세계를 잘 관찰하면 물리세계의 본질이 보입니다. 서로 다르지 않기 때문에 그래요.

마음에는 주체와 대상이 동시에 생겨난다고 했습니다. 그래서 주체가 사라지면 대상도 사라집니다. 즉 마음에 뭔가 생겨났다 사라질 때는, 두 개가 생겨났다가 두 개가 사라지는 것입니다. 절대로 하나만 생겨나지는 않습니다. 양자물리학의 세계도 마찬가지예요. 이 소립자가 생겨나면 저 소립자가 동시에 생겨납니다. 파인만의 물리학 강의 같은 것을 한 번 참고해보세요. 그렇게 우리 마음이 대상을 보는 순간 주체 또한 끊임없이 생겨납니다. 컵을 볼 때는 컵을 보는 주체가 생겨납니다. 다른 컵을 보면 또 다른 주체가 생겨나죠. 이 사람을 볼 땐 이 사람을 보는 나의 마음이 생겨나고, 저 사람을 볼 땐 저 사람을 보는 나의 태도가 생겨나죠. 각 대상에 따른 주체가 끊임없이 내 마음에 나타났다가 사라집니다. 어떤 사람을 보면 괜히 기분이 좋고 어떤 사람을 보면 아무 이유 없이 기분이 나쁩니다. 내가 누군가에게 안 좋은 일을 당했다면, 그 사람과 비슷한 얼굴이나 비슷한 말투와 태도, 또는 같은 이름을 가진 사람한테 괜히 그 사람의 느낌이 올라오죠. 그 얼굴만 보면 비슷하게 생긴 것 때문에 기분 나쁜 것입니다. 아무 이유도 없어요. 이처럼 내 안에 쌓여있는 그 무엇이 나의 태도를 만들어 냅니다.

대상에 따라 주체가 끊임없이 생겨났다 사라지는 것이 바로 마음의 일입니다. 차를 운전한다면 차 밖이 눈앞이고 차가 보이지 않는 주체 역할을 합니다. 마음을 좀 더 거둬들여서 몸으로 있는 나가 차를 관찰하는 입장으로 바뀌면, 이제 자동차는 밖이 되고 몸은 보이지 않는 자기가 되죠. 이 과정에서 좀 전까지는 보이지 않던 주체가 차였음을 알아채야 합니다. 그리고 차를 보고 있는 몸으로서의 나가 차와 별반 다르지 않은 '눈앞'이라는 것을 알아채야 합니다. 의식만 옮기면 다 대상이 되어 버려요. '눈앞에 있는데도 알지 못한다'는 말은 마음의 구조와 작용을 모르기 때문에 짝으로 나타나는 것을 모른다는 말입니다. 눈에 보이는 것만 있는 것이 아니에요. 뭔가 눈에 보인다면 저것을 저 모습대로 보이게 만드는, 보이지 않는 무엇이 있다는 의미입니다.

물리세계에도 물질과 반물질이 항상 같이 있습니다. 그 물질을 존재하게 하는 반물질이 있어요. 우리가 살고 있는 세계가 아닌 다른 곳에 반물질이 존재해서 그것과 물질 사이의 강렬한 긴장에 의해서 물질이 여기에 존재할 수 있다고 물리학에서는 말합니다. 쭉 뻗은 나무줄기가 태양을 향해 솟아오를 수 있는 것은, 땅 아래 깊은 뿌리가 균형을 잡고 있고, 양 측면에서도 강한 힘이 균형을 이루고 있기 때문입니다. 땅위의 것만 눈에 보인다고 해서 그것만 있는 것이 아니에요. 이것을 T-R 비율rate of top of root이라고 합니다. 지상에 솟아오른 만큼 지하로도 깊숙이 들어가거나, 균형을 맞출 만큼 옆으로 뻗어나간다는 것입니다. 그 힘의 균형이 맞지 않으면 나무는 쓰러지고 말아요. 또 전지를 많이 한다고 해도 나무가 죽지 않아요. 다음에 나무는 잔가지를 잔뜩 냅니다. 물과 영양분을 빨아들이는 뿌리가 그만큼 잔뜩 있거든요. 그 물을 소비하는 만큼의 가지가 새로 나는 것입니다. 그래서 겉뿌리를 쳐주고 나무를 옮기면 뿌리를 친 만큼 가지도 쳐내줘야 합니다. 그렇지 않으면 나무가 죽어요. 우리가 여기 함양에 나무 24그루를 심었는데 한 달 정도 지나고 나니까 한 그루씩 죽기 시작했어요. 그래서 물어 보니까 나무를 심은 지 일 년이 지났어도 죽을 수 있다는 것입니다. 뿌리가 자리를 잘 잡았다 하더라도 가지와의 배분이 안 맞으면 그럴 수 있으니 가지를 좀 치라고 하더라고요. 이와 마찬가지로 보이는 세계에 어떤 힘이 형성되어 있다는 것은, 보이지 않는 세계에도 그것에 상응하는 힘이 형성되어 있다는 얘기입니다. 그래서 물질과 반물질이 있다는 것이 물리학의 정설입니다.

동일시되어 있는 나는 보이거나 들리거나 느껴지거나 경험되지 않습니다. 경험되려면 떨어져 있어야 해요. 이쪽과 동일시되어야 동일시되지 않은 저쪽이 느껴지는 것입니다. 저쪽이 보인다는 것은 보고 있는 이쪽이 있다는 반증이라는 것을 비록 보이지 않더라도 알아채는 것이 바로 통찰입니다. 물질을 통해서 반물질을 알아채는 것이 통찰이에요. 가지를 통해서 뿌리를 보는 것도 통찰입니다. 그런데 우리는 눈에 보이는 것만 '본다'고 여겨서 자꾸 보려고 합니다. 그러면 보는 주체는 또 도망가기 때문에 놓치고 말죠. '동일시된 마음은 뭐야?'하고 마음으로 보면, 보는 마음은 따로 생기고 보이는 마음은 또 나눠집니다. 이렇게 관찰이라는 것은 끊임없이 분열만 시켜요. 기본적으로 관찰을 하되 거기서 통찰을 하라는 말입니다. 보지 않고도 아는 것이 통찰이에요. 자꾸 직접 보고 경험하려고 하지 말고, 보이고 경험되는 것을 통해서 경험되지 않는 것을 통찰해내도록 하세요. 그러기 위해서 우리가 구조와 작용을 보려는 것입니다. 마음의 구조를 봐야지 마음의 내용은 아무리 봐야 소용없어요.

그래서 눈앞에 있는데도 알지 못하는 것입니다. 눈앞에 분명히 있어요. 내가 컵을 보면 그 컵은 눈이 보고 있는 거죠? 그렇다면 컵이 보인다는 것은 눈이 있다는 얘기예요. 눈이 안 보인다고 눈이 없나요? 눈이 있으니까 컵이 보이잖아요. 마찬가지로 마음의 느낌이 있다는 것도 느끼는 놈이 있다는 것입니다. 보이지 않는 주체입니다. 그런데 그 보이지 않는 주체마저도 관찰의 순간 대상과 동시에 나타난 마음의 현상임을 알아야 합니다. 비록 보이지는 않지만 대상과 함께 잡히는 현상이에요. 통찰이 어려운 것 같지만 한번 알면 아무것도 아닙니다. 물론 통찰함으로써 생겨나는 현상들은 대단합니다. 왜냐하면 마음에서 일어나는 것들에 흔들리지 않게 되니까요. 알아챔은 결코 어렵지 않아요. 알아채고 나면 정말 놀라운 현상들이 벌어지지만 알아챔 자체는 전혀 놀라운 일이 아닙니다. 어렵지도 않아요. 어찌 보면 보는 관점만 바꾸면 되는 일입니다. 지금 이 순간 일어나고 있는 작용에 관심을 기울여 보세요. 내용을 알고 모르고는 전혀 상관없습니다. 모른다고 괜히 기죽을 것도 없고, 안다고 해도 사실은 아는 것이 아닙니다. 안다/모른다는 끊임없는 작용이 일어나고 있을 뿐입니다.

눈앞에 있는데도 알지 못하는 이유는 동일시되어 있는 자기가 보이지 않기 때문입니다. 그것을 알기 위해서는 마음의 구조와 작용을 통해서 통찰을 일으켜야 해요. 왜냐하면 자동차와 자동차 밖의 관계, 몸과 자동차의 관계와 같기 때문입니다. 만약 성품을 제대로 아는 사람이라면 움직이고 작용하는 일체의 행동이 마음의 움직임이라는 것을 망각하지 않습니다. 그것이 마음의 작용이라는 것을 알아요. 이 말을 듣고서 "그렇게 말하는 것도 하나의 판단 아닙니까?"라고 말한다면 그 또한 마음의 작용이라는 것을 알아야 된다는 것입니다. 판단이라는 마음의 내용 속에 들어가지 말고 마음이 움직인 작용임을 분명히 통찰하여 분명해진 다음에 작용의 내용을 아는 것은 괜찮습니다. 그렇지만 모든 것이 작용일 뿐임을 먼저 본 후에 마음의 내용을 다루어야 합니다. 그 다음에 스킬을 배우고 현상을 다루어야 해요.

그동안 자기를 살펴보는 작업을 하면서 마음의 내용과 마음의 작용을 구분했습니다. 내용을 아무리 관찰하고 살펴봐야 큰 변화가 없습니다. 마음을 제대로 살피는 작업은 바로 작용을 살피는 것입니다. 마음의 기본적인 작용은 나와 나 아닌 것의 분열이에요. '내 앞에 탁자가 있고, 그 탁자 위에는 컵과 토마토가 있다'는 것이 마음의 내용입니다. 그렇게 보기 위해서 대상과 그 대상을 보는 주체로 마음이 나뉘는 것이 마음의 작용이죠. 작용과 내용을 분명하게 구별하지 못하면 헛된 관찰을 하고 있는 것입니다. 관찰을 할 때 보통은 몸에서 일어나는 느낌들을 우선 관찰하고, 두 번째로는 마음에서 일어나는 감정이나 생각과 느낌들을 관찰하고, 그 후에는 나타났다 사라지는 것을 살펴봅니다. 그렇게 관찰하는 것들은 대부분 내용인 경우가 많습니다. 마음에 아픔이 일어났다가 사라집니다. 기쁨도 일어났다가 사라집니다. 이런 생각이 일어났다 사라지고, 저런 생각이 일어났다 사라져요. 그걸 보는 건 내용을 관찰하는 것입니다. 내용은 변화무쌍하고 한도 끝도 없이 나타났다 사라집니다. 반면에 작용은 일정하죠. 작용은 원리, 메커니즘입니다. 마음이 어떤 구조와 형식으로 나타나고 내용들을 만들어내는지에 우리는 관심을 가져야 합니다. 진심의 체體와 용用의 같음과 다름에 대한 것이 다음 장에 이어집니다.

제5장

진심체용일이

眞心體用一異

자아는 일종의 모듈module들의 집합

或이 曰 眞心體用이 未審커라
혹 왈 진심체용 미심

묻기를, 진심의 본체와 작용이 분명하지 않습니다.

진심의 본체와 작용이라는 용어를 쓰지 말고, 우리가 흔히 이야기하듯이 본래의 나와 임시적인 나라고 표현해봅시다. 이름을 붙이는 것입니다. 우리는 '임시적인 나'를 느껴 보고 살펴볼 수가 있습니다. 어렵지 않아요. 늘 경험하지만 잘 살피지 않거나, 임시적이라고 알면서도 '변함없는 나'라는 느낌도 동반되기 때문에 그 부분을 간과하고 있을 뿐이죠. 임시적인 나는 매 대상마다 나타납니다. 즉 대상에 따라 나의 태도나 마음의 내용이 달라진다는 말이에요. 부모님을 대할 때의 나는, 공손한 태도나 저항하는 태도 또는 사랑받는 태도 같은 내용으로 다양하게 나타납니다. 그런데 친구들을 만나면 평등한 느낌이 무의식적으로 깔려서 나의 태도가 달라집니다. 그리고 환자를 보거나 학생을 볼 때는 치료해주거나 가르쳐줘야한다는 입장의 '나'가 나타나잖아요. 이처럼 내가 대상에 따라 달라진다는 점은 분명합니다. 그것이 바로 마음의 내용이이고, 임시적인 나입니다. 그때만 나타났다가 다음 순간 사라지죠. 마음이 그 순간에 에너지를 받아서 그런 태도로 활동한다는 말입니다. 그런데도 우리는 내가 계속 바뀐다는 느낌을 받지 못합니다. 늘 그래왔으니까. 친구를 만날 땐 늘 그렇게 했고, 부모를 만나거나 선생님을 만나거나 학생을 만날 때 늘 그래왔어요. 자동적으로 모듈화가 되어있죠.

모듈module은 간단하게 말하면, 각각의 상황에 따라 반응하게 되는 정형화된 행동이나 사고패턴입니다. 그래서 부모님을 대할 때의 태도, 말하는 내용과 표현방법에는 일정한 모듈이 사용됩니다. 친구들과의 사이에서 쓰는 표현들로 말하지 않잖아요. 모듈이 달라집니다. 학생을 만날 때 또는 길가는 사람을 만날 때, 내가 그들을 대하는 모듈이 정해져있어요. 대부분 습관적으로 정해져있어서 크게 바뀌지 않습니다. 그렇게 대상에 따라 자기가 바뀌는데도 사람들은 그걸 잘 모릅니다. 왜냐하면 이 모듈에서 저 모듈로 즉각 옮겨가고, 옮겨간 후에는 이전 모듈이 마음에서 사라지기 때문입니다. 그것은 무의식적이고 자동화되어 있습니다. 그럼에도 불구하고 변함없는 부분도 있습니다. 주체로서의 나, 나의 느낌, 상대는 대상이고, 말하고 있는 나는 주체라는 그런 느낌은 변함이 없습니다. 어떤 대상을 접하더라도 변함없는 나라는 느낌이 포함되어 있고, 변하는 나에 대해서는 무의식적이니까, 우리는 어제도 오늘도 똑같은 나라고 여기며 살아갑니다. 그 부분을 이제 엄밀하게 살펴보겠습니다. 임시적인 나를 작용하는 나라고 하고, 본질에 가장 가까운 관찰하는 투명한 나를 진심의 그림자라고 해봅시다.

是一(시일)가 是異耶(시이야)잇가

이는 같은 것입니까 다른 것입니까?

진심의 본체와 진심의 작용은 같은 것인지, 다른 것인지 물어봅니다. 쭉 설명을 들어보니까 이 사람이 지금 혼동스러운 것입니다.

曰 約相則非一이요 約性則非異
왈 약상즉비일 약성즉비이

답하기를, 상으로 보면 같지 않고, 성으로 보면 다르지 않으니

체와 용이 만약 상相으로 보면 비일非一, 즉 같지 않고, 본성으로 보면 비이非異 즉 다르지 않다고 대답했습니다. 항상 비非를 쓴다는 것을 잘 보세요. 논리적으로 살펴보면, 비일非一은 같지 않다는 의미이니 다르다는 말인 것 같죠? 또 비이非異는 다르지 않다는 의미이니 같다는 말이잖아요. 그런데 '같다/다르다'는 용어를 쓰지 않고, '같지 않다/다르지 않다'는 용어를 사용합니다. 왜일까요? 같다고 말하면 '아, 같구나' 하면서 마음은 자기가 이해했다고 생각합니다. 또, 다르다고 말하면 '아, 다르구나'라고 자기가 안다고 생각해요. 그렇게 마음이 알았다고 여겨서 닻을 내리면 거기에 에너지가 머물게 됩니다. 그리고 그것을 붙들어서 그때부터 거기에 매이기 시작해요. "같은데 너는 왜 다른 소리를 하는 거야?" 이렇게 주장합니다. 그런데 '같지 않다/다르지 않다'고 표현하면 어때요? '같지 않다니, 그렇다면 다른 건가?' 하고 있는데, 또 다르지도 않대요. 같지도 않고 다르지도 않다니까 마음은 어디에도 머물지 못합니다. 마음이 그냥 떠있어요. 마음은 어딘가에 자리를 잡아야만 안정감을 느낍니다.

우리가 미지의 것에 대해 불안을 느끼는 이유는, 마음이 닻을 내리지 못하기 때문이에요. 마음은 기본적으로 완결을 지으려는 속성을 가지고 있습니다. 결론을 내면 마음이 편해지죠. 더 이상 에너지를 쏟지 않아도 되니까요. 그런데 결론이 안 난 문제에는 계속 에너지가 들어갑니다. 그래서 에너지를 적게 쏟기 위해서 마음은 항상 결론을 내리려고 해요. 하지만 자신의 본질을 탐구하는 데 있어서는 이런 속성이 문제가 됩니다. 결론을 내리면 거기에 묶이기 시작하니까요. 그래서 불교경전에서는 비非를 사용해서 마음이 머물지 않게 합니다. 우리는 어느 곳에 머물지 않으면서도, 에너지를 낭비하지도 않는 그런 사람이 되어야 합니다. 보통은 머물지 않으면 결론과 앎을 찾아서 끊임없이 방황하고 에너지를 낭비하죠. 그것은 수많은 변화 속에서 쉬지 못하는 마음입니다.

전에 본 시 중에 마음에 남는 글귀 하나가 있습니다. 공초空超 오상순의 시인데, 꼭 한 구절만 생각이 나요. '흐름 위에 보금자리 친 나의 혼魂'이라는 문구입니다. 흐름과 보금자리라는 서로 상반되는 의미가 연결되어 있어요. 흐름은 끊임없는 변화입니다. 그렇지만 보금자리는 고정되고 안락하여 변함없는 것이에요. 그런데 그 시는 '흐름 위에 보금자리를 틀었다'고 합니다. 이 내용 그대로라면 끊임없는 변화에 그냥 뿌리를 박아서 더 이상 에너지를 소진하지 않는 것입니다. 변화를 거부하지 않고, 변화 자체가 그 사람의 보금자리가 되어버렸습니다.

비非, 즉 결론내리지 않은 모름이 자기의 뿌리가 되어버리면 더 이상 에너지를 소진하거나 낭비하지 않습니다. 결정되어서 안정된 무엇 속으로 자꾸 들어가려고 하지 않아요. 우리의 자아는 결론과 자기가 아는 것에 뿌리박기를 원해요. 거기에서 편안함을 느끼죠. 무슨 일이 벌어질지 모르는 상황에서는 불편하고 불안합니다. 하지만 미지에 뿌리를 둔다면 아무것도 몰라도 괜찮습니다. 내게 어떤 일이 닥쳐온다 해도 다 받아들이겠다는 마음이에요. '나'라고 여겨지는 것이 바닥으로 떨어질 수도 있고, 저 높이 올라갈 수도 있겠죠. 긍정적인 사람은 모든 일이 다 잘될 것이라 생각하고, 부정적인 사람은 잘 안될 것이라고 생각하죠. 긍정적이든 부정적이든 둘 다 일종의 결말을 갖고 있는 셈입니다. 낙관주의자도 일종의 결론을 지닌 사람이에요. 그런 결론 없이, 좋은 것도 나쁜 것도 없이, 오는 그대로 받아들이는 마음이 신에게 모두 맡긴 마음입니다. 이와 같은 의미로, 안다는 것에 묶이지 않게 하고 내면의 의식적인 에너지가 어떤 것에 머물지 않게 하기 위해서 불교에서는 아닐 비非를 사용합니다.

진심의 체體와 용用이 상相으로 보면 같지 않고, 성품으로 따져보면 다르지 않다고 했습니다. 임시적인 나와 본래의 나로 바꾸어 이 말을 살펴보겠습니다. 임시적인 나는 우리가 보통 '나'라고 지칭하는 모습이 있고 개별성을 띤 나입니다. 그러나 본래의 나에는 그런 개별적인 특성이 없죠. 그렇지만 어쩔 수 없이 그냥 이름을 붙여 '본래의 나'라고 표현해보죠. 대승기신론에서 본질에 대해 말하기 위해 말할 수 없는 것을 어쩔 수 없이 대승大乘이라고 이름 붙인 것처럼 말이에요.

본래의 나에는 개별성이 없습니다. 그런데 임시적인 나에는 항상 개별성이 있어요. 왜냐하면 대상과 나로 나뉘었고, 그 대상은 내가 아니잖아요. 그러니까 개별적인 것입니다. 그래서 상相으로 보면 본래의 나와 임시적인 나는 같지 않습니다. 임시적인 나는 개별성을 띠고 있으며, 나타났다 사라져요. 그런데 본질적인 나는 나타나지도 않고, 파악할 수도 없어요. 그렇다고 '없다'고 말할 수도 없어요. 이렇게 같지 않습니다. 또 임시적인 나는 상相이 있어서 느껴지고 마음에 의해 파악되지만 본래의 나는 그렇지 않습니다.

하지만 본래의 나와 임시적인 나를 성품이란 측면에서 보면 서로 다르지 않습니다. 만약 임시적인 나가 전부라면, 모든 임시적인 나를 하나씩 부인하면 남는 것이 없을 테고, 남는 것이 없다면 그것이 일어나는 바탕이나 뿌리가 없는 셈이어서 임시적인 나 또한 '있다'고 말할 수 없겠죠. 그런데 임시적인 나를 다 제거하고 부정하고서 마지막에 뭔가가 남는다면 그것이 임시적인 나를 일으키는 바탕일 텐데, 그것은 마음으로 잡을 수도 파악될 수도 없는 것이겠죠. 본래의 나 역시 마찬가지로 잡거나 알거나 느낄 수 없으며, 그렇다고 '없다'고 할 수는 없다는 측면에서, 본래의 나와 임시적인 나는 성품에 있어서는 '다르지 않다'고 말하는 것입니다.

문제는, 우리가 잡아낼 수 있는 것이 작용밖에 없다는 데에 있습니다. 작용하지 않는 마음, 움직이지 않는 마음은 잡아낼 수가 없어요. 개를 데리고 산책을 할 때 고양이가 지나가면 개가 막 쫓아가면서 난리가 납니다. 그런데 고양이가 도망가다가 갑자기 멈춰서 꼼짝도 안하면, 개가 쫓아가다가 갑자기 두리번두리번 해요. 바로 눈앞에 있는데도 못 찾습니다. 개는 움직이는 것만 주로 보기 때문에 그래요. 그와 비슷하게 우리의 마음도 작용하는 것만 봅니다. 움직이지 않고 멈춘 마음, 분별이 없어진 마음, 나와 너가 사라진 삼매의 마음에서는 아무것도 안보입니다. 개에게 '있다, 없다'는 곧 '움직이느냐, 움직이지 않느냐'예요. 우리 마음의 '있다, 없다'는 '작용이 있느냐, 없느냐'입니다. 작용이 없으면 마음한테는 없는 거나 마찬가지예요. 마음이 뭔가를 잡고 파악하고 알고 느끼는 것 자체가 작용하는 마음이기 때문에, 작용하지 않는 마음, 멈춘 마음, 분별과 분열이 없어진 마음은 관찰하려는 마음이 절대로 알 수가 없습니다. 그래서 이 공부가 어렵습니다.

본체는 '있다/없다'의 개념을 떠나 있기에, 우리가 알 수 없습니다. 또 엄밀히 말하면 모르는 것도 아니에요. 본체는 모르는 것에도 속하지 않기 때문에 모른다고도 말할 수 없습니다. 그래서 근원의 나는 있는 것이 아니기 때문에 작용과 같다고 할 수 없고, 없는 것도 아니기 때문에 작용과 다르다고도 할 수 없습니다. 만약 본체가 없다면 그것의 나타남인 작용도 없을 것입니다. 여러 작용이 있다는 것은 마음의 본체가 없지 않다는 증거입니다. 따라서 없다고도 할 수 없어요.

진정한 자유는 임시적인 나와는 아무런 상관이 없습니다. 임시적인 나는 결코 자유로워질 수가 없어요. 그래서 자신을 임시적인 나와 동일시하고 있는 한 결코 자유로울 수 없습니다. 상황과 조건에 따라 끊임없이 나타났다가 사라지는데 어떻게 자유로울 수 있겠습니까? 만약 상황과 조건에 상관없는 내가 있다면 그것만이 자유로울 수 있는 가능성이 있겠죠. 그렇지만 우리는 상황을 다룰 수 없습니다. 상황과 조건은 늘 끊임없이 변하기 때문에 다룰 수가 없어요. 그러니 어떻게 그것 때문에 나타나는 임시적인 주체가 진정으로 자유로울 수 있겠어요? 우리가 자유롭지 못한 이유는, 임시적인 나를 자기라고 알고 있기 때문입니다. '내가 자유로워지는 것이 아니라, 나로부터 자유로워진다'는 말에서 '나'는 임시적인 나, 무언가와 동일시된 나를 의미합니다.

작용, 움직임과 움직이지 않음

故로 此體用이 非一非異니
고 차체용 비일비이

何以知然고 試爲論之호리라
하이지연 시위론지

妙體는 不動하야
묘체 부동

그러므로 이 본체와 작용은 같은 것도 아니요, 다른 것도 아니니 어떻게 그러한 줄 아는가? 시험 삼아 논증해보리라.
묘한 본체는 움직이지 않으니

왜 묘한 본체입니까? 그냥 단순하게 있거나 없다면 묘할 것이 없어요. 그런데 있는 것 같기도 하고 없는 것 같기도 하고, 또 없지도 않고 있지도 않으니까 묘하다는 것입니다. 상황과 조건에 따라서 작용이 나타나는걸 보면 없는 건 아닌데, 그렇다고 작용이 사라지면 붙잡을 수 없으니 있는 것도 아니에요.

이 묘한 본체는 움직이지 않는다고 했습니다. 이 때의 움직이지 않음은 적연부동寂然不動의 움직이지 않음이에요. 실제적인 움직임과 움직이지 않음을 넘어선 움직이지 않음입니다. 움직임은 마음의 작용에만 해당하는 일입니다. 본체는 움직임도 움직이지 않음도 없어요.

작용하는 마음에 의해 움직임이 보입니다. 여러분이 어떤 움직임을 본다면, 여러분은 움직이지 않음을 기반으로 하여 움직임을 느끼고 있는 중입니다. 마찬가지로 자기가 작용하지 않는 마음에 기반하고 있을 때, 비로소 작용이 느껴집니다. 따라서 작용과 작용하지 않음은 서로가 대비되는 의타적인 관계입니다. 창문 밖의 나무가 흔들린다고 느껴지는 것은, 내 안에 흔들리지 않음에 대한 경험이 배경처럼 자리 잡고 있기 때문입니다. 그래서 저 대상이 흔들리는 것처럼 느껴지죠. 보이지 않는 주체는 흔들리지 않음에 자리 잡고 동일시된 상태입니다.

아래로 떨어지는 폭포수를 한참 보다가, 폭포 옆의 바위를 보면 바위가 올라가는 것처럼 보이는 착시현상이 일어납니다. 바위가 막 움직여요. 어떤 원리일까요? 평상시처럼 움직이지 않음에 기준을 두고 보니까 폭포수가 아래로 떨어지는데, 그것을 계속 바라보고 있으면 아래로 떨어지는 흐름이 내 시각적인 기준이 되어버립니다. 그래서 그 옆의 움직이지 않는 바위가 도리어 올라가는 것처럼 보이는 것입니다. 해군에 입대해서 6개월간 바다 위에 있다가 돌아오면, 배에서 내려 땅을 딛는 순간 땅이 흔들린다고 합니다. 왜 그렇습니까? 바다의 출렁거림이 이 사람의 흔들림의 기준이 되어버렸기 때문이에요. 그러니까 가만히 있는데도 도리어 흔들리는 것처럼 느껴지는 것입니다. 그러니까 흔들림과 흔들리지 않음이란 것이 '있다'고 말할 수 있습니까? 그건 따로 정해져 있지 않죠. 내 기준에 대비된 느낌일 뿐입니다. 움직임과 움직이지 않음은 서로의 관계 맺음 속에서 일어나는 현상입니다. 작용하는 마음이죠. 여기서 말하는 부동不動은 그런 것과는 전혀 상관없는, 움직임과 움직이지 않음을 떠나 있는 부동不動입니다.

絕諸對待하야 離一切相하니
절제대대 이일체상

대대관계를 초월하고 일체의 상을 떠나있다.

대대對待는 짝이 되는 것에 기대어 있다는 의미입니다. 빛은 어둠을, 움직임은 움직이지 않음을, 강함은 약함을, 남자는 여자를, 음陰은 양陽을 서로 짝으로 삼고 있죠. 모든 현상은 이런 대대관계에 있습니다. 그러나 묘한 본체는 이런 대대관계를 넘어서 있습니다. 현상을 초월해 있다는 의미예요.

모든 대상으로서의 경험은 주체가 있기 때문에 경험됩니다. 주체와 대상을 넘어서는 경험은 없어요. 내 안에 어둠에 대한 경험이 있기 때문에 밝음이 경험됩니다. 그래서 밝게 느끼는 것입니다. 우리의 체온은 36.5℃예요. 이런 기준이 있으니까 40℃의 물은 따뜻하게 느껴지고, 20℃의 물은 차갑게 느껴집니다. 만약 내 몸의 온도가 20℃라면 20℃의 물에 들어가도 아무렇지 않을 것입니다. 그러니까 이 현상계에는 차고 뜨거운 것이 따로 없다는 말입니다. 나의 기준에 따라서 뜨거움과 차가움이 경험될 뿐이에요. '기준'과 기준에 의해 '경험되는 것'이 짝을 이루기 때문에 우리는 현상계를 경험합니다. 기준이 되는 것은 동일시된 주체인데 배경이 되고, 기준이 아닌 것은 대상이 되어 전경이 되죠. 배경과 전경이 같이 맞부딪혀야만 뭔가가 보입니다. 하얀 벽에 하얀 동그라미를 그려 넣으면 그 동그라미가 보일까요? 안 보이겠죠. 검은 원을 그려 넣으면 잘 보입니다. 내 마음의 근간이 하얗다면 하얀 벽을 봐도 하얗게 안 느껴집니다. 태어나서 다른 색깔을 한 번도 보지 못하고 하얀 벽만 보면서 살아왔다면, 우리는 하얀 벽을 지금 느끼는 것처럼 하얗게 느끼지 못할 것입니다. 다른 색의 벽을 경험해왔기 때문에 거기에 대비되어 벽이 하얗게 느껴지는 것입니다.

우리의 모든 경험은 이런 대대관계에서 일어나는 일입니다. 짝, 대척점, 대상과의 관계에서 경험되죠. 바로 주체와 대상 사이에 경험이 일어난다는 말입니다. 우리의 마음이 기준을 삼는 것이 주체이고, 그 기준에 의해서 경험되는 것이 대상입니다. 기준 삼아진 그것은 경험될 수 없어요. 동일시된 나를 우리는 알아챌 수 없습니다. 그래서 최종적인 비개인적 주체를 우리가 알아챌 수는 없습니다. 흰색이 경험된다면 즉각 그와 동시에 있는 마음속의 검은색을 알아채야 합니다. 흰색을 보는 동시에, 그렇게 보이는 이유는 내가 검은색에 뿌리박고 있기 때문이라는 것을 알아채는 것이 바로 흰색과 검은색을 넘어서는 것입니다. 주체와 대상을 넘어선 자리에 가게 되는 것입니다. 지금 무언가를 느낀다면 그것을 느끼게 만들어주는 동일시된 주체가 동시에 나타나 있음을 통찰하고, 그 둘 모두를 넘어서는 것이 바로 대대관계를 떠나있는 마음이에요.

대부분의 사람들은 그렇지 않죠. 하얀 탁자를 보면 '하얗구나' 하고 말아요. 저게 왜 하얗게 느껴지는지 알지 못합니다. 대대관계를 넘어서 있다는 것은 동일시된 나마저도 초월해 있다는 말입니다. 그 나는 대상에 따라 항상 바뀌는 임시적인 나입니다. 하얀색을 볼 때의 주체는 검은색입니다. 뾰족한 것을 볼 때면 평평한 것이, 각진 것을 볼 때는 둥글고 부드러운 것이 내가 되어있죠. 이렇게 매 순간 주체와 대상을 동시에 알아채는 것이 바로 대대관계를 넘어선 것입니다. 누군가를 보면서 나쁜 사람이라고 말할 때는, 내 마음 속에 좋은 사람에 대한 경험이 올라와 있음을 알고, 좋고 나쁜 느낌을 다 떠나서 그 둘 다를 현상으로 바라보는 마음이 대대관계를 넘어선 마음입니다. 선과 악이 따로 있지 않습니다. 선을 경험할 때는 내가 악에 뿌리를 박고서 있음을 즉각 알아채고 대대관계를 넘어서는 것이 바로 통찰이고, 마음의 작용을 보는 것입니다. 보이는 것만으로 안다고 말하지 않고, 보이는 것을 통해서 보이지 않는 것을 보고, 보이지 않는 자기를 잡아내는 것이 통찰이에요. 하얀 색만 보고 착함만 보는 사람은 마음의 내용 속에 있는 사람입니다.

내용은 무궁무진하지만 작용은 단순합니다. 최초로 나와 대상이 나뉘고, 대상들이 서로 구분되어 호오好惡가 생기고, 좋고 싫음으로 인해 고락苦樂이 생겨납니다. 즐거움에 집착하고 괴로움을 밀쳐내려는 마음이 생겨요. 집착이 생겨나면 계속해서 유지하려고 하는 동력원이 생겼기 때문에 멈추지 않습니다. 이것이 의식의 발전 과정입니다. 의식의 밑바닥에는 기본적으로 집착이 깔려있습니다. 아침부터 저녁까지 끊임없이 의식하죠. 그 안에 집착이 있어요. 마음의 작용은 이처럼 단순합니다. 이런 작용이 여러 가지 색깔을 띠고서 움직이는 것뿐이에요. 하지만 마음의 내용은 끝도 없이 무한합니다. 슬픈 마음이 생겼다가 조금 지나면 기쁜 마음이 생겨나고, 여러 생각이 지나갑니다. 이런 마음의 내용에 주의를 쏟을 필요가 없습니다. 초보자는 쏟아야죠, 마음을 본다는 것 자체를 모르니까. 하지만 점차 마음의 작용에 초점을 맞춰야 합니다. 대대관계를 초월한다는 것은 마음의 작용을 본다는 것입니다. 대대관계 자체가 마음의 기본적이 작용이에요. 주체와 대상이 짝으로 나타나는 마음입니다.

묘한 본체는 일체의 상相을 떠나있다고 했습니다[離一切相]. 마음에 나타난 모습인 상相은 항상 의타적이에요. 마음에 나타난 상은 어떤 느낌을 띠는데, 그 느낌은 항상 다른 느낌에 대비되어 감지되기 때문입니다. 그렇게 서로가 서로에게 의존하기 때문에 서로 상相자를 쓴다고 말했어요. 마음의 본체는 이렇게 의타적이고 임시적인 나를 초월해 있습니다. 임시적이고 대상에 따라 생겨나는 나는 항상 마음에 잡힙니다. 마음이 파악해내고 느낄 수 있어요. '안다'는 현상은 나와 대상, 주체와 객체로 나뉘어야만 일어나는 대대관계의 현상인데, 본체는 이 대대관계를 떠나 초월해있습니다.

내가 휴대폰을 의식할 때, 나는 이미 휴대폰을 의식하는 다른 어떤 것과 동일시되어 있어요. 하지만 그 다른 것, 즉 주체는 보이지 않습니다. 그것을 기준삼아서, 거기에 발을 딛고 서서 바라보기 때문입니다. 종종 바다 위의 부표로 비유했었죠. 내가 A부표 위에서 B부표를 바라보면 B가 저기 있고 어떻게 생겼는지 알지만, A가 무엇인지는 모릅니다. 내가 A 위에 있음을 보려면 C로 옮겨가야 합니다. 그때 비로소 A를 볼 수 있어요. A에서 C로 옮겨서 A를 보고, D로 옮겨서 C를 보는 과정을 거치면서, '나'라는 것은 무엇인가와의 동일시일 뿐임을 어렴풋하게 파악하기 시작합니다. 그리고 대상은 주체를 증거 한다는 대대관계를 파악하고 나면, 무엇인가를 보는 순간에 그것을 보는 내가 동시에 나타나있음을 알게 됩니다.

사과를 보는 순간 배고픈 노숙자는 달콤한 사과라고 느끼고, 과수원 주인은 지겨운 사과라는 느낌을 받을 수 있습니다. 대상이 보인다면 그렇게 보는 주체 또한 동시에 은밀히 나타나있는 것입니다. 처음 공부할 때는 주체의 짝으로 나타난 대상만 상으로 잡다가, 공부가 깊어지면 대상의 짝으로 나타나는 주체를 보이지 않는 상으로 잡아내기 시작합니다. 그러나 묘한 마음의 본체는 대상으로서의 상과 주체로서의 상을 모두 떠나있습니다. 보이지 않는 본체로 빨리 도약하지 못하는 이유는, 주체로서의 상은 보이지 않기 때문입니다. 자기가 대상을 보고 있음을 알아채지 못해요. 그리고 삼매로 들어가면 대상과 주체가 투명해지면서, 알아챌 나마저도 사라지기 때문에 알아채지 못합니다. 그래서 통찰이 필요합니다.

본성은 새롭게 얻을 것도,
도달해야 할 목표도 아니다

非達性契證者면 莫測其理也요
비달성계증자 막측기리야

본성을 체달하여 증득한자 아니면 그 이치를 알지 못하고,

증거를 통해 본성을 체득한 사람이 아니면 마음의 본체와 작용 사이의 관계나 이치를 알 수 없습니다. 머리로는 알 수 없어요. 그나마 가능성이 높은 것이 투명한 관찰이죠. 관찰하는 마음은 최종적으로 남겨서 도구로 쓸 수 있는 좋은 마음입니다. 투명한 관찰자 역시 마음의 한 작용이고 모습이지만, 여러 색깔과 모습에 물들지는 않은 마음이에요. 그래서 관찰하는 마음을 처음에 도구로 사용합니다. 그나마 투명한 관찰은 거친 임시적인 내가 끼어들지 않으니 본성을 체달하기 좋은 조건입니다.

본성을 체달한다는 것은 무엇일까요? 본성에 대한 체달은 관찰에서 시작됩니다. 왜냐하면 본성은 새롭게 얻는 것도 아니고, 달려가서 도착해야 할 목표도 아니기 때문이에요. 본성은 이미 우리와 함께 있습니다. 우리가 이미 본성이에요. '나'라고 하는 것은 본성의 표현일 뿐입니다. 투명한 관찰을 통해서 모든 움직임은 본성 자체가 아님을 파악하고, 관찰하는 마음 자체도 나타난 마음일 뿐 본성이 아니라는 것을 알고 관찰합니다. 나중에는 관찰하는 투명한 나도 사라져 가죠. 그리고 기뻐하는 자기가 본질이 아님을 알면서 기뻐하고, 화내는 자기가 나타난 마음임을 알면서 화를 냅니다. 그것이 바로 희로애락을 맛보고 있는 본성이에요. 희로애락 자체가 곧 보리菩提입니다.

늘 그렇게 있음을 알아채기 위해서는 관찰하는 마음이 참 중요합니다. 관찰은 알아채는 마음이지 얻거나 도달하는 마음이 아니에요. 선사들의 일화 하나를 소개할게요. 제자가 열심히 좌선을 하고 있으니, 스승이 와서 뭐하고 있는지 물었습니다. 깨닫기 위해서 열심히 좌선하고 있다고 제자가 대답했어요. 그러자 스승이 그 옆에 앉아서 기왓장을 갈기 시작합니다. 뭘 하시는 건지 제자가 묻자, 스승은 거울을 만들고 있다고 대답합니다. 제자가 피식 웃으니, 네가 지금 하고 있는 짓이 이것과 같다고 스승은 말했습니다. 좌선한다고 본성을 아는 것이 아닙니다. 마음의 작용을 살펴야 해요. 마음의 작용과 내용을 명확히 구분하고, 마음의 작용을 관찰하는 데 주의를 기울이다 보면, 어느 순간 모든 작용이 멈추고 관찰하는 자기도 사라집니다. 관찰하는 자기도 작용의 일부기 때문이죠. 그러면 마음은 텅 빔으로 내려갑니다. 그리고 다시 관찰하는 마음이 일어나면 나와 대상이 동시에 생겨나는 것이 언뜻 보이죠. 나와 대상이 동시에 생겨나고 동시에 무너지는, 서로 뗄 수 없는 하나의 현상임을 알아채는 것이 작용에 대한 터득입니다. 마음의 작용을 터득하면 마음의 대대관계를 넘어서게 됩니다.

위빠사나의 맹점 중의 하나는 관찰하려는 의도를 마지막까지 유지하려고 한다는 점입니다. 더 깊이 들어가면 관찰하려는 의도를 넘어서게 되지만, 그간 계속해서 관찰을 자기 기준으로 삼아왔기 때문에 쉽지는 않아요. 관찰자로 오래 있다 보면 관찰하는 투명한 마음을 본성으로 착각하기도 합니다. 그러나 관찰자도 마음의 작용일 뿐입니다. 관찰하고 있음을 알잖아요. 그걸 안다는 것은 관찰하는 마음도 작용이고 모습이라는 말입니다. 관찰이라는 현상 역시 본성에서 일어나는 작용 중의 하나에요. 모든 작용은 관찰을 통해서 파악되지만, 관찰 자체가 일어나는 바탕인 본성에 대해서는 관찰이 건드릴 수 없습니다. 아무리 관찰해봐야 본성을 관찰할 수 없어요. 관찰은 본성에 대해서는 무기력합니다. 관찰 자체가 일종의 작용이니까요. 관찰은 본성을 토대로 일어나는 작용입니다. 항상 작용에 초점을 맞추어, 마음이 어떻게 움직여서 이런 현상을 만들어내는지를 보세요. 만들어진 현상은 관찰할 필요가 없습니다.

모든 먼지가 일어나는 근본인 생각이 고요해지면 느낌도 가라앉고, 그러면 본성의 작용이 최소화되니 이때 본성을 알아챌 가능성이 있습니다. 생각 없이 관찰하는 마음으로 있으면 본성이 최소한으로 작용해요. 생각이 나타나고 이어서 감정이 일어나면 본성의 작용이 휘몰아치고 있는 중이죠. 그래서 초보자는 최소한의 작용 상태에서 시작합니다. 시장에 내려온 도인은 수많은 회오리 속에 있어도 괜찮아요, 그 사람은 물로 있으니까요. 수많은 회오리인 임시적인 나는 무엇으로 구성됩니까? 관찰할 때마다 생각은 판단과 평가를 하려 끼어들고, 느낌은 무의식적인 무드를 조성해 알지 못할 행동으로 이끄니, 이러한 모든 움직임이 임시적인 나를 매순간 형성해서 회오리 속에 빠트립니다. 그때 그것들을 맛보고 느껴서 경험하고, 한 발 더 나아가 그것들이 어떤 과정을 거쳐서 일어나는지 통찰해내야 합니다. 통찰이라고 말하는 이유는, 그걸 보는 나조차도 작용 중의 일부이기 때문입니다.

妙用은 隨緣하야 應諸萬類하야
묘용 수연 응제만류

묘한 작용은 인연 따라 만 가지 종류에 응하여

조건과 상황에 따라 끊임없이 내가 달라지기 때문에 작용은 묘합니다. 변함없는 나라고 여기고 있지만, 자세히 살펴보면 끊임없이 바뀌고 달라져요. 작용은 다양하게 나타나는 모습이죠. 다양한 수많은 조건과 상황들이 대상이 되고, 그것에 따라 각기 다른 모습을 띠는 주체가 나타납니다. 그러나 주체는 스스로를 알아채지 못하니, 늘 어떤 내용과 동일시되어 있기 때문입니다. 동일시라는 작용을 한 번 알아채면 무엇과 동일시되는지는 상관이 없습니다. 동일시가 작용이라는 것을 알아채면 동일시의 내용은 크게 중요하지 않아요.

妄立虛相하야 似有形狀하니
망 립 허 상 사 유 형 상

망령되이 허상을 만들어내 형상이 있는 듯하니

왜 허상인가요? 마음이 따뜻함과 차가움이 있다고 세워놨어요. 그렇지만 내가 무엇을 기준 삼느냐에 따라 따뜻하고 차갑게 느껴질 뿐이지, 실제로 따뜻함과 차가움이 있지는 않습니다. 있지도 않은 것을 우리는 세워놓죠. 30℃의 환경에 있다가 40℃에 가면 덥고, 50℃에 있다가 40℃에 있게 되면 춥게 느껴지겠죠. 아프리카의 사람은 25℃가 춥고 에스키모인은 25℃가 덥습니다. 25℃가 춥다거나 덥다고 말하는 것은 망령된 허상입니다.

約此有相無相故로 非一也요
약 차 유 상 무 상 고 비 일 야

이와 같이 용과 체는 유상과 무상으로 인해 하나가 아니요.

진심이란 사실 있는 것도 아니고 없는 것도 아니며, 잡을 수도 파악될 수도 없는 그런 것이죠. 그래도 그것의 작용은 무수히 나타나니까 어쩔 수 없이 이름 붙여서 '진심'이라고 합니다. 우리는 진심이 어떤 '상태'일 것이라 상상합니다. 그러나 상상 가능한 모든 것들은 진심이 아닙니다. 텅 빈 마음이라 할지라도 작용에 의해 그려지는 마음의 그림자입니다. 느낄 수 있는 모든 것은, 아무리 텅 빈 느낌이라 할지라도 모두 마음의 작용에서 일어난 어떠한 모습입니다. 그런 것들은 진심이 아니에요. 진심은 오직 작용을 통해서만 알 수 있습니다.

마음은 움직일 때만 보인다

又用從體發이라 用不離體하고
우 용 종 체 발　　　용 불 리 체

또한 작용은 본체에서 생기므로 작용은 본체에서 떠나있지 않고

본체를 떠나서는 작용이 일어나지 않기 때문에 작용은 본체에서 떠나있지 않다고 말했습니다. 우리집 개 태풍이는 움직이는 것만 봅니다. 그래서 잔디밭에 노란 공이 굴러갈 때에는 막 쫓아가다가 공이 멈추면 두리번거리며 찾기 시작해요. 움직이는 것만 보기 때문에 공이 멈추면 잘 보이지 않는 것입니다. 우리 마음도 똑같습니다. 마음이 움직일 때만 잡을 수 있어요. 마음에 어떤 느낌이 있다는 것은 움직이고 있다는 뜻입니다. 감정이 일어나는 것도 지금 에너지가 움직이고 있다는 의미예요. 슬픈 감정이던 분노의 감정이던 마음이 움직이며 일어나고 있기 때문에 느껴지는 것입니다. 모든 느낌이 멈추면 마음은 뭐가 어디에 있는지 찾기 시작하죠. 모든 움직임이 사라진 상태는 어떻습니까? 나와 대상이라는 분별이 사라지고, 나에서 대상으로 흐르는 에너지의 흐름이 멈추면 그로 인해 생겨났던 감정이나 생각, 느낌들도 멈춰버립니다. 그러니까 마음은 '내가 어디에 있지?'하는 것입니다. 내가 다른 사람을 생각할 때는 '나'라는 상相으로부터 '상대방'이라는 상相을 향해 에너지가 흐릅니다. 나에서 대상 쪽으로 에너지가 움직이고 있으니까 뭔가 있는 것 같아요. 마음에 느껴지고 잡히죠. 또 감정이 와 닿고, 생각도 끊임없이 일어났다가 사라집니다. 감정과 생각도 움직이기 때문에 마음에 잡히는 것입니다.

우리가 마음속에서 일어나는 현상들을 잡아채는 것은 태풍이가 잔

디발에 움직이는 공을 잡는 것과 비슷합니다. 공이 멈추면 태풍이는 갑자기 멍해집니다. 마찬가지로 '나'라고 여겨지는 마음이 갑자기 멈추면 멍해지죠. 나와 대상으로 나눠졌던 마음이 합해져 하나가 되면서 점차 사라지면 마음이 비게 되고 멈추어서 '앎'이 없어지기 때문입니다. 아무것도 잡히지 않아요. 지금 내 말을 듣고 '정말 그럴 듯하네?' 하는 것도 마음이 움직이고 있는 중이죠. 그런데 '내가 정말 있나?'하고 자신을 바라보면 마음이 점점 비어지지 않습니까? 이상하지 않나요? 그런 마음으로 지금 들어가 보세요.

우선 지켜보는 관찰자가 있습니다. 지켜보겠다는 마음을 가지니까 그 의도가 지켜보는 느낌을 만들어 냅니다. 그리고는 안을 바라보기 시작해요. 안을 바라보는 작용이 바라보는 느낌을 만들어 내죠. '이 느낌은 도대체 뭐지?' 하면서 바라보는 마음을 또 바라보려 하면, 그 둘이 비슷하니까 물방울에 물방울을 더하는 것처럼 주의에 주의를 더한 것이 되어 점차 하나가 됩니다. 분별이 사라져 주체와 대상이 사라지고 마음의 움직임이나 흐름이 멈추어 정지합니다. 마음이 정지하면 멍하게 느껴져요. 그런데 이상한 것은, 뭔가에 빠져서 멍해지는 것과 자기를 관찰하면서 느껴지는 멍함은 다릅니다. 멍한 것 같아도 관찰하는 관성이 남아있기 때문에 어떤 일이 벌어지면 즉각 알아챕니다. 멍함이 아주 깊어져서 현실감이 완전히 사라지면 흔들어도 모를 정도의 삼매 상태가 되지만, 그렇지 않은 상태에서는 주체와 대상이 사라져도, 우리가 순수의식이라고 말하는 미묘한 주체와 대상은 남아있습니다. 명확하게 구분되지 않고 점선처럼 구분된 주체와 대상이 있는 상태인데, 완전히 텅 빈 것 같지만 텅 빈 것을 알아요. 안다는 것은 여전히 마음이 나뉘어 있고 미묘한 움직임이 있다는 뜻입니다. 그래서 알아차려지는 것입니다. '나는 지금 텅 빈 마음의 상태야'라는 것을 안다는 것은, 미묘한 움직임이 있다는 의미입니다. 마치 저 깊은 바다 속에도 아주 미세한 흔들림이 있는 것처럼 말이죠.

표면에는 끊임없는 흔들림이 있습니다. 의식이 끊임없이 흔들릴 때 우리는 명확하게 압니다. 그리고 미묘한 흔들림이 있을 때에도 '안다', '느낀다'는 현상은 여전히 있어요. 우리가 최종적으로 발견하려는 것은 우리 자신입니다. 그런데 이 알아채는 작용 자체가 움직이는 마음이에요. 다시 말해 알아차림이 있는 동안은 항상 마음이 움직이고 있다는 말이죠. 인간 의식의 흥미로운 점은 알아차리려는 의도를 가질 수 있다는 점입니다. 그래서 자기가 자기를 바라보는 현상이 일어날 수가 있어요. 그렇지만 분리되어 있다고 여겨지거나 알아차림이 있는 동안은 여전히 움직임이 있는 상태입니다. 그래서 진정으로 마음의 본질적인 모습을 잡을 수는 없어요. 마음이 멈춰야 본질이라고 말할 수 있을 것 아니에요? 그런데 마음이 멈추면 안다, 느낀다, 잡는다는 마음의 작용도 멈추니 어떻게 알겠습니까? 앎이라는 것이 있을 수 없어요. 그래서 본질을 안다는 건 있을 수 없는 일입니다. 앎 자체가 움직임이기 때문이에요. 본질이 움직여야만 앎이라는 현상이 생겨납니다. 그러니 움직이지 않는 마음이 어떻게 자기를 알 수 있겠어요? 마음이 다른 것은 알 수가 있겠죠. 그러나 움직임이 없는 것이 바로 본질입니다. 자기가 자기를 알려고 하는데, 자기의 본질은 움직이지 않음이고, 알려고 하는 의도 자체는 움직임이죠. 그래서 본질을 알 수는 없습니다. 내가 나를 알아차리려는 의도가 여전히 움직이고 있어요. 손짓은 손의 작용이지 손 자체가 아니라는 것입니다. 손짓과 손은 분명히 달라요. 그렇지만 손짓이 손을 떠나있는 건 아닙니다. 그러니 같은 것도 아니요, 다른 것도 아니라고 말하는 것입니다. 만약에 같다고 하면 '아, 이 움직임이 손이구나!'라는 생각에 마음이 머물기 시작하겠죠. 그러지 못하게 하려고 손짓은 손이 아니라고 말하는 것입니다. 그런데 또 손을 떠나서는 손짓이라는 것도 없죠. 그러니까 마음의 작용이 마음의 본질이 아니라고도 할 수가 없습니다.

우리가 딜레마에 빠지는 이유는, 마음이 잡을 수 있는 손의 작용만으로 손을 판단하려고 하기 때문입니다. 왜냐하면 우리는 손 자체가 멈춘 것을 한 번도 본 적이 없으니까요. 멈춰있는 손을 보는 현상은 불가능합니다. 손 자체가 멈추면 '본다'는 현상이 일어나지를 않습니다. 지금 여러분 앞의 탁자를 보면 둥그런 느낌이 있죠? 또 컵을 보면 컵에 대한 느낌이 느껴지고, 컵의 기능에 대한 생각도 올라오죠? 이제 바로 전체주의에 들어갑니다. 지금 전체주의 상태에서는 컵의 매끄러운 느낌이나 탁자의 둥그런 느낌이 있습니까? 없습니다. 조금 전까지 있던 느낌이 왜 전체주의 상태가 되면 마음에서 싹 사라질까요? 마음은 물과 같아서 경계가 즉각 사라집니다. 배가 물 위를 지나가면 흔적이 생기지만 조금 있으면 곧 사라지죠. 우리 마음도 이와 똑같아서 감정, 생각, 느낌, 그 무엇이든 생겼다가 즉시 사라져요. 마음의 경계라는 것은 찰나적으로 생겨났다 사라집니다. 그런데 집착이 그 마음의 경계를 오래 유지하게 만들죠. '그 사람 때문에 하루 종일 기분이 나빴어!' 이러면 어때요? 마음이 그 사람에 대한 느낌에 계속해서 머뭅니다. 이런 것이 집착이에요.

의식의 전개 과정에서 나와 대상이 나누어지면 나로부터 대상을 향해 마음이 움직입니다. 그리고 대상들이 구분되고 서로 비교되어 끌림과 밀침이 생겨나서 좋은 느낌에 머무르려고 하고 즐거움에 집착하게 됩니다. 이런 전개과정이 순식간에 일어나요. 모두 이 순간에 일어난 마음의 경계에 의해서 생겨납니다. 그런데 그 경계를 왜 풀지 못할까요? 마음대로 풀리지 않습니다. 전체주의를 하면 조금 전에 있던 컵의 느낌이 싹 사라지는데, 돌아가신 어머니를 떠올릴 때 생겨나는 상실감은 왜 오래 지속될까요? 나와 어머니로 나누어놓은 기본적인 분열을 실제라고 믿으니까 그렇습니다. 거기서 느끼는 상실감에 머무는 것입니다. 어머니와 함께 했었던 수많은 경험들이 내 마음에 느낌으로 가득 차 있는데, 이제 더 이상 만날 수 없으니까 모든 것이 다 사라진 것처럼 느껴집니다. 그 밑바닥에는 나와 나 아닌 어머니를 마음이 나누고 있는 중이라는 것입니다. 그 밑바닥의 경계를 기반으로 모든 느낌과 감정의 건축물이 쌓아져 있습니다. 마음의 구조를 보지 못하면 그 구조 중의 일부를 자기라고 여겨 계속해서 에너지를 공급합니다. 그러니 그 에너지가 흐를 수밖에 없어요. 그래서 마음의 경계가 끊임없이 특정한 상을 유지하게 됩니다. 이것이 바로 집착입니다.

집착 전에는 고락苦樂이 있습니다. 즐거움이 있어요. 그리고 즐거움 전에는 호好의 분별이 있습니다. 그 이전에는 이것저것들을 다 나누는 분별이 있고, 그 이전에는 나와 나 아닌 것을 나누는 분열이 있습니다. 가장 밑바닥에 있는 분열에 대해서 명확하게 느껴봐야 합니다. 아버지가 나에게 "넌 이것밖에 못하냐?"라고 말하는 순간, 마음에서 불쑥 섭섭함과 서운함이 올라옵니다. 그때 '아, 또 내 마음속에서 분열된 마음 중의 일부인 '나'라는 것을 지키려는 에너지가 들어가는구나!' 이렇게 느껴지면 그 이후의 모든 분열과정이 멈춥니다. 나와 나 아닌 것의 분열이 핵심입니다. 주체와 대상간의 관계 연습을 했었죠? 주의를 항상 나에게 많이 두니까 주의의 불균형이 일어나서 자꾸 대상을 향해 주의가 움직입니다. 위치 에너지가 높은 곳에서 낮은 곳으로 흐르듯이, 고기압에서 저기압으로 바람이 흐르듯이. 주의가 항상 내 생각과 내 경험에 쏠려 있으니까 흘러갈 수밖에 없는 것입니다. 그 대상이 과연 진짜 대상이었을까요? 내 마음의 대상입니다. 이것을 명확하게 봐야 합니다.

지금 눈앞에 있는 컵을 보면 즉시 마음에 컵에 대한 감지가 생겨나지만 주의제로나 전체주의를 하면 그 감지는 바로 사라지고 마음은 비워집니다. 그렇다면 컵은 어디로 간 것일까요? 그것들은 원래 있지도 않고 없지도 않은 마음의 작용입니다. 손의 작용을 보세요. 손의 작용은 실재합니까? 손의 움직임 자체는 특별히 '있다'고 할 수 없습니다. 손이 움직인 것이지 손의 움직임 자체가 개별적으로 있는 건 아니에요. 손이 있기 때문에 손의 움직임이 있을 뿐이죠. 그런데 또 이 움직임이 없다고도 할 수 없어요. 있다고도 할 수 없고 없다고도 할 수 없는 이 작용 때문에 본질을 파악해 내기가 힘듭니다. 우리가 '나'라고 생각하는 그것 자체도 이런 움직임 중의 하나입니다. 우리가 움직임의 일부를 주체로 삼고 있으니 다른 움직임을 부정할 수 없고, 자신도 움직임 중의 하나이기 때문에 움직임에서 본질을 찾으려고 하면 다른 움직임밖에 볼 수가 없습니다. 움직임 속에서 본질을 찾기는 불가능해요. 그래서 우리가 제시하는 길은, 모든 움직임을 작용으로 보라는 것입니다. '이것도 작용이고, 저것도 작용이구나!'하고 살피다보면, 어느 순간 자기가 작용이라고 말하거나 생각할 때 이것이 움직인다는 것을 알게 됩니다. 그리고 작용이라고 판단하고 있는 이놈 또한 하나의 작용이라는 것을 알게 되죠. 그러면 드디어 작용에서 떠날 수 있는 토대가 마련됩니다.

이와 같이 마음의 본질은 잡히지는 않지만 많은 현상을 일으키니 그 현상, 즉 작용을 파악하는 것이 중요합니다. 본체에서 일어난 것이기 때문에 본체에서 떠나있지 않습니다. 그것이 바로 우용종체발又用從體發 용불리체用不離體의 의미입니다.

우리의 마음은 끊임없이 무언가를 알아내려고 합니다. 여러분도 지금 본질을 찾으려는 마음을 내고 있죠? 그런 마음을 내는 것 자체가 이미 마음이 움직이고 있음을 의미합니다. 마음의 작용 속에 있는 것이고, 그런 작용 속에 있을 때는 본질과 같지 않다고 말할 수 있겠죠. 그런데 움직이는 마음은 본질이 아닌 것도 아니에요. 왜냐하면 움직이는 무엇이 있으니까요. 우리 눈에 손도 보이고 손의 움직임도 보이니 이런 비유가 그럴 듯하지만, 마음 자체에 적용했을 때는 까다로운 일이 생깁니다. 왜냐하면 살펴보려는 의도 자체가 일종의 작용, 곧 손짓이기 때문입니다. 그 마음이 쉬어버리면 본질은 그냥 드러납니다. 그러면 지금 그 작용을 한번 쉬어보면 어떻습니까? 쉬면 아무것도 안하죠. 아무것도 안하면 삼매상태로 갑니다. 마음 작용이 멈추면 텅 비어버립니다. 그때는 관찰하고 있는 관찰자만이 남은 상태죠. 그러나 그 상태 역시 마음이 미묘하게 작용하고 있는 중입니다. 그마저도 쉬어버리면 어떤 앎도 없습니다. 관찰 자체가 없는데 앎이 어떻게 있겠습니까? 그런 상태에서 통찰이 일어나야 해요. 어떤 앎도 없고 알아차림도 없는 상태, 이것을 상상하거나 생각을 할 수는 있지만 그것 자체를 경험할 수는 없습니다. 경험은 느끼거나 아는 작용이 있어야만 일어나는 일이기 때문입니다.

그러나 '이렇게 살펴보는 것도 마음의 작용이구나!'가 분명하면 마음에서 일어나는 다른 모든 것들이 작용임을 알 수가 있겠죠? 이때부터는 면밀한 마음이 필요합니다. 작용을 작용으로 보는 마음은 아주 희미한 차이까지 구분합니다. 우리는 마음에 흔적이 뚜렷하게 남은 것만 명확하게 구분해요. 컵과 탁자의 차이를 우리는 명확하게 구분해 내죠? 그러나 10년 전에 별로 친하지 않았던 친구 한 명과 그 사람의 짝꿍에 대한 기억은 아주 희미하겠죠. 그런데 민감한 사람은 그 둘 사이의 희미한 차이를 그냥 의식적으로 파악합니다. '희미해도 차이가 있다는 점만은 분명히 의식해!'라는 것과, '희미해서 차이가 있는지 없는지 모르겠어'는 면밀한 사람과 둔한 사람의 차이입니다. 명확한 기억으로 인한 구분이 있고, 구분이 될 듯 말 듯 희미한데도 그 차이를 분명히 아는 사람이 있어요. 이런 사람은 무의식으로 들어가기 쉬운 사람입니다. 무의식의 느낌들은 다 희미합니다. 의식적이지 않기 때문이죠. 그런 희미한 느낌까지도 구분해 낼 수 있다면 통찰이 일어나기 쉬워요. 관찰자를 관찰하기 시작하면 마음이 점차 희미해지면서 구분이 분명하지 않죠. 그 과정 속에서 미미한 차이를 분별해낼 수 있으면 언뜻 통찰이 일어납니다. 그러면서 희미한 주체와 대상의 느낌 자체도 마음의 작용이 일어난 상태라는 것을 알게 됩니다. 왜? 마음에 잡혔으니까요. 그러면 그때부터 마음의 작용에 묶이지 않게 됩니다. 더 이상 작용에 뿌리를 박지 않아요. 작용은 본질이 아니기 때문이죠. 손짓은 손이 아니란 말이에요. 주체와 대상이 있다는 것은 아무리 투명하고 희미하더라도 움직임이 일어나고 있다는 의미입니다. 마음은 움직여야만 잡히고, 앎이라는 현상과 느낌도 일어납니다. 움직이지 않는 마음은 결코 잡을 수 없습니다. 그런데 우리는 움직이는 마음 중의 하나인 관찰하는 마음으로 움직이지 않는 마음, 즉 본체를 파악하려 합니다. 그러니 어쩌면 우리는 불가능한 일을 하고 있다고 볼 수도 있습니다.

세상에 움직이지 않는 물은 없다, 마음도...

體能發用이라 體不離用하니
체 능 발 용 체 불 리 용

본체는 작용을 일으킬 수 있으니 본체도 작용에서 떠나있지 않다.

진심眞心과 묘용妙用의 관계를 이야기하고 있습니다. 본체는 보이지도, 들리지도, 잡히지도 않으니 있다고 할 수 없습니다. '있다'는 것은 어떤 의미입니까? 마음이 어떤 수단으로든 잡아낼 수 있는 것은 바로 작용입니다. 안이비설신眼耳鼻舌身의 오감五感을 사용하든, 의意라는 의식적인 감각을 사용하든 그 어떤 감각을 써서든 잡아내면 그것은 작용이에요. 본체는 결코 어떤 마음의 움직임도 아닙니다.

인생의 의문이나 본질적인 의문도 똑같아요. 진리가 무엇인지 궁금해 하다가 지금 내 말을 듣는 순간 다른 생각이 문득 떠오르죠? 이렇게 마음의 경계는 즉시 일어났다가 즉시 사라집니다. 그런데 왜 어떤 집착들은 끊임없이 유지될까요? 집착이라는 것도 마음의 본질적인 측면에서 보면 금방 사라지게끔 되어있어요. 마음의 경계니까요. 그런데 거기에 에너지를 끊임없이 공급하니까 계속 유지되는 것이에요. 마음은 원래 한 가지를 오래 유지하지 못합니다. 끊임없이 움직이는 속성이 있어요. 파도와 같습니다. 마음의 본질은 물과 같고 마음의 작용은 물의 움직임과 같습니다. 물은 끊임없이 움직입니다. 세상에서 움직이지 않는 물을 본 적 있습니까? 얼음조차도 미세하게 움직입니다. 아무리 움직이지 않는 것처럼 보인다 해도 미세하게는 움직이죠. 현상계에서 움직이지 않는 물은 없습니다. 움직임은 물의 본성이에요. 마음도 마찬가지여서 끊임없이 움직입니다. 움직이는 마음은 파도와 같아요. 파도에는 산과 골이 있습니다. 모든 파동에는 오름과 내림이 있어요. 그것들이 하나의 파동을 이루죠. 마음에 있어서는 바로 이런 것이 주체와 대상입니다. 마음의 모든 움직임은 파동처럼 일어나기 때문에 마음에서 뭔가가 느껴질 때는 주체와 대상으로 나눠어져 있는 것입니다. 그렇지 않으면 움직임이라는 것이 일어날 수 없어요. 움직임 자체가 주체와 대상을 의미해요. 흐른다는 말이죠. 그 흐름을 통해서 마음의 경계가 생겨나고 풀어지는데, 왜 자신도 모르게 집착하고 묶여있냐는 말이죠. 왜 그렇게 오래 붙들고 있습니까? 여러분 지금 '나는 모르겠다' 하고 앉아 있잖아요. 이것이 마음의 경계 아니에요? 지금 만들어진 경계입니다. '모른다'고 하는 마음 자체가 일종의 경계라는 것을 파악해야 합니다. '나는 마음의 본질이 뭔지 대충은 알겠어. 그렇지만 정확히는 모르겠어' 이런 마음의 경계, 마음의 움직임을 자기라고 여기고 있다는 것을 파악해야 합니다.

'본체는 작용을 일으킬 수 있으니 본체도 작용에서 떠나있지 않다'는 말은, 본체는 보이지 않고 잡히지도 않기 때문에 있다고 할 수 없지만,

다양한 작용을 일으키기 때문에 작용과 다르다고도 말할 수는 없다는 의미입니다. 왜냐면 흔들리지 않는 물은 없기 때문이에요. 우리는 흔들림을 통해서만 물을 파악해요. 움직이지 않는 물이라는 것은 상상일 뿐이죠. 우리는 끊임없이 흔들리는 물만을 경험합니다. 흔들리지 않는 물을 경험한다는 것은 본질을 경험할 수 있다는 말과 유사합니다. 움직이지 않는 마음을 경험할 수 있다면 그것이 바로 본질에 대한 경험이라고 할 수 있겠죠. 그러나 경험은 경험자가 있기 때문에 이미 둘로 나누어져 작용이 일어나는 상태입니다. 그러니 어떻게 작용이 일어나지 않는 상태를 경험할 수 있겠어요?

생각만 해도 즐거운 사람을 한 번 떠올려 보세요. 자, 이번엔 생각하면 기분이 나빠지는 사람을 떠올려 보세요. 이상하지 않습니까? 기분이 좋았다가 순식간에 기분이 나빠져요. 이렇게 마음은 즉각적으로 바뀝니다. 이것을 여러분은 의식적으로 경험해 봤습니까? 화가 잔뜩 나 있는데, 친구가 씩 웃으니까 나도 갑자기 웃음이 나요. 좀 전까지 강하게 올라왔던 화는 어디로 갔어요? 마음이란 것이 이렇게 순식간에 바뀐다는 것을 의식적으로 체험하면 이제 감정에 묶이지 않게 됩니다. 마음의 경계라는 것은 순간적으로 풀린다는 것을 의식적으로 철저히 경험하면 여러분은 어디에도 묶이지 않는 사람이 될 수 있습니다. 이처럼 그 어떤 마음의 상태에 있더라도 즉각 다른 상태로 바뀔 수 있는데, 왜 일상에선 그렇게 안 될까요? 마음에 갇힌 채 마음의 일부를 자기라고 여기기 때문이에요. 지금은 좋은 사람이나 싫은 사람을 떠올리는 마음이 자기가 아니에요. 실험하는 마음을 기본적으로 가지고 있으니, 좋은 사람과 싫은 사람을 집착이나 저항 없이 떠올릴 수 있는 것입니다. 그러나 실험하는 자기는 떠올릴 수 없어요. 이런 것이 바로 마음의 어떤 상태, 즉 내용 속에 있는 것입니다. 동일시되어 있다는 말입니다. 상태와 내용을 다 떠나있다는 것은, '그 어떤 마음의 상태도 일시적인 나타남일 뿐이구나. 나라고 여겨지는 이 느낌마저도'라고 사무치게 아는 것입니다. 좋은 느낌과 나쁜 느낌, 여러 가지 감정과 생각들이 움직이며 나타났다 사라집니다. 이 모든 것이 마음의 내용이에요. 내용이라 함은 즉각 바뀔 수 있다는 점을 의미하고, 그렇기 때문에 어떤 내용도 본체는 아니라는 것을 의미합니다. 모든 변화는 본질적이지 않습니다. 따라서 마음의 본체는 마음의 작용이라고 할 수 없어요. 그렇지만 또 본체를 떠나서 이런 작용이 일어나는 건 아니니까 작용이 본체가 아니라고 말할 수도 없습니다. 이것이 바로 체불리용體不離用의 의미입니다.

約此不相離理故로 非異也
약 차 불 상 이 리 고 비 이 야

이같이 서로 떠나있지 않은 이치 때문에 다르지 않다 한다.

본체와 작용은 서로 떠나지 않기 때문에 다르지 않습니다. 똑같진 않지만 다르다고 할 수도 없어요. 말이 참 애매합니다. 우리의 마음이 어디에도 머물지 못하게 하기 위해서 이런 방식으로 말한다고 했어요. 마음을 계속 깨어있게 만들어 살펴볼 여지를 남겨둡니다.

선사들은 왜 몽둥이로 때리고 큰 소리를 쳤나?

如水가 以濕爲體하야 體無動故요
여수　　이습위체　　　체무동고

물의 경우 습기를 본체로 삼으니 본체는 움직임이 없으므로

물은 습기를 기본 특성으로 삼으니 물의 본성을 습기라고 해봅시다. 그러면 큰 파도와 작은 파도 모두 습기라는 측면에서는 똑같겠죠. 그렇게 본체를 찾는 것입니다. 파도가 아무리 다양한 모습을 지닌다 해도 그들 사이에 아무 차이가 없는 것이 바로 습기죠. 마찬가지로 마음이 수많은 작용을 하더라도 본체에는 차이가 없습니다. 어떤 차이가 느껴진다면 그것은 본체가 아니란 뜻이에요. 마음의 본체는 감정과 느낌과 생각 같은 수많은 작용들 안에 항상 변함없이 있는 것입니다. 그걸 찾아보라는 말입니다.

어떤 승僧이 덕산에게 "본성이 뭡니까?"라고 물으니 덕산은 몽둥이로 그 승을 한 대 때렸어요. 한 대 맞고 돌아갔다가 또 다시 와서 "그래도 모르겠는데요. 본질이 대체 무엇입니까?" 하니까 또 때렸어요. 다섯 대 정도 맞고 못 살겠다며 떠났습니다. 왜 덕산은 질문하는 승을 자꾸만 때린 걸까요? 한 대 맞으면 마음이 '아 이것이 뭐지? 도대체 왜 때리는 거야?' 하며 끊임없이 움직입니다. 작용이 일어나요. 그런 마음의 작용을 자기로 믿고 있는 것을 멈추라고 한 대 또 때려줬는데 맞는 그 순간에 알아차리지 못하고 끊임없이 생각을 일으키죠. 작용 속에 있기 때문입니다. 그러니 작용과 본체의 차이를 구별한다는 것은 생각, 즉 움직이는 작용으로는 알 수가 없는 것입니다. 선사들은 마음

을 자꾸 정지시키려고 애썼어요. 하지만 정지되면 알아챔이 없어진다는 딜레마가 있습니다. 정지와 움직임 사이의 미묘함 속에서 알아채는 날카로운 칼 같은 마음이 딱 일어서게 됩니다.

움직이는 마음에는 크게 두 가지가 있습니다. 무언가를 얻으려는 마음, 욕망하는 마음이 있어요. 그리고 무언가를 피하려는 마음, 싫어하는 마음이 있습니다. 호오好惡가 마음의 가장 큰 움직임입니다. 호오好惡의 밑바닥에 있는 분별하는 마음도 움직이는 마음이지만, 크고 강하게 움직이는 것을 살펴보도록 하겠습니다. 이 두 가지 마음에서 움직임이 멈추게 되는 상황을 따져 봅시다. 욕망하는 마음에서 움직이지 않는 마음으로 간다면 욕망이 없어진 상태겠죠. 그토록 원하던 일이 다 이루어진 순간 마음은 멈출 것입니다. 그는 이제 무사인無事人이죠. 더 이상 할 일이 없는 사람이에요. 욕망하던 것을 향해 달리던 마음이 멈추어 더 이상 구하려는 마음이 없습니다. 그리고 다른 한편, 무언가에서 벗어나려는 마음이 없는 사람도 그 어떤 것으로부터 도망가려는 마음이 멈춘 사람입니다. 그것 역시 멈춘 마음이죠. 무언가로부터 멀어지려고 하거나 피하려는 마음이 없어진 것이 바로 부동심不動心입니다. 부동의 마음이라고 하면 사람들은 보통 굳센 마음을 생각합니다. 하지만 굳센 마음이란 흔들리지 않는 마음이고, 그럴려면 흔들리지 않는 무언가가 있어야 합니다. 그런데 흔들리지 않는 '무엇'인가가 있으면 '그것'은 결국 언젠가 흔들리게 되어있습니다. 굳센 사람은 언젠가 무너지기 마련이에요. 굳셈도 굳세지 않음도 없는 마음이 진정한 부동不動의 마음입니다. 다시 말해서 동動할 것이 없는 마음이에요. 그런데 '욕망이 없다'고 하면 여러분은 어떤 생각이 듭니까? 아무런 재미도 없고, 흥미도 없고, 삶의 의욕도 없는 마음이 떠오를지 모릅니다. 그러나 그 '재미없고 심심하고 아무런 의욕이 없는 마음'도 일종의 '움직이는 마음'이라는 것을 알아차릴 수 있습니까? 심심한 마음은 뭔가 재미를 찾아 움직이는 마음이에요. 그런 마음마저 없는 것이 진정 움직이지 않는 마음입니다. 부동의 마음은 그것마저도 정지된 마음을 말합니다. 그러하기에 오히려 무엇이든 일어날 수 있는 마음이죠. 이것이 바로 '본체는 움직임이 없다[體不動]'는 말의 의미입니다.

波가 以動爲相하야 因風起故니
파 이동위상 인풍기고

물결은 움직임을 상으로 삼으니 바람으로 인해 파도가 일어나기 때문에

물결은 물의 결이에요. 물결은 물을 떠나서는 결코 생겨날 수 없죠. 마음의 작용도 마음의 결이라서 마음을 떠나서는 있을 수 없습니다. 그런데 우리는 오직 마음의 결만을 '파악할 수' 있어요. 그럼에도 우리는 마음의 결이 아닌 마음 자체를 파악하고자 합니다. 거기에는 오직 하나의 방법이 있으니, 모든 마음결을 마음의 결로 볼 줄 아는 지혜입니다. 이때 마음의 결을 결로 보는 자기 자신 역시 마음의 결이라는 것을 알아야 해요. 그럴 때 어떤 결도 아닌 마음 자체를 통찰하게 됩니다. 마음 자체를 경험하고 느낄 수 있다는 의미는 아닙니다. 물결은 상相인데, 바람이라는 조건에 의해 일으켜진 물의 움직입니다. 마음이 결을 일으킨 마음결은 마음의 상相입니다. 여러분 마음에 잡히는 모든 것들은 상이에요. 생각, 감정, 미묘한 느낌 모두 마음의 상이죠. 마음에 일어나는 어떤 모습이라는 것입니다. 그것들은 그냥 일어나는 것이 아니라 수많은 조건과 상황에 의해서 생겨납니다.

움직이지 않는 아름다움

水性波相이 動與不動故로 非一也요
수성파상 동여부동고 비일야

물의 속성과 물결의 상이 움직임과 움직이지 않음으로 말미암아 같지 않다.

물결과 물은 움직이고 움직이지 않는다는 측면에서는 서로 다르죠. 그래서 같지 않습니다. 그렇지만 물과 물결은 습기라는 측면에서는 다르다고 할 수 없어요. 그래서 다르지도 않고 같지도 않습니다. 논리적으로 보면 말이 안 되는 소리죠. 경험에서 나오는 얘기들은 대부분 논리적으로는 이해가 되지 않습니다.

움직임과 움직이지 않음을 아름다움으로 비유해보겠습니다. 다른 모든 것에도 적용할 수 있어요. 꽃을 보면서 아름다움을 느낄 때 꽃잎 때문에 아름답다고 느낀다면, 아름답게 여기는 어떤 이유가 있다는 의미입니다. 어떤 이유 때문에 아름다움을 느낀다면 그것은 움직이는 마음이에요. 이유를 향해서 움직이는 마음이죠. 어떤 이유 때문에 정성을 기울이는 것도 이유를 향해서 움직이는 마음입니다. 이유를 향한 움직임과 아름다움을 연결시켜 놓으면 그 아름다움은 움직임이 있는 아름다움입니다. 그러나 움직임이 없는 아름다움도 있는데 그것은 바로 이유 없는 아름다움입니다. 처음에는 어떤 이유 때문에 아름다움을 느끼다가 점차 그 이유를 잊고 아름다움 자체 속으로 들어가 버릴 때가 있는데, 그런 아름다움이 바로 이유 없는 아름다움입니다. 이유 없는 아름다움은 우리가 언제든지 느낄 수 있는 것이기도 합니다. 맨 처음에는 이유를 통해서 아름다움을 경험하지만 정말 아름다워서 자기 자신도 잊어버릴 정도가 되면, 즉 자신이 아름다움이 되어 버리면 이유는 사라지고 아름다움만 남습니다. 놀라운 장관 속에서 자기도 잊어버리고 장관도 잊어버리고 오직 엄청나게 압도되는 느낌만 남은 상태. 이런 것이 바로 움직이지 않는 아름다움이라고 할 수 있습니다. 물론 약간의 움직임은 있을 수 있지만요. 경험된다는 측면에서 말입니다. 만약 경험자도 사라진다면 그대로 멈추겠죠.

정성도 마찬가지여서, 이유 없는 정성은 마음을 그 자리에 멈춰 오직 생명의 힘이 쏟아지게 합니다. 이유 있는 정성은 마음을 그 이유에 묶어두기 때문에 거기서 떠나면 힘이 떨어지고, 이유를 향해 달려갈 때만 생명력이 나오게 됩니다. 마음이 그 어디로도 달려가지 않고 오직 이 자리에서 생명력이 터져 나올 때 우리는 본질에 가장 가까운 정성 속에 있습니다. 아무런 이유 없이 사소한 것에도 온 정성을 지금 이 순간에 기울여서 생명력을 쏟아 부을 수 있다면, 그 사람은 진정한 정성 자체를 발견한 것입니다. 그것이 중용에서 말하는 정성 자체[誠者]입니다. 그래서 정성 자체는 하늘의 도라고 말하지요[誠者 天地道也]. 정성 자체는 본질적인 생명의 힘에 가장 가까운 모습이에요. 이것이 바로 움직이지 않는 정성입니다.

然이나 波外無水하고
연　　파외무수

그러나 물결 밖에 물이 없고

물결을 떠나서 물이 있을 수 없습니다. 물결 없는 물을 본 적이 있습니까? 아무리 미세하게라도 물결이 있습니다. 물은 끊임없이 움직이기 때문에 물결 없는 물은 없습니다. 현상계에 존재할 수 없어요.

水外無波하야 濕性이
수 외 무 파　　　습 성

是一故로 非異也니
시 일 고　　비 이 야

물 밖에 물결이 없어 습기로 따지면
같으므로 다르지 않다고 하니

또 물을 떠나면 물결도 있을 수 없죠. 물결의 속성이 물이잖아요. 물 밖에 물결이 있을 수 없어서 속성인 습기를 따지면 물과 물결이 다르지 않다는 말입니다.

類上體用一異를 可知矣니라
유 상 체 용 일 이　　가 지 의

위와 같이 살펴보면 체와 용의 같고 다름을 가히 알 수 있다.

그러니 본체와 작용은 같은 것도 아니고 다른 것도 아닙니다. 같다고도 할 수 없고 다르다고도 할 수 없어요. 그 의미를 알겠죠? 마음의 본체를 떠나서는 마음의 작용이 있을 수 없기 때문에 다르다고 할 수 없습니다. 또 마음의 본체와 작용은 엄연히 그 상相에 있어서 다르고, 움직임과 움직이지 않는다는 점도 다르기 때문에 같다고는 할 수 없습니다.

지금 이 순간 자기 마음을 들여다봐야 합니다. 이런 저런 생각이 드는 것도 마음의 작용이고, 마음의 작용을 살펴보는 관찰자도 마음의 작용이고, 작용하는 마음을 멈추려는 의도 또한 마음의 작용입니다. 여러분이 파악할 수 있는 것은 마음의 작용이 아닌 것이 없습니다. 그러니까 마음의 작용을 멈추거나 떠나려고 하지 말고 작용을 작용으로 보세요. 내가 뭔가를 알고 느끼는 것은 마음이 작용하기 때문이고, '나'

라고 느껴지는 마음도 느껴지기 때문에 마음의 작용이어서 그것은 마음 자체가 아니라는 것, 나의 본질이 아니라는 것을 아는 것입니다. 이렇게 작용을 작용으로 알면서 마음의 본질이 아닌 것들을 하나씩 부정해 나갑니다. 그렇게 하면 언젠가는 작용 아닌 것을 알게 된다는 말은 아닙니다. 작용 아닌 그것은 결코 대상이 될 수 없어요. 다만 자기 존재의 중심이 작용 아닌 것으로 옮겨지게 되죠. 특별히 어디론가 가는 건 아니지만 작용에서 떠나있게 됩니다. 작용과 작용 아닌 것을 구분하게 된다는 말입니다. (中권에서 계속됩니다)

이 책은 아래 오인회 회원님들의 후원을 받아 제작되었습니다.
강병석, 김선화, 남인숙, 다르마, 문대혁, 민은주, 박치하, 송정희, 신주연, 엄해정, 이경아, 이미숙, 이미영, 이승구, 이지연, 전영지, 최진홍, 한정수, 한정은, 황정희 (이상 가나다 순)

니르바나,
번뇌의 촛불이 꺼지다 上

진심직설 강의

지은이 월인越因
펴낸이 이원규
발행일 2023년 10월 15일
펴낸곳 히어나우시스템
출판등록 제 1-24135호 1998.12.21
주소 경남 함양군 서하면 황산길 53-70
전화 (02) 747-2261~2, 팩스 (0504) 200-7261
홈페이지 www.herenow.co.kr
이메일 cpo@herenow.co.kr

ISBN 978-89-94139-29-6, 04190